パリ万国博覧会とジャポニスムの誕生

Les Expositions universelles de Paris et la naissance du Japonisme

寺本敬子
Teramoto Noriko

思文閣出版

パリ万国博覧会とジャポニスムの誕生◆目次

第Ⅱ部　一八七八年パリ万国博覧会　

パリ万国博覧会とジャポニスムの誕生

序章

博覧会（Exposition）――一九世紀における熱狂の種(1)

フランスの小説家ギュスターヴ・フローベール（Gustave Flaubert, 1821-1880）が言い表したように、一九世紀の博覧会、とりわけフランスの首都パリを中心に開催された万国博覧会は、世界の国々の「物」と「人」を一堂に集め、一九世紀を象徴する一大空間を構築した。博覧会場には、最先端の品々が一堂に集められ、展示された。それらは展示されるのみならず、評価・序列づけが行われ、最優秀の品々は表彰された。また「物」だけでなく、博覧会場には参加各国から「人」が集結し、さまざまな交流関係が生まれた。各国の政府・委員会・出品者が主体となって博覧会場を準備し、そこに集う観衆は、これら全体の展示を通じ、最先端の技術および製品、流行、未知なる世界を認識していったのである。

万国博の歴史において、パリは代表的な開催都市として、現在も特別な存在であり続けているといえる。これまでにパリでは一九世紀半ばから二〇世紀前半にかけて合計六回の万国博が開催されたが、このように同じ都市で、万国博が継続的に複数回にわたって開催された例は他にない(2)。また一八八一年電気博、一九二五年アール・

デコ博、一九三一年植民地博といった大規模な国際博覧会もパリを舞台としていた。[3] 入場者の数も、一九〇〇年パリ万国博には一九世紀最多の五、〇八六万人を記録し、万国博を代表する存在となった。[4] また、エッフェル塔の建築をはじめ、グラン・パレ、プチ・パレ、アレクサンドル三世橋、オルセー美術館、シャイヨ宮等、現在もパリの都市を象徴する建築物は、もともとはパリ万国博のために建てられたものであった。パリの都市開発については、一八五二年に成立した第二帝政下で、ナポレオン三世（Napoléon Ⅲ, Louis Napoléon Bonaparte, 1808-1873, 在位1852-1870）に起用されたセーヌ県知事オスマン（Georges-Eugène Haussmann, 1809-1891）による都市改造がよく知られているが、第二帝政の崩壊ののち一八七〇年に成立した第三共和政のもとでも幾度かのパリ万国博の開催を通じて、継続的に実施されたことは付言しておくべきだろう。パリはまさに一九世紀の万国博の主舞台であり、現在もその文化的遺産を受け継いでいるのである。

この一九世紀のパリ万国博の発展と並行し、フランスで「ジャポニスム」が大きな盛り上がりを見せた。「ジャポニスム（Japonisme）」という用語の最初の使用者は、フランスの美術批評家フィリップ・ビュルティ（Philippe Burty, 1830-1890）であったとされる。[5] ビュルティは一八七二年から七三年にかけて『文芸芸術復興』誌に「ジャポニスム」と題する記事を連載し、ヨーロッパとの比較を交えて、日本の芸術・文化について幅広く論じた。[6] この新語はフランスで定着し、『一九世紀ラルース大辞典』には一八七七年に出版された第一増補に初めて掲載された。そこでは「ジャポニスム——日本の器物に見られる装飾に類似した装飾の探究」と説明されている。[7] このように、一八七〇年代にフランスで成立した「ジャポニスム」は、主に日本製の陶磁器など、日本工芸品の装飾に対する関心・研究を意味していたのであった。

さて、この「ジャポニスム」の成立にパリ万国博が機縁となったことはよく指摘されるところである。たとえば、一九世紀のフランス美術批評家エルネスト・シェノー（Ernest Chesneau, 1833-1890）は「一八六七年に万国博は、日本をすっかり流行の先端に位置づけた」と指摘している。[8] 実際、一八六七年パリ万国博では、初めて日本の主体的な参加が実現し、幕府、薩摩藩、佐賀藩、商人による出品が行われた。[9] すでに一八六〇年代初頭のパリには、日本の品物を扱う商店が存在していたが、それらの商店とは比較にならない規模でなされた一八六七年パリ万国博の日本展示こそが、一部の愛好家だけでなく、広い範囲の人々に「日本」が知られる契機となったのである。[10] なお、万国博の会場に初めて「日本の部」が登場したのは一八六二年のロンドンであったが、そこに展示されていたのは主に駐日イギリス公使ラザフォード・オールコック（Sir Rutherford Alcock, 1809-1897）の収集品であり、日本政府による主体的な参加ではない。[11] 日本人による本格的参加は、一八六七年パリ万国博を待たねばならなかったのである。

しかし意外にも、パリ万国博と「ジャポニスム」の接点について、具体的に検討されたことはあまりなかったように思われる。これまで「ジャポニスム」は、「一九世紀後半に、フランスやアメリカ（西欧）の美術に与えた日本美術の影響」を意味する用語として主に美術史の分野で用いられることが多く、「影響は美術のすべての分野に及び、絵画、彫刻、版画、素描、工芸、建築、服飾、写真に広く見られ、さらに演劇、音楽、文学など」、広い分野にわたる影響関係が論じられてきた。[12] しかし、これらの広範な創作活動を生み出した「社会」に注目し、そもそもどのようにして一八七〇年代にフランスで「ジャポニスム」は成立したのか、という点は問われてこなかった。

本書は、日本が最初に参加した一八六七年パリ万国博と、その次にパリで開催された一八七八年の万国博に焦点を当て、フランスと日本の相互作用のなかで、いかなる「日本」像が形成されたのか、その過程および変遷を明らかにすることを目的とする。江戸時代の末期、世界へと門戸を開いた日本は、初めて主体的に参加した一八六七年パリ万国博でいかなる「日本」を提示しようと試みたのだろうか。一方、フランスは日本の展示を通じてどのように「日本」を理解していったのだろうか。

続く一八七八年のパリ万国博を取りあげる理由は、次の点にある。一八六七年パリ万国博の閉幕後、フランスでは「日本」に対する社会的な関心が急速に高まり、一八七〇年代には「ジャポニスム」という文化現象に発展した。こうした関心の増大には、いかなる社会的・文化的背景があったのだろうか。そのなかで、万国博はどのような役割を果たしたのか。こうした問いをめぐって、特に開催国、参加国、観衆という三つのファクターに焦点をあてて、二つのパリ万国博を通じた初期の日仏交流史の一端を明らかにしていきたい。

一　開催国、参加国、観衆

万国博覧会は、一八五一年にイギリスの首都ロンドンで初めて開催された。当初は、イギリス（ロンドン）とフランス（パリ）において交互に開催されたが、特に一八七〇年代から他のヨーロッパ諸国や北アメリカの都市に広がっていく。そのなかで、ロンドン万国博の開催は計二回（一八五一年、一八六二年）にとどまるのに対し、パリ万国博の開催は計六回（一八五五年、一八六七年、一八七八年、一八八九年、一九〇〇年、一九三七年）を数え、前述したとおり、パリは万国博の開催都市として中心的存在となった（表1）[13]。

その後、二〇世紀に入ると、万国博の開催は北アメリカに中心を移し、一九〇四年セントルイス、一九一五年サンフランシスコ、一九三三年シカゴ、一九三九年ニューヨーク等で開かれた。戦後は、アジア初の万国博が一九七〇年に大阪で開催された。その後、一九九三年大田《テジョン》（韓国、第一回）、二〇一〇年上海（中国、第一回）など、アジアにおける万国博の開催が際立っており、今後も中央アジア初の万国博が二〇一七年アスタナ（カザフスタン）、中東初が二〇二〇年ドバイ（アラブ首長国連邦）で計画されている。以上のように万国博は、一九世紀半ばにヨーロッパで誕生して以来、ヨーロッパから北アメリカへ、さらにアジア、中東へと、地域的な広がりを見せ

表１　初期の万国博覧会(1851～1937年)

万国博の開催年・都市	会　期	開催日数	会場面積(ha)	出品者数	入場者数(万人)
1851年ロンドン	1851．5．1～10.11	164日間	10.4	1.4万	604
1855年パリ	1855．5．15～11.15	185日間	15.2	2.4万	516
1862年ロンドン	1862．5．1～11．1	184日間	12.5	2.5～３万	610
1867年パリ	1867．4．1～11．3	217日間	68.7	5.2万	1100～1500
1873年ウィーン	1873．5．1～10.31	184日間	233	5.3万	726
1876年フィラデルフィア	1876．5．10～11.10	184日間	115	3.1万	1000
1878年パリ	1878．5．20～11.10	174日間	75	5.3万	1616
1889年パリ	1889．5．5～10.31	180日間	96	6.2万	3225
1893年シカゴ	1893．5．1～10．3	156日間	290	７万	2750
1897年ブリュッセル	1897．5．10～11．8	182日間	132	1.1～1.3万	780
1900年パリ	1900．4．15～11.12	212日間	230	8.3万	5086
1904年セントルイス	1904．4．30～12．1	216日間	500	1.5万	1969
1905年リエージュ	1905．4．27～11．6	194日間	70	1.3～1.7万	700
1906年ミラノ	1906．4．28～11.11	198日間	100	2.7万	750～1000
1910年ブリュッセル	1910．4．23～11．7	199日間	90	2.9万	1300
1913年ゲント	1913．4．26～11．3	192日間	130	1.9万	950
1915年サンフランシスコ	1915．2．20～12．4	289日間	254	３万	1900
1929年バルセロナ	1929．5．20～1930．1．15	241日間	118	0.2～1.3万	—
1933年シカゴ	1933．5．27～11.12 1934．6．1～10.31	170日間 153日間	170	— —	2232 1655
1935年ブリュッセル	1935．4．27～11．6	194日間	125	0.9万	2000
1937年パリ	1937．5．25～11.25	185日間	105	1.1万	3104

ながら現在も継続されている。

万国博の性格も時代とともに変化を遂げてきた。当初は、一八五一年ロンドン万国博の正式名称が「すべての国々の産業製品の大博覧会（The Great Exhibition of the Works of Industry of All Nations）」であったように、最先端の技術および製品の展示が中心であったが、次第に植民地の展示が拡大するなど、帝国主義的性格が強まり、国威発揚の場となっていく面がある。近年は二〇〇五年愛知や二〇一五年ミラノに象徴されるように、自然や食など環境問題がテーマに取りあげられるなど、人類の共通課題に向けた取り組みがなされている。

こうした万国博の歴史において、冒頭でも述べたように、フランスの首都パリは代表的な開催都市として、現在も特別な存在であり続けているといえるであろう。一九二八年の国際博覧会条約の締結以来、公式の万国博覧会を開催するには、パリに本部を置く「博覧会国際事務局（Bureau International des Expositions, BIE）」の承認が必要であり、フランスは現在もその運営に主要な役割を担っている。なお、国際博覧会条約に基づく正式名称は「国際博覧会」であるが、本書ではこれまで日本で通称として使用されてきた「万国博覧会（万国博）」と表記する。

さて、本書は一九世紀を特徴づけるパリ万国博を分析対象とするが、その際とりわけ万国博をナショナル・アイデンティティおよび文化イメージの形成の場として注目する。万国博では、開催国、参加国、観衆、これら三者がそれぞれ重要な役割を果たした。博覧会場では、まず開催国の意向が色濃くあらわれる。それは出品物の分類やどの位置に参加各国を位置づけるかといった構成自体に反映されている。しかし博覧会場は、一方で参加各国も出品物の展示を通して自国の産業・文化をアピールする場でもあった。参加各国は、開催国の定めた出品分類や展示区画といった制約を受けながらも、出品物の展示を通じて自国の文化イメージを発信しようと試みた。そして、こうした全体の展示を通して、博覧会場に集う観衆は、それぞれの興味関心に応じてまた新たな文化イメージを作っていったのである。

以上のように、万国博は単なる諸国の物品提示の場であったのではなく、開催国による世界観の具現化の場であり、また同時に参加各国も出品物の展示を通じて自らの文化を発信し、それを通じて諸外国と観衆がその国の文化像を形成する格好の舞台であった。本書は、こうした開催国・参加国・観衆といった三者の動向に着目し、とりわけ一八六七年および一八七八年のパリ万国博への日本の参加について検討していく。

二　一八六七年・一八七八年のパリ万国博覧会と「日本」

（1）「日本」との出会い

先に述べたように、本書がまず、一八六七年パリ万国博を対象とするのは、日本が主体的に参加した初めての万国博だったからである。それまでほとんどの人々にとって未知の国であった「日本」は、この六七年パリ万国博を通じて、フランス社会によって「発見」される契機となったといえるだろう。またこの万国博は、フランスの人々の「日本」に対する関心を喚起し、一八七〇年代に「ジャポニスム」という文化現象に発展する重大な契機となったのである。

フランスで一八七二年に刊行された『一九世紀ラルース大辞典』の「日本」の項目を繙いてみよう。このときのフランスにおける「日本」の認識は以下のとおりである。

　我々が日本について確実な情報を得るようになったのは、ようやく一八五四《マヽ》年・一八五八年の通商条約が結ばれ、横浜に領事館が設置されて以来のことである。この時代よりも前に日本について書かれたものにはすべて、間違いあるいは推測しか見られない。(14)

この記述の背景には、ペリー（Matthew Calbraith Perry, 1794-1858）の来日（一八五三年）をきっかけとして、日本が二〇〇年あまり閉ざしてきた門戸を大きく世界に開き、これを契機にヨーロッパにおける日本の認識が広がり、互いの文化交流の密度を飛躍的に濃くしていったことがある。フランスは一八五五年一一月にゲラン海軍准将を那覇に派遣し、同月二四日に琉球王国との間に最初の通商条約となる琉仏条約を締結した。さらに一八五八年には、アメリカ、オランダ、ロシア、イギリスと並んで、日仏修好通商条約を締結している。これを契機として、まず実際に日本へ赴いたフランス外交官たちによって「日本」の情報が、日本滞在記などの出版物を通じて、フランス国内に知られていくこととなった。

フランスでは、一八五八年の通商条約締結のために来日したグロ男爵（Jean-Baptiste Louis Gros, 1793–1870）率いるフランス外交団のメンバー、モージュ侯爵（Alfred de Moges, 1830–1861）やシャシロン男爵（Charles Gustave Martin de Chassiron, 1818–1871）がそれぞれ日本滞在記をパリで出版している。[15] またシャシロン男爵は日本で購入した工芸品をフランスへ持ち帰り、現在その一部はフランスのラ・ロシェルのオルビニー＝ベルノン美術館に収蔵されている。[16] また通商条約の締結の翌年、一八五九年には初代の駐日フランス公使としてギュスターヴ・デュシェーヌ・ド・ベルクール（Gustave Duchesne de Bellecourt, 1817–1881）が来日し、帰国後に日本に関する記事をフランスの雑誌『両世界評論』に掲載した。[17]

このように外交官たちがもたらした情報が、フランスにおいて「日本」の最新情勢として広がっていった。またスイスの駐日公使エメ・アンベール（Aimé Humbert, 1819–1900）が著した『日本図解』（一八七〇年）は、豊富な図版を含んだ内容から、一八七〇年代の日本に関する基本的文献として位置づけられている。[18] とはいえ、この時点でもなお、日本についてある程度の認識を持っていたのは、日本を実際に訪れた一部の外交官、商人たちに限られていた。他方で、一八六〇年代初頭のパリでは、ヴィヴィエンヌ街三六番地の「支那の門」やリヴォリ街二二〇番地にあったドゥゾワ夫妻の日本骨董店など、日本の品物を取り扱う店があらわれることとなる。[19] ここにはゴンクール兄弟（Edmond de Goncourt, 1822-1896, Jules de Goncourt, 1830-1870）など、一部の愛好家たちが訪れるようになる。

しかし、より広範なヨーロッパの人々にとって、「日本」との関わりに大きな変化をおよぼすきっかけとなった出来事こそ、万国博覧会への日本の参加であったように思われる。事実、万国博には街の商店とは比較にならない規模の日本の品物が展示され、これが万国博を訪れた多くの人々にとって「日本」に直に接し、異なる文化を「発見」する機会となったのである。

また、一八六七年パリ万国博におけるフランスと日本の出会いは、その後、両国の交流関係の発展にとって大きな意味を持つことになる。日本にとっては、自らの存在を諸外国に発信するだけでなく、ヨーロッパの最先端の産業・技術および文化を知る類まれな機会となったといえよう。本書の第Ⅰ部で詳述するように、パリの博覧会場では幕府と薩摩藩が展示方法をめぐって対立するが、この参加はそもそも「日本」の主権をどのように諸外国に示すのかという、とりわけ「外交」にかかわる重要な問題を含んだものであった。すなわち日本は、万国博を外交上のアピールの場として当初から重視していたのである。この万国博に将軍名代として参加した徳川昭武（一八五三〜一九一〇）は、兄であった将軍慶喜（一八三七〜一九一三、在職一八六六〜一八六七）から、パリ万国博に参列するだけでなく、「フランスにおいて三年から五年、さらに長期にわたって留学すること」を命じられ、西洋の近代的な学識を身につけることを要請された[20]。また昭武に随行した渋沢栄一（一八四〇〜一九三一）や、一八七八年パリ万国博で中心的な役割を担う前田正名（一八五〇〜一九二一）が、その後の日本の近代化の立役者となることは指摘しておいてよいだろう。一八七八年パリ万国博への日本参加の経緯および前田正名が果たした役割については、本書の第Ⅱ部で詳述する。

他方、「物」という面に目を向ければ、幕府、薩摩藩、佐賀藩から出品された第一級の工芸品をはじめ、日本の品物が一堂に多数展示され、このように「日本」が具体的なかたちでフランスの人々の目にふれたのは、一八六七年パリ万国博がほとんど最初の機会だったといってよいだろう。博覧会場では、日本の出品物のなかでもとくに工芸品の評価が高く、「養蚕、漆器、手細工物ならびに紙」に最高の賞であるグランプリのひとつが授与された。また出品物のほかにも、会場内に建てられた日本家屋には三人の日本女性が日常生活を再現するかたちで紹介され、多くのフランス人にとって初めて目にする日本女性ということで大いに注目を集めた。こうしてそれまでほとんど知られていなかった「日本」は、一八六七年パリ万国博の日本参加を契機に、「物」と「人」を通じて広い範囲の人々に認識されることとなったのである。

(2) ジャポニスムの到来

その後、一八六七年パリ万国博で展示された日本の出品物は、ヨーロッパの美術館の収蔵品や個人コレクションとして浸透していくことになる。[21] 一八六七年パリ万国博における日本の展示について報じた『イリュストラシオン』紙は、とりわけ日本工芸品について次のように絶賛した。

どれほどの情熱、どれほどの値段で、漆で塗った駕籠から極小の盆まで、巨大な飾り鉢から懐中の小瓶まで、並外れて大きな家具からごく小さい箱まで、巨大な桶からとても小さな茶碗まで、すべてが飛ぶように売れているかを見る必要がある。〔…〕もし最高の磁器について知りたいなら、この極東の芸術の聖域のなかでこそ、少しの間立ち止まり、ひとたびめまいがおさまったら思いにふけり、新しく、強い熟視で酔いしれるべきだ。[22]

このようにして、一八六七年パリ万国博を契機として、フランスでは「日本」に対する関心が高まり、一八七〇年代に入るとそれは「ジャポニスム(Japonisme)」と呼称される文化現象にまで発展していくことになったのである。先述したとおり、この言葉は『一九世紀ラルース大辞典』において第一増補（一八七七年）に初めて掲載されるが、「ジャポニスム」は「日本の器物に見られる装飾に類似した装飾の探求」を意味するとされ、当初の関心が日本の工芸品から出発していたことがうかがえる。[23]一八六七年パリ万国博から一一年を経て、第三共和政の成立後に開催された一八七八年パリ万国博では、日本の工芸品はますますフランス人の心を捉えるようになっていた。陶芸部門のフランス代表審査委員アドリアン・デュブシェ（Adrien Dubouché, 1818-1881）が、次のように伝えている。

ジャポニスム！　現代の魅惑であり、我々の芸術、様式、趣味、理性においてさえも、すべてを満たし、すべてを支配し、すべてを混乱に陥れたあまりある熱狂！[24]

一八七八年において、ジャポニスムが「熱狂」となったのである。一八八〇年代に入るとフランスでは、「日本」のより専門的な研究も進められ、日本の美術・工芸品の展覧会の開催や出版物の刊行が数多くなされることとなった。本書が、一八六七年に続けて一八七八年のパリ万国博を取りあげるのは、一八六七年の万国博に初めて参加し、フランスにおいて広く認知された日本が、どのような経緯でこれほどの「熱狂」を与えるにいたったのか、この一八六七年から一八七八年にいたるまでの「日本」イメージの形成過程に注目するためである。

三　本書の特徴

（1）ジャポニスム研究における位置

まず、ジャポニスム研究における本書の立場を述べておきたい。ジャポニスムを対象とした先行研究は、これまで美術分野を中心に発展してきたが、本書はパリ万国博とジャポニスムの接点に焦点を当て、日本の参加をめぐるフランスと日本の動向を双方向から分析し、社会史的なアプローチを試みる。

ジャポニスム研究は、一九八〇年に「浮世絵と印象派の画家たち展」が行われた際に国際シンポジウム「美術におけるジャポニスム」が開催されたことを出発点としている。[25]当初の関心はとりわけ一九世紀フランスの印象派の美術に、日本の「浮世絵が与えた影響を分析しようという限定されたもの」であった。[26]その後、ジャポニスムの研究対象は、絵画だけでなく、版画、彫刻、工芸などに広がった。その研究成果として一九八八年には、フランスと日本の共同企画による「ジャポニスム展」がパリと東京において開催された。[27]またフランス以外にも、東欧や北欧を含めた欧米諸国における調査が行われ、広範囲の国・地域にわたるジャポニスムの影響が実証されてきた。[28]こうした研究を通じて、ジャポニスムは主に美術用語として定着してきたといってよいだろう。

しかし一方で、ジャポニスムを美術分野に限定されないより広い文脈で捉えることの必要性が指摘されてきた。馬渕明子は、「ジャポニスムを芸術の運動という枠を超えて、社会、経済のレベルで、日本の商品（美術品から日用品までを含む）がどのような役割を果たしたのか、という考察」が必要であるとしている。[29]またジャポニスム学会が編纂した『ジャポニスム入門』においても、ジャポニスムを「単なる美術運動としてだけでなく、広い文化現象として捉えること」が重視され、建築、音楽、写真、モード（服飾）も含めた幅広いジャポニスム研究が取りあげられている。[30]

本書もまたこうした近年の研究動向を前提に、ジャポニスムを美術分野に限定するのではなく、広い文化現象として理解した上で、その流行の背景となった当時のフランスにおける政治・社会・産業・文化の状況に注目し、それが「日本」イメージの形成と変容にどのようにかかわっているかという問題に焦点を当てたい。

(2) 分析方法——先行研究との関連で——

そのために本書がとるアプローチは具体的には次のものである。第一に、一八六七年と一八七八年のパリ万国博における日本参加について、開催国フランスと参加国日本の双方の観点から分析する。開催国のフランスがどのような意図で万国博の開催を決定し、どのように諸外国を博覧会場に位置づけたのか。一方、参加国の日本はパリ万国博への参加、出品物の展示を通してどのような「日本」を諸外国に発信しようと試みたのか。こうした問いに対して、本書は、開催国フランスと参加国日本の意図や動向を調べ、一方向的ではなく双方向的な観点から分析していく。とりわけ、日本側の参加意図、出品物、展示内容と、フランス側の行動や反応の交錯関係を明らかにするために、日仏間の外交文書、文書館等に所蔵される万国博史料、また一九世紀後半に日仏両国で出版されたパリ万国博関連の書籍や新聞・雑誌などの分析を行う。分析のもととなる史料については、各部冒頭にまとめたのでそれを参照されたい。

第二に、本書はとくに「物」と「人」に注目する。一八六七年と一八七八年の両パリ万国博でグランプリを獲得して最高の評価を受け、「ジャポニスム」という言葉が生まれるもととなったのは日本工芸品（特に陶磁器）であった。本書は、それだけにとどまらず、両万国博で注目すべき役割を果たした人物や、さらにはそうした人物間のネットワークにも注目していきたい。

以上の点に関して、とりわけ先行研究との関係でもう少し詳しく述べていこう。

◆「開催国」／「参加国」の図式から双方向的なイメージの形成へ

万国博覧会を対象とした研究が本格化したのは、一九七〇年代末である[31]。リンダ・エモーヌとカルロ・オルモがその共著の冒頭において、万国博を「一九世紀後半の社会を全体として再現することのできる稀有な方法」と位置づけているように、これまでの研究では主として一九世紀後半から二〇世紀前半の万国博を対象に、歴史学、社会学、美術、建築、思想など、さまざまな研究分野からの分析が行われてきた[32]。そしてその研究関心についても、産業革命以降の国家間の技術競争の場、開催国による帝国主義的世界観の提示、植民地表象、都市における消費文化の拡大、大衆娯楽としての側面など多様である。その多くに共通する点としては、これまでに指摘されるとおり、万国博の主要な開催国であったフランス、イギリス、アメリカが分析対象とされてきたために、「開催国」の視点や論理が強調されてきたことであろう。

フランスでは、結局中止になったものの、一八八九年パリ万国博の一〇〇周年およびフランス革命二〇〇周年を記念した「一九八九年」パリ万国博の開催計画が、万国博研究を進展させる契機となった[33]。芸術分野での関心も高まり、装飾美術協会による「万国博」展（一九八三年）を出発点に、オルセー美術館では「一八八九年――エッフェル塔と万国博――」展（一九八九年）、「パリ万国博――現実あるいはユートピアの建築――」展（二〇〇七年）、フランス国立文書館では「写真と万国博」展（二〇〇〇年）といった展覧会が開催された[34]。このようにフランスでは万国博関係の史料を所蔵する機関が、建築や写真などまさに「展示」されるものに注目した展覧会を開催し、万国博研究の主導的な役割を果たしてきたこともひとつの特徴である。

歴史学からのパリ万国博の研究としては、パスカル・オリが第一人者としてあげられる。オリは、万国博の政治文化史の研究として『パリ万国博』、そして『一八八九年万国博』、さらに一八八九年のパリ万国博を、一七八九年のフランス革命の一〇〇周年と位置づけ、これと一九三九年の一五〇年祭、一九八九年の二〇〇年祭という三つの祭典の比較という見地から論ずる『記憶のための国民』を著した[35]。またオリは、ピエール・ノラの『記憶の場』においても論文を発表し、革命一〇〇年祭（一八八九年パリ万国博）を、一八七〇年代以降の左右の政治勢力の間で繰り広げられた「記憶」をめぐる闘いのなかに位置づけ、第三共和政によるナショナル・アイデンティティ構築の過程を明らかにした[36]。日本では、木下賢一が第二帝政期のパリ万国博と労働者委員会について論じている[37]。また鹿島茂は、サン＝シモン主義のユートピアとして初期のパリ万国博を明らかにした[38]。

他方、エドワード・サイードの『オリエンタリズム』の影響を受けて、博覧会場においてヨーロッパ外部

(extra-européen) がどのように表現されたか、とりわけ他者(植民地人)の表象、植民地文化が万国博においてどのような役割を果たしたかを問題にする研究も多く見られる。こうした研究に共通しているのは、万国博を、西洋による東洋の植民地支配を正当化し、そうしたイデオロギーを再生産する装置として捉えるという枠組みである[39]。

しかしながら、このような見地は、西洋の視点と植民地の視線の二項対立的な図式にとどまる場合もある。しかも、こうした図式は、現在の万国博研究においても踏襲されているように思われる。フランス国立文書館では二〇一〇年に「エキゾティックな博覧会――万国博とヨーロッパ外部の文化、フランス一八五五年～一九三七年――」展とシンポジウムが開催された[40]。この展示にしても、ヨーロッパとヨーロッパ外部に分けて論じられ、展示全体としては開催国であるフランスの視点から捉えた「外部」にとどまっている。このように万国博に参加した「ヨーロッパ外部」の動向に関する研究は進展してきているものの、ともすれば開催国側からの視点の強調といったオリエンタリズムの議論に陥りかねない。

これに対して、本書がパリ万国博の日本参加を通じて注目していきたいのは、万国博という場における一方向的ではない開催国と参加国の関係であり、さらに博覧会場に集う観衆を含めて、三者の複合的な相互作用のなかで形成された「日本」イメージと、その形成過程である。万国博覧会は、出品物の展示を通じて参加国が自己イメージを発信する場となったが、このように発信されたイメージは必ずしも参加国の意図したとおりに諸外国に伝達されるわけではない。開催国の政府をはじめ、万国博を組織する委員会、批評家、さらに博覧会場に足を運んだ観衆によって、さまざまなかたちで批判と賞讃の対象となり、多様な要因が複雑に絡み合いながら、イメージが形成されていったのである。

◆日本の万国博覧会参加

日本における万国博研究については、伊藤真実子がその動向を詳細にまとめている。(41)「日本」を題材とした万国博研究は、主として「明治以降」の万国博参加および内国博覧会を対象として取りあげ、とりわけこれらを日本の「近代化」との関連で検証するものが多かった。こうしたなかで、一八六七年パリ万国博への日本参加は、徳川昭武一行のパリ万国博参加をめぐる動向が外交史の研究として注目されてきたものの、明治以降の万国博参加とは切り離され、幕末における外交問題のひとつとして扱われてきた観がある。初めての万国博参加として言及されるだけで、その意義が十分に論じられることはなかったといってよい。

これに対し、本書が一八六七年と一八七八年のパリ万国博を分析対象として扱うことには、これまで述べてきた事柄に加え、次のような理由がある。ひとつには、この時期は、日本においては江戸の幕藩体制から明治の中央集権制へ、一方フランスにおいては第二帝政から第三共和政へと、両国の政治体制の変革期に相当する。こうしたなかで、日本側の参加形態や参加意図などは注目すべき変化を見せる。また本書の主題である「日本」のイメージの構築という観点からは、先述のように、まさに、一八六七年パリ万国博は大きな契機となり、これが一八七〇年のフランスにおいて日本文化への関心を引き起こし、そして一八七八年パリ万国博において「ジャポニスム」の絶頂期を迎えるのであり、この意味において両万国博は同一線上で捉えなければならないのである。そのために、本書は、これら二つの万国博への日本の参加をめぐる両国の史料を比較分析し、両国における多様な反応を分析していく。

本研究は、以上のような観点から、フランスにおける「日本」の受容の経緯を、一方向的なものとしてではなく、万国博を通じ自らの産業の発展をはかるフランス、近代化に突入するなか万国博を自らの国家イメージのアピールや殖産興業の場と位置づける日本、そして日本の出品物に感嘆しジャポニスムの流行を見せることとなったフランス社会、こうした三者のさまざまな関わりのなかで、どのような「日本」イメージが形成されていったのか、文化像の形成の契機として万国博を捉えることを目指す。

近年日本で刊行された『万国博覧会と人間の歴史』では、万国博をめぐる開催国と参加国の多様な関係に焦点が当てられ、万国博の分析を通じたよりグローバルな人間社会・歴史の解明を目的としているが、本書もその視点を共有するものである。(42)

◆「物」と「人」

以上のような関心に基づきつつ、本書は、二部構成をとる。第Ⅰ部では、一八六七年パリ万国博への日本の参加を取りあげ、第Ⅱ部では、その後の一八七〇年代の日仏交流および一八七八年パリ万国博への日本参加を論じる。その際、とりわけ本書が留意するのは、「物」と「人」という二つの軸である。

第一に、万国博とはまさに「物」を展示する場であった。万国博の会場に集う観衆は、参加各国が展示した出品物を直接見ることによって、その国の文化イメージを形成していったのである。したがって、本書は各章において、二つのパリ万国博で、具体的にどのような「物」が、どのような意図で出品され、またどのような仕方で展示されたのか、そしてそれがいかなる反応を引き起こしたのかを具体的に見ていく。

だが、第二に、本書は、万国博における「物」とならんで「人」という契機も重視したい。この時代には博覧会場に展示される「物」と同様に、万国博を契機にヨーロッパに渡った「日本人」も好奇の対象であり、「日本」のイメージを形成する重要な役割を担っていた。だが、それればかりではない、本書は、「日本人」が見られる存在であったと同時に、能動的な存在であった点に着目したい。

一八六七年パリ万国博に将軍名代として参加した徳川昭武は、フランスの新聞に図版入りで掲載され、まさに「見られる日本人」となったが、この万国博参加を契機として、日本の軍事・法学の近代化に大きな役割を果たしたフランス人との交際を生涯にわたって継続し、日仏間の情報交換、人的ネットワークを繋げる役割を果たした[43]。

また一八七八年パリ万国博では、初代駐仏公使を務めた鮫島尚信（一八四五～一八八〇）、代理公使の中野健明（一八四四～一八九八）、事務局長の前田正名などの日本人が万国博を通じて積極的に日本の情報をフランスに伝える役割を担った。これらの日本人は、幕末から明治にかけて、先端技術の摂取や近代国家の構築に励み、フランスの人々との交際を通じて互いに情報交換を行い、当時の日本の情報を伝えるなど、フランスにおける「日本」像の形成に積極的な役割を果たしていったのである。

他方、「日本」の参加やその文化受容においては、日本人以外の人物も多く関わっている。とりわけ六七年のパリ万国博の参加は、そうした人物なしには実現しなかったといえよう。日本からパリに向かう幕府使節に同行したアレクサンダー・フォン・シーボルト（Alexander George Gustav von Siebold, 1846–1911）、パリにすでに到着していた薩摩藩使節と行動をともにし、「日本」の主権をアピールしようとする幕府の意図をくじくモンブラン（Comte de Montblanc, Baron d'Ingelmunster, 1833–1894）、そうした行動を見つめフランス政府に報告するフランス軍人レオポルド・ヴィレット（Léopold Villette, 1822–1907）、彼らの視線を通じてこそ、パリ万国博への日本の参加がどのような意味を有していたのかが立体的に明らかになるのである。七八年万国博については、ここで参照すべきは、ギシャールやシェノーなど、フランス工芸産業の指導者や批評家の視線だろう。六七年万国博で発見された「日本」についての彼らの活発な言説こそ、「ジャポニスム」を生み出すにいたったからである。

以上のように、海外渡航が一般にはまだ非常に限られていた時代に、万国博は、フランスと日本の間に「物」と「人」の交流を大きく促す重大な契機となった。フランスにおけるジャポニスムの誕生・興隆の背景となった一八六七年パリ万国博と一八七八年パリ万国博の舞台で、日本から出品された「物」、そして万国博に携わった

「人」を通して、どのような「日本」像が、フランスと日本の相互作用のなかで形成されていったのか、これを示すことが本書の最終目標である。

（1）G. Flaubert, C. Gothot-Mersch éd., *Bouvard et Pécuchet: avec un choix des scénarios, du Sottisier, L'album de la marquise et Le dictionnaire des idées reçues*, Collection Folio, 1137, Paris, Gallimard, 1979, p. 515（日本語訳は、フローベール著、小倉孝誠訳『紋切型辞典』岩波書店、二〇〇〇年、一九五頁を参照）。フローベールは、一九世紀フランスを代表する作家であり、主著には『ボヴァリー夫人』（一八五七年）、『感情教育』（一八六九年）がある。『紋切型辞典』は、一八八〇年のフローベールの急逝により未定稿のまま残されたが、一九一〇年にコナール全集版『ブヴァールとペキュシェ』の巻で初めて出版された。著者が『紋切型辞典』を執筆したのは一八七〇年代とされ、同時代にフランスでひろく受容された意見や考えを反映した言葉が収録されている。このなかに「博覧会（Exposition）」の項目があり、これを本文で引用した（詳細は、小倉孝誠「解説」、フローベール著、前掲書、二七三〜三一六頁を参照）。

（2）各万国博に関する統計データ（開催国、参加国、会期、会場、入場者数等）は以下を参照。B. Schroeder-Gudehus et A. Rasmussen, *Les Fastes du Progrès, le guide des expositions universelles, 1851-1992*, Paris, Flammarion, 1992; 国際博覧会事務局（Bureau International des Expositions, 以下略してＢＩＥ）公式サイト（http://www.bie-paris.org/site/）。最終閲覧日：二〇一七年二月七日。

（3）各博覧会の正式名称は、一八八一年国際電気博（Exposition internationale d'Electricité）、一九二五年現代装飾美術・産業美術国際博（Exposition internationale des Arts décoratifs et industriels Modernes）、一九三一年国際植民地博（Exposition coloniale internationale）である。

（4）一九〇〇年パリ万国博の入場者数を初めて上回ったのは、一九七〇年大阪（六、四二二万人）であった。ただし一九七〇年大阪は入場者数の九七％が日本人である。なお、二〇一七年までに最高の入場者数を記録した万国博は、二〇一〇年上海（七、三〇〇万人）である。Cf. B. Schroeder-Gudehus et A. Rasmussen, *op. cit.*; 国際博覧会事務局（ＢＩＥ）公式サイト。

(5) G. Weisberg, « Philippe Burty and a Critical Assessment of Early "Japonisme" », The Society for the Study of Japonisme (ed.), *Japonisme in Art, An International Symposium*, The Committee for the Year 2001, Kodansha International, 1980, p. 116; G. Weisberg, *The Independent Critic, Philippe Burty and the Visual Arts of Mid-Nineteenth Century France*, New York, Peter Lang, 1993, p. 223-224.

(6) P. Burty, « Japonisme », I-V, *La Renaissance littéraire et artistique*, mai 1872- fév. 1873.

(7) P. Larousse, *Grand Dictionnaire universel du XIXe siècle*, t. 16, 1er supplément, Paris, 1877, p. 1003.

(8) E. Chesneau, «Exposition universelle, le Japon à Paris», *Gazette des Beaux-arts*, t. 18, Paris, 1878, p. 387.

(9) 日本の品物は、すでに一八五一年ロンドンと一八五五年パリの万国博において、オランダや中国の展示部門で紹介された。また一八六二年ロンドン万国博では、駐日イギリス公使ラザフォード・オールコックによる日本の収集品が展示された。詳細については、第一章を参照。

(10) 三浦篤「フランス・一八九〇年以前——絵画と工芸の革新——」ジャポニスム学会編『ジャポニスム入門』思文閣出版、二〇〇〇年、二八頁。『ジャポニスム』展覧会カタログ、グラン・パレ、国立西洋美術館、一九八八年。Galeries nationales du Grand Palais, *Le Japonisme*, Paris, la Réunion des musées nationaux, 1988.

(11) 一八六二年ロンドン万国博におけるオールコックの日本製品展示については以下を参照。佐野真由子『オールコックの江戸』中央公論新社、二〇〇三年。松村昌家『大英帝国博覧会の歴史——ロンドン・マンチェスター二都物語——』ミネルヴァ書房、二〇一四年。

(12) 馬渕明子『ジャポニスム——幻想の日本——』ブリュッケ、二〇〇〇年、一一頁。ジャポニスム学会編、注(10)前掲書、参照。

(13) 万国博覧会の表は、次の統計を参考に筆者が作成。B. Schroeder-Gudehus et A. Ramussen, *op. cit.* 統計結果が不明な項目は「—」で示した。

(14) P. Larousse, *op. cit.*, t. 9, 1872, p. 897.

(15) A. de Moges, *Souvenirs d'une Ambassade en Chine et au Japon en 1857 et 1858*, Paris, Hachette et Cie, 1860; C. de Chassiron, *Notes sur le Japon, la Chine et l'Inde, 1858-1859-1860*, Paris, E. Dentu, 1861.

(16)『ジャポニスム』展覧会カタログ、注(10)前掲書、四九頁。

(17) G. Duchesne de Bellecourt, « La Chine et le Japon à l'Exposition universelle », *Revue des deux mondes*, t. 70, le 1er août 1867, p. 710-742. また初代駐日イギリス公使オールコックの日本見聞記も出版された。R. Alcock, *The capital of Tycoon: a narrative of a three years' residence in Japan*, 2 vols, London, Longman, 1863.

(18) A. Humbert, *Le Japon illustré*, Paris, Hachette et Cie, 2 vols, 1870（日本語訳は、アンベール著、高橋邦太郎訳『アンベール幕末日本図絵』上下巻、一九七〇年。アンベール著、茂森唯士訳『絵で見る幕末日本』講談社、二〇〇四年、二〇〇六年）。アンベールは、フランスの新聞『ル・モンド・イリュストレ』において「一八六三～六四年の日本」という題名で記事を連載し、これをもとに一八七〇年に『日本図絵』をパリで出版している。一八七二年に初版された『一九世紀ラルース大辞典』の「日本」は、同書を引用している。P. Larousse, *op. cit.*, t. 9, 1872, p. 897.

(19)『ジャポニスム』展覧会カタログ、注(10)前掲書、五〇～五一頁。

(20) 大庭邦彦「徳川昭武にとっての滞欧体験――「徳川昭武日記」を読む――」、宮地正人監修『徳川昭武幕末滞欧日記』松戸市戸定歴史館、一九九七年、一八七～一八九頁。

(21) ヨーロッパの美術館に収蔵される日本コレクションについては、以下を参照。J. Kreiner (ed.), *Japanese Collections in European Museums*, 2 vols, Bonn, Bier'sche Verlagsanstalt, 2005.

(22) « Exposition universelle », *L'Illustration*, le 21 septembre 1867.

(23) P. Larousse, *op. cit.*, t. 16, 1er supplément, 1877, p. 1003.

(24) Ministère de l'Agriculture et du Commerce, *Exposition universelle internationale de 1878 à Paris, Rapports du Jury international, Group III, Classe 20, Rapport sur la Céramique*, Paris, Imprimerie nationale, 1882, p. 103.

(25)『浮世絵と印象派の画家たち展――東と西を結ぶ虹のかけ橋――』展覧会カタログ、サンシャイン美術館、一九八〇年。The Society for the Study of Japonisme, *Japonisme in Art: An International Symposium*, Tokyo: Kodansha International, 1980. ジャポニスムの研究動向については以下を参照。ジャポニスム学会編、注(10)前掲書。「シンポジウム報告「ジャポニスムの過去・現在・未来」」『ジャポニスム研究』第二八号、ジャポニスム学会、二〇〇八年、一一～二九頁。

(26) ジャポニスム学会編、注(10)前掲書、二四六頁。

(27) 『ジャポニスム』展覧会カタログ、注(10)前掲書。

(28) 各国におけるジャポニスムの広がり、ジャポニスムに関する最新の研究成果については以下を参照。ジャポニスム学会編、注(10)前掲書。ジャポニスム学会編『ジャポニスム研究』(学会誌)。

(29) 馬渕明子「ジャポニスム研究回顧——日本、ヨーロッパ、アメリカにおけるこの一〇年(一九八八—一九九七)——」『ジャポニスム研究』第一九号、ジャポニスム学会、一九九九年、九〜一八頁。

(30) ジャポニスム学会編、注(10)前掲書、二四七頁。

(31) 万国博の主要な研究文献については、以下を参照。A. Geppert et al., *International Exhibitions, Expositions universelles and World's Fairs, 1851–1951: A Bibliography*, Wolkenkuckucksheim, 2002. 研究動向については、以下を参照。E. Vasseur, «Autour de l'exotisme et de l'altérité dans les expositions universelles et internationales: premier bilan d'un renouveau historiographique», in C. Demeulenaere-Douyère (dir.), *Exotiques expositions. Les expositions universelles et les cultures extra-européennes. France, 1855–1937*, Paris, Archives nationales/Somogy, 2010, p. 88–95; L. Hilaire-Pérez, «Les identités à l'épreuve de la modernité dans les Expositions universelles aux XIXe et XXe siècles», in C. Demeulenaere-Douyère et L. Hilaire-Pérez (dir.), *Les expositions universelles: les identités au défi de la modernité*, Rennes, Presses universitaires de Rennes, 2014, p. 7-25. 伊藤真実子「博覧会研究の動向について——博覧会研究の現在とその意義——」『史学雑誌』第一一七編第一一号、二〇〇八年、一〇三〜一一一頁。

(32) L. Aimone et C. Olmo, *Les expositions universelles 1851–1900*, Paris, Belin, 1993, p. 5.

(33) E. Vasseur, art. cit., p. 90. フランスでは一九八九年にパリ万国博を開催する計画が、一九八一年に大統領に就任して間もないミッテラン政権のもとで進行した。一九三七年パリ万国博以来、五二年ぶりに計画された「一九八九年」パリ万国博であったが、長期にわたる改修工事や莫大な予算に対する懸念から、パリ市の支持を得ることができず、計画半ばにして一九八三年七月に断念される結果となった。Cf. J. Vincent et J. Duthilleul, « Projet de l'Exposition de 1989 », in M. Bacha (dir.), *Les Expositions universelles à Paris de 1855 à 1937*, Paris, Action artistique de la ville de Paris, 2005, p. 197–199.

（34）L'Union centrale des arts décoratifs, *Le Livre des Expositions universelles, 1851-1989*, Paris, Edition des arts décoratifs/Herscher, 1983; Musée d'Orsay, *1889: La Tour Eiffel et l'Exposition universelle*, Paris, éd. de la RMN, 1989; Musée de l'histoire de France, *Le Grand journal de l'exposition: Paris, tableaux d'expositions: La photographie et les Expositions universelles à Paris de 1867 à 1900*, Paris, Centre historique des Archives nationales, Musée de l'histoire de France, 2000; C. Mathieu, *Les Expositions universelles à Paris: architectures réelles ou utopiques*, Musée d'Orsay, 2007; I. Chalet-Bailhache（dir.）, *Paris et ses expositions universelles: architectures, 1855-1937*, Paris, Éditions du Patrimoine/Centre des monuments nationaux, 2008.

（35）P. Ory, *Les Expositions universelles de Paris*, Paris, Ramsay, 1982; *1889: L'Expo universelle*, Bruxelles, Complexe, 1989; *Une nation pour mémoire. 1889, 1939, 1989 trois jubilés révolutionnaires*, Paris, Presses de la Fondation nationale des sciences politiques, 1992.

（36）P. Ory, « Le centenaire de la Révolution française », in Pierre Nora（dir.）, *Les lieux de mémoire*, t. 1, Paris, Gallimard, 1984, p. 523-560（ピエール・ノラ編、谷川稔監訳『記憶の場――フランス国民意識の文化＝社会史――』第二巻、岩波書店、二〇〇五年、一九五～二三三頁）。

（37）木下賢一『第二帝政とパリ民衆の世界――「進歩」と「伝統」のはざまで――』山川出版社、二〇〇〇年。

（38）鹿島茂『絶景、パリ万国博覧会――サン＝シモンの鉄の夢――』河出書房新社、一九九二年、小学館、二〇〇〇年。

（39）フランス植民地史研究のなかでは、特に一九三一年植民地博が取りあげられてきた。パトリシア・モルトンは、この植民地博を中心的な題材としながら、その魅惑的なスペクタクルに隠蔽されたフランス帝国主義の本質を暴き、建築史とポスト・コロニアリズムとの関係を検証した。またシャルル＝ロベール・アジュロンは、この植民地博を通して、フランス人の帝国民としての意識のあり方を再検討し、この博覧会がいかに国民の記憶において、共和国の植民地思想の神話として流布してきたかを分析した。

これに対し、植民地表象の対象とされた側に注目した研究も行われてきた。ティモシー・ミッチェルは、『エジプトを植民地化する』において、一九世紀ヨーロッパの帝国主義を検証し、そのなかでヨーロッパの博覧会を例に、中東の物や人が植民地化の新しい秩序に組み込まれていく過程を論じた。パスカル・リヴィアルは、「エキゾティスムとプラグマティスム——フランスの万国博におけるラテンアメリカ」という論文を発表し、ラテンアメリカ諸国の万国博参加について論じているが、ここでは、ラテンアメリカの人々が博覧会場において近代性を表現したいという意図を持ちながらも、西洋のエキゾティスムの視点に組み込まれていった様子が描かれている。Cf. P. Morton, *Hybrid modernities: architecture and representation at the 1931 Colonial Exposition*, Paris, Cambridge, Mass.: MIT Press, 2000（パトリシア・モルトン著、長谷川章訳『パリ植民地博覧会——オリエンタリズムの欲望と表象——』ブリュッケ、二〇〇二年）; C. Ageron, « L'Exposition coloniale de 1931. Mythe républicain ou mythe impériale ? », in Pierre Nora (dir.), *Les lieux de mémoire, op. cit.*, t. 1, 1984（ピエール・ノラ編、谷川稔監訳『記憶の場——フランス国民意識の文化＝社会史——』第二巻、注(36)前掲書、三八三～四一二頁）。T. Mitchell, *Colonising Egypt*, University of California Press, 1991（ティモシー・ミッチェル著、大塚和夫・赤堀雅幸訳『エジプトを植民地化する——博覧会世界と規律訓練的権力——』法政大学出版局、二〇一四年）; P. Riviale, « Entre exotisme et pragmatisme: l'Amérique latine dans les premières expositions universelles en France (1855–1889) », in C. Demeulenaere-Douyère (dir.), *Exotiques expositions. Les expositions universelles et les cultures extra-européennes. France, 1855–1937, op. cit.*, p. 64–75. その他この問題に関する研究の概要については以下を参照。E. Vasseur, art. cit.

(40) C. Demeulenaere-Douyère (dir.), *Exotiques expositions. Les expositions universelles et les cultures extra-européennes. France, 1855–1937, op. cit.* シンポジウムの成果は以下を参照。A. Carré, M. Corcy, C. Demeulenaere-Douyère et L. Hilaire-Pérez (dir.), *Les expositions universelles en France au XIXe siècle: techniques, publics, patrimoines*, Paris, CNRS éd., 2012.

(41) 伊藤真実子「博覧会研究の動向について——博覧会研究の現在とその意義——」、注(31)前掲書。日本における博覧会研究は、皇紀二六〇〇年（一九四〇年）を記念して万国博を開催する動きのなかで出版された博覧会関係者による通史、概説として始まった。なお、万国博の研究が日本で本格化したのは一九八〇年代後半からであり、日本の産業技術史としての博覧会研究および帝国主義の祭典としての博覧会研究という、大きく分けてふたつの流れがある。前者の産業技術史の研究は、日本の万国博参加を欧米技術の習得の場として捉えている。また日本で開催された内国勧業博覧会を、地方への技術普及の場として着目し、明治政府の殖産興業政策の一環として博覧会を分析している。他方、帝国主義の祭典としての博覧会研究では、特に社会学の視点から、帝国主義、資本主義消費文化、大衆娯楽の観点から論じ、博覧会というテクストと読者としての観客の間に作動する政治的関係が問題とされてきた。

さらに、個別の万国博への日本の参加に特化した研究も進められてきた。アンガス・ロッキャーは『博覧会における日本、一八六七年～一九七〇年』において、一八六七年パリ万国博における日本の初参加、一八七七年に日本で開催された第一回内国勧業博覧会、一九一〇年日英博覧会、一九四〇年日本万国博の開催計画について取りあげている。そこで彼は、日本において最初の万国博開催となった一九七〇年大阪万国博にいたるまでの日本の歴史を視野に入れながら、それぞれの博覧会を通じてあらわれる日本の近代化を分析している。他方、伊藤真実子『明治日本と万国博覧会』は、万国博を諸外国へ向けた日本の紹介の場と捉え、日本のナショナル・アイデンティティ構築の様相を検証した。伊藤は、明治期に日本政府が参加した万国博と日英博覧会、第五回内国勧業博覧会を取りあげ、それぞれが国内外にむけてどのような日本像を打ち出そうとしたのかを時代状況などふまえつつ考察している。また近年、ダニエル・ヘディンガーは日本の開国から昭和初期にかけての日本の万国博覧会への参加や国内での博覧会開催といった経緯を追った大著をドイツ語で公刊している。以下を参照。永山定富、博覧会倶楽部編『海外博覧会本邦参同史料』、一九二八～一九三四年。永山定富『内外博覧会総説』水明書院、一九三三年。吉田光邦『改訂版　万国博覧会——技術文明史的に——』日本放送出版協会、一九八五年。吉田光邦編『図説万国博覧会史——一八五一～一九四二——』思文閣出版、一九八五年。吉田光邦編『万国博覧会の研究』思文閣出版、一九八六年。吉見俊哉『博覧会の政治学——まなざしの近代——』中央公論新社、一九九二年。國雄行『博覧会の時代——明治政府の博覧会政策——』岩田書院、二〇〇五年。國雄行『博覧会と明治の日本』吉川弘文館、二〇一〇年。A. Lockyer, *Japan at the exhibition 1867-1970*, Ph. D. thesis, Stanford University, 2000; 伊藤真実子『明治日本と万国博覧会』吉川弘文館、二〇〇八年。D. Hedinger, *Im Wettstreit mit dem Westen. Japans Zeitalter der Ausstellungen 1854-1941*, Frankfurt/New York, Campus Verlag, 2011.

(42)　佐野真由子編『万国博覧会と人間の歴史』思文閣出版、二〇一五年。

(43)　徳川昭武とフランスとの交流関係は、以下を参照。寺本敬子『徳川昭武に宛てたレオポルド・ヴィレットの書簡——一八六七年パリ万国博の出会いから日露戦争まで——』上下巻、一橋大学古典資料センター、二〇〇九年。寺本敬子「初期日仏交流における私信と人的ネットワーク——徳川昭武宛のフランス語書簡を中心に——」『人文学フォーラム』

第一三号、跡見学園女子大学、二〇一五年、五三〜七三頁。

第I部

一八六七年パリ万国博覧会

1867年パリ万国博会場全景

第Ⅰ部の構成

一八六七年パリ万国博覧会は、日本が主体的に参加した最初の万国博覧会である。日本が展示した工芸品をはじめとする「物」によって、具体的な「日本」の文化をフランス社会が認識した。これは続く一八七〇年代のフランスで「ジャポニスム」と呼称される文化現象が誕生する重大な契機として位置づけることができるだろう。

しかし他方で、このパリ万国博への日本参加は、外交面においては、「日本」の揺らぎを露呈する結果となった。歴史的に見ると大政奉還（一八六七年一一月〈慶応三年一〇月〉）を目前とした一八六七年パリ万国博への日本の参加をめぐっては、日本における主権が自らにあることを世界に表明し、またフランスとの緊密な関係を築きいっそうの援助を引き出すことを目指した幕府、これを妨害しようと試みる薩摩藩、さらにこの二者をめぐってフランスとイギリスがさまざまなかたちでかかわり、複雑な政治関係が万国博を舞台に展開したのである。「物」の展示によって「日本」のイメージが形成されていくのとは逆に、政治・外交面では、「日本」のイメージが揺らいでいくようにも見える。

第Ⅰ部では一八六七年パリ万国博における「日本」を主題に、第一章で「物」の展示による「日本」イメージの形成に焦点を当てる。第二章では「人」の交流に焦点を当て、外交の場としての万国博に注目し、パリであらわになった「日本」イメージの揺らぎを分析していく。

第Ⅰ部全体にかかわる研究文献および史料

ここでは第Ⅰ部全体で取りあげる問題に関わる先行研究および史料について簡単に説明しておく。詳細は、各章で述べる。

一八六七年パリ万国博については、近年とりわけフォルカー・バルトとエドゥアール・ヴァッスールによって、万国博の全体的な構成等が明らかにされてきた(1)。バルトは、一八六七年パリ万国博の展示の構成に着目し、そこからフランスの提示した「世界」の「表象」のあり方について分析した。一方ヴァッスールは、この万国博の開催の経緯とその背景に注目し、一八六〇年の英仏通商協定の締結によって激化したフランスとヨーロッパ諸国との貿易および産業上の競争、また産業製品の質の向上を重視したフランスの産業振興政策を強調した。これらの研究は、開催国フランスを対象とした分析として、本書も適宜参照していきたい。

一方、これまでの研究において、日本の万国博参加を取りあげたものは、主として明治以降を対象に、これを日本の近代化の問題と関連づけて論じてきた(2)。そのため江戸時代の最後の年となる一八六七年（慶応三年）のパリ万国博への参加については、日本が公式に参加し出品物を展示した最初の機会として言及されるにとどまる傾向がある。もちろん、一八六七年パリ万国博の日本参加は美術と外交の分野において取りあげられてきた。美術史では、ジャポニスム研究をはじめとして、日本の出品物に焦点を当てた研究がある(3)。一方、外交史の分野では、石井孝をはじめとする研究者が、将軍名代としてフランスに派遣された徳川昭武の動向と、これをめぐる英仏の動向を分析してきた(4)。ここでは特にパリ万国博における幕府使節と薩摩藩使節の対立が注目された。ただし、これらの日本の万国博参加にかかわる先行研究は、日本を主体として分析しているため、そこで分析対象となる史料も、日本側のものが中心となる傾向がある。これに対し、一八六七年パリ万国博への日本の参加の持つ意味を当時の国際的な文脈に即して明らかにするためには、第一にフランスでパリ万国博が開催された経緯・背景を明らかにしたうえで、第二に日本の参加経緯および展示状況を、フランス外務省、イギリス外務省、さらにパリ万国博を組織したフランスの帝国委員会の視点を取り入れて分析することが必要だろう。

こうした観点から、第Ⅰ部は、先行研究に加えて、これまでほとんど分析されてこなかった一八六七年パリ万国博の日本参加にかかわるフランス側の史料、特にフランス国立文書館に所蔵される万国博史料、[5] フランス外務省の日本関係史料、[6] イギリス外務省の日本関係史料を分析対象とする。[7] こうして日本、フランス、イギリスの史料を相互に比較分析することで、このパリ万国博における「日本」の姿がより立体的なかたちで明らかになるだろう。

フランス側の史料には、一八六七年パリ万国博を組織した帝国委員会の編集による『一八六七年万国博報告書』、[8]『国際審査委員会報告書』、[9]『総カタログ』、[10] 定期刊行物『一八六七年の万国博』[11] 紙が含まれる。さらにこうした政府関係の史料に加えて、広くフランス社会の日本展示に対する反応を分析するために、フランスの新聞・雑誌（『イリュストラシオン』（*L'Illustration*）、『ル・モンド・イリュストレ』（*Le Monde illustré*）、『両世界評論』（*Revue des Deux Mondes*）等）を用いる。また新聞に掲載された図版、さらにフランス国立文書館が近年公開した一八六七年パリ万国博の図版および写真から、一八六七年パリ万国博における「日本」の具体的なイメージを検討する。[12] このように、公的史料のみならず新聞や雑誌の記事を分析することによって、美術や外交の分野にとどまらず、フランス社会におけるより広範な層において「日本」イメージがどのように形成され、変化したのかがいっそう明らかになるだろう。

（1） E. Vasseur, *L'Exposition universelle de 1867 à Paris. Aperçu d'un phénomène de mode français au XIXe siècle*, Paris, Université Paris IV（Sorbonne）, Thèse de doctorat, 2005; V. Barth, *Mensch versus Welt. Die Pariser Weltausstellung von 1867*, Darmstadt, Wissenschaftliche Buchgesellschaft, 2007.

（2） 日本の万国博参加については、以下を参照。伊藤真実子『明治日本と万国博覧会』吉川弘文館、二〇〇八年。國雄行『博覧会の時代――明治政府の博覧会政策――』岩田書院、二〇〇五年。A. Lockyer, *Japan at the Exhibition 1867–*

1970, Ph. D. Thesis, Stanford University, 2000; D. Hedinger, *Im Wettstreit mit dem Westen. Japans Zeitalter der Ausstellungen 1854-1941*, Frankfurt/New York, Campus Verlag, 2011.

（3）美術史の分野の分析については、特に以下を参照。『ジャポニスム展』展覧会カタログ、国立西洋美術館、一九八八年。大島清次『ジャポニスム――印象派と浮世絵の周辺――』美術公論社、一九九七年。森仁史「一八六七年万国博覧会における「日本」――日本出品をめぐって――」『戸定論叢』第三号、松戸市教育委員会、一九九三年。森仁史『日本「工芸」の近代――美術とデザインの母胎として――』吉川弘文館、二〇〇九年。ジュヌヴィエーヴ・ラカンブル「考察――一八六七年パリ万国博覧会に出品された日本絵画について――」『ジャポニスム研究』第三三号、ジャポニスム学会、二〇一三年、一二～二一頁。D. Bromfield, « Japanese Representation at the 1867 Paris International Exhibition and the European response to it », in A. Rix（ed.）, *Japan's impact on the world*, Japanese Studies Association of Australia, 1984.

（4）尾佐竹猛『幕末遣外使節物語――夷狄の国へ――』岩波書店、二〇一六年（初版は萬里閣書房、一九二九年）。大塚武松『新訂増補　幕末外交史の研究』宝文館、一九六七年（初版は一九五二年）。石井孝『改訂増補　明治維新の国際的環境』吉川弘文館、一九六六年（初版は一九五七年）。高橋邦太郎『花のパリへ少年使節――慶応三年パリ万国博奮闘記――』三修社、一九七九年。鳴岩宗三『幕末日本とフランス外交――レオン・ロッシュの選択――』創元社、一九九七年。M. Medzini, *French policy in Japan during the closing years of the Tokugawa Regime*, Cambridge, Mass., East Asian Center, Harvard University, 1971; 宮永孝『プリンス昭武の欧州紀行――慶応三年パリ万博使節――』山川出版社、二〇〇〇年。

（5）フランス国立文書館（Archives nationales, Pierrefitte-sur-Seine［=AN］）の所蔵する万国博の史料は、F12（商業と産業）に収められている。一八六七年パリ万国博の史料は、F/12/2918-3161, F/12/11851-11907 の膨大なカルトンに収容されているが、このなかで本書が特に分析対象としたのは、以下の史料である。帝国委員会の通信記録（F/12/2930-2980, 11851-11866）、フランス外務省および外国との通信記録（F/12/2981-2983）、外国部門の史料（F/12/3024, 3090）。

（6）フランス外務省文書館（Archives du Ministère des Affaires Etrangères et du Développement International - La

Courneuve［=MAE］）の所蔵する以下の日本関係史料を参照した。Japon: Affaires diverses politiques（1862–1868）; Correspondance Politique（1865–1869）; Correspondance Consulaire, Yédo et Yokohama（1865–1867）.

（7） The National Archives（TNA）, Foreign Office（FO）: Political and Other Departments: General Correspondence before 1906, Japan. 本書は、「FO 46」（1856–1905）を対象に調査した。なお、本書は東京大学史料編纂所の表記および整理に従って各文書を記す。The University of Tokyo, *Historical documents relating to Japan in foreign countries: an inventory of microfilm acquisitions in the Library of the Historiographical Institute*（*Shiryō Hensan-jo*）, Tokyo, University of Tokyo, 1963–1988.

（8） La Commission impériale, *Rapport sur l'Exposition universelle de 1867, à Paris*, Paris, Imprimerie impériale, 1869.

（9） M. Chevalier（dir.）, *Exposition universelle de 1867 à Paris. Rapports du Jury international*, 13 vols, Paris, Imprimerie administrative de Paul Dupont, 1868.

（10） La Commission impériale, *Exposition uiverselle de 1867 à Paris: Catalogue général*, Paris, E. Dentu, 1867,

（11） La Commission impériale（rédacteur en chef, Fr. Ducuing）, *L'Exposition universelle de 1867: illustrée*, 2 vols, Paris, Administration, 1867.

（12） C. Demeulenaere-Douyère, *Exposition universelle de 1867 à Paris: documents iconographiques. Répertoire méthodique*（sous-série F/12）, Paris, Archives Nationales, 2008.

第一章　「物」による日本イメージの形成

はじめに

日本にとって、一八六七年パリ万国博の意義は、第一に日本が展示した工芸品をはじめとする「物」によって、より具体的に「日本」をフランスの多くの人々が認識する最初の機会となったことにある。第二に、これを続く一八七〇年代のフランスにおいて「ジャポニスム」へと発展する重大な契機と位置づけることができる点にあるだろう。

本章では、一八六七年パリ万国博の開催にいたる背景、パリ万国博の歩みを明らかにするとともに、日本の参加経緯、出品物、展示状況を明らかにする。日本は出品物の展示を通じて、何を目的とし、どのような「日本」像を博覧会場で発信しようと試みたのだろうか。また一方で、パリ万国博を統轄するフランスの帝国委員会(Commission impériale)は、博覧会場のなかに日本をどのように位置づけたのか。このときの帝国委員会の日本認識はいかなるものであったのか。

本章は、これらの問いを念頭に、博覧会場における日本の展示区画や展示場の状況にも目を向けて分析を試みたい。また実際に日本の展示を見たフランスの人々の反応はどのようなものであったかを、同万国博における帝国委員会の公式報告書、フランス・ジャーナリズムの評価を通じて明らかにする。以上を通じて、開催国フランスと参加国日本という二つの視点から、一八六七年パリ万国博における「日本」イメージの形成過程を検討していくこととしたい。

一　パリ万国博覧会のあゆみ

(1)　産業博覧会から万国博覧会へ

◆一八六七年パリ万国博覧会の「成功」

第二帝政下に開催された一八五五年・一八六七年のパリ万国博で主要な組織者として活躍したのは、ナポレオン三世の経済顧問としてこの時代の産業政策を担ったミシェル・シュヴァリエ（Michel Chevalier, 1806-1879）であった。シュヴァリエは、フランスで第二回目となる一八六七年パリ万国博の閉幕後に『国際審査委員会報告書』（一八六八年刊行）を監修し、冒頭の「序文」で一八六七年パリ万国博の「成功（succès）」を高らかに宣言している。[1]

この「成功」の根拠として、シュヴァリエが掲げたのは、次の諸点である。[2]まず、第一に「入場者数」の増加。シュヴァリエによると、それぞれの入場者数は「一八五一年ロンドンは六〇四万人、一八五五年パリは五一六万人、一八六二年ロンドンは六二一万人」であり、「一八六七年は、前回のロンドンよりもいっそう多く、一、〇〇〇万人以上に達した」という。第二に「出品者数〔個人・団体を示す〕」の増加である。「一八五一年に一三、九一七、一八五五年に二三、九五四、一八六二年に二八、六五三」であり、「一八六七年は、約二倍の五〇、二二六に増加した」。

以上のように、まず入場者数と出品者数の拡大が「成功」の根拠となった。実際、近年の万国博の統計分析によると、一八六七年パリ万国博の入場者数は一、一〇〇万人から一、五〇〇万人、出品者数は五二、二〇〇であり、シュヴァリエの言及を上回る数字であったとされる(3)。

これらの数字に加え、第三に、シュヴァリエが「成功」の根拠としたのは、パリ万国博に参加した「地域」の拡大である(4)。一八六七年パリ万国博では、ヨーロッパのみならず、アメリカ・アジアを含めた広い地域からの参加が実現し、シュヴァリエの言葉を用いれば、パリの博覧会場はまさに「文明の集合場所」となったのである。そのなかで「最も遠い国」のひとつである「日本」の公式参加が初めて実現したことも、このパリ万国博の「成功」を裏づける根拠にあげられた。そして第四に、それぞれの参加国の代表者がパリの博覧会場に集結したことをあげて、万国博が世界平和に役割を果たすことを謳っている(5)。

◆万国博覧会の起源

さて、シュヴァリエはこの「成功」を掲げつつ、「全人民の労働という限定された分野における競走という着想は、内国博覧会という着想そのものと同様に、フランスに由来している」という注釈を加え、万国博の起源が一七九八年以来、内国博を先導してきたフランスにあることを強調するのを忘れていない(6)。この発言の背景には、一八五一年に世界最初の万国博を開催したイギリスへの強い対抗心と、フランスが万国博の創案者であることへの自負心が垣間見える。

ここでシュヴァリエが言及する「内国博覧会（Exposition nationale）」とは、一八世紀末からヨーロッパ諸国で開催された「産業博覧会（Exposition de l'Industrie）」を指す。フランスでは、第一共和政期、一七九五年に発足した総裁政府の下、一七九八年に初めてパリ産業博が開催された。以来、パリ産業博は一七九八年から一八四九年にいたるまでの半世紀間に計一一回開催されている(7)。これらの産業博では、国内の工業製品を展示・公開するばかりでなく、審査制度を取り入れ、最も優れた製品の出品者を表彰した。こうして国内の商工業者間で技術や製品の質の向上を競わせ、産業を育成しようとしたのである。この「産業博」は、フランス政府の主導により、国内規模で実施されたことから「内国博」とも称された。

さて、「万国博の起源はフランスにある」というシュヴァリエの主張は、一八六七年パリ万国博を組織した帝国委員会の一致した見解であった。一八六七年に帝国委員会が編集し、一般に販売されたパリ万国博の『総カタログ』においても、一七九八年から一八六七年にいたるまでの博覧会の歴史概要が掲載され、万国博の起源が「一七九八年パリ産業博」にあることが明示されたのである。(8)

こうして一八六七年パリ万国博を通じ、フランスでは「産業博を先導してきたのは、フランスである。フランスが手本を見せたのだ。これがヨーロッパ全土で、さらにアメリカにおいてすら、すぐさま模倣されたのである」(9)といった言及が見られるようになり、ついには『一九世紀ラルース大辞典』（一八七〇年刊行）でも同様にフランスが万国博の創案者であることが明示されることとなった。(10)

以下では、一八六七年パリ万国博の『総カタログ』を参照しつつ、一七九八年パリ産業博の開催の経緯と、その後の展開を概観することとしよう。(11)

◆一七九八年パリ産業博覧会の開催

一八世紀末のフランスでは、革命と長期にわたる戦争によって、経済活動が著しく停滞し、一刻も早く産業を活性化させる必要に迫られていた。特に工業力において独走するイギリスに対抗するために、国内産業の発展が急務とされたのである。そこで、フランスではそのひとつの対策として、それまで美術品について行われてきた展示会（サロン）の形式を、工業製品の分野に拡張する振興策がとられることとなる。

まず一七九七年に、ゴブラン（タピストリー）、セーブル（陶器）、サボヌリ（カーペット）の三つの工場の監督官に就任したダヴェーズ侯（Marquis d'Avèze）によって、サン・クルー城で展示会の開催が計画された[12]。ダヴェーズ侯は、これら三つの工場の製品が不振に陥っている事態を目の当たりにし、その打開策として販売促進を目的とした展示会を企画したのである。翌一七九八年には、再びダヴェーズ侯によって、パリのメゾン・ドルセーを会場に展示会が実施された。

次に、従来の美術品の展示会と、ダヴェーズ侯による展示会から着想を得て、政府主導による「産業博」の開催を立案したのが、時の内務大臣フランソワ・ド・ヌシャトー（Nicolas François de Neufchâteau, 1750–1828）であった[13]。フランソワ・ド・ヌシャトーは一七九八年六月に内務大臣に就任すると、すぐさま同年のフランス革命暦の第一月（九月二二日）に計画された共和政の成立を祝う国家祭典の準備に着手し、これに合わせて初の試みとして「フランス工業製品の公的博覧会（Exposition publique des produits de l'industrie française）」を同時開催することを立案した。

なお、この産業博の開催が決定し、諸県に通達されたのは、開催の僅か一カ月前の一七九八年八月であった[14]。この通達では、出品者を広く募るとともに、出品者は無料参加であること、展示された製品については審査が行われ、特に優れた製品には賞が授与されることが告知された[15]。フランソワ・ド・ヌシャトーは、この通達の文末で「フランス人は、戦争〔イタリア戦役〕の快挙を成し遂げたその迅速さによって、ヨーロッパを驚かせた。フランス人は、商業と平和の技術についても同じ熱意で突進していかなくてはならない」と唱え、フランスの商業・産業の発展を国家が支援することを強調した[16]。

こうしてフランス初の産業博は、共和国祭典の舞台となったパリのシャン・ド・マルス（Champ de Mars）で、一七九八年九月一七日に開幕した。会期は五日間に設定され、最終日の二一日に展示品を審査し、その結果を翌二二日の共和国祭典で発表するというのがフランソワ・ド・ヌシャトーの計画であった。

ちなみにシャン・ド・マルスは、もともと練兵場であったが、一七九〇年七月一四日に初めてこの地で連盟祭が開催されて以来、繰り返し祭典が催された地である。[17] 一七九二年に第一共和政が成立し、革命暦が設定されると、第一月（九月二二日）に共和国祭典が開催されることになった。さらにパリ産業博の開催が提起される直前の一七九八年七月にも、フランソワ・ド・ヌシャトーの企画によって、イタリア戦役の戦利品としてナポレオン一世（Napoléon I, Napoléon Bonaparte 1769–1821, 在位1804–1814, 15）がフランスに持ち帰った「ラオコーンの群像」をはじめとする美術作品が展示され、民衆の記憶に新しかった。[18] のちに見るように、一八六七年パリ万国博も、このシャン・ド・マルスが開催地となる。

さて、一七九八年パリ産業博では、上述のとおり諸県への通達が開催の直前であったことから、出品に応じることができたのは一一九の県のうち一六県に限られ、その出品者数も一一〇にとどまった。[19] とはいえ、展示された製品は、予定通り審査が行われ、一二個の金賞が認定された。これらの受賞者は、共和国祭典の場で華々しく発表された。これは受賞した商工業者にとって名誉なだけでなく、受賞作品の絶大な宣伝の場となり、観衆からも好評を博した。こうして当初計画された五日間の会期は、さらに一〇日間延長されることとなる。[20]

一七九八年パリ産業博の閉幕後、総裁政府は、産業博がフランス産業の活性化・発展に寄与することを認め、産業博の年次開催を決定している。[21] フランソワ・ド・ヌシャトーは、同時並行で繰り広げられていた対英戦争になぞらえて、イギリスへの対抗心をあらわに、次のようにフランスを讃えた。

この最初の博覧会は、急いで考案・実施され、不完全なまま組織されたが、実際のところ、イギリス産業にとっては惨禍を、共和国にとっては栄光をもたらすような初めての戦いであった。〔…〕我々の工業は、イギリスの勢力にとって最も致命的な結果をもたらす武器を作り出す工廠なのだ。[22]

◆産業博覧会の発展

表2　パリ産業博覧会

回数	政体	会場	開会日	開催日数	出品者数	授賞数
第1回	第一共和政(総裁政府)	シャン・ド・マルス	1798.9.17	15日間	110	25
第2回	第一共和政(統領政府)	ルーヴル	1801.9.19	6日間	220	110
第3回		ルーヴル	1802.9.18	7日間	540	254
第4回	第一帝政(ナポレオン1世)	アンヴァアリッド広場	1806.9.25	25日間	1,422	610
第5回	復古王政(ルイ18世)	ルーヴル	1819.8.25	37日間	1,662	869
第6回		ルーヴル	1823.8.25	50日間	1,642	1,091
第7回	復古王政(シャルル10世)	ルーヴル	1827.8.1	62日間	1,695	1,254
第8回	七月王政(ルイ＝フィリップ1世)	コンコルド広場	1834.5.1	60日間	2,447	1,785
第9回		シャンゼリゼ	1839.4.30	60日間	3,281	2,305
第10回		シャンゼリゼ	1844.5.1	60日間	3,960	3,253
第11回	第二共和政	シャンゼリゼ	1849.6.5	6カ月	4,532	3,738

パリ産業博の開催は、毎年開催する方針が決定されていたが、総裁政府が翌一七九九年に解散したことにより一旦中断する。しかし、その後のフランスでは、総裁政府から統領政府、第一帝政、復古王政、七月王政、第二共和政と、相次いで政権が交代したにもかかわらず、それぞれの政府によって産業博のもつ重要性は認知された。実際、一七九八年から一八四九年にいたるまでに計一一回のパリ産業博が開催され、表2に見られるように、会期・出品者数の規模が拡大していくこととなる。[23]

パリ産業博の発展が顕著にあらわれている項目は、まず出品者数であり、一七九八年の一一〇から一八四九年には四、四九四に達し、授賞数も二五から三、七三八に拡大している。[24] また会期についても一五日から六カ月に大幅に伸びており、これは一九世紀の万国博の会期に匹敵する。なお、ルイ＝フィリップ一世（Louis-Philippe I, 1773-1850, 在位1830-1848）の統治下で初めて開催された一八三四年パリ産業博において、産業博は五年に一度の定期開催が決定された。[25] 以降、一八三九年、一八四四年、さらにこれが第二共和政下に引き継がれて一八四九年に実施されていくこととなる（図1）。また博覧会場については、初回の一七九八年は共和国祭典に合わせてシャン・ド・マルスで開催されたが、それ以降はパリの中心に位置するルーヴル宮やシャンゼリゼが選ばれることとなった。

このようなパリ産業博の成功に影響され、フランス各地においても、一八〇三年のカーンを皮切りに地方での産業博が開催された。産業博を開催した主要な都市は、カーン（一八〇三年、〇六年、一一年、一九年、三四年）、ナント（一八二五年、二七年）、ボルドー（一八二七年、二八年、三〇年、三八年、四一年、四四年、四七年、五〇年）、トゥールーズ（一八三五年、四〇年、四五年）、ディジョン（一八三七年、四〇年）などである。[26] ただし、これらはパリ産業博に比較すると規模は小さいものであった。たとえば、ボルドーでは地方都市としては最も多く産業博が開催されたが、一八五〇年の出品者数は三三四にとどまる。とはいえ、こうした地方における産業博の開催は、パリから地方にいたるまでフランスの商工業者たちに産業博のシステムおよび開催の意義が受け入れられていった状況を示すものとして捉えることができるだろう。

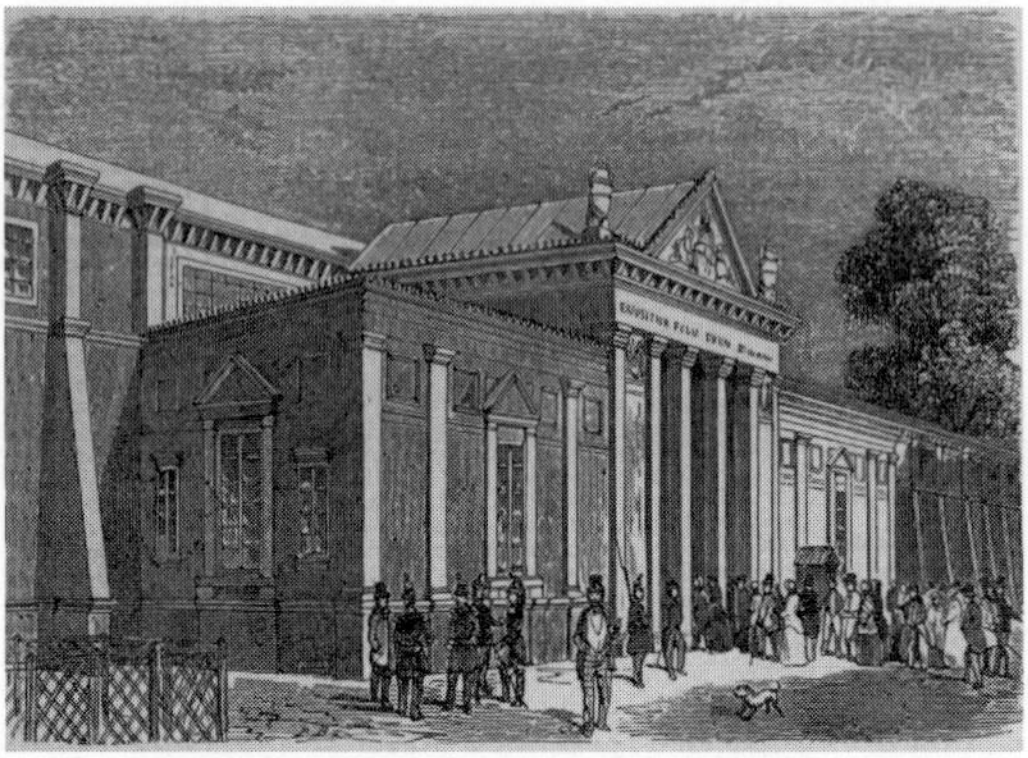

図1　1849年パリ産業博の会場図

このフランスにおける産業博の開催は、他のヨーロッパ諸国を刺激した。ヨーロッパ諸国において産業博の開催が盛んになったのは、フランスと同様に、イギリスの工業製品が自国に浸透するのを防ぎ、国内産業を育成し、自国の産業の力をアピールするという政治的思惑と深く結びついたものであった。こうした動きは、オーストリア（第一回目は一八〇八年トリエステ博、当時はオーストリア領）、ドイツ（第一回目は一八一八年ミュンヘン博）、スウェーデン（第一回目は一八二三年ストックホルム博）、スペイン（第一回目は一八二七年マドリッド博）、イタリア（第一回目は一八二九年トリノ博）、ベルギー（第一回目は一八三〇年ブリュッセル博）、さらにアメリカ（第一回目は一八二八年ニューヨーク博）、ロシア（第一回目は一八二九年ペテルスブルグ博）にも及んだ。[27] これらのうち一八三〇年のブリュッセル博にはオランダも参加し、また一八四九年のパリ産業博においては、アルジェリアの出品物も含めた展示が行われた。このように産業博は一八三〇年代から「国際化」の傾向を有していたのである。

産業博の「国際化」については、フランスで一八三四年パリ産業博の開催を控えた前年、一八三三年に税関長のブーシェ・ド・ペルテ（Jacques Boucher de Perthes, 1788-1868）によって次のように主張されている。

何故これらの産業博は限定されたままなのか。〔…〕ヨーロッパの産業博を開くことは、なんと美しく、なんと豊かであろうことか！[28]

しかしこの提案はフランスの商業にとって危険であるとして保護貿易を支持する商工業者層や地方行政府から反対された。さらに再び一八四九年に計画されたパリ産業博も、国際的な催しにする提案が農商務大臣トゥレ（Charles Gilbert Tourret, 1795-1858）によってなされたが、これも同じ反対を受けて不発に終わった。[29]

以上に見てきたように、一八世紀末から一九世紀半ばにかけて、イギリスの工業力に対抗するかたちで、フランスのみならず、ヨーロッパ各国で自国の産業発展を目指し産業博が開催された。ただし、産業博の「国際化」は、一八三〇年代から提起されるものの、これはイギリスの全面的な参加を意味し、イギリスの工業力を恐れる保護貿易の立場からは強い反対を受けた。こうして一八四九年パリ産業博は、アルジェリア等の植民地が参加したものの、フランス国内の催しにとどまった。そして皮肉にも、この一八四九年パリ産業博を訪れたイギリスのヘンリー・コール（Sir Henry Cole, 1808-1882）こそ、ここで産業博の「国際化」という着想を得て、一八五一年にロンドンで世界初の万国博の開催を企画することになったのである（図２）。

図２　1851年ロンドン万国博の会場図

◆万国博覧会の誕生

さて、再び一八六七年パリ万国博の『総カタログ』に掲載された博覧会の歴史概要に目を向けよう。同書には、すでに見てきたように一七九八年パリ産業博を起点として、フランス、他のヨーロッパ諸国、さらにアメリカ、ロシアを含め、一八六七年パリ万国博にいたるまでに開催された産業博が年代順に列挙されている。その延長線で一八五一年ロンドン万国博も、それ以前に開催された他の産業博とともに並べられた。ロンドン万国博は「最初の万国博」と説明されるものの、あくまでも一七九八年パリ産業博を開催したフランスがこの種の博覧会の創始者であることが暗に示されているのである。

しかし実際は、イギリスにおいて、工芸・製造業・商業を奨励する技芸協会（The Society for the Encouragement of Arts, Manufactures and Commerce, 現 Royal Society of Arts）や職工学院（Mechanics' Institute）といった民間団体によって、すでに一八世紀後半から国内の工業製品を展示する博覧会が開催されていた[30]。一八四九年に技芸協会の会長を務めたヴィクトリア女王（Alexandrina Victoria, 1819–1901, 在位1837–1901）の夫のアルバート公（Francis Albert Augustus Charles Emmanuel, 1819–1861）、先述のコールが中心となって、それまで同協会で開催されてきた博覧会を「国際化」することが検討され、これが一八五一年ロンドン万国博の開催に向けた直接の契機となる[31]。一八五〇年一月には、アルバート公を委員長とした王立委員会（Royal Commission）が組織され、万国博の開催に向けた具体的な準備作業が進められていくこととなった。そして一八五一年五月、ロンドン万国博は、ハイドパークに設置された鉄とガラスの巨大な展示会場「クリスタルパレス」を舞台に開幕し、ヨーロッパ諸国を中心とした二五カ国が参加した。出品者数は一四、〇〇〇を数え、入場者は六〇四万人に達し、これまでの産業博の規模を大きく凌駕することとなる。

◆舞台はパリへ

一八五一年ロンドン万国博の成功を受けて、フランスではナポレオン三世が一八五三年三月の政令《デクレ》により、一八五四年に予定されていた国内規模のパリ「産業博」を取りやめ、フランスで最初の「万国博」の開催に踏み切ることとなる。[32] 同年六月には、産業製品に加え、新たに「美術」の展示を含めた万国博にすることが決定された。[33] また同年一二月には、ナポレオン三世の甥にあたるナポレオン公（Napoléon Joseph Charles Paul Bonaparte, 1822-1891）を総裁とする帝国委員会が組織され、一八五五年パリ万国博に向けた準備が進められていくこととなる。博覧会場は、中止された一八五四年パリ産業博の会場に予定されていたシャンゼリゼに決定する。しかしこの会場は狭く、すべての出品物をひとつの会場に収容することが出来ないため、新たに付属の施設が設けられることとなった。結果として、博覧会場は分散し、さらに竣工が遅れ、会場内は換気の問題が出るなどして酷評を受けた[34]（図3）。このフランス初の万国博は、このとき初めて本格的な美術展示が行われたことや、植民地展示が増加したことが注目されるものの、入場者は一八五一年ロンドン万国博の六〇四万人に比べ五一六万人にとどまるなど、結局ロンドン万国博を凌駕するものではなかった。

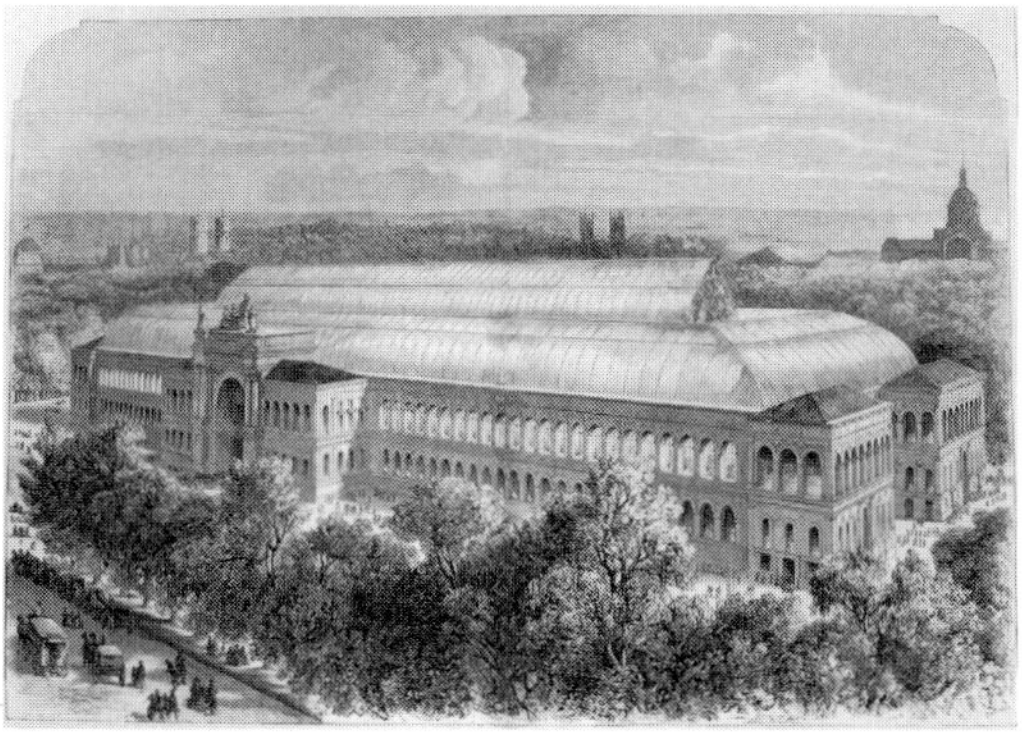

図3　1855年パリ万国博の会場図

他方、そうしたフランスを尻目に、イギリスは次の万国博を計画する。

一八六二年、ロンドンでは第二回目の万国博が開催された。とはいうものの、前回以上の経費をかけたわりには、入場者は六一〇万人台にとどまり、収支としては赤字となった。これ以降、イギリスでは万国博は開かれていない。

これに対し、フランスでは万国博を継続的に開催し、万国博はパリにおいてこそ、その進化を見せることになる。序章で指摘したように、パリでは、第一回目の一八五五年に続き、一八六七年、一八七八年、一八八九年、一九〇〇年、一九三七年と、万国博だけでも合計六回行われ、これに一九二五年のアール・デコ博や一九三一年の植民地博を加えれば、ほぼ一一年ごとに大規模な国際博覧会が開催され続けていった。こうしてパリが一九世紀の万国博覧会を象徴する都市となるのである。小説家ギュスターヴ・フローベールの「一九世紀における熱狂の種」(35)とは、まさにこのパリ万国博を指し示すものであった。

以上のように、万国博が誕生した経緯を振り返ると、一八世紀末からヨーロッパ諸国で開催された産業博の流れがあったことが分かる。とりわけフランスでは政府主導で継続的にパリ産業博が開催された。パリ産業博の規模は次第に拡大し、一八三〇年代には「国際化」が提起される。これは保護貿易を支持する商工業者層から強い反対を受け実現しなかったが、結果的には一八五一年にロンドンで世界初の万国博が開催されたことで、ナポレオン三世のイニシアチブのもと、一八五五年に最初のパリ万国博が開幕することとなった。次の一八六七年パリ万国博も、後で詳しく見るように、一八六二年ロンドン万国博の開催が直接の動機となった。

このように最初の二つのパリ万国博の開催は、とりわけイギリスへの対抗意識に端を発していたことは疑いない。一八六七年の帝国委員会が、一七九八年パリ産業博を万国博の起源に位置づけたのも、フランスが万国博の創案者であることをアピールするねらいがあったといえるだろう。一八六七年パリ万国博の「成功」は、その後のパリ万国博の隆盛に決定的な契機となるのである。

ようと考えている。

（2）　日本と万国博覧会

ここで視点を変えて、日本がどのように初期の万国博にかかわっていったのか、その経緯を見ていくこととしよう。

◆万国博覧会情報の到来

「万国博覧会」の存在が、日本で初めて一般に知られることになったのは、一八六二年一月（文久二）正月号の『官板バタビヤ新聞』第一号を介してであったとされる。[36] この新聞の第一号には、前年（一八六一年）八月三一日付（文久元年七月二六日）の記事が日本語に抄訳されており、そのイギリスの項に「全世界品物の見物場を開かんとする」計画があると報じられている。[37] これは、イギリスで第二回目となる一八六二年ロンドン万国博の開催を知らせる記事であった。

この『官板バタビヤ新聞』は、日本で最初の翻訳新聞である。[38] 幕府は、オランダ領東インド総督府のバタビヤ（現インドネシア）の機関紙『ヤパッシェ・クーラント』（Javasche Courant）を、蕃書調所に集めた洋学者たちの手で翻訳させ、同所の萬屋兵四郎に発売させた。[39] 一六三三年（寛永一〇）以来、幕府は、日本人の海外渡航禁止、貿易地の制限、長崎でオランダ船と中国船との貿易のみ行う体制を築き、海外情報についても貿易相手国のオランダ（『和蘭陀風説書』）と中国（『唐風説書』）からのみ入手し、要路者限りの機密としてきた。しかし開国後は、もはや幕府が海外情報を独占することはできず、諸藩にこれらの風説書を回覧させるにいたった。さらに一八五八年の各国との修好通商条約の締結により、幕府は開国政策を有利に展開するため、海外情報のより広い公開に踏み切った。これによって『官板バタビヤ新聞』が一般に販売されることとなり、そのなかで万国博の情報も伝わることとなったのである。

◆日本人初の万国博覧会参加

初めて日本人が訪れた万国博もまた、この『官板バタビヤ新聞』によって伝えられた一八六二年ロンドン万国博であった。幕府から派遣された竹内下野守（保徳、一八〇六～一八六七）一行が、ロンドンに到着した際に万国博に足を運んだのである（図4）。この一行は徳川幕府初の遣欧外交使節であり、支倉常長のローマ行き（一六一三年）以来、約二五〇年ぶりに公式にヨーロッパに渡った日本人たちであった。竹内一行の主要な使命は、条約締結国であるフランス、イギリス、オランダ、ロシア、ポルトガルの五カ国の政府に、江戸・大坂・兵庫・新潟の開港延期を要請し、承認を得ることであった(40)。また、ヨーロッパ諸国の近代的諸制度の調査も目的だった。

図4　1862年ロンドン万国博における竹内使節

図5　1862年ロンドン万国博 日本の部

一行は、ロンドン万国博の開会式に、紋付羽織に袴の姿で臨席している。その様子はイギリスの人々から注目され、日本への関心を呼びおこす大きな効果をもたらした。現地の新聞も「世間の注意は、いまや久しく鎖国してきた日本帝国に、ひたと向けられている。この国の使節たちが、われわれのなかに現にいるからである」と書き立てた[41]。結果として、この日本から派遣された竹内使節は、多くのイギリス人にとって、恰好の「展示品」となったのである。

「日本の部」が初めて登場したのも、一八六二年ロンドン万国博のときであった[42]（図5）。ただし、注意しておく必要があるのは、これは日本による主体的な参加ではないということである。イギリス政府の求めに応じて駐日イギリス公使ラザフォード・オールコックの収集した日本の作品が展示された[43]。その出品物は、漆器二三九点、色絵の一対の大瓶など陶磁器八六点、花器、燭台、香炉など銅器一三四点、その他竹製品、紙製品、染織品など六〇〇点を超えた[44]。オールコックは日本の工芸品を次のように絶賛していたが、それらを万国博の場に出品したのである。

すべての職人的技術においては、日本人は問題なしにひじょうな優秀さに達している。磁器・青銅製品・絹織物・漆器・冶金一般や意匠と仕上げの点で精巧な技術をみせている製品にかけては、ヨーロッパの最高の製品に匹敵するのみならず、それぞれの分野においてわれわれが模倣したり、肩を並べることができないような品物を製造することができる、となんのためらいもなしにいえる[45]。

◆日本出品物の評価

さて、オールコックの手による日本の出品物は、ロンドンの博覧会場でどのように評価されたのだろうか。イギリスの画家フレデリック・レイトン（Frederic Leighton, Baron, 1830-1896）は日本の展示品の感想をオールコックに書簡で伝えている。

古風な趣きのある美しさが日本のすべてを支配しているように思われる――きわめて精巧な仕上げを施された色の調和、そして対称を避け、するどい対称を喜ぶ趣き――まさに他のすべての国とは反対である。〔…〕甘美なるもの、柔らかくきれいなものの効果が、怪奇なものによって高められており、しかもすべてが調和している。(46)

イギリスの博覧会当局もまた、日本の展示品を称賛した。

このコレクションは、ひじょうにすばらしいものだ。ブローチや留め金のような小さな装飾品は、みごとな出来ばえをみせている。どの模様にも国民性が完全に正しく表現されている。これらの品は、主として鉄製で、部分的に金と青銅の細工をはりつけてある。これらの作品からすぐれた才能がうかがえる。(47)

日本の銅器は、博覧会当局からメダルを授与された。またオールコック自身も、その優秀な銅器収集を理由にメダルを授与されている。(48)

しかし一方で、幕府使節の一人である淵辺徳蔵（生没年不詳）は、展示場における日本部門の品々を「全く骨董店の如く雑具を集めしなれば見るにたへず」と評している。(49) また同じく使節の一人であった福沢諭吉（一八三五～一九〇一）も、「物の数甚少し。唯《ただ》漆器、陶器、刀剣、紙類、其外《そのほか》小細工物のみ」と述べている。(50) イギリス人から見れば、異国情緒にあふれ、独創的で芸術的なものと見えたのだろうが、実際に出品された品物は、日本人の目から見ると、それほど価値の高いものではなく、他国の展示に比べると規模も小さく劣ると判断されたのである。

これに対し、日本が「主体的」な参加を果たした一八六七年パリ万国博では、「日本」という国自体がどのような価値を提示しようとしたのかが問われることになる。

二　一八六七年パリ万国博覧会の開催と日本の参加

フランスは最初の一八五五年パリ万国博の開催後、どのような経緯で第二回目となる一八六七年パリ万国博の開催を決定したのだろうか。以下に、その経緯を見ていくこととしよう。

（1）開催の経緯

一八六七年パリ万国博の開催は、それに先立つ四年前の一八六三年六月二二日の政令で決定された(51)。ナポレオン三世は、農業・商業・公共事業大臣のユジェーヌ・ルーエル（Eugène Rouher, 1814-1884）の提議を受け、フランスで最初の一八五五年パリ万国博の開催に続く第二回目のパリ万国博の開催を宣言した。

この宣言は、時期としては、イギリスで第二回目の一八六二年ロンドン万国博が閉会してからわずか半年後に布告されたのだが、その経緯および動機はいかなるものだったのであろうか。本節では、この点を、上述のルーエルの提議が掲載された「報告書」から検討しよう(52)。そこには帝政政府の開催意図がはっきりあらわれているように思われるからである。

◆イギリスへの対抗意識

ルーエルの「報告書」によると、まず一八六二年ロンドン万国博のフランス出品者に対する授賞式が行われた一八六三年一月二五日に、ナポレオン三世に対して「主要な出品者たちが一八六七年にパリで万国博を開催する要望を申し出た(53)」。これを受けて一八六三年六月五日の帝国委員会の審議では、「万国博の産業上の利点および〔生産者たちの〕意力増進が明らかである」とする全会一致の見解が出された。ここでは万国博の具体的な利点が「生産者たちが、万国博でそれぞれの分野における製作上の改善策を見つけ、商業活動の幅を広げる」ことにあると明記された。また、すでに万国博の国際審査委員として出品物の審査を行ったフランスの識者や芸術家も同様に「万国博が科学と芸術の進歩を増進させる」として賛同した。以上を総括し、ルーエルは、万国博の開催が「パリの商業に莫大な利益をもたらし、フランス国家の威信を高め、外国との関係を発展させる」ものであると指摘している(54)。

そもそもフランスで最初の一八五五年パリ万国博も、すでに述べたように、それに先駆けて開催された一八五一年ロンドン万国博に刺激を受けて開催に踏み切ったという経緯があった。イギリスが一八五一年に万国博を開催したことで、ナポレオン三世は急遽、本来は一八五四年に予定されていた産業博を国際規模に拡大させ、翌年に万国博として開催することにしたのであった(55)。

◆自由貿易ネットワークの形成

以上のように、最初の二つのパリ万国博の開催はいずれもイギリスへの対抗意識に端を発するものであった。ただし、この二回のあいだには、フランスの態度に変化が見られる。特に一八六〇年を画期として、フランスとイギリス、さらに他のヨーロッパ諸国の貿易関係が大きく変化していたことは指摘すべきであろう。

ナポレオン三世は、自由貿易派のミシェル・シュヴァリエの提言によって一八六〇年に英仏通商条約を締結し、それによってフランス貿易体制は「極端な保護貿易主義から自由貿易主義の方向」へと大転換を図った(56)。フランスは、それまでの輸入禁止措置の撤廃、関税率の大幅な引き下げを行うことで、国内市場を開放し、それとひきかえにイギリスから自国工業生産物に対する輸入関税の全廃と、葡萄酒関税の大幅な引き下げを獲得したのである。翌一八六一年以降もフランスは、ヨーロッパの主要国と次々に同様の通商条約を締結し、自由貿易ネットワークが形成されていくこととなった。なお、すでに本章の冒頭で述べたように、シュヴァリエは、一八六七年パリ万国博において国際審査委員会の報告書を監修するなど、主要な役割を果たした人物である。

◆ユニヴェルセルな万国博覧会へ

こうした新しい局面を迎えるなか、上述の審議をふまえ、ルーエルは同「報告書」で次の三つの提言を行っている[57]。第一に「一八六七年にパリで万国博覧会（Exposition universelle）を開催すること」、第二に「過去の開催よりも、完全にユニヴェルセルであること」を目指すこと、そのため第三に「この万国博の開催を即座に告示し、最も遠く離れた国々も含めて生産者が準備期間を得るようにすること」である。

ここで注目すべきことは「過去の開催よりも、完全にユニヴェルセル」な博覧会が提起されたことである。この「ユニヴェルセル」とは、「普遍的」かつ「全世界的」な博覧会という意味を持つ語である。実際、それまでの万国博は、「国際化」されたとはいえ、ヨーロッパ諸国の参加が主体であり、その他の地域からの参加は限定的であった[58]。万国博を「完全にユニヴェルセル」にするには、ここでルーエルが強調するように「最も遠く離れた国々」を含めた広い参加が不可欠であり、こうした理念のもとで「日本」にも参加が呼びかけられることになったのである。

一八六七年パリ万国博を組織した帝国委員会の報告書によると、結果として「ほとんどすべての国が参加要請に応じた[59]」という。パリの博覧会場ではヨーロッパ諸国に加えて、アメリカ合衆国やロシアによる大規模な出品が行われ、さらにアジアでは日本が初めて公式に参加することで、より広い地域を対象とした万国博が実現した[60]。ただし「唯一中国が、一八六七年の万国博へ参加する栄誉を辞退した[61]」ことには注意を向けておきたい。中国（清）が参加を辞退した理由は明示されていないが、第一次・第二次アヘン戦争など、ヨーロッパ列強の侵略によって、万国博参加は実質的に不可能な状態であったと考えられる。とはいえ、「農業・商業・公共事業大臣が、中国部門の設置と装飾のために合計五八、〇〇〇フランを支給」するなどして、フランスが自ら中国製品を収集し、展示を実現させている[62]。ルーエルの提唱した「完全にユニヴェルセル」な博覧会という理念は、一貫して重視されていたことは間違いないだろう。

以上のように、一八六七年パリ万国博の開催を決定した一八六三年は、フランスが貿易の自由化にまさに直面し、イギリスをはじめとするヨーロッパ諸国との産業競争を激化させる只中にあったといえる。帝政政府は、他国との競争力を強化するためにとりわけ何を重視したのであろうか。

（2）　産業芸術の振興

「ユニヴェルセル」という理念に加え、帝政政府がこのパリ万国博で重視したのは「芸術」という要素であった。一八五五年パリ万国博ではすでに「産業」を中心とした展示に、新たに芸術作品が展示部門のなかに加えられていた。次の一八六七年パリ万国博では、この「芸術」部門がいっそう重視され、計一〇のグループに分類された展示部門の首位（第一グループ）に位置づけられたのである。ここにはフランスが他国よりも優位に立つ芸術面を際立たせることで、ロンドン万国博を乗り越え、フランスの権威を保持しようとする意図があったといえよう。[63]

◆芸術の優位性の低下

しかし同時に、一八六三年には、フランス製品を特徴づけてきた「芸術性」について懸念が広がっていたことを指摘すべきであろう。この「懸念」は、先の一八六二年ロンドン万国博で、フランス代表審査委員を務めたプロスペル・メリメ（Prosper Mérimée, 1803-1870）の「万国博における産業への芸術の応用に関する考察」と題する報告書のなかで示されたものである。[64] これはフランス代表審査委員会の全会一致の見解となり、帝政政府に対応策を立てるように強く求められることになった。以下でメリメの報告書の内容を確認しよう。

メリメは、一〇年前の一八五一年ロンドン万国博の時点では芸術性の面で遅れをとっていたイギリスが、それ以降、国家をあげた「産業芸術」の振興に取り組み、着実に成果をあげてきている点を指摘し、このままではフランスが追い越されてしまうと警鐘を鳴らした。この「産業芸術（arts industriels）」とは、一九世紀に生まれた言葉であり、『一九世紀ラルース大辞典』によると具体的にはブロンズ製品、宝飾品、陶磁器、壁紙、織物といった工芸品を指す(65)。フランスとイギリスでは特に一八五一年ロンドン万国博以降、産業と芸術の融合に基づく良き趣味の産業芸術の生産が目指された。

メリメは、同報告書において一八六二年ロンドン万国博でのイギリスの産業芸術分野における成果は、一八五二年の産業博物館の設置、さらに生産者に対する産業製品のデザイン教育など、サウス・ケンジントンを中心に展開された美術教育の充実および活性化によって引き出されたものと指摘している。これに対し、フランスにおいて産業芸術が停滞し、独創性が欠如しているという危機的状況を訴え、ここから脱するには、政府主導で、伝統的な美術教育制度を革新する必要があることを強調したのであった。というのも、それまでの美術アカデミーによる美術教育制度の単独支配こそが、まさに新たな芸術の創作を阻む根本的原因と考えられたからである。

こうした報告を受け、一八六三年六月二二日にルーエルはナポレオン三世にもうひとつの「報告書」を提出した(66)。ここでルーエルは、ヨーロッパ諸国との通商条約の締結によってフランス産業が直面する状況に言及し、自国の産業のレベルを向上させるには「専門教育」をよりいっそう充実させる必要性があったことを確認している。

陛下の発案でフランスと諸外国との間に締結された通商条約によって、外国の製品が我が国の製品と競争する広大な場が開かれることになりました。それ以降陛下は、フランス産業が到達したレベルを維持し、さらにそのレベルを向上させるにはどのような方策をとるべきかに注意を向けることとなりました。この件についてフランス産業は、現在フランスで行われているような専門教育が、現状において産業の要請に応えるものであるかどうかを問い直さなくてはなりませんでした(67)。

これに続けてルーエルが注意を向けるのは、一八六二年ロンドン万国博で明らかとなった、それまで優位を保持してきたフランスの「芸術作品および奢侈品の製造」の危機的状況である。

先の一八六二年ロンドン万国博の結果、これまではフランスが第一の地位を占めていましたが、芸術作品および奢侈品の製造においてフランスは停滞したままだとすれば、競争相手国は徐々に近づいてくるのではないか、またフランスが新たな、しかも迅速な発展をしないならば、近い将来に追い越されてしまうのではないかと危惧するようになったのです。(68)

すでに見たように、一八六二年ロンドン万国博では、フランス製品を特徴づけてきた「芸術性」がイギリスの製品にも同じように認められるようになってきたこと、イギリスが国家をあげた産業芸術振興に取り組むことで、着実に成果をあげてきたことが、メリメによって指摘されていた。(69) こうした指摘を受けて、ルーエルは以下の点を提唱した。

この状況は、国際審査委員によるフランス部門の報告書で明らかになったものですが、陛下を非常に心配させるものであります。この帝国の情勢に関する報告において、政府は芸術教育および専門教育を、国をあげて発展させるあらゆる適切な手段を探ると発表しました。その時が来たのです。(70)

◆国をあげた芸術振興

こうしてルーエルは、とりわけフランスの産業芸術の分野を改良していく必要を認め、その教育や振興を国家として後押しすることを提唱した。これらの問題は、右のメリメに加えて、シュヴァリエ、ル・プレなど、いずれも一八六七年パリ万国博の組織者として活躍する人物によって審議が重ねられ、パリ万国博の開催に向けた重要な懸案として共有されていくこととなった。(71) さらに一八六三年一一月の政令で、フランスの美術教育制度は、美術アカデミーによる支配から、国家の管理下へと移り抜本的改革が実行された。(72) こうして政府主導の産業芸術振興が推進されたのである。

またこうした政府の動きに呼応して、民間では一八六四年にエルネスト・ギシャール（Ernest Guichard, 1815-1889）を会長に設立された産業応用美術中央連合（L'Union centrale des beaux-arts appliqués à l'industrie）がフランスでの産業芸術振興に主導的な役割を果たすこととなる。[73] こうした取り組みが一八六七年パリ万国博でどのような成果を得るのかという点は、ギシャールの見解を取りあげて、第三章で後述する。

以上のように、一八六七年パリ万国博の開催の背景には、イギリスが産業芸術の分野で成果をあげてくるなかで、フランスも芸術的価値を重視した産業製品のいっそうの改良に努めるという官民の動きがあったのである。

（3）日本の参加の経緯

ここで再び目を転じて、日本の参加がどのような経緯で実現したのかを見ていこう。フランスが本格的に一八六七年パリ万国博の準備を始めたのは、ピエール＝ギヨーム＝フレデリック・ル・プレ（Pierre Guillaume Frédéric Le Play, 1806-1882）を委員長とする帝国委員会が発足した一八六五年三月四日以降である。[74] 帝国委員会はすぐさま三月四日付で外務省に対し、諸外国の政府に向けて正式にパリ万国博への参加要請を行うよう命じた。[75]

◆ロッシュの説得

これを受け、日本への参加要請は、最初に一八六五年三月七日付の文書で、フランス外務大臣エドゥアール・ドルアン・ド・リュイ（Édouard Drouyn de Lhuys, 1805-1881）から駐日公使レオン・ロッシュ（Léon Roches, 1809-1901）に発信されたことが確認できる。[76] この後も外務大臣は同じくロッシュ宛に、万国博にかかわる通達を同年五月に一回、七月に二回、継続的に送っている。[77] これらの情報はロッシュを通じて幕府に伝えられたが、この要請に対し、幕府はすぐに応じたわけではないようである。

日本側の記録では、一八六五年八月一五日付（慶応元年六月二四日）で、ロッシュが幕府に対して再度の参加要請を行っていたことが確認できる。[78] この記録には、一八六七年パリ万国博に関して「過日江戸表ニテ御対話[79]」とあり、ロッシュが幕府側と直接交渉していたことが記されている。これに加えてロッシュは「猶又此程国帝之命トシテ我外国方之「ミニストル」ヨリ貴国政府江得与《とくと》可被申達旨、重而《かさねて》命セラレタリ[80]」とあり、フランス本国の外務省を通じて、幕府に対して再度の参加要請が行われたことを読み取ることができる。すでにイギリスが三月三〇日の時点でパリ万国博への参加を表明し、その他の諸国も続々と参加表明を行っていた。[81] ロッシュがこの書簡において「何卒急速御返書[82]」と幕府側に要請したのは、日本の参加表明が遅れていることに対して、フランス外務省から再度の催促があったためであった。

こうしたロッシュの働きかけによって、幕府が参加の意志を伝えたのは同年八月二二日付（慶応元年七月二日）の書簡においてであった。外国御用取扱を担当していた老中水野和泉守（忠精、一八三二〜一八八四）は「我国所産之物品可差出旨[83]」と、正式にパリ万国博への参加の旨をロッシュに伝えたのである。

ようやく幕府が参加を決定し、これをロッシュが外務省に報告したのは、最初の要請から半年後の九月一一日付の書簡においてであった。[84] この書簡には、ロッシュが幕府に説得を重ね、参加表明にいたるまでの経緯が記されている。そこには、報告の遅れについて自分の立場を弁明する意図があったのであろう。ロッシュはまず「私は、政令によって一八六七年五月一日（ママ）に開催されることが確定した万国博に、日本の農業製品、産業製品、芸術品の出品を期待するという〔フランス〕皇帝政府の要望を大君〔将軍〕の大臣たちに確かに伝えました[85]」と主張する。さらに幕府と協議を重ねた経緯を次のように説明している。「私は、御老中たち〔gorodjos〕に対し、皇帝陛下が大君〔将軍〕をこの壮大なる催しへ招待する栄誉と、そこから日本が間違いなく引き出すことのできると思われる実際の利点について理解させるために必要な限り協議を重ねました[86]」。ロッシュはこの協議のなかで、具体的に「出品物の内容、その収集および発送の方法」について、幕府側に説明したようである。今回が幕府にとって万国博への初めての公式参加であったため、ロッシュはその内容を説明し、幕府に理解させる必要があったのであろう。

◆幕府の思惑

さて、参加を決断した幕府にはどのような事情および思惑があったのであろうか。

当時の国内情勢に目を向けると、幕府は第二次長州征討の最中であった。将軍家茂が大坂城へ入城したのは一八六五年七月一六日（慶応元年閏五月二四日）である。一方、薩摩藩は、一八六五年にイギリスへ使節団を送るなど、独自の対外関係を構築していた。これに対し、幕府は、栗本安芸守（鋤雲、一八二二～一八九七）や小栗上野介（忠順、一八二七～一八六八）といった親仏派を中心に、フランス公使ロッシュとの関係を重視していた。こうして幕府は第二次長州征討と同時並行でパリ万国博の参加交渉を進め、一八六五年六月二七日（慶応元年閏五月五日）には外国奉行の柴田日向守（剛中、一八二三～一八七七）をヨーロッパに派遣した。フランス外務省との間で横須賀製鉄所の事業計画について最終的な打ち合わせを行い、さらに軍政改革のためにフランス軍事顧問団の派遣について打診するなど、幕府はフランス政府との関係構築を目指した[87]。また翌年の一八六六年二月に、ロッシュの推薦によって、銀行家のフルーリ＝エラール（Paul Fleury-Hérald, 1839-?）に駐仏日本総領事を委嘱する。フルーリ＝エラールはヨーロッパにおける唯一の幕府の事務取扱の責任者であった[88]。

以上のように、国内における幕府の威信にほころびが見えるなか、ロッシュの説得に応じることで、幕府はパリ万国博への参加をフランスといっそう良好な関係を築く機会として重視し、国内外で幕府の権威を高めることを意図したと考えられる。実際、将軍の徳川慶喜は、各国の皇族や王族が参列するパリ万国博に、次期将軍の有力候補の徳川昭武を派遣したが、これはパリ万国博へ参加することで幕府の権威を諸外国に示す外交上の切札として考えたものであろう（図6）。このような幕府の試みは、出品物の収集の経緯からも読みとることができる。こうした試みは幕府の目論見通りには進まなかったのだが、その点はのちに確認するとして、ここではまず出品物の収集過程を次に確認しよう。

◆幕府の出品方針

幕府は、パリ万国博への参加を表明した後、ロッシュの協力のもと、博覧会業務を担う勘定奉行の小栗上野介を中心として、一八六五年九月に出品物の収集を開始した(89)。この時パリに滞在中の柴田の一八六五年一一月二〇日（慶応元年一〇月三日）の日記には「第六十七年正月一日まで(90)」に出品物をフランスに手配するよう、フルーリ＝エラールから指示があったと記されているため、一年余りの収集期間があったことになる。

さて当初、幕府は出品にあたっては、それほど明確な出品方針を持っていなかったように思われる。幕府は、フランスの帝国委員会が定めた「芸術作品」「家具」「服飾」「食料」など全部で一〇グループの出品分類に従って収集を行っていた(91)。またフランス側の求めに応じるかたちで、開成所に昆虫植物標本などの博物資料の収集を命じている(92)。

このように当初は幕府が単独で出品物の収集を進めていた。しかし一八六六年五月一九日（慶応二年四月五日）に突如、諸藩を含めて一般にも出品を呼びかけることとなった(93)。幕府がすでに一八六五年九月の時点から出品準備を開始していたことからすると、この呼びかけはおよそ九カ月後になされたことになる。幕府が、独自の出品から一般の応募形式に変更し、諸藩の参加を募ることとなったのは、いかなる経緯だったのであろうか。

これについては、ロッシュがフランス外務省に宛てた書簡から次

図6　徳川昭武（1867年）

の証言を得ることができる。

幕府は諸藩に対し、前もって幕府の許可を得たうえで、パリ万国博に参加するように布告した。これは、大名たちが我々〔フランス〕に開放的な意向を持つものの、この意向が大君〔将軍〕によって妨害されているという、しばしばなされる非難に、〔幕府が〕見事に応えるものである[94]。

この証言から、幕府には、パリ万国博への諸藩の出品を認めることで、幕府の独占的な貿易政策に対する諸藩からの批判をかわそうとする意図があったと推察される。

またこれに続けて、ロッシュが同書簡で伝えたのは、幕府がすべての日本人に海外渡航を許可したことであった[95]。これは、幕府が諸藩にパリ万国博への出品を呼びかけてから二日後、同年五月二一日（四月七日）に「学術修行及商業ノ為海外ニ渡航スルヲ聴《ゆる》シ、之ニ免許証ヲ付与」したことを指している[96]。ロッシュはこれにより、「この国〔日本〕が、およそ三世紀以来、政府によって厳しく統制されてきた孤立政策〔鎖国〕を終わらせる」として大きく評価している[97]。

以上のように、五月一九日・二一日と立て続けに、幕府はパリ万国博への出品を希望する諸藩の貿易活動制限を解除し、「孤立政策」を打破する布告を行ったことになる。これは、諸外国との貿易に対する幕府の積極的態度を示すものと考えられる。

◆自由貿易の機運

この決定の経緯はこれまで十分に確認されてこなかったが、そこには自由貿易をめぐる幕府と諸外国との外交関係をはじめ、より大きな歴史的背景がある[98]。一八五八年の修好通商条約は、孝明天皇（一八三一～一八六六、在位一八四六～一八六六）から勅許を得られず、仮条約のまま調印された。幕府は、国内で高まる攘夷運動を背景に、朝廷から攘夷を迫られ、一八六三年（文久三）に外交方針を開港から攘夷に転換した。特に国内における攘夷の高まりを決定づけたのは、一八六三年の長州藩による下関海峡の外国船の砲撃と同海峡の封鎖であった。その報復として、翌六四年にイギリス・フランス・オランダ・アメリカの四国連合艦隊は、下関砲台を攻撃した。この圧倒的武力を前に、長州藩は屈服し、同年に幕府が四カ国に対して賠償金を支払う協約が調印された。幕府は鎖港方針を撤廃し、一八六五年一一月二二日（慶応元年一〇月五日）に天皇の条約勅許を獲得した[99]。

こうして日本はヨーロッパの自由貿易体制に本格的に参入していくこととなる。幕府が下関戦争の賠償金問題をめぐってイギリス・アメリカ・オランダ・フランスと交渉を進めるなかで、一八六六年六月二五日（慶応二年五月一三日）に外国御用取扱の老中水野忠精と、四カ国の駐日代表者との間で「改税約書十二箇条及運上目録」が調印された[100]。その内容は、修好通商条約における自由貿易の原則をいっそう徹底し、関税の引き下げだけでなく、すべての日本人の対外貿易・外国船舶購入・海外渡航の自由などを規定したものであった。これに先立つ一カ月前に、幕府はパリ万国博への諸藩および一般の出品と、日本人の海外渡航を許可したことになる。

これまで、幕府が諸藩および一般にパリ万国博への参加を許可した経緯は明らかにされてこなかった。しかし、以上のように、この幕府の方針転換には、幕府と諸外国の自由貿易をめぐる外交関係が密接にかかわっていたのである。

ただし、薩摩藩と佐賀藩がパリ万国博へ出品することを表明したが、幕府はあくまでも自らの統率のもとで「日本」の展示を行うことを条件とした。この点は、右に引用したロッシュの書簡からも読みとれるが、フルーリ＝エラールに対する幕府の指示からも見てとれる。幕府はフルーリ＝エラールに、諸藩の品物も「我国旗章のもと」で展示を行うように命じたのである[101]。これはやはり国内で主権的地位を脅かされていた幕府が、万国博への出品を逆に自身の統率力を内外に示す機会として捉えていたからであろう。

（4）日本の出品物

日本の出品物は、幕府、江戸商人、薩摩藩、佐賀藩によるものであった。それぞれの内容を見ていくこととしよう。

◆幕府の出品物

幕府の出品物は、官服、武器、書籍、図画、音楽器、漆器、彫器、陶器、金属器、紙類等であった。官服としては、正装の「衣冠」、略服の「狩衣」の二点が出品された。武器は鉄砲、刀、鎧等二〇一点が選ばれた。このなかには、飾馬に乗る武者人形も出品され、これが後述のように非常にフランス人の興味をそそることになる。書籍は江戸名所図絵や東海道名所図絵、北斎漫画など絵の多いもの、さらに辞書（英和対訳、和蘭語彙）も出品された。図画は浮世絵（人物画・風景画）、日本地図、油画等一二四点である。[102] 油画は、幕府が開成所に作成させたもので、一〇点出品された。漆器は棚、硯箱、香箱、文箱、印籠、簞笥等一四八点、陶器は鉢、桶、水差し、皿、茶碗等一一三点、そして一〇〇枚単位のさまざまな種類の紙が七九点出品された（表3）[103]。

表3　幕府の出品物

部	類別	数量
官服之部	2種	2
武器之部	20種	201
書籍之部	9種	92
図画之部	10種	124
音楽器之部	12種	12
漆器之部	81種	148
彫器之部	5種	9
陶器之部	44種	113
金属器之部	11種	20
雑品之部	24種	37
紙類之部	72種	79

表4　商人の出品物

部	類別	数量
武器之部	9種	51
衣服之部	25種	108
織物之部	24種	130
音楽器之部	2種	3
漆器之部	41種	308
金属器之部	14種	40
陶器之部	17種	101
彫器之部	9種	56
髪餝之部	4種	32
図画之部付書籍	11種	114
傘履之部	6種	33
紙之部	9種	18
穀実之部	15種	15
食料品之部	7種	34
家屋之部	2種	2
農具之部	9種	34
駕籠之部	3種	5
雑品之部	12種	98

◆商人の出品物

幕府は、一八六六年一月（慶応元年一二月）の時点で江戸の商人たちに出品物の収集を要請していた[104]。この要請に応じ、出品物を収集するとともに、実際にパリ万国博に足を運んだのが江戸商人の清水卯三郎（一八二九～一九一〇）であった[105]（図7）。清水は、名主の吉田六左衛門らとともに、一八六六年三月二六日（慶応二年二月一〇日）に、パリ万国博への出品を願い出た[106]。この願書を提出したときに、清水は出品物の収集のために幕府に五万両の借金を申し出ているが、合計で二万両を貸し与えられている[107]。幕府は、清水をはじめとする商人たちに、品目を具体的に示し、舶来品ではなく「純国産品」のみを収集するように命じていた[108]。つまり、商人に幕府の出品物を補完する役割を求めたのである。

また清水は、江戸柳橋・松葉屋のお抱え芸者、すみ、さと、かねをパリに派遣した[109]。後述するように、これらの三人の芸者は、パリ万国博の会場において清水が運営した茶屋において日本の日常生活を再現し、フランスの観客の注目を集めることとなった。

清水を含めた商人の出品物は表4[110]のとおりである。商人の出品物は、甲冑、馬具、矢、弓といった武器関係が五一点、衣服が一〇八点、錦、繻子といった織物関係が一三〇点、香箱、側簞笥、香盆、文箱、重箱、印籠、硯箱といった漆器類が三〇八点、置物、盃、徳利、皿といった陶器類が一〇一点、根付、筆筒、網針のような彫器類が五六点、髪飾関係が三二点、五〇〇枚単位の錦絵、書本といった図書類が一一四点、傘・履き物が三三点、一〇〇枚単位での美濃紙、雁皮紙、模様紙類が一八点、他に米、大豆、茶、醤油、酒のような食料品、鎌や鍬など農具類、さらに釣棹、提灯、楊子、独楽のような小品から、駕籠《かご》、

図7　清水卯三郎（1867年）

商家雛形まで及んだ。またこの商人の出品物には「茶屋一軒」とある。フランスの帝国委員会が各国に、それぞれ独自の建築物をパリの博覧会場に建てるように要請していたため、これに応えて清水卯三郎は「茶屋」を建てるための資材等を発送した可能性がある。

◆佐賀藩の出品物

佐賀藩は、一八六六年五月一九日付（慶応二年四月五日付）の幕府の通達を受け、同年の一二月三一日（慶応二年一一月二五日）に、正式に参加を申し入れた。[111] これは商人や薩摩藩に比べるとかなり遅い参加表明であった。[112] 佐賀藩は、佐野常民（一八二二〜一九〇二）を団長として計五名（佐野常民、藤山文一、小出千之助、野中元右衛門、深川長右衛門）の派遣を決定した。佐野常民は、佐賀藩「精錬方」の主任を務め、西洋技術を積極的に導入し、銃砲鋳造など兵器製造に取り組むなど、藩の殖産興業に中心的な役割を果たした人物であった。佐野常民一行は、パリ万国博参加に加えて、藩命としてオランダ軍艦の購入を目的としていた。精錬方からは藤山文一が同行している。また佐野に随行した野中元右衛門と深川長右衛門は商人であり、出品物の収集のみならず、パリで出品物の売買にあたった。さらに、長崎致遠館で英学を教導していた小出千之助（光彰、生没年不詳）は、一八五四年の新見豊前守（正興、一八二二〜一八六九）の遣米使節として海外経験があり、パリ万国博の派遣を通じてヨーロッパ事情の調査を任務とした。なお佐野常民は、のちに明治政府として初参加となった一八七三年ウィーン万国博で副総裁を務め、元老院議員となった人物であり、日本赤十字社の創立者として著名である。

佐賀藩がパリ万国博への参加を決定したのは、どのような背景によるものだったのだろうか。幕末期の佐賀藩は、薩摩藩と同様に、積極的に西洋の新知識を摂取するとともに、西洋の技術・機械を導入した先駆的な藩であった。とりわけ一八三〇年に鍋島直正（一八一五〜一八七一）が藩主になってからは、藩政改革、殖産興業、洋式兵備の充実を進めている。[113] これは、幕命により一六四二年（寛永一九）以来「長崎御番」として長崎警護を担っていた佐賀藩が、一八〇八年のイギリス軍艦フェートン号事件によって外国船に対する無力を痛感したことを直接の契機とするものであった。佐賀藩は、防備拡充・軍備増強を急務とし、大砲鋳造や反射炉の建設等、西洋科学技術の導入、海軍力の増強に力を入れた。また、こうした軍事費捻出のため、陶磁器産業の輸出振興、海外市場の開拓に力を注いだほか、一八六二年（文久二）の幕府の上海貿易にも積極的に人材を派遣していた。[114] 一八六七年パリ万国博への参加は、右のような藩の施策に繋がる重要な機会として重視されたのである。

佐賀藩は幕府に「肥前守国産之陶器一式」を送ることを明示している。[115] 佐賀藩の出品物は、藩の貿易品であった陶磁器が大部分を占めたようである。仏国領事宛佐賀藩からの出品覚書によると、「茶碗類、皿類、丼類、鉢類、重類取合、徳利、植木鉢類、錦手小間物取合、花瓶類」の陶器五〇六箱が送られた。[116] フランス帝国委員会が公刊した『総カタログ』[117]には、佐賀藩の出品物として、磁器、刀、緑茶が記されている。[118]

◆薩摩藩の出品物

薩摩藩は、一八六六年九月（慶応二年七月二八日）に、幕府に出品の旨を伝えた。[119] こうしていったん薩摩藩は幕府に従ってパリ万国博への出品を表明したのだが、ここで注目すべきことは、その後の薩摩藩が、幕府の指令を無視した独自行動をとるという点である。まず、薩摩藩は幕府が指示した出品目録を提出せずに、独自に最初の二五〇箱を発送した。[120] 残りの出品物についても、発送日が迫っていることを理由に、出品目録の提出を求める長崎奉行の要請に抵抗した。[121] 結局、この後発の出品物については、長崎のフランス領事を務めたレオン・デュリー（Léon Dury）が、薩摩藩と長崎奉行の調整役となった。[122] デュリーは、薩摩藩がイギリスの協力を得て、出品物をパリ万国博に独自に発送することを恐れ、幕府の代わりにデュリーが薩摩藩の出品物の点検を行うことにしたのである。[123] 薩摩藩の出品物は、一八六六年一一月七日（慶応二年一〇月一日）に長崎から直接パリへ発送されたが、[124] その背景にはすでにこうした幕府と薩摩藩との軋轢があったことは明記しておくべきだろう。

さて、薩摩藩の出品物は、「仏国領事宛薩摩藩出品の覚書」によると、塗器、陶器、鉱石、材木、農具、茶器、竹細工、織物、小間物類、茶等であり、佐賀藩と同様に陶器が多かった。また琉球産として砂糖、織物、塗器、泡盛酒、籐細工等を出品している[125]。なお、フランス帝国委員会が公刊した『総カタログ』には、薩摩藩の出品物として、絹製品、木綿、版画、和紙、硬貨、屏風、漆器、陶器（薩摩焼）、磁器、扇子、人形、武具、服飾、樟脳、食品類が記されている[126]。

なお、デュリーは、長崎奉行に宛てた一八六六年一〇月二八日付（慶応二年九月二〇日）書簡において「レオン・ロッシュ公使は、ヨーロッパ諸国の人々の目に〔日本を〕提示するため、すべての日本の品物は、大君政府の旗章のもとに配分することを要求した」と伝えている[127]。このように薩摩藩の出品物も含めてすべての日本の出品物が、幕府の統制下で、日本国の物品として展示されることが確認されている。

こうしたフランス長崎領事のデュリーの言葉を信じて、長崎奉行および幕府は、そのままデュリーに薩摩藩の発送を任せざるをえなかったと考えられる。また同日（一〇月二八日付）の書簡で、デュリーは、この薩摩藩の出品物の発送の件を、パリ万国博の統括者である帝国委員長ル・プレ宛に伝えている[128]。この書簡では、①日本政府に従い、薩摩藩が出品物を一八六七年パリ万国博のために用意したこと、②薩摩藩は、出品物の発送がすでに遅れ、いったん幕府に送る時間がないことを理由に、長崎においてフランス領事であるデュリーに周旋を求め、薩摩藩の品物を日本の展示物として配置するように要請したこと、③デュリーがこの要請を引き受けて薩摩藩の出品物を長崎からパリに直接発送すること、以上の三つの点を伝えている。この書簡においても、薩摩藩の出品物は、日本の展示品として扱われるよう、帝国委員会の委員長を務めたル・プレに伝えられている。

このように薩摩藩の出品物は、パリに到着するまでは確かに「日本の展示物」として博覧会場に設置されることになっていた。しかし、実際にはパリにおいて薩摩藩は、幕府とは別にまったくの単独行動をとることとなっ

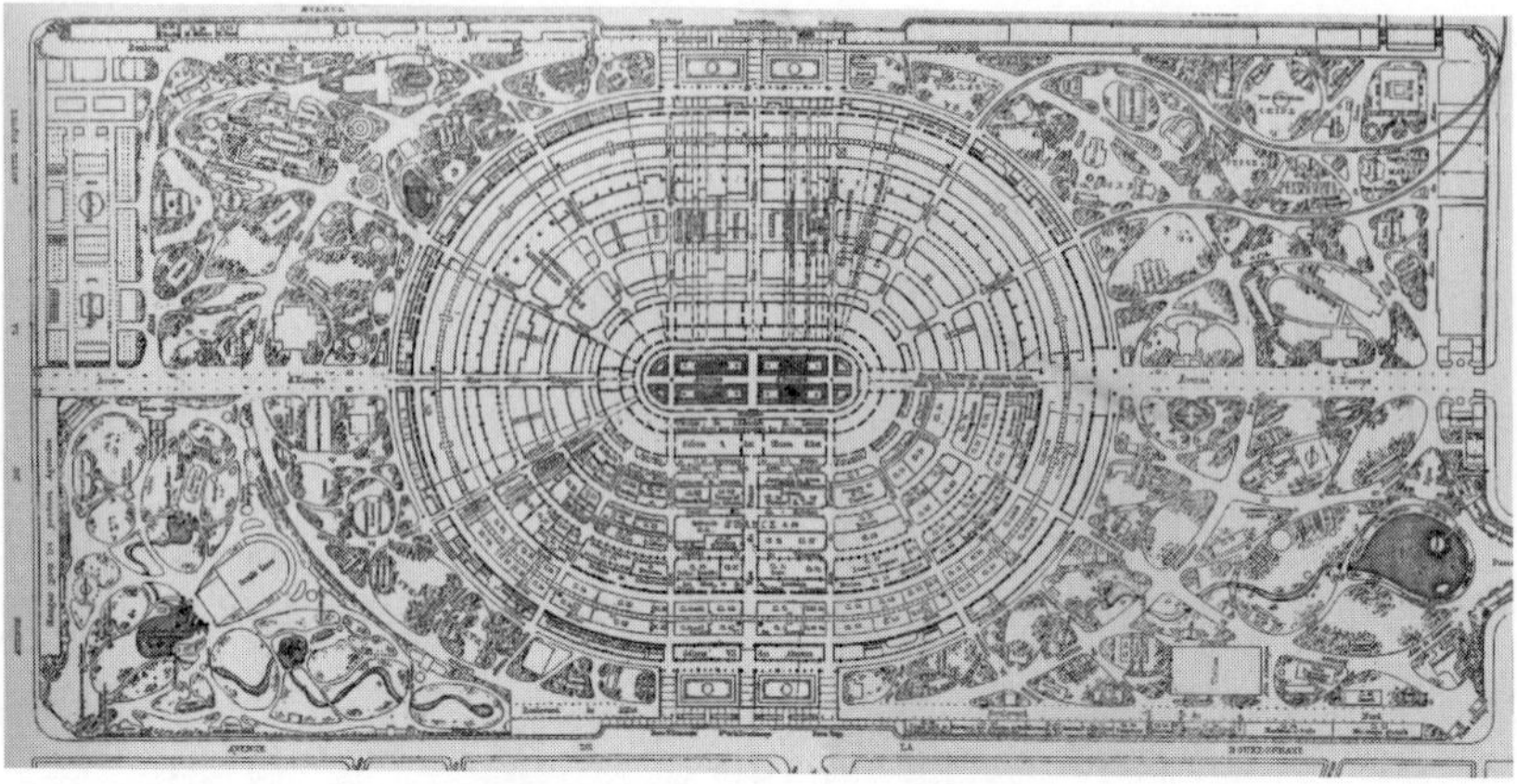

図8　シャン・ド・マルス会場図

たのである。このことがパリ万国博における幕府による主権のアピールを妨害する重大な問題を引き起こすことについては、第二章において詳述する。

三　博覧会場における「日本」

一八六七年パリ万国博は、シャン・ド・マルスを会場に、一八六七年四月一日から一一月三日まで開催された。本節では、パリ万国博を組織した帝国委員会の報告書、フランス・ジャーナリズム（『イリュストラシオン』等）の記事を通じて、この一八六七年パリ万国博における日本の展示状況を明らかにし、日本の展示品についていかなる評価がなされたのかを分析しよう。すでに見たように、幕府は万国博への出品を自身の統率力を内外に示す機会と捉え、一方の薩摩藩はこれを妨害しようと試みた。実際の展示状況、フランス側の反応を明らかにすることで、日本の展示を複合的に見ることができるだろう。

(1)　日本の展示

一八六七年パリ万国博の会場となったシャン・ド・マルスは、主会場とその周りを囲む庭園の二つの空間で構成された（図8）。主会場では参加各国の出品物の展示が行われ、庭園には各国のパヴィリオンが設置された。

まず主会場で日本に割り当てられた出品区は、中国、シャム(タイ)と共用の区画であった。この三国のなかでは日本の展示面積が最も広く、幕府、薩摩藩、佐賀藩、商人からの出品物が展示された(129)。日本の展示面積が九一平方メートルであったのに対し、中国は七三平方メートル、シャムは四八平方メートルであった(130)。とはいえ、主会場全体に占める三国の展示面積の合計は、全体の一%にも満たず、非常に狭い区画であった。確かにアメリカやアジアを含めた広い地域からの参加が実現したとはいえ、主会場の中心は全体の九割を占めたヨーロッパ諸国であり、その残りの一割の展示面積をアメリカとアジアの参加国が割り当てられたにすぎなかったのである。

この三国の展示場の建築はいずれもスエズ運河会社の設計技師アルフレッド・シャポン(Louis Étienne Alfred Chapon, 1834-1893)が担当した(131)。ここでまず指摘しなければならないのは、「日本」の展示場の外観が他の東アジア諸国とほとんど区別されていなかったということである。実際、シャポンの設計図面から建設された日本展示場(図9・10)を確認すると、中国、シャムとの違いはほとんど見られず、門の造りから壁の装飾まであらゆるところが酷似している。主会場の機械ギャラリーには、日本館(図11)も設置されたが、「日本の出品物の隣に、日本と少し混同されてはいるが、シャム王から送られた出品物がある」と新聞記事に評されるなど、日本とシャムの区別がつきにくかったようである(132)。このように日本展示場を見ていくと、当時のフランス人の理解する「日本」が他の東アジア諸国と明確に区別されていないものであったことが分かる。

主会場を囲む庭園には、各国のパヴィリオンが設置された。ここでも日本のパヴィリオンは、中国とシャムの近くに設置された。日本パヴィリオンには、木造の日本家屋が建設され、日本の日常空間が演出された。しかしそこでも、日本はシャムと区別がされていない状況にあった。たとえば、庭園部の局長を務めたアドルフ・アルファン(Jean Charles Adolphe Alphand, 1817-1891)の編集による『庭園のアルバム』では、「日本」の頁に、本来は

図9　シャポン設計図「日本」

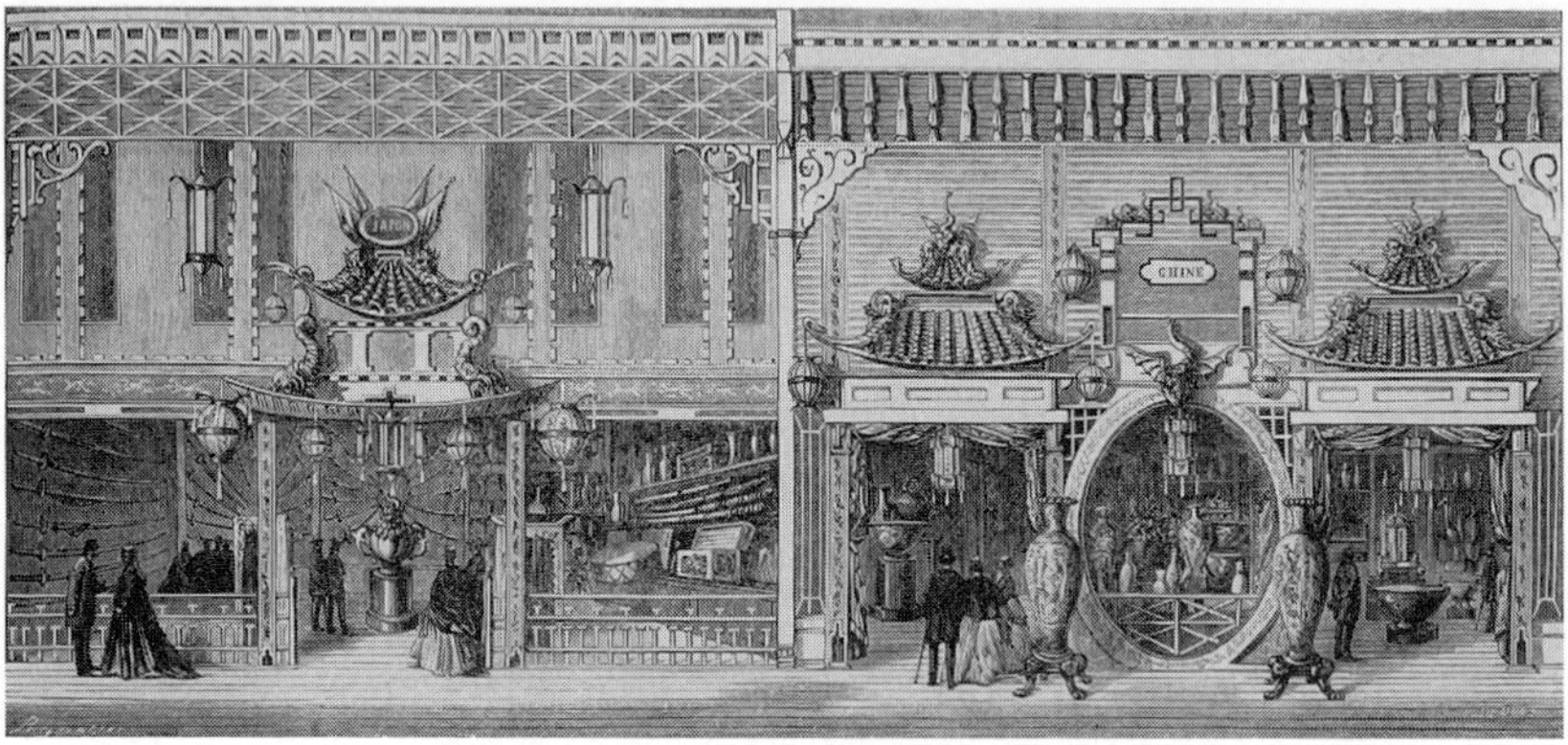

図10　日本（左）と中国（右）の展示場

シャムの出品物であった小舟の写真（図12）が、日本の展示物として掲載されているのである。[133]

さらに日本は、博覧会場において他のアジア諸国と「混同」されただけでなく、自らの政治的混乱をも露呈してしまう。それは、フランスの帝国委員会が作成した『総カタログ』にあらわれている。『総カタログ』の初版では、「日本帝国（Empire du Japon）」と「琉球公国（Principauté de Liou-Kiou）」がそれぞれ独立した参加国として記載された。[134]しかし出品物としては「琉球公国」のもののみが掲載され、「日本帝国」の出品物は掲載されていない。これは、「琉球公国」の出品者が薩摩藩主の「松平修理大夫源茂久殿下」と表記されたことから推察されるように、薩摩藩が「琉球公国」という体裁を借り、「日本」とは別の独立した出

図12　『庭園のアルバム』における日本

図11　日本館とシャムの出品物

品を行っていたことによる。日本の展示は、幕府の思惑とは異なり、実際には幕府の統率のもと一体的になされたわけではなかったのである。

もちろん、こうした薩摩藩の独自行動は、幕府使節の抗議を受け、帝国委員会のもとで行われた両者の協議の結果「琉球公国」という言葉は取り除かれることとなった。そのため、会期中に修正・加筆が行われた『総カタログ』第二版では、「琉球公国」の名称は削除された。[135] しかし、この修正によって幕府が日本の唯一の統率者としての立場が認められたわけではない。「日本」の項目には「大君政府」、「薩摩太守政府」、「肥前太守政府」とあり、しかも、それぞれが「政府（gouvernement）」として併記されることとなったのである。

これを受けたフランスの雑誌記事では「日本は、これまで我々が考えてきたような絶対的な帝政国家ではなく、封建領主の連邦国家であった」と報じられた。[136] 実際、博覧会場を訪れた初代駐日フランス公使のベルクール（Gustave Duchesne de Bellecourt, 1817–1881）も、日本からの出品物は「統一感に欠けて」おり、「中国や他国の出品物に混ざり合っている」ことを指摘し、さらに日本は「封建領主制」であるという認識を示した。[137] こうした理解は、フランス一般にも信憑性をもって受け止められたと想定される。

以上のように、一八六七年パリ万国博における「日本」の初めての公式参加は、「我国旗章のもと」自らの統率力と日本の一体性を演出しようとする幕府の思惑とは裏腹に、国際的な舞台でその政治的ゆらぎを露呈する結果となったのである。以上の経緯は第二章で詳しく論じたい。

（2）国際審査委員会の公式評価

このようにフランス人の理解する「日本」は、他の東アジア諸国と明確に区別されず、漠然としたアジア・イメージに埋没していた感があるが、政治とは別の次元において、会期半ばの一八六七年七月一日、パリ万国博の授賞式（図13）を通じて、「日本」の独自性が明らかになる。

授賞式では、合計でグランプリが六四件、金メダル八八三件、銀メダル三、六五三件、銅メダル六、五六五件、佳作五、八〇一件が発表された[138]。そして、このなかで国際審査委員は、日本の出品した「養蚕、漆器、手細工物ならびに紙」を評価し、日本にグランプリ

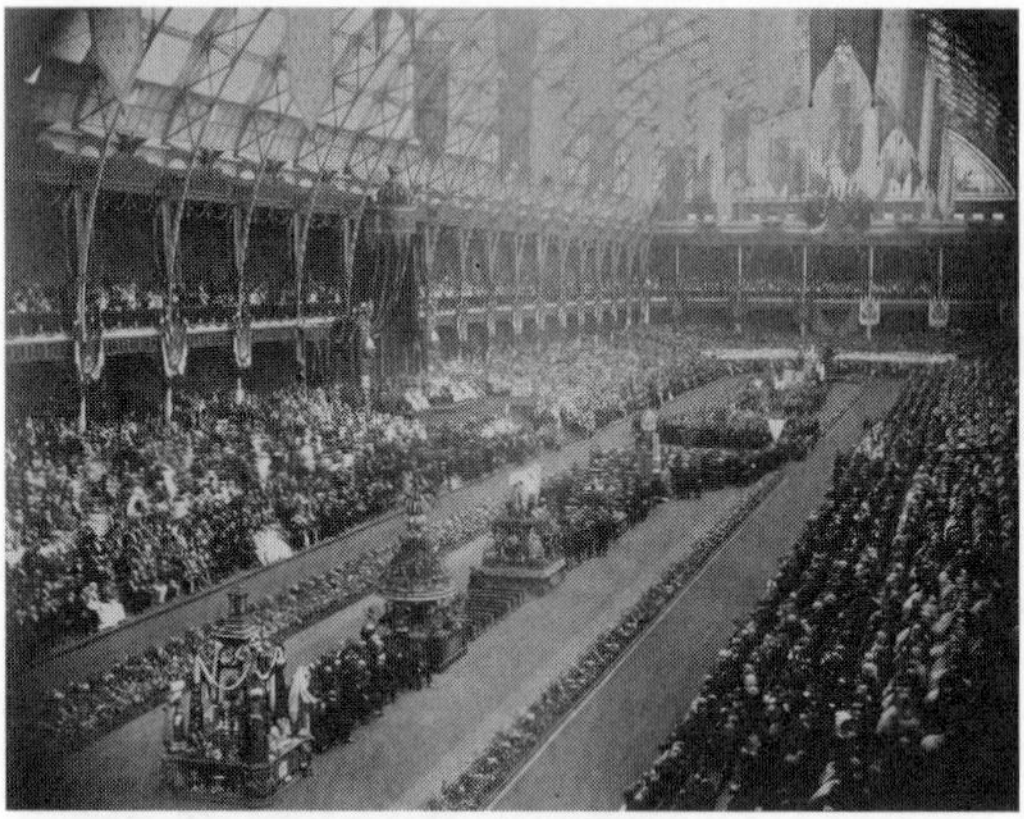

図13　授賞式

図14　日本に授与されたグランプリ・メダル

を授与した[139]（図14）。ここで幕府の文書に記される「手細工物」は、フランス側の公式報告書では工芸品をあらわす「産業芸術（Arts industriels）」に対応する。産業芸術とジャポニスムの流行は密接な関係があるが、これについては第三章で論じる。グランプリは特に優れた出品者個人あるいは団体に対して授与されるものであったが、日本はやや変則的に国家として受賞している。なお、同じ区画で出品した中国とシャムはいずれもグランプリは授与されていない。

このグランプリの授与がフランスにおける「日本」認識の一大転換を決定づけたと思われるが、このような評価が何に基づいてなされたのかは、帝国委員会のミシェル・シュヴァリエが監修した『国際審査委員会報告書』（計一三巻、一八六八年）から確認することができる[140]。

◆蚕卵・蚕糸の需要

『国際審査委員会報告書』（第一巻）の冒頭で、シュヴァリエは、自らが執筆した計五一六頁にわたる「序文」を掲載し、一八六七年パリ万国博を総括している。この「序文」でシュヴァリエが、日本の出品物について言及したのは、まず「蚕卵〔蚕種〕・蚕糸」に関してであった。

日本の蚕卵は、現時点では、〔微粒子病の〕感染を免れた唯一のものである。したがって我々は、たとえ日本の蚕卵が質の劣る絹しか生産せず、あまりに高価であったとしても、多額の費用をかけて輸入しているのである。もうこの原料しか残っていないのであり、もしこの病気が、他国の養蚕業を荒廃させたように、日本で蔓延するとしたら、この病気を回避する有効な手段を見つけない限り、絹織物業は大きな危機にさらされるであろう[141]。

以上の言及に見られるように、とりわけ日本からの「蚕卵」の輸入は、一八六〇年代のフランスの蚕糸業・絹織物業の窮地を救う、最も重視された輸入品であった。というのも、すでに経済史・産業史で指摘されるように、一九世紀前半まで蚕糸業の中心は、フランス、イタリアであったが、一八四〇年代にフランス、イタリア、さらに他のヨーロッパ諸国において蚕の微粒子病が流行し、フランス産業は大損害を被っていたからである。フランスにとって主要な輸出品であった「絹織物」を持続的に生産し、また微粒子病によって荒廃したフランスの蚕糸業の活路を開くには、微粒子病の感染を免れている日本の蚕卵・蚕糸の輸入が頼みの綱であったのだ。

実際に一八六七年のフランス貿易統計を確認してみよう（表5）[142]。まず、フランスから外国への「輸出品」は、第一位「絹織物」、第二位「毛織物」であった。一方、外国からの「輸入品」を見ると、第一位「穀物」、第二位「生糸」、第三位「毛糸」、第四位「羊毛」が並んでいる。このように、フランスの主要な輸出品の「絹織物」「毛織物」については、原料となる「生糸」「毛糸」を外国からの輸入に頼っていたことが分かる。また、ここで確認しておきたいのは、輸出品の第五位に「調度品、小装飾品等」が並ぶことである。フランスでは工業製品として、「絹織物」「毛織物」「調度品、小装飾品」といった美的趣味にかかわる製品が輸出の要だったのである。さきに一八六七年パリ万国博の開催経緯で確認したように、これらの製品における美的趣味の向上がフランスの産業にとっていかに重要であったかが分かるであろう。

以上から、フランスの輸出品として第一位の「絹織物」の生産には、その原料となる「生糸」の輸入が肝要であった。また蚕糸業に不可欠な「蚕卵」の輸入については、シュヴァリエが指摘するように、蚕卵の輸入全体の七割を日本からの輸入に頼り、次に多い輸入元のイギリス植民地は、全体の一割である。なお、一八六七年のフランスにおける日本からの輸入品は、蚕糸業（生糸・蚕卵）が全体の九割以上を占めていた。すなわち陶磁器などの工芸品は、おそらく「珍品（objet de collection）」に含まれたと考えられるが、これらは一割に到底満たない僅かな輸入量だったのである。

日本の「蚕卵・蚕糸」についいては、『国際審査委員会報告書』の「農業産品」部門の審査員によってさらに詳

表5　1867年フランスの貿易統計

	外国からの輸入品	100万フラン (francs)	輸入総額に対する割合 (0.01以下は四捨五入)
1	穀物	479.8	12%
2	生糸・副蚕糸	421.9	10%
3	毛糸	261.6	6%
4	羊毛(塊)	227.1	6%
5	絹織物	176.6	4%
6	その他	2,463.8	61%
	輸入品の総額	4,030.8	

	フランスからの輸出品	100万フラン (francs)	輸出総額に対する割合 (0.01以下は四捨五入)
1	絹織物	544.7	14%
2	毛織物	336.7	9%
3	ワイン	246.4	6%
4	穀物	233.3	6%
5	調度品、小装飾品等	198.4	5%
6	その他	2,374.7	60%
	輸出品の総額	3,934.2	

	日本からの輸入品	フラン(francs)	輸入総額に対する割合 (0.001以下は四捨五入)
1	生糸	23,820,742	63%
2	蚕卵	12,607,180	33%
3	真綿	698,220	2%
4	乾燥繭糸	320,970	0.9%
5	珍品	91,050	0.2%
6	その他	211,176	0.6%
	総量	37,749,338	

	生糸の輸入	内容量(kg)	輸入総量に対する割合 (0.01以下は四捨五入)
1	イギリス	1,303,587	36%
2	中国	894,479	25%
3	日本	356,861	10%
4	トルコ	315,340	9%
5	イタリア	242,977	7%
6	その他	474,915	13%
	総量	3,588,159	

	蚕卵の輸入	内容量(kg)	輸入総量に対する割合 (0.001以下は四捨五入)
1	日本	94,882	71%
2	イギリス植民地	14,260	11%
3	エジプト	11,090	8%
4	アメリカ	7,304	5%
5	トルコ	2,236	2%
6	その他	4,372	17%
	総量	134,144	

しい説明がなされている。

今日、日本は、蚕糸業の諸国に蚕卵を供給できる世界でほぼ唯一の国である。〔…〕日本の品種は、幸いにも良い蚕卵を得たことで、いたるところで成功を収めた。しかしそれらの品種から作られる繭は、イタリア、スペイン、フランスで生産されたかつての繭を代替するにはまだ不完全なものである。それゆえイタリアとフランスにおいて製糸業は、大量の繭を輸入する必要があるために、縮小している。この輸入は、現時点では十分な条件で実施されているが、これが絹の価格を大きく高騰させる結果になることは容易に予測できる。[143]

先のシュヴァリエと同様に、ここでも日本の「蚕卵」から作り出される繭の質については、かつてのフランスやイタリアに比べて「不完全」という評価がなされていたことが分かる。これに対し、日本では一八七二年（明治五）にフランス式器械製糸場が群馬県富岡に開設され、フランス人生糸検査技師ポール・ブリュナ（Paul Brunat, 1840–1908）の指導のもと、より安価で優良な生糸を生産し、フランスをはじめ、欧米諸国に大量に輸出されていくこととなるのは、つとに指摘されるとおりである。[144]

◆中国と日本

さて『国際審査委員会報告書』の「絹・絹織物」部門では、「中国と日本」という項目が別個に立てられている。[145] ここでは、絹製品に限定されない両国の総評価が示されている。

まず中国に対する評価は次の二点にまとめられる。第一に、中国が国家としての出品を行わなかった点が批判の対象となった。第二に、出品内容については、以下のように、過去のモデルの複製を製作するのみで創意工夫をせずに進歩が見られないといった批判がなされている。

今日、中国は過去に頼って生きている。中国は、産業のどの分野においても、良き時代のモデルを何の工夫もなく複製することしかしない。実用的な伝統と素材の扱い方を保持しているとしても、中国は創作的な精神を完全に失ったのである。その型さえも少しずつ失われている。色彩は調和を失い、その形態はもはや元来の純粋なものではなく、その独創性は奇異なものになってしまった。[146]

一方、日本に対する評価は、この中国に対する評価とまさに対になっている。日本は「今日、西欧諸国との関係を築き、ついにヨーロッパの商業にその港を開くことに同意し、自ら展示し、文明化された国々に加わった。日本はこれを大変見事に成し遂げたのである」と讃えている。[147] これに加え、日本の製品には伝統と独創性が共存していることが評価された。

日本はこれ〔中国〕と同様ではない。確かに中国と同じ人種ではあるが、日本において進歩の動きは止まっていない。良き伝統を完全に保持しながら、創作を続けている。創意工夫のある精神と日本人の器用な性質は退化していない。日本人の品物の大部分の製作に対する入念さは、品質自体の性質を別にしても、ヨーロッパにおいてさえも、例外的な品物にしか認めることのできない芸術的な価値を与えている。[148]

こうした比較に基づく評価は公式評価に限定されたものではなかった。初代駐日フランス公使のベルクールも『両世界評論』にまさしく「万国博における中国と日本」と題した論文を寄せ、「中国と日本の隣接する博覧会の狭いギャラリーを見て回った観客は、とりわけ日本の陳列品と比べて、中国の展示が多様性に乏しいことに驚く[149]」ことを指摘した。

また万国博の専門紙『一八六七年の万国博』においても、授賞式後に「すべてのアジア諸国のなかで最も完成されており、最も輝きを放っている展示は、異論の余地もなく日本のものである」と評されている。[150] このように万国博の展示場の状況について見たように、それまで「アジア」のなかに埋没していた日本は、実際の展示品に対する評価において、「伝統の保持」や「創意工夫」といった独自の芸術的価値が認められることで、よりはっきりとしたかたちで認識されていくこととなる。

◆薩摩藩の存在感

なお、こうして展示物を通じて「日本」が認識されていく際には、それがとりわけ「薩摩太守（Le Taishiou de Satsouma）」の成果として評価される傾向が強かった点には注意を向ける必要があるであろう。たとえば『国際審査委員会報告書』の「絹織物」部門では、日本のなかで「薩摩」の出品物のみが取りあげられ、次のように絶賛された。

絹織物の分野で薩摩太守が出品したものは、趣味の良さと独創性にあふれた絹地で、多くの場合には金と銀がそこに混じっている。それらの絵柄は、たぐい稀な優雅さであり、色調は簡素に調和がとれ、その素材をブロケード織の絹に置き換えると、我々は新しい効果を得ることができるだろうし、これを我々の製造者たちは学ぶのがよいだろう(151)。

また絹織物と同様にグランプリで評価された「漆器」についても、同報告書では「日本（薩摩太守）」と項目が立てられ、薩摩藩の出品物のみが紹介されている。幕府や商人も同様に出品したにもかかわらず、ここでもそれらにはまったく言及されていないのである。「薩摩太守」について審査員は、「我々はこの政府の大変興味深い展示に多大の関心を持って訪れた」とし、それらの漆製の家具、根付などが「根気、巧みさ、趣味の良さ」をあらわすものとして称賛するのである。こうした薩摩藩の評価には、薩摩藩自体の働きかけがなかったわけではないだろう。これについては、第二章で見ることとする。

（3）　フランス・ジャーナリズムの反応

これまで国際審査委員会報告書での評価を通じて、一八六七年パリ万国博の公式評価を見てきた。フランスの新聞・雑誌では、日本の展示に対していかなる反応が見られたのだろうか。公式評価の背景には、フランスの絹産業の発展や製造業への効果などが評価の背景にあったが、ジャーナリズムにおいては日本の展示品に対して産業的側面以外にも注目が集まったことが示される。

◆日本武士の模型

フランス・ジャーナリズムにおいて、日本の出品物への関心は、まず異国趣味、物珍しさから始まった。日本の出品物のなかで、最初に注目を集めたものは「日本武士の模型」であった。一八六七年パリ万国博の専門紙『一八六七年の万国博』の六月八日の記事は、日本武士の模型を図版入りで紹介している（図15）[152]。これが一八六七年四月一日の開会以降、日本の出品物について報道された最初の記事であった。他にも模型を熱心に眺める人々の様子が描かれるなど、観衆の関心が高かった様子がうかがえる。新聞記事では「古代の騎士たちが身に付けたものを強く連想させる」として、その装飾が注目された。また「切腹」など、日本の社会・風俗にも関心が向けられた[153]。このように会期の前半の目立った特徴として、日本武士の模型は、フランス人のエキゾティスムを刺激し、特に注目を集めていたようだ。

なお、この日本武士の模型は、幕府が製作させた「武者人形飾馬」である可能性が高い[154]。実際、この武者人形と騎馬の模型は、帝国委員会の『総カタログ』（第二版）第四部門三七類「武器」の項目に江戸からの出品物として掲載されている[155]。しかし、こうして『総カタログ』（第二版）に江戸からの出品物として明示されているのにもかかわらず、この模型を撮影した写真には、「薩摩（Satsouma）」という表記とともに展示された様子が写されている（図16）[156]。ちなみに同じ『総カタログ』には薩摩藩から武者人形と騎馬の模型が出品された表記は見あたらないのだが、実際にこの展示を見た多くの観客は、薩摩藩の出品物として理解したようだ[157]。翌年の一八六八年に出版された『万国博覧会の思い出』には、この模型が「薩摩太守」の出品物として図版入りで取りあげられている[158]。

図15　日本武士の模型（『1867年の万国博』）

図16　日本武士の模型展示の様子

推測の域を出ないが、薩摩側が何らかの方法で故意に自らの出品物として表示を変更させた可能性は高いと思われる(159)。日本武士の模型が、フランスで大きな反響を得たために、その人気にあやかろうという薩摩側の意図があったのではないだろうか。ちなみにフランスの新聞が日本の展示について言及するときに「薩摩の大君政府（Le gouvernement du Taicoun de Satzouma）(160)」と紹介する記述が見られるなど、幕府と薩摩藩が混同された状態にあった。こうした状況は、幕府による主権のアピールを妨害し、薩摩藩を幕府と同格の存在として宣伝するという薩摩藩の目論見が、出品物の展示においても功を奏したひとつの例として考えられるかもしれない。

◆日本女性

もうひとつ注目を集めたのは、「日本女性」であった。一八六七年パリ万国博では出品された「物」のみならず、パリに姿をあらわした「日本人」そのものが興味の対象であった。とりわけ先の清水卯三郎が日本から連れて来た三人の女性は、日本パヴィリオンで、多くのフランス人にとって初めて目にする日本女性ということで、大いに注目を集めた（図17）。日本パヴィリオンが七月五日に公開されてから、『一八六七年の万国博』紙はさっそく七月二二日付の記事で、三人の日本女性を取りあげている。

> ここに女性の居室がある。そこには三人の美しい日本女性がいる。三人の女性は正真正銘の江戸出身であり、おさと、おすみ、おかねという。その三人の日本女性は、彼女たちを見るため、そして感嘆するために〔彼女たちの〕まわりにひしめく人々の存在に気づいているようには見えない。彼女たちは敷物の上を行ったり来たりし、立ち上がったり、座ったりするが、足は江戸の家に独りでいる時とまさに同じように組まれている。[161]

　このように日本パヴィリオン（図17）では、建設された日本家屋の座敷で三人の日本女性が日常生活を再現した。この日本パヴィリオンには、初日に約四〇〇人、翌日には一、三〇〇人余りが訪れる盛況となったとされる。[162]新聞記事では、日本家屋で生活する日本女性の容姿が説明され、その動作や生活様式に注目が集まった。

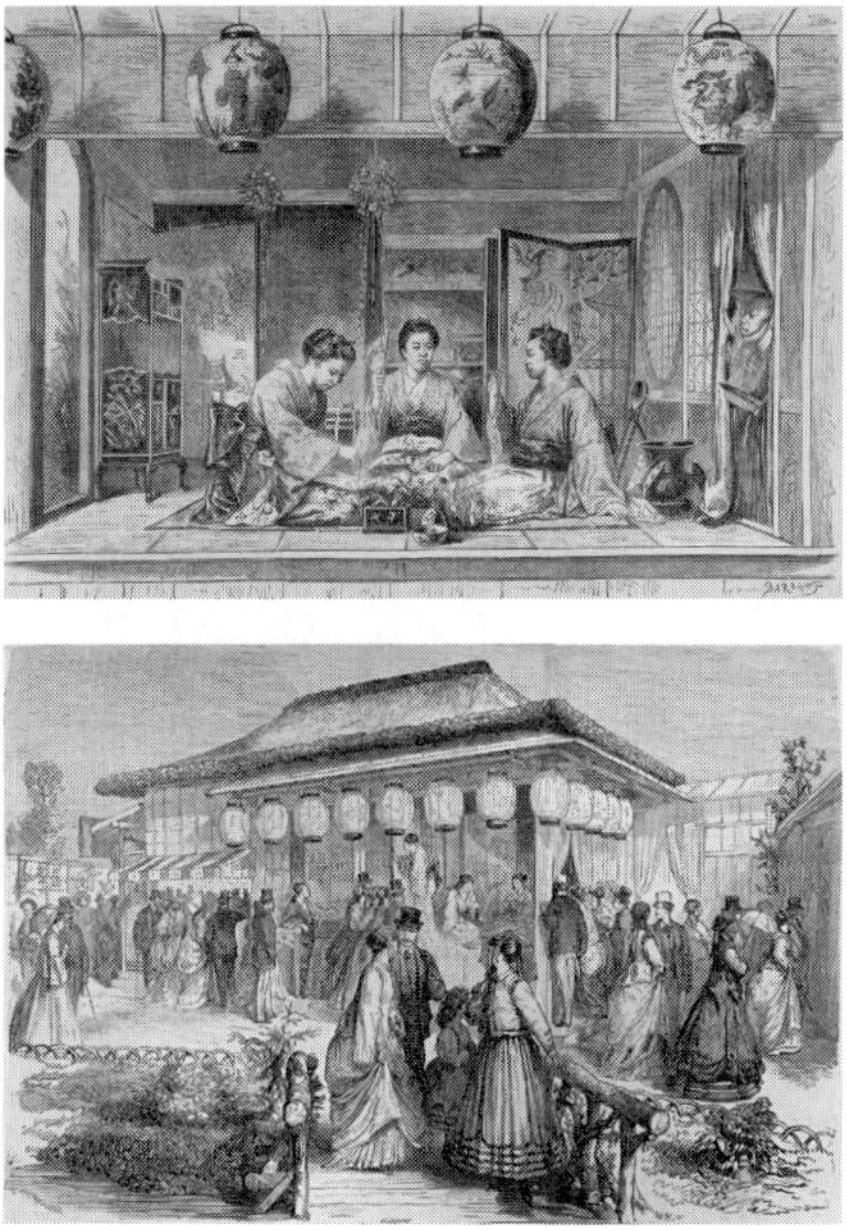

図17　日本パヴィリオンと日本女性

　また新聞記事の他にも、三人の日本女性について述べた記録が残っている。たとえば、パリ万国博の審査にもかかわったプロスペル・メリメが出した手紙の一部分に次のような記述がある。

> 先日は万国博へ行きましたが、そこで日本の女性たちを見て大変気に入りました。彼女たちはカフェ・オレのような皮膚の色で、それがはなはだ快適な色合いでした。その衣装の裂け目から判断したかぎりでは、彼女たちは椅子の棒のように細い脚をしているらしく、

これは痛々しいものでした。彼女たちを取り巻いた無数の野次馬のなかに入って見ながら、ヨーロッパの女性は、日本の群集の前では、これほど平然としてはいられないだろうと思いました。(163)

小説家エドモン・ド・ゴンクールも同様に、日本女性に言及している。『ある芸術家の家』には次の記述がある。

一八六七年の博覧会を記憶する人々は、この博覧会で茶を売っていた日本女性がござの上をいつも四つ足で這っているきれいな小動物のように見えたことを覚えておられるであろう。日本の女性がこういう体つきをしているのは何か訳があるのだろうか。有名な生理学者ロバンがウィーン〔一八七三年ウィーン万国博〕の見物に旅行したとき、日本の出品者に向かって、ヨーロッパの婦人を本当に美しいと思うかどうか尋ねた。するとこの日本人は、「はい、美しいと思いますよ…。でもヨーロッパのご婦人方は大きすぎます！」と答えた。(164)

このように、フランスの幅広い層から日本女性に対する関心が向けられていた様子が分かる。特にその興味の対象は日本家屋で生活する日本女性の容姿であり、その動作や生活様式に注目が集まった。一八六七年パリ万国博の会場において、日本女性はまさに「展示された」といえるだろう。

一方、こうした日本女性に対するフランス人の熱狂を、日本人はどのように見ていたのだろうか。渋沢栄一と杉浦譲（一八三五～一八七七）による「航西日記」では次のように記されている。

座敷には、かね、みす《(マヽ)》、さと、といへる妙年の三女子閑雅に着坐して容観を示す。其衣服首飾の異なるのみならず、東洋婦人の西洋に渡海せしは未曾有のことなれば、西洋人の之を仔細に看んとせるもの椽先に立塞り、目鏡もて熟視す。(165)

このように、今回は日本女性がヨーロッパに渡航した初めての機会であったために、フランスで大きな反響を得たことがここでも記されている。右の記述に続けて述べられているように、日本女性を取り巻くフランスの観衆が「間断なく蟻附螺集して後者は容易に見るを得ざるも少なからず」という状況であったという。この見解は、日本女性を一目見ようとするフランスの観衆の興味関心を物語るものであろう。(166)

◆描かれた日本人

この他にも、パリ万国博に参加した日本人たちも新聞に図版入りで紹介された。四月二〇日付の『イリュストラシオン』紙は一面で、徳川昭武と幕府使節がツーロンのコンシーニュ波止場に到着した様子を伝えた。また別の号では、昭武と使節三名の姿がこれも一面に掲載されている（図18）。また、他の記事の図版に日本人と思われる人物が描き込まれているものもある。図19はオペラ会場の状況を伝えたものであるが、この左端に紋付袴で刀を手に持つ二人の日本男性の姿、そしてその日本男性の姿を興味深く見詰めている老紳士も描かれている。

図18　徳川昭武一行

図19　オペラ会場の日本人(左端)

こうした描写からは、万国博に参加した「日本人」そのものがフランス人の好奇心の対象となっていたことが見てとれよう。日本パヴィリオンで三人の日本女性が「展示」されたように、美術工芸品などの出品物だけでなく「日本人」までもが鑑賞される存在となっていたのである。実際、先の「航西日記」では、フランス人が「日本人を磁器漆器と同視せるなるべし」(167)と記述されている。このようにパリ万国博に参列した日本人自身も、フランス人が「物」と同様に

「日本人」を観察していることを感じとっていた。

　このように万国博の会期の初期には、観衆や報道の関心は、特に「日本武士の模型」や「日本女性」といった、物珍しさからの好奇の対象、そのエキゾティックな要素に注意が向かっていた。しかしながら、その後、転機が訪れる。会期半ばの一八六七年七月一日、パリ万国博の授賞式が開かれると、日本の工芸品が注目されるようになるのである。

◆工芸品

　一八六七年パリ万国博では会期の前半、日本の工芸品が新聞記事に取りあげられることは少なかった。しかし日本の工芸品が注目を集めることになったのは、会期半ばの七月一日にナポレオン三世のもとで盛大に行われた授賞式以降のことであった（図20）。先述したように、「養蚕・漆器・手細工物ならびに紙」について日本にグランプリが授与されたのである[168]。これを契機に日本の出品物は、フランスおよびヨーロッパ諸国の人々に広く知られ、注目されることとなった。

図20　家具部門の受賞作品

　授賞式終了後、七月一五日付の『一八六七年の万国博』紙は「すべてのアジア諸国のなかで最も完成されており、最も輝きを放っている展示は、異論の余地もなく日本のものである」と評し、次の日本出品物をあげている。

　それらは小箱、とても小さな引き出しを備え、銀または象牙でできた装飾の付いた小さな家具、ブロンズ、陶器、水晶、薄手の陶器である。この種の陶器は、日本においてもとてもめずらしく、最も身分の高い人々の住まいでしかそうした作品を見ることができない。

最も美しい焼き入れをした鋼鉄の刃を銅または木でできた鞘におさめられた刀、非常に貴重な装飾品である最も純良な天然水晶から作った球、日本女性の造形美についての非常に完全な知識を与えてくれる水浴する女性をかたどった石膏肖像。つまり、この繊細で魅力的な風変わりなあらゆる品々がヨーロッパの愛好家たちによって非常に高く評価されているのである(169)。

このようにフランスのジャーナリズムは、日本出品物として小箱、家具、陶器、刀などの工芸品の繊細なつくりを称賛するようになる。そして、これらの作品を「ヨーロッパの愛好家たちによって非常に高く評価されている」「この繊細で魅力的な風変わりなあらゆる品々」と評したのであった。またこの記事には、漆の製造方法など詳細な説明があり、幅広い関心が日本の作品に対して持たれていたことを示している。

すべての家具製品は漆塗りである。木彫が仕事の完成度を高め、作品に価値を与える。そのニス自体も漆の木と呼ばれる小低木から抽出される。三年育った幹に切り込みをつけ、そのニスを手に入れるにはそこからゴムの木のミルクのように流れ出るのを集めるそうだ。銅板上で染料を混合することによってさまざまな風合いに人々は漆を着色する。それから幾層にも重ねて漆を塗りつけて、そこに金と銀で絵を付け加える(170)。

九月二一日付の『イリュストラシオン』紙も「日本の展示は〔展示したというより〕字義通り自らの真の姿の顕示〔révélation〕なのだ」と絶賛した。そして日本の展示が「個々の品々によっても、全体によっても、授与されたグランプリが正当なものであることを証明している」と評価した。同じ記事は機械ギャラリーに設置された日本館の出品物についても次のようにかなり詳細に記している。

このパヴィリオンを支える段の下方、四つの入り口に面して、黒地に金で立体感を出した磁器でできた並外れて大きな陶磁器、ブロンズの壺、幻想的な竜と植物、古有線七宝の巨大な盃、すべてが世界で最も美しく最も古いものである。それに駕籠、輿《こし》、櫃《ひつ》、香炉、屏風、提灯、それに馬に乗った夢のような服装の軍人。

ライスペーパーに描かれたデッサン、織物の絵、絹地におした金箔、真珠をちりばめたベッコウ、漆器、七宝、象眼細工。さらにまた、磁器の塔、打ち出し加工した銅で出来た寺院の塔、ジャンク、武器、軍旗、衣服、耕作器具、敷物、壁掛けなど、いくらあげてもきりがない(171)。

日本の作品は「色彩、優美さ、多様性、洗練された形」をすべて兼ね備えた作品として高く評価された。「中国およびその大型陶磁器」の時代は終わりを告げ、ここに日本が「最初の出現で芸術家と収集家の世界を魅了した」と記者は記している。

中国およびその大型陶磁器の王朝は、もうおしまいだ。磁器と翡翠《ひすい》の規範の地が消滅しかけている間にここに独創的で珍しく、そして新しく、しかしすでに歴史的な王国〔日本〕があらわれ、最初の出現で芸術家と収集家の世界を魅了した。彼ら〔日本〕はすでにすべてを備えている。色彩、優美さ、多様性、洗練された形、奇跡の実行(172)。

さらにこの記事は日本の磁器を「最高の磁器」と絶賛した。これまでフランスの人々がルーヴルやフォンテーヌブローのコレクションで見てきた磁器、七宝、漆器など名品の数々を上回る作品として、日本の工芸品を讃えたのである(173)。

一八六七年パリ万国博においてグランプリを獲得した日本の工芸品は、以上から読みとれるように、主として中国の出品物と識別されて、大きな注目を集めることとなった。一八世紀にヨーロッパの王侯貴族の間で「シノワズリ（中国趣味）」が流行した際には、この名称から明らかであるように「中国」が前面に押し出されていた。シノワズリの流行はとりわけ陶磁器等の工芸品にあらわれた。日本の陶磁器、蒔絵、漆器なども、王侯貴族のコレクションに含まれていたが、中国と日本はほとんど区別されていなかった(174)。それに対して、この一八六七年パリ万国博においては、展示の段階ではほとんど区別されていなかった中国と日本が区別され、「日本」の特異性が認知されるにいたったのである。一八六七年パリ万国博は、このように、一八七〇年代のフランスに「ジャポニスム」を引き起こす契機となったといえるだろう。

ただし、注記しておかなければならないのは、日本は芸術的には高い評価を得たといっても、一方で売り立てにかけられた日本の出品物の多くは売れ残り、それが商業的成功に直結したわけではないということである。すべての品物が売り切れたのは一八七〇年に入ってからであった[175]。要するに、一八六七年の時点では、グランプリを獲得し、一定の評価を得たとはいえ、「流行」の域にはいたっていなかったのである。そうだとすると、こうした公式評価や一部の専門家の評価が「ジャポニスム」という文化現象を引き起こした背景には、単に中国とは異なるという観点だけでは説明しきれない要因があったと考えるべきであろう。これについては第Ⅱ部で見ていくこととしよう。

おわりに

一八六七年パリ万国博における日本の参加について、フランスと日本のそれぞれの視点をここで整理しておこう。一八六七年パリ万国博の開催を提唱したルーエル大臣は、「過去の開催よりも、完全にユニヴェルセル（universelle）であること」を目指し、すべての国々の芸術品と産業製品、人間の生活の全分野を対象とし、さらにヨーロッパ諸国のみならず「最も遠く離れた国々」の参加をも求めた。日本への参加要請もこうした理念のもとに行われたわけであるが、一八六七年パリ万国博では、一八六二年ロンドン万国博を上回るより広い地域を対象とした万国博の開催が実現することとなった。

一方、幕府の参加目的は、主として政治的・外交的な関心に基づくものであったということができる。幕府が万国博に参加を表明するにいたった時期は、国内では第二次長州征討の最中であった。国内における自らの威信が揺らぐなか、幕府は、緊密な関係にあった駐日フランス公使ロッシュから説得を受け、パリ万国博に参加することで、日本における主権が自らにあることを世界に表明し、またフランスといっそう良好な関係を築いて援助を引き出し、幕府の権威を高めることを目論んだのである。

出品物の収集という面では、幕府は基本的にフランス帝国委員会の出品分類や求めに応じるかたちで収集を行っていた。幕府は「純国産品」を出品するという基準は持っていたが、その他に明確な出品方針を打ち立てていたわけではなかったのである。また本章で明らかにしたように、幕府は当初は単独で、江戸商人とともに出品物の収集を行っていた。しかし諸藩から対外交易の独占に対する批判や出品希望などの要請を受けて、諸藩にも出品を呼びかけることとなった。こうして幕府と江戸商人のみならず、薩摩藩と佐賀藩の出品が決定した。ただし、幕府はここで重大な条件をつけている。「日本国旗のもとで」、幕府の統轄による諸藩の出品物の展示を行うことを重視した。このように幕府は出品物の展示においても、日本における自らの主権を表明することを目的としていた。これが、幕府が提示したい「日本」像であった。

しかし幕府が目的としたこうした主権表明は失敗したといわざるをえない。幕府の出品準備の遅れや薩摩藩の画策などによって、帝国委員会の『総カタログ』において、幕府は諸藩と同列に併記され、あたかも日本において幕府と諸藩が政治的にも同格であるかのような印象を与えることになる。こうした幕府と薩摩藩の対立については第二章で詳しく見るが、幕府は出品物の展示において自らの主権を示すことができず、万国博を舞台に「日本」の政治・外交面の揺らぎを露呈することになったのである。

さて、この万国博への日本参加は、展示という観点からは、どのように評価するべきだろうか。まず商業的に見た場合、前述のとおりこれは必ずしも成功だったとは言い難い。全体として会期中には日本出品物の売れ行きは不調であった(176)。佐賀藩の陶磁器も売れ行き不振であったが、佐賀藩からパリ万国博に派遣された小出千之助は、その販売不振の理由を食生活や生活習慣の違いから輸出陶器はヨーロッパの人々が求めるものとは一致していなかったと指摘している。[177] また江戸商人の売上も当初の見込みを大きく下回ったようだ。[178]

しかし、一八六七年パリ万国博における日本参加の重要性は、日本側が力点を置いた外交、あるいは商業的成功とは別の側面においてあらわれる。この万国博は、日本から工芸品や建築物など具体的な「物」がかつてない規模で展示されたことによって、多くのフランスの人々が具体的な「日本」を認識する最初の機会となったということができるだろう。

当初、博覧会場において、フランス側が用意した展示区画は、日本・中国・シャムと共同の区画であり、日本は他の二国とほとんど区別されていなかった。こうしたフランスにおける漠然とした「日本」のイメージに変化を与えたのは、シャン・ド・マルスに展示された日本の出品物であり、また日本パヴィリオンとして実際に設置された日本家屋と日常生活の再現であった。こうした展示を通じて、フランスでは「日本」がより具体的なイメージで認識されるようになったのである。

特に帝国委員会の公式評価にも見られるように、この万国博の開催期間中に日本は中国と明確に区別されるようになり、日本の工芸品における伝統と芸術性の共存というその独自性が高く評価されることになった。フランスの新聞においても、日本が中国やシャムと識別されることになり、授賞式で「日本」がグランプリを受賞すると、日本工芸品に対する関心がますます高まっていった。漠然としたアジア・イメージのなかに埋もれていた「日本」が、この一八六七年パリ万国博を契機に「発見」されたともいえるだろう。こうした「物」の展示を通じてフランスで広がった「日本」のより具体的な認識とそれに対する評価が、一八七〇年代のフランスにおいて「ジャポニスム」という文化現象の発展を促す契機となっていくのである。

(1) M. Chevalier (dir.), *Exposition universelle de 1867 à Paris, Rapports du Jury international*, t. 1, Paris, Imprimerie administrative de Paul Dupont, 1868, p. 1-8.

(2) *Ibid.*, p. 2-3.

(3) 一九～二〇世紀に開催された万国博の統計については、次の文献を参照。B. Schroeder-Gudehus et A. Rasmussen, *Les Fastes du Progrès*, Paris, Flammarion, 1992.

(4) M. Chevalier (dir.), *Rapports du Jury international, op. cit.*, t. 1, p. 3-4.

(5) *Ibid.*, p. 5-6.

(6) *Ibid.*, p. 6.

(7) 産業博の歴史に関連する研究は以下を参照。H. G. Berger, *Les Expositions internationales (leur passé, leur rôle actuel, leur avenir)*, Paris, Arthur Rousseau, 1901; J. Viaux, « Les expositions des produits de l'industrie 1798-1849 », *De arte et libris: Festschrift Erasmus, 1934-1984*, Amsterdam, Erasmus Antiquariaat en Boekhandel, 1984, p. 427-449; M. Bouyssy, « An VI: le tout politique de la montre industrielle », in V. Duclert, R. Fabre et P. Fridenson, *Avenirs et avant-gardes en France 19e-20e siècles. Hommage à Madeleine Rébérioux*, Paris, Découverte, 1999, p. 198-210; M. Bacha (dir.), *Les expositions universelles à Paris de 1855 à 1937*, Paris, Action artistique de la Ville de Paris, 2005; P. Greenhalgh, *Ephemeral vistas. The Expositions universelles, Great Exhibitions and World's Fairs, 1851-1939*, Manchester, Manchester University Press, 1988; 鹿島茂『絶景、パリ万国博覧会――サン・シモンの鉄の夢――』小学館、二〇〇〇年（初版は河出書房、一九九二年）。吉見俊哉『博覧会の政治学――まなざしの近代――』講談社、二〇一〇年（初版は中央公論新社、一九九二年）。

(8) La Commission impériale, « Aperçu chronologique et statistique sur les Expositions de l'Industrie depuis leur origine », *Exposition universelle de 1867 à Paris: Catalogue général*, 1ère partie, Paris, E. Dentu, 1867, p. 25-34.

(9) C. Lavollée, *Les Expositions de l'Industrie et l'Exposition universelle de 1867, conférence populaire faite à l'asile impérial de Vincennes, sous le patronage de l'Impératrice*, Paris, Hachette & Cie, 1867, p. 5-16.

(10) P. Larousse, *Grand dictionnaire universel du XIXe siècle*, t. 7 Paris, Administration du grand Dictionnaire universel,

1870, p. 1210.

(11) 産業博の歴史に関連する一九世紀フランスの文献は以下を参照。La Commission impériale, « Aperçu chronologique et statistique sur les Expositions de l'Industrie depuis leur origine », art. cit.; C. Lavollée, *Les Expositions de l'Industrie et l'Exposition universelle de 1867, op. cit.*; A. Bitard, *Histoire des Expositions et des Beaux-Arts*, Rouen, 1881; A. Picard, *Exposition universelle internationale de 1889 à Paris: rapport général*, t. 1, *Historique des expositions universelles*, Paris, Impr. nationale, 1891.

(12) J. Viaux, *op. cit.*, p. 428; P. Greenhalgh, *op.cit.*, p. 3-5.

(13) フランソワ・ド・ヌシャトーが美術品の展示会から着想を得て一七九八年にパリ産業博を立案した経緯は、次の文献で証言されている。C. A. Costaz, *Histoire de l'administration en France, de l'agriculture, des arts utiles, du commerce, des manufactures, des subsistances, des mines et des usines*, t. 2, Paris, Bouchard-Huzard, 1843, p. 466–473. 彼の伝記は以下を参照。D. Margairaz, *François de Neufchâteau : biographie intellectuelle*, Paris, Publications de la Sorbonne, 2005.

(14) N. Fransois de Neufchâteau, *Recueil des lettres circulaires, instructions, programmes, discours, et autres actes publics, émanés du Cen François* (*de Neufchâteau*), *pendant ses deux exercices du ministère de l'Intérieur*. t. 1, Paris, Impr. de la République, 1799, p. 102–105.

(15) *Ibid.*

(16) *Ibid.*, p. 105.

(17) F. Hamon, « Les premières Expositions : Topographie parisienne des Expositions », M. Bacha（dir.）, *op. cit.*, p. 60–61.

(18) *Ibid.*, p. 61.

(19) J. Viaux, *op. cit.*, p. 435–436.

(20) *Ibid.*, p. 437.

(21) N. Fransois de Neufchâteau, *op. cit.*, p. 230.

(22) *Ibid.*, p. 228–232.

(23) 表2は、次の統計を参考に筆者が作成。J. Viaux, *op. cit.*

（24）　J. Viaux, *op. cit.*, p. 427.

（25）　*Ibid*, p. 440; F. Hamon, art. cit., p. 62–63

（26）　*Catalogue général*, 1ère partie, *op. cit.*, p. 25–34.

（27）　*Ibid.*

（28）　M. Chevalier（dir.）, *Exposition universelle de 1867 à Paris. Rapports du Jury international, op. cit.*, t. 1, p. 5–6; P. Greenhalgh, *op. cit.*

（29）　C. Lavollée, *op. cit.*, p. 14–15; H. G. Berger, *op. cit.*, p. 33–34; P. Greenhalgh, *op. cit.*, p. 10–11.

（30）　T. Kusamitsu, « Great Industrialization and Design before 1851 », *History Workshop Journal*, Issue 9, 1980, p. 70–89; 重富公生『産業のパクス・ブリタニカ――一八五一年ロンドン万博の世界――』勁草書房、二〇一一年。なお、一八六七年パリ万国博の『総カタログ』には、一八五一年以前にイギリスで開催された産業博については一切記載がない（La Commission impériale, « Aperçu chronologique et statistique sur les Expositions de l'Industrie depuis leur origine », art. cit., p. 25–34）。

（31）　一八五一年ロンドン万国博については以下を参照。J. R. Davis, *The Great Exhibition*, Stroud, Sutton Publishing, 1999; Paul Greenhalgh, *op. cit.*; 吉見俊哉、注（7）前掲書。重富公生、注（30）前掲書。松村昌家『大英帝国博覧会の歴史――ロンドン・マンチェスター二都物語――』ミネルヴァ書房、二〇一四年。

（32）　« Décret du 8 mars 1853 », *Moniteur universel*［=MU］, no. 70, le 11 mars 1853, p. 281; A. Stehly, « Exposition universelle 1855: Une première expérience parisienne », *Bulletin de la Société de l'Histoire de Paris et de l'Ile de France*, 133e année, 2006, p. 177–211; E. Vasseur, « De la Great Exhibition de 1851 à l'Exposition universelle de 1855: émulation et modèles nationaux », *Napoléon III et la reine Victoria: une visite à l'Exposition universelle de 1855*, Éditions de la Réunion des musées nationaux, 2008, p. 66–76.

（33）　A. Stehly, art. cit., p. 180.

（34）　Tresca（dir.）, *Visite à l'exposition universelle de Paris en 1855*, Paris, L. Hachette, 1855.

（35）　G. Flaubert, C. Gothot-Mersch éd., *Bouvard et Pécuchet: avec un choix des scénarios, du Sottisier, L'album de la marquise et Le dictionnaire des idées reçues*, Collection Folio, 1137, Paris, Gallimard, 1979, p. 515（日本語訳は、フローベール著、小倉孝誠訳『紋切型辞典』岩波書店、二〇〇〇年、一九五頁を参照).

(36)　吉田光邦『改訂版 万国博覧会——技術文明史的に——』日本放送出版協会、一九八五年、一～二頁。

(37)　北根豊編『日本初期新聞全集』第一巻、ぺりかん社、一九八六年、一九四頁。翻刻は、木村毅『幕末明治新聞全集』第二巻、一九六一年、四頁を参照。

(38)　幕末期の日本における情報については次の文献を参照。鈴木秀三郎『新版本邦新聞の起源』ぺりかん社、一九八七年。稲田雅洋『自由民権の文化史——新しい政治文化の誕生』筑摩書房、二〇〇〇年。保谷徹編『幕末維新と情報』吉川弘文館、二〇〇一年。

(39)　『官板バタビヤ新聞』は、『ヤパッシェ・クーラント』の一八六一年八月三一日付から一一月一六日付までの二三号分を抄訳したものであり、一八六二年（文久二）の一月と二月に萬屋兵四郎から出版された。その継続誌として『官板海外新聞』が、一八六二年の八月と九月に発行された。北根豊編、注(37)前掲書、xi頁。鈴木秀三郎、注(38)前掲書、九六～九七頁。

(40)　芳賀徹『大君の使節——幕末日本人の西欧体験——』中央公論社、一九六八年、六～一二頁。

(41)　神田孝夫「日本趣味の端緒とこれに対する日本の反応」東京大学教養学部人文科学科紀要『比較文化研究』第三号、一九六二年、七四頁。

(42)　一八五一年ロンドンおよび一八五五年パリの万国博においても、オランダや中国の展示部門のなかに日本品が僅かに含まれていた。しかし、「日本の部」として紹介されたのは一八六二年ロンドン万国博が最初である（『ジャポニスム』展覧会カタログ、グラン・パレ、国立西洋美術館、一九八八年、四四～五二頁、松村昌家、注(31)前掲書、七七頁を参照)。

(43)　一八六二年ロンドン万国博におけるオールコックの出品に関しては次の文献を参照。T. Watanabe, *High Victorian japonisme*, Bern, Peter Lang, 1991; A. Ono, *Japonisme in Britain: Whistler, Menpes, Henry, Hornel and nineteenth-century Japan*, London, Routledge Curzon, 2003; 佐野真由子『オールコックの江戸——初代英国公使が見た幕末日本——』中央公論新社、二〇〇三年。宮内悊「第二回ロンドン国際博覧会と日本の出品物について」九州芸術工科大学

『研究論集』四、一九七九年、四一～一〇八頁。
(44) ジャポニスム学会編『ジャポニスム入門』思文閣出版、二〇〇〇年、一八頁。
(45) R. Alcock, *The Capital of the Tycoon: A Narrative of a Three years' Residence in Japan*, Vol. II, London, Longman, p. 280. オールコック著、山口光朔訳『大君の都――幕末日本滞在期――』下巻、岩波書店、一九八八年、一七七頁。
(46) *Ibid.*, p. 284. 同前、二〇二頁。
(47) *Ibid.*, p. 286. 同前、一八五頁。
(48) 神田、注(41)前掲論文、八二頁。*International Exhibition, 1862, Medals and Honorable Mentions awarded by the International Juries*, London, 1862, p. 359.
(49) 同前神田論文、七五頁。日本史籍協会編『遣外使節日記纂集』第三巻、東京大学出版会、一九七一年、四九頁。
(50) 慶應義塾編『福澤諭吉全集』第一九巻、岩波書店、一九六二年、二八頁。なお福沢諭吉は一八六六年に公刊した『西洋事情』で博覧会について紹介している。これが「博覧会」の語が一般に普及する契機となったとされる（吉田光邦、注36前掲書、七頁）。
(51) « Décret du 22 juin 1863 », *MU*, no. 182, le 1er juillet 1863, p. 919.
(52) « Rapport à l'Empéreur », *MU*, no. 182, le 1er juillet 1863, p. 919.
(53) *Ibid.*
(54) *Ibid.*
(55) « Décret du 8 mars 1853 », *MU*, no. 70, le 11 mars 1853, p. 281.
(56) 服部春彦「第二帝政下の貿易自由化と産業資本」河野健二編『フランス・ブルジョア世界の成立』岩波書店、一九七七年。
(57) « Rapport à l'Empéreur », art. cit.
(58) B. Schroeder-Gudehus et A. Rasmussen, *op. cit.*
(59) La Commission impériale, *Rapport sur l'Exposition universelle de 1867, à Paris*, Paris, Impr. impériale, 1869, p. 12.
(60) B. Schroeder-Gudehus et A. Rasmussen, *op. cit.*, p. 76-83.

(61) La Commission impériale, *Rapport sur l'Exposition universelle de 1867, à Paris, op. cit.*, p. 12.

(62) *Ibid.*, p. 70-71.

(63) A. Stehly, *op. cit.*, p. 180.

(64) P. Mérimée, « Considérations sur les applications de l'art à l'industrie à l'Exposition universelle », in M. Chevalier (dir.), *Rapports des membres de la section française du jury international sur l'ensemble de l'exposition*, t. 6, N. Chaix, 1862, p. 247-262.

(65) P. Larousse, *op. cit.*, 1866, p. 702-703.

(66) « Rapport à l'Empéreur », *MU*, no. 185, le 4 juillet 1863, p. 928.

(67) *Ibid.*

(68) *Ibid.*

(69) P. Mérimée « Considérations sur les applications de l'art à l'industrie à l'Exposition universelle », art. cit.,

(70) « Rapport à l'Empéreur », *MU*, no. 185, le 4 juillet 1863, p. 928.

(71) *Ibid.*

(72) 三浦篤「一九世紀フランスの美術アカデミーと美術行政――一八六三年の制度改革を中心に――」『西洋美術研究』第二号、一九九九年、一一一～一二九頁。

(73) 産業応用美術中央連合については以下を参照。*Le Beau dans l'utile. Histoire sommaire de l'Union centrale des beaux-arts appliqués à l'industrie*, Union centrale, 1866; Y. Brunhamer, *Le Beau dans l'Utile: un musée pour les arts décoratifs*, Paris, Gallimard, 1992; S. Laurent, *L'art utile: les écoles d'arts appliqués sous le Second Empire et la Troisième République*, Paris, L'Harmattan, 1998; S. Laurent, *Les arts appliqués en France*, Paris, CTHS, 1999; P. Lamard et N. Stskopf, *Art et Industrie*, Paris, Picard, 2013; 天野知香『装飾／芸術――一九―二〇世紀フランスにおける「芸術」の位相――』（ブリュッケ、二〇〇一年）。西村美香「フランス近代工芸運動のあけぼの 二つの振興運動――産業芸術と装飾芸術――」デザイン史フォーラム編『近代工芸運動とデザイン史』思文閣出版、二〇〇八年。

(74) *MU*, no. 64, le 5 Mars 1865, p. 217.

（75）La Commission impériale, *Rapport sur l'Exposition universelle de 1867, à Paris, op. cit.*, p. 12.
（76）MAE, CC, Yédo, T. 4, E. Drouyn de Lhuys à L. Roches, le 7 mars 1865, p. 26.
（77）MAE, CC, Yédo, T. 4, E. Drouyn de Lhuys à L. Roches, le 2 mai 1865, p. 49; le 10 juillet 1865, p. 62; le 26 juillet 1865, p. 69.
（78）通信全覧編集委員会『続通信全覧』編年之部九、雄松堂、一九八四年、七五頁。
（79）同前。
（80）同前。
（81）イギリスは一八六五年三月中にパリ万国博への参加を表明するなど、多くの国が早期に参加を表明していた（La Commission impériale, *Rapport sur l'Exposition universelle de 1867, à Paris, op. cit.*, p. 12）。
（82）『続通信全覧』編年之部九、注(78)前掲書、七五頁。傍点は筆者による。
（83）同前、七七頁。
（84）MAE, CC, Yédo, T. 4, L. Roches à E. Drouyn de Lhuys, le 11 septembre 1865, p. 92-95.
（85）*Ibid.*, p. 92-93.
（86）*Ibid.*
（87）横須賀製鉄所の総責任者にヴェルニが就任し、シャノワーヌ大尉を団長として第一次軍事顧問団が一八六七年に来日した。以下を参照。J. M. Thiébaud, *La Présence française au Japon du XVIe siècle à nos jours*, Paris, L'Harmattan, 2008; 西野嘉章、クリスティアン・ポラック編『維新とフランス——日仏学術交流の黎明——』東京大学出版会、二〇〇九年。
（88）大塚武松『新訂増補幕末外交史の研究』宝文館、一九六七年、二五八〜二五九頁。石井孝『増訂　明治維新の国際的環境』吉川弘文館、一九六六年、六五五〜六五六頁。
（89）MAE, CC, Yédo, T. 4, L. Roches à E. Drouyn de Lhuys, le 11 septembre 1865, art. cit.
（90）柴田剛中著、君塚進校注「仏英行」沼田次郎・松沢弘陽編『西洋見聞集』岩波書店、一九七四年、三七三頁。
（91）「慶応三年（一八六七）パリ万博」東京国立文化財研究所編『明治期万国博覧会美術品出品目録』中央公論美術出版、一〜三二頁。*Rapport sur l'Exposition universelle de 1867, à Paris, op. cit.*, p. 16-20.
（92）「開成所に於て博覧会出品に付シベリオンへ応接の件」『徳川昭武滞欧記録』第二巻、二二八〜二三三頁。森仁史「一八六七年万国博覧会における「日本」――日本出品をめぐって――」『戸定論叢』第三号、松戸市教育委員会、一九九三年、二一~五頁。

(93) 「国産出品申告の達書案」『徳川昭武滞欧記録』第三巻、一〇三~一〇四頁。『維新史料綱要』六巻、東京大学出版会、一九六六年、三九九頁。

(94) MAE, CC, Yédo, Lettre de L. Roches à E. Drouyn de Lhuys, le 27 mai 1866, p. 236.

(95) *Ibid.*

(96) 『維新史料綱要』六巻、注(93)前掲書、四〇三頁。

(97) MAE, CC, Yédo, Lettre de L. Roches à E. Drouyn de Lhuys, le 27 mai 1866, p. 236.

(98) 一八五八年(安政五)の修好通商条約締結から一八六四年(元治元)のイギリス・フランス・オランダ・アメリカの四国連合艦隊の下関砲台攻撃(下関戦争)にいたるまでの自由貿易をめぐる幕府と諸外国との外交関係については、以下の文献を参照。石井孝、注(88)前掲書。鵜飼政志『幕末維新期の外交と貿易』校倉書房、二〇〇二年。保谷徹『幕末日本と対外戦争の危機――下関戦争の舞台裏――』吉川弘文館、二〇一〇年。明治維新史学会編『世界史のなかの明治維新』講座明治維新一、有志舎、二〇一〇年。鵜飼政志『明治維新の国際舞台』有志舎、二〇一四年。

(99) 『維新史料綱要』六巻、注(93)前掲書、二二八~二二九頁。

(100) 同前、四四八頁。

(101) 「諸藩より出品の件柴田日向守よりフロリヘラルトへの書簡」、『徳川昭武滞欧記録』第二巻、三四七~三四八頁。

(102) 一八六七年パリ万国博の日本出品「浮世絵画帖」の製作過程については以下を参照。菊池秀雄編「第二回パリ万国博出品浮世絵関係資料」(一)~(三)『MUSEUM』八九~九一号、一九五八年。

(103) 表3は、以下を参考に筆者が作成。東京国立文化財研究所美術部編『明治期万国博覧会美術品出品目録』中央公論美術出版、一九九七年、三~二四頁。黒江俊子「徳川昭武の渡欧と仏国博覧会出品の意義」『法政史学』第一五号、法政大学史学会、一九六二年、一六三頁。

(104) 「博覧会出品収集有志者に委任一件」『徳川昭武滞欧記録』第二巻、三一五~三四五頁。

(105) 清水卯三郎のパリ万国博への出品については以下を参照。沢護「清水卯三郎――一八六七年パリ万国博をめぐって

――」『千葉敬愛経済大学研究論集』第一九号、一九八一年、四九五頁。また清水卯三郎の伝記は次の文献を参照。長井五郎『しみづうさぶらう略伝』山本印刷、一九七〇年。長井五郎『焔の人・しみづうさぶらうの生涯』さきたま出版会、一九八四年。

(106)「江戸商人卯三郎より願書」、『徳川昭武滞欧記録』第二巻、三三一～三三三頁。

(107) 沢護、注(105)前掲論文、四九六頁。

(108)「仏国博覧会へ可差遣品書」、「仏国博覧会規則書」『徳川昭武滞欧記録』第二巻、三二三～三三二頁。

(109) 沢護、注(105)前掲論文、四九八～五〇一頁。

(110)「商人の出品物」の表は、以下を参考に筆者が作成。「商人共より差出候　品物録書」、『徳川昭武滞欧日記』第三巻、三五八～四〇七頁。東京国立文化財研究所美術部、注(103)前掲書、二五～三二頁。沢護、注(105)前掲論文、四九七頁。黒江俊子、注(103)前掲論文、一六四頁。

(111) 佐賀藩の一八六七年パリ万国博への参加については以下の文献を参照。宇治章「幕末佐賀の海外交渉の一側面――一八六七年パリ万国博について――」、『佐賀県立博物館調査研究書』第八集、一九八二年、二九～五三頁。菊浦重雄「幕末・維新期の万国博覧会と佐賀藩――一八六七年（慶応三）パリ万国博と佐野常民との関連で――」、『東洋大学経済研究所研究報告』第八号、東洋大学経済研究所、一九八三年、二〇九～二六七頁。

(112)「肥前産陶器出品の件松平肥前守家士よりの伺書」（慶応二年一一月）、『徳川昭武滞欧記録』第二巻、三五五～三五六頁。

(113) 菊浦重雄「佐賀藩の技術移転――佐野常民の事蹟を中心に――」『東洋大学経済論集』第七巻、一九八一年、二九～七二頁。菊浦重雄「幕末維新期における西欧技術の受容と対応――佐野常民の事蹟を中心に、主として蘭学との関連で――」『東洋大学経済研究所研究報告』第七号、東洋大学経済研究所、一九八二年、五七～九〇頁。

(114) 佐賀藩の陶器国産専売仕法および海外交易については次の論文を参照。山形万里子「幕末期佐賀藩富国策の展開と国内外市場――陶器国産専売仕法を中心に――」『社会経済史学』第六九巻、第三号、二〇〇三年、四七～七一頁。山形万里子「佐賀藩藩政改革における「均田制度」と陶器専売制」『社会経済史学』第五九巻、第二号、一九九九年、二〇三～二三一頁。なお「上海貿易」は、中国との交易を目的に、一八六二年五月、幕府の貿易船千歳丸で、幕府、長州藩、薩摩藩、佐賀藩が役人および商人を上海に派遣したことを指す。佐賀藩は主に陶器と石炭を販売しようと試み、上海交易の可能性を探る予備調査を行った（山形万里子「幕末期佐賀藩富国策の展開と国内外市場――陶器国産専売仕法を中心に――」前掲論文、六七～六八頁）。山形の各論文については、以下の単行本に再録されている。あわせて参照。山形万里子『藩陶器専売制と中央市場』日本経済評論社、二〇〇八年。

(115)「肥前産陶器出品の件松平肥前守家士よりの伺書」（慶応二年一一月）、『徳川昭武滞欧記録』第二巻、三五五～三五六頁。

(116)「仏国領事宛佐賀藩より出品の覚書」（慶応二年九月）、『徳川昭武滞欧記録』第二巻、三七七～三七八頁。

(117) La Commission impériale, *Exposition universelle de 1867 à Paris: Catalogue général*, 2e édition, Paris, E. Dentu, 1867.

(118) 黒江俊子、注(103)前掲論文、一六四～一六六頁。宇治章、注(111)前掲論文、三八頁。

(119)「松平修理大夫博覧会へ出品の件同家士の上申書」（慶応二年七月）、『徳川昭武滞欧記録』第二巻、三四八～三四九頁。

(120) 高橋邦太郎『花のパリへ少年使節――慶応三年パリ万国博奮闘記――』三修社、一九七九年、二六～二八頁。

(121) 同前、二六頁。「仏国領事より同国博覧会掛への書簡訳文」（慶応二年九月二一日）、『徳川昭武滞欧記録』第二巻、三六七～三六八頁。

(122)「仏国領事より長崎奉行への書簡訳文」、『徳川昭武滞欧記録』第二巻、三六三～三六六頁。

(123) 同前。高橋邦太郎、注(120)前掲書、二六頁。

(124) 高橋邦太郎、注(120)前掲書、二六～二八頁。

(125)『徳川昭武滞欧記録』第二巻、三六九～三七四頁。

(126) La Commission impériale, *Exposition universelle de 1867 à Paris: Catalogue général*, *op. cit.*

(127)「仏国領事より長崎奉行への書簡訳文」、『徳川昭武滞欧記録』第二巻、三六三～三六六頁。

(128)「仏国領事より同国博覧会掛への書簡訳文」（慶応二年九月二一日）、『徳川昭武滞欧記録』第二巻、三六七～三六八頁。なおフランス国立文書館にもこの書簡の受信記録がフランス帝国委員会の文書に残っている。しかしこれは受信記録であり、宛名、差出人、発信日、概要しか記されていない。

(129) La Commission impériale, *Rapport sur l'Exposition universelle de 1867, à Paris*, *op. cit.*, p. 441.

(130) *Ibid.*

(131) *Ibid.*, p. 365.

(132) « Le Japon et le Siam », *L'Exposition universelle de 1867*, le 15 juillet 1867.

(133) M. A. Alphand（dir.）, *Albums du Parc*, vol. 2, ［1867］, p. 74-75. Archives Nationales, CP/F/12/11872/2.

(134) *Exposition universelle de 1867 à Paris: Catalogue général, op. cit.*

(135) *Exposition universelle de 1867 à Paris: Catalogue général*, 2e édition, *op. cit.*

(136) S. Bouillon, « L'Orient à l'Exposition », *Revue contemporaine*, 2e série, t. 16, 1867, p. 560.

(137) G. Duchesne de Bellecourt, « La Chine et le Japon à l'Exposition universelle », *Revue des deux mondes*, t. 70, le 1er août 1867, p. 722.

(138) « Discours de l'Empereur et de M. Rouher », *L'Exposition universelle de 1867*, le 6 juillet 1867.

(139) 「仏国より幕府へ寄贈のメダルの件向山隼人正より上申書」『徳川昭武滞欧記録』第1巻、二三九頁。*Liste générale des Récompenses décernées par le jury international*, Imprimerie impériale, 1867. p. 26.

(140) M. Chevalier（dir.）, *Rapports du Jury International, op. cit.*

(141) *Ibid.*, t. 1, p. 77.

(142) 表5は下記により筆者作成。Direction générale des douanes et droits indirects, *Tableau général du commerce de la France avec ses colonies et les puissances étrangères*, t. 37, 1867, Paris, Impremerie impériale, 1868.

(143) M. Chevalier（dir.）, *Rapports du Jury international, op. cit.*, t. 6, p. 292-293.

(144) 日仏間の生糸貿易については、次の文献を参照。クリスチャン・ポラック『絹と光――知られざる日仏交流一〇〇年の歴史（江戸時代〜一九五〇年代）――』アシェット婦人画報社、二〇〇二年。

(145) M. Chevalier（dir.）, *Rapports du Jury international, op. cit.*, t. 4, p. 173-174.

(146) *Ibid.*, p. 205-206.

(147) *Ibid.*, p. 206.

(148) *Ibid.*

(149) G. Duchesne de Bellecourt, « La Chine et le Japon à l'Exposition universelle », art. cit., p. 726.

(150) « Le Japon et le Siam », art. cit.

(151) M. Chevalier (dir.), *Rapports du Jury international, op. cit.*, t. 4, p. 206.

(152) « Le Guerrier Japonais », *L'Exposition universelle de 1867*, le 8 juin 1867.

(153) « Le Kiosque japonais », *L'Exposition universelle de 1867*, le 21 juin 1867.

(154) 森仁史、注(92)前掲論文、一四頁。「博覧会出品武者人形飾馬一件」(慶応三年七月一七日)、『徳川昭武滞欧記録』第三巻、一四四〜一四七頁)。

(155) La Commission impériale, *Exposition universelle de 1867 à Paris, Catalogue Général*, 2e édition, *op. cit.*, p. 661.

(156) C. Demeulenaere-Douyère, *Exposition universelle de 1867 à Paris: documents iconographiques. Répertoire méthodique* (sous-série F/12), Paris, Archives Nationales, 2008.

(157) 森仁史、注(92)前掲論文、一四頁。

(158) E. Rimmel, *Souvenirs de l'Exposition universelle*, Paris, E. Dentu, 1868, p. 320.

(159) 森仁史もこれを薩摩側が故意に薩摩藩の出品物として表示したものと推測している(森仁史、注92前掲論文、一四頁)。

(160) « Les Costumes populaires du Japon », *L'Exposition universelle de 1867*, le 22 juillet 1867.

(161) *Ibid.*

(162) 森仁史、注(92)前掲論文、一四頁。

(163) Lettre de Prosper Mérimée à Jenny Dacquin, Paris, le 6 septembre 1867, in Prosper Mérimée, *Correspondance Générale*, établie et annotée par Maurice Parturier, Deuxième Série, Tome Septième, 1866-1867, Toulouse, Édouard Privat, 1959, p. 599. メリメはこの他にも、パリ万国博の日本女性について次の書簡のなかで取りあげている。Lettre de Prosper Mérimée à la Duchesse Colonna, le 24 août 1867, in *ibid.*, p. 583; Lettre de Prosper Mérimée à la Duchesse Colonna, le 28 août 1867, in *ibid.*, p. 587; Lettre de Prosper Mérimée à Madame de Montijo, Paris, le 6 septembre 1867, in *ibid.*, p. 596.

(164) E. de Goncourt, *La maison d'un artiste*, t. 1, Paris, G. Charpentier, 1881, p. 207.
(165) 「航西日記」『渋沢栄一滞仏日記』日本史籍協会編、東京大学出版会、一九六七年、九五頁。『渋沢栄一滞仏日記』については次の論文を参照。関根仁「日本史籍協会叢書『渋沢栄一滞仏日記』の刊行と収録日記についての考察」『渋沢史料館年報』二〇一二年度、四七～六七頁。
(166) 同前。
(167) 「航西日記」、注(165)前掲書、一二二頁。
(168) 「仏国より幕府へ寄贈のメダルの件向山隼人正より上申書」、注(139)前掲参照。
(169) « Le Japon et Siam », art. cit.
(170) *Ibid.*
(171) « Exposition universelle », art. cit.
(172) *Ibid.*
(173) *Ibid.*
(174) 山田智三郎「シノアズリからジャポネズリへ」日仏美術学会編『ジャポニスムの時代』紀伊国屋書店、一九八三年、一～一四頁。
(175) 森仁史、注(92)前掲論文、一九頁。
(176) 森仁史、注(92)前掲論文。黒江俊子、注(103)前掲論文。宇治章、注(111)前掲論文。
(177) 山形万里子「幕末期佐賀藩富国策の展開と国内外市場——陶器国産専売仕法を中心に——」、注(114)前掲論文、六七頁。
(178) 沢護、注(105)前掲論文。

第二章　外交の場としての万国博覧会――「日本」の揺らぎ――

はじめに

第一章では、一八六七年パリ万国博における、幕府・薩摩藩・佐賀藩・商人による出品物の展示によって、フランスにおける「日本」イメージが、漠然としたアジア・イメージを脱し、より具体的に形成されていく過程を確認した。しかし一方で、このパリ万国博への日本の参加は、第一章で取りあげた帝国委員会の『総カタログ』にも垣間みられたように、政治・外交面における「日本」の揺らぎを露呈する結果となった。大政奉還（一八六七年一一月）を目前とした一八六七年パリ万国博を舞台として、日本の展示を統轄し、またフランスとの緊密な関係を築きいっそうの援助を引き出すことを目指した幕府、これを妨害しようと試みる薩摩藩、さらにこの二者をめぐってフランスとイギリスがさまざまなかたちでかかわり、複雑な政治・外交関係が展開されていたのである。ここでは、「物」の展示によって「日本」イメージが形成されていくのとは逆に、政治的統一体としての「日本」のイメージが揺らいでいくようにも思われる。

本章では、こうした万国博の政治・外交面に着目し、とりわけ将軍名代としてパリ万国博に参列した徳川昭武

図１　徳川昭武と幕府使節(1867年)
前列左端はアレクサンダー・フォン・シーボルト、同右端はレオン・デュリー。

とその幕府使節（図１）の行動を軸として、一八六七年パリ万国博を舞台とした「人」の交流と国家イメージの展開を分析していきたい。徳川昭武は、『イリュストラシオン』紙の第一面を飾ったように一八六七年のフランスにおいて「日本」イメージを形成する象徴的存在であったと思われるからである。

本題に入る前に登場人物を整理し、それぞれにおいて取りあげるべき問題点を指摘しておこう。

◆将軍名代徳川昭武の派遣

第一章で見たように、駐日フランス公使レオン・ロッシュ（Léon Roches, 1809-1901）は、フランスの帝国委員会および外務省の要請を受けて、幕府にパリ万国博への参加を求め、その後も双方の間に立って日本の参加に向けた準備を手伝った。このとき帝国委員会が要請したのは、「物」だけでなく、参加国の代表者の参列であった。すでに一八五五年パリ万国博では、初めて公式にイギリスからヴィクトリア女王とアルバート公が出席するなど、万国博は参加各国の代表者が集う「外交」の場としても重視されていたのである。

将軍徳川慶喜（一八三七～一九一三）は、一八六七年二月七日（慶応三年一月三日）の文書で、そのとき満一三歳であった弟の徳川昭武（一八五三～一九一〇）をパリ万国博に派遣し、さらにヨーロッパの条約締結国の巡歴、その後のフランス留学も命じた。[1] それに先立ち、同年一月三日（一一月二八日）には、昭武がパリ万国博に派遣されること、御三卿のひとつ清水家を相続することが水戸藩家老に伝達されていた。[2] 清水家の相続は将軍職を継承することの出来る身分を与えられたことを意味している。こうして昭武は、正式に将軍名代としてヨーロッパに派遣されることとなった。

徳川幕府は、一八六〇年以来、六回にわたって欧米に使節を派遣した。最後に派遣された昭武は、将軍名代の資格を与えられた最も高位の人物であり、彼の渡欧は特別な意義を持つものであったといえる(3)。そこには幕府が、各国の王族や元首の集まる場として万国博の外交機能を重視し、これを利用しようとする意図を持っていたと考えることも可能だろう。その背景には、一八六五年に薩摩藩が遣英使節を派遣するなど独自の外交活動を活発化させていたこと、また第二次長州征討の失敗によって幕府に権威の揺らぎが生じていたことなど国内の事情もある。幕府としては、将軍名代として昭武を参列させることは、「日本」の主権が幕府にあることを諸外国に表明し、同時にフランスとの親交を深めていっそうの援助を得るという目的に沿うものといえるだろう。本章では、この昭武をはじめとする幕府使節の行動を中心に、幕府、薩摩藩、フランス、イギリスそれぞれの関係を考察していきたい。

一方、パリ万国博への参加を通じて、フランスとの関係強化を目的としたはずの幕府使節は、次第に反フランス感情を抱き、イギリスに関心を寄せていくことになる。ロッシュや慶喜の当初の想定をまったく裏切る事態を迎えることとなった。幕府使節にこのような変化が生じたのはなぜだったのか。本章は、この変化の理由と意味を、幕府使節の足跡を辿りながら問い直す。その際、特に次の三者に注目していきたい。

◆駐日イギリス領事館付通訳官アレクサンダー・フォン・シーボルト

第一の人物は、幕府使節のイギリスへの接近をめぐる問題にかかわっている。

これまでの研究では、駐日イギリス公使サー・ハリー・スミス・パークス（Sir Harry Smith Parkes, 1828–1885）が送り込んだ密使として幕府使節に随行したイギリス領事館付通訳官アレクサンダー・ゲオルク・グスタフ・

フォン・シーボルト（Alexander George Gustav von Siebold, 1846-1911）が、使節の関心をイギリスに向けることに尽力したとして、「イギリスの策謀」が強調されることが多かった。(4) アレクサンダー・フォン・シーボルトは、博物学者として有名なフィリップ・フランツ・バルタザール・フォン・シーボルト（Philipp Franz Balthasar von Siebold, 1796-1866）の長男で、一八五九年に一二歳の若さで父の再来日に同行し、日本語に熟達して一八六一年からイギリス領事館の通訳官に任命されていた。(5) 実際、アレクサンダー・フォン・シーボルトは一八六七年パリ万国博に派遣された幕府使節に日本語通訳として随行し、駐日イギリス公使パークスと、イギリス外務次官エドモンド・ハモンド（Edmund Hammond, 1802-1890）に幕府使節の動向を伝える「私的報告書」を送り続けている。

しかし、フランスとの親交を目的とした幕府使節に、それに対抗するイギリス領事館側のシーボルトが、そもそもどうして随行することになったのか、こうした経緯が分析されないままに「イギリスの策謀」が強調されることについては疑問の余地があろう。また裏づけとなる史料の面においても、従来の研究には十分とは言いがたい点が見られる。

このシーボルトの私的報告書を最初に分析した大塚武松は「アレクサンダー・フォン・シーボルトが、英国外務次官エドワード・ハモンドに送った十餘通の報告書」を取りあげている。(6) しかし資料公開の進展により、今日、分析すべき史料は増えている。まず、一八六六年から一八六八年のイギリス外務省文書には、アレクサンダー・フォン・シーボルトの私的報告書と、それに対する駐日イギリス公使パークスとイギリス外務次官ハモンドの返書を含めて、五〇通以上に及ぶ文書が残されている。(7) また一九九九年にはアレクサンダー・フォン・シーボルトの日記、さらに二〇〇〇年にはシーボルト家の書簡が、それぞれ翻刻・校訂版として刊行され、ここには一八六七年の徳川昭武の派遣に関連する記述も含まれている。(8) 本章は、以上の史料の分析を通じて、あらためてシーボルトの果たした役割を問い直したい。

◆薩摩藩とモンブラン

第二の人物は、薩摩藩が、万国博覧会に「琉球公国」の名で出品し、幕府とは独立した出品区画を得た際、その事務官長(commissaire général)としてかかわったフランス人のモンブラン(Comte de Montblanc, Baron d'Ingelmunster, 1833-1894)である。[9] 第一章で述べたように、幕府は諸藩にパリ万国博への出品を要請し、薩摩藩と佐賀藩から出品表明を受けていた。しかし薩摩藩が独立国の体裁で別の出品区画を得たことが明らかになると、「日本」の政治体制にかかわる重大な問題として、パリに到着した幕府使節と薩摩藩との騒動に発展することになる。さらにこの問題は、幕府と薩摩藩のみならず、フランス外務省および帝国委員会を巻き込み、「日本」という国家の統一的なイメージを覆す結果となったのであった。そしてここにはモンブランの深い関与があったのである。

しかしそもそもどのような経緯で、一人のフランス人貴族が、こうした関与をなしえたのだろうか。また一方で、幕府および幕府使節、フランス外務省とパリ万国博を組織する帝国委員会は、こうした薩摩藩とモンブランの動向をどのように把握し、どのような態度を示していたのだろうか。これまでの研究では、こうしたフランス国内での状況がほとんど取りあげられないままに、薩摩藩とモンブランの暗躍が論じられてきた。本章は、これまで注目されてこなかったフランス側の史料を活用しつつ、薩摩藩とモンブランの「結託」の経緯、フランス外務省および帝国委員会の態度に注目して、一八六七年パリ万国博を舞台とした幕府と薩摩藩の対立関係を論じることとしたい。それらの史料からは、一人の策士の暗躍にとどまらず、このときのフランス外務省および帝国委員会の態度こそが、次第に幕府使節が親仏から親英へと傾く要因となったとみなすことができるのである。

◆フランス陸軍中佐レオポルド・ヴィレットと幕府使節

第三の人物は、幕府使節の態度の変化に対し、フランス政府はどのような態度を示していたのか、という問題にかかわる。

これまでの六七年パリ万国博の研究では、すでに述べたように、日本が正式に参加し出品物を展示した最初の万国博として言及されるにとどまっている。もちろん徳川昭武の派遣自体に関しては、松戸市戸定歴史館をはじめとした歴史研究があり、(10)また外交史の分野では、徳川昭武の派遣をフランスの対日政策の観点から検証した大塚武松や石井孝の研究がある。(11)しかし柴田三千雄が指摘したように、これらの研究は一貫して駐日フランス公使ロッシュと本国フランス政府との関係という観点からフランスの対日政策を分析している。(12)すなわち、一八六四年四月に駐日フランス公使に着任したロッシュが、それまでのイギリスとの協調路線から離れ、幕府に対して急速に接近していった点を、本国政府との関係から明らかにすることを主眼としている。こうした観点は、大塚と石井の研究以降も、日本のみならず、メロン・メッジーニ、リチャード・シムズなど、欧米の研究者にも一貫したものである。(13)

ところが、これらの研究を通じて明らかにされたのはむしろ、駐日公使ロッシュの親幕路線が個人外交的性格を持っており、これをもってフランス本国政府の意向の反映だとは必ずしも言い切れないということである。一八六七年パリ万国博への徳川昭武の派遣も、ロッシュの講じた親幕政策の一環として位置づけられるのである。

しかし事実関係をみると、徳川昭武の派遣ののち、この幕府使節をめぐる日仏関係は、ロッシュの手から離れ、パリを舞台に展開することになる。むしろそこでは、幕府とフランス政府の関係はロッシュが期待したほどの接近を見せてはいない。逆に、幕府使節は親英的になり、フランス外務省はこうした動きに中立的ないし消極的姿勢を見せることとなるのである。パリにおいて、幕府使節の問題を取り扱った本国政府は、使節が初期の親仏路線から親英路線に転換する過程においてシーボルトやイギリス側の関与をどのように捉え、どのように対応していたのだろうか。これを明らかにするには、ロッシュの企てとは別個に、本国のフランス外務省がいかなる姿勢

図2　ヴィレット中佐（1860年頃）

を示したのかを解明するべきであろう。

こうした観点から本章で注目したいのが、フランス皇帝ナポレオン三世が昭武の「傅役《ふやく》（教育掛）」に任じた陸軍中佐レオポルド・ヴィレットである。[14] ヴィレットは、来日経験も、アジアでの軍務経験もなかったが、陸軍大臣ニール（Adolphe Niel, 1802–1869）の幕僚（Aide-de-camp）として信頼を得て、昭武の傅役に抜擢された。従来の研究においてヴィレットは教育掛として取りあげられるにとどまり、外交関係ではあまり注目されてこなかった。[15] しかしこの人物は、幕府使節のみならずシーボルトの動向をも監視し、フランス外務大臣ムスティエ（Lionel Desle Marie René François de Moustier, 1817–1869）と陸軍大臣ニールに逐一報告を送り続けていたことが明らかとなった。この点で、ヴィレットの報告は、幕府使節とイギリスに対するフランス外務省と陸軍省の態度を明らかにするうえで重要な史料であるように思われる。

以上の三人の人物を分析対象とすることで、本章ではこれまで十分に解明されてこなかった一八六七年パリ万国博を舞台とした「日本」をめぐるフランスとイギリスの対応をより鮮明に浮かび上がらせるとともに、外交面において「日本」のイメージがどのような展開を見せるのかを明らかにしていきたい。

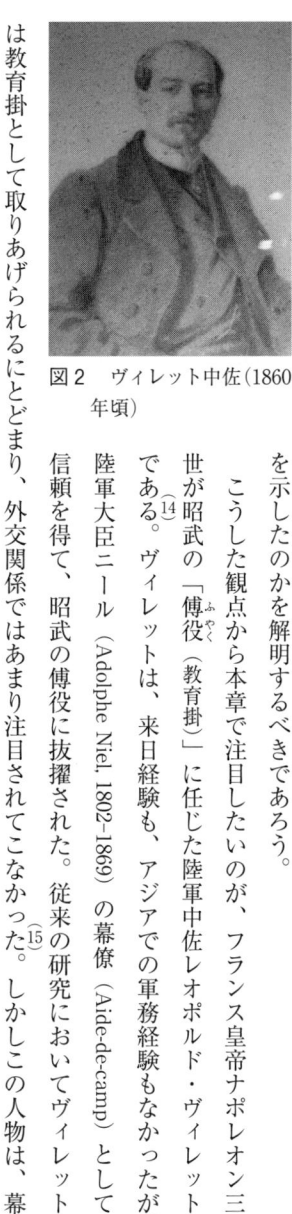

一　幕府使節をめぐる英仏の対抗

（1）　一八六七年パリ万国博覧会への徳川昭武の派遣

徳川昭武がフランスのパリ万国博に派遣されること、御三卿のひとつ清水家を相続することは、一八六七年一月三日（慶応二年一一月二八日）に水戸藩家老へ伝達された。[16] そこには「将軍名代」という立場で昭武をパリ万国

図3　徳川慶喜(1867年)

博に参列させ、日本における幕府の主権を世界に明示したいという徳川慶喜の意図があったと考えられる。

徳川昭武は、一八五三年一〇月二六日（嘉永六年九月二四日）水戸藩主徳川斉昭（一八〇〇～一八六〇）の一八男として生まれた。将軍慶喜は一六歳年上の異母兄にあたる。慶喜は、このとき満一三歳であった昭武に対して博覧会展観後、条約締結国へ巡歴して各国との友好を深めること、各国巡歴後はフランスにおいて三年から五年、さらに長期にわたって留学することなどを命じている[17]。また慶喜が昭武に携帯させたフランス皇帝ナポレオン三世宛ての国書には「我が国がフランスおよびその高潔なる君主へいだく友情と感謝の念を表するため、この万国博の機会に我が弟の徳川民部大輔〔Tokugawa Mimbou Tayou〕を私の名代として委ねました」と明記している[18]。またさらに続けて「私の意向は、〔昭武が〕皇帝の庇護のもとフランスにとどまり学問を修め、教養を身につけること」であるとして、皇帝による昭武の庇護をここで要請している[19]。

徳川昭武がフランスへ派遣されるとの情報は、ロッシュには、一八六六年一二月二一日（慶応二年一一月一六日）の時点で内々に伝えられていた[20]。ロッシュは同日中に慶喜に宛てて書簡を送り、「余は此事を聞き、踊躍に堪へす」と喜びを伝え、「且日本を一統し給ふへる殿祖宗之威を、欧羅巴え示めさるゝ也」として、この決定が幕府に国内を統一する権威が存していることをヨーロッパ諸国に示すものであると評価している。昭武については、「恰《あたか》も余か兄弟之如く保護し、且我か淑徳なる余か国帝にも、己か息子之如く是彼を待遇すべし」として、フランスが厚遇することを約束している[21]。

以上のように、「将軍名代」として昭武を派遣することで、日本国内を統治する主権が幕府にあることをヨーロッパ諸国に示すとともに、フランスと幕府の親交をさらに深めるという思惑が、慶喜とロッシュに共通していたと考えられる。

昭武には、全権使節として向山一履《むこうやまかずふみ》(22)（一八二六〜一八九七）、昭武傅役（教育掛）として山高信離《やまたかのぶあきら》(23)（一八四二〜一九〇七）、勘定格陸軍附調役として渋沢栄一(24)（一八四〇〜一九三一）らが随行した。この幕府使節は一八六七年二月一五日にフランス郵船のアルフェ号に乗って横浜を出発し、パリに到着したのは四月一一日のことであった(25)。彼らには、フランス長崎領事のレオン・デュリー（Léon Dury, 1822-1891）と駐日イギリス領事館付通訳官アレクサンダー・フォン・シーボルトが横浜からパリまで同行した(26)。

（2）シーボルトが幕府使節に随行した経緯

さて、シーボルトはどのような経緯で、徳川昭武の随行者となり、使節の通訳を務める立場になったのだろうか。この経緯については、これまで「シーボルトは賜暇帰国の途にあった」ことは言及されてきたが、その内実はほとんど分析されないままに、「イギリスの策謀」という側面が強調されてきた。しかし、フランスとの親交を目的とした幕府使節に、それに対抗するイギリス領事館の通訳官シーボルトが随行したのは不可解である。そこでイギリス外務省文書を主な史料として、シーボルト随行の経緯とその背景を明らかにしたい(27)。

まず、シーボルトの帰国は、当初はまったくの個人的動機に由来するものであった。シーボルトはパークスに宛てた一八六六年一二月二九日付の書簡で、ヴュルツブルク（バイエルン）の家族から届いた父の死去の知らせを報告している(28)。この父の死を理由に、長男として母と弟たちのもとに戻り、父の残した仕事を管理する必要があることを伝えている。またシーボルトは元来身体が弱かったために、健康面においてもヨーロッパに戻る必要があることを医師の診断書を添えて訴え、ヨーロッパへの帰国許可および帰国費用の支給を願い出ている(29)。この

図4　A・シーボルト

ようにシーボルトの帰国は、父の死去にともなう家族事情と自身の健康状態が、当初の理由だったのである。

しかしこの帰国が、外交関係において重要な意味を持つことになったのは、そのわずか数日後の一八六七年一月三日に徳川昭武のフランス派遣が決定したからである。シーボルトは前日にこの情報を把握し、パークスに報告している[30]。この報告が、最初にイギリス領事館に伝わった徳川昭武のフランス派遣の情報であったことが次のパークスの返書から推測される。パークスは「貴殿〔シーボルト〕の報告は、大変重要であり、まったくの新しい情報である。ことによると私が柴田〔柴田剛中〕に会い、彼から何か聞き出すことができるかもしれない。しかし向山隼人正〔向山一履〕とはいかなる人物だろうか。フランスは、フランスへ出発するどの使節に対しても厚遇するだろうが、将軍の弟に関する報告には信憑性がある」と述べている[31]。しかしこの件に関して、イギリス領事館がその後どのような行動をとったのかを示す具体的な情報は、同年二月初旬までイギリス外務省文書からは見あたらない。

約一カ月を経た二月一〇日付の書簡で、パークスは、幕府からシーボルトの使節随行について正式に申請を受けている[32]。この幕府の書簡によると「我が外国奉行は、フォン・シーボルト氏の帰国を耳にし、同氏に問い合わせたところ、我が使節に〔同じ船で〕随行することを拒まないという回答を得た。これにより我々はこの要請を〔公式に〕貴殿〔パークス〕に申し出、フォン・シーボルト氏にしかるべき取り計らいを願い出る」ことになったとされている[33]。パークスは、この幕府の申し出に対し、「フォン・シーボルト氏は、日本語とその他の言語に通じ、即時の補佐にとりわけ適した人物であり、使節に同行することは喜ばしい」と快諾している[34]。このようにシーボルトの随行は、幕府からパークスに正式に申し入れ、これをパークスが快諾することによって決まったのである。その役目は「フランスまでの旅中の補佐」として随行することであった[35]。

しかし依然として不可解なのは、幕府がフランスとの親交を目的とした使節に、それに対抗するイギリス領事館側の通訳官シーボルトの同行を依頼したこと自体である。この点について幕府の動機を示す直接の記述は見あたらないが、次の理由が考えられる。

まず使節には、フランス領事館から長崎領事レオン・デュリーの同行が決定していたが、この人物は日本語が堪能ではなかった。使節には、横浜仏蘭西語伝習所の出身で、フランス語に熟達した保科俊太郎（？～一八八三）や山内文次郎（一八四八～一九一二）が加わったものの、フランスに到達するまでの長い旅程を考えると、フランス語に通じているだけでは不安があり、また語学力のみならず、外交に関わる知識や経験といった要素も考慮した場合、このふたりの日本人だけに通訳を委ねるのはためらわれた。これらのことが、シーボルト採用の大きな動機となったと考えられる。

一方、おりしも帰国準備中のシーボルトであれば、英語、フランス語、ドイツ語等のヨーロッパの諸言語に加えて日本語にも通じ、そのうえ外交関係に明るい人物である。また渡航中はイギリス領も通るため、イギリス側に便宜をはかってもらう必要があった。このことは、幕府にとって同行を依頼する重要な動機になったと考えられる。しかも、シーボルトが同行するのは「フランスまでの旅程」という限定的な期間であり、フランス到着後にはその任を解かれることを考えれば、たとえ彼がイギリス外務省のエージェントであったとしても、日仏関係に悪影響を与えることはできないだろうという判断が幕府側にあったのではないだろうか。

こうしてパークスは、本国イギリス外務省の正式な承諾を待たずに、一八六七年二月一二日に幕府に対してシーボルト随行を承諾し、翌一三日にシーボルトに対して賜暇帰国を許可している。パークスは、シーボルトに一二カ月の休暇を与え、一八六一年からイギリス領事館のために働いた功績を称えて、年間の給与を五〇〇ポンドに上げることを約束している[36]。このようにシーボルトの使節随行は、幕府とフランスの動向を同時に把握できる好機であり、パークスは即座に判断を下したといえる。実際、フランスに向けた横浜出帆が二月一五日に迫っていたため、このパークスの決定はわずか一両日中に行われている。パークスはイギリス外務大臣スタンレー(Lord Edward Henry Stanley, 1826-1893)に宛てた二月一三日付の文書において、この早急な決定の経緯を説明するとともに、「日本政府は、フランスの万国博に代表を送ることを決定し、フォン・シーボルト氏をこの使節に同行させることを要請しました。彼が同行することは、公的にも、また個人的な観点からも、望ましく思われました。これは女王陛下政府に一切の損失を引き起こすものではありません。私はこの申し出を承認することにためらいませんでした」とその正当性を強調している[37]。

以上のようにシーボルトによる随行が決定されるに際し、「イギリスの策謀」は主要なものではなかった。時系列的には、幕府の要請がまずあり、駐日イギリス公使パークスが機を逃さず受け入れて、自国利益のために利用したのである。シーボルトの父の死が契機としてあり、そこに幕府とイギリスの思惑が絡み合っていたのだった[38]。

(3)　横浜からパリへ――フランスとイギリスに対する幕府使節の対応の相違――

◆パークスの配慮

徳川昭武一行が横浜を出帆したのは一八六七年二月一五日である。パークスは事前に、使節が通過するイギリス領の各総督に宛てた文書を作成し、これらの文書がそれぞれの領地に到着次第、速やかに各総督に渡すようシーボルトに指示した[39]。パークスが各総督に宛てた文書には「日本政府は、パリ万国博で日本を代表するために使節をフランスに派遣すると公表しました。彼らはその目的で、日本の現在の大君の弟である徳川民部大輔(徳川昭武〕を選びました。およそ一五歳〔ママ〕の少年であり、博覧会に参列した後はおそらくヨーロッパに残り、留学または視察を遂行すると思われます」と説明がされたうえで、「この若い使節に対する配慮と丁寧な対応を要請します」とある。[40] また使節がパリに到着した際には、パリのイギリス領事館、さらに本国イギリス外務次官ハモンドに到着を報告させるようにシーボルトに指示している。[41]

　このようにパークスは、イギリス領の各総督が使節を厚遇するよう細やかな配慮を行っていた。しかし徳川昭武一行は、フランス領とイギリス領ではまったく異なる態度をとる。この幕府使節の態度の相違と、それに対するイギリスの反応を明らかにすることは、その背景にある幕府側の意図のみならずイギリス側の使節に対する姿勢を考察するうえで重要であるため、以下に整理することとしたい。

◆露骨な親仏姿勢

　まずシーボルトは二月二五日付の書簡で、使節が前日の二四日にイギリス領の香港に到着したものの、イギリス総督への訪問を拒否したことを報告している。[42] このときにシーボルトは「民部大輔から出向いて総督を最初に訪問するべきであると繰り返し抗議しましたが、彼らはこれを拒否しました」として幕府使節の対応を批判している。この訪問拒否は、シーボルトが続けて補足するように、同行したフランス長崎領事デュリーの主張した「〔民部大輔は〕皇太子（a Prince of Royal Blood）であるため、総督から訪問を受けるべきである」という理由に基づくものであった。[43]

　このシーボルトの報告を受けて、パークスは幕府に対して苦情を申し立てた。これに対し幕府は「民部大輔殿下が香港に到着時、その総督を訪問することを怠った」ことを謝罪するとともに、「殿下は正式の慣例を知らなかったためにそうしたことに注意を向けないまま通過してしまったのだと確信している。故意に非友好的な態度を示すものではまったくない」と返答している。[44] しかし、ここで幕府が持ち出す「慣例を知らなかったため」という理由は、実は口実にすぎなかったようだ。外交上の礼儀からイギリスの体面に配慮するかのような返答をしながらも、以下に示すように幕府は、昭武から足を運ぶ必要はないと決めていた可能性が高い。

というのも、使節は再びイギリス領のシンガポールで総督を訪問することを拒否したのである[45]。今度は、全権使節の向山一履が「総督が最初に我々を訪問しない限り、こちらから訪問することはない」と主張したと、シーボルトは報告している[46]。一方フランス領のサイゴンでは、使節の方から総督を訪問した。こうした露骨な対応の相違についてシーボルトは使節に糺したが、使節からは「サイゴンには良いホテルがないため、ただ（総督のもとに）出かけたにすぎない」という返答を得るのみであった[47]。しかし実際には、使節はサイゴンで軍服を着用したフランス総督に迎えられており、また一行の滞在時間は三〇分ほどで、わざわざホテルを必要とするような時間ではなかったため、これはフランス総督に対する訪問と理解されるだろうとシーボルトは考えている。なおもシーボルトは使節に対し、「イギリス女王を代理する総督に敬意を示すように強く申し出た」が、使節からは「もし総督から出向いてきた場合は、それに応える」というこれまでと同様の返答を得るのみであった[48]。

◆幕府使節の思惑

こうした幕府使節の対応の相違は、どのような事情に基づくものだったのであろうか。徳川昭武、渋沢栄一、杉浦譲は横浜出帆の日から日記を残しているが、イギリス総督への訪問をめぐる問題については記述が見あたらない[49]。ただし使節に随行した外交奉行支配組頭の田辺太一（一八三一～一九一五）は『幕末外交談』に次の証言を残している。

公子の斯行は、実に大君の地位を西洋諸国に顕揚すべきの挙なれば往路着船上陸の場所々々、其の接待振等は殊に注意を要し、体面を傷けざるやうはからふべしとは、別段に訓令を奉ずる所なれば、差向香港着の折、祝砲の手続等は、最懸念する所なり[50]。

このように、将軍名代として派遣された幕府使節は、往路においてその体面を守ることに注意を払う必要があった。特にイギリスへの対応には注意を要したようである。というのも、田辺は続けて「これ英国にては、既に幕府を以て日本統治の権あるものと認めず、ただ諸侯中較大なる者とするの説あればなり」と、イギリスが幕府を日本の統治権者と認めていないという情報があったことを、イギリスに対して使節が冷淡な態度をとった理由としてあげているからである[51]。

実際、当時パークスは、将軍の呼称を「陛下（His Majesty）」から「殿下（His Highness）」に改めるという考えを表明しており、一八六七年五月に将軍慶喜が各国公使を謁見した時には、どの公使も将軍を「陛下（His Majesty）」と呼んだのに対し、パークスのみは「殿下（His Highness）」と呼んだのである[52]。田辺はさらに次のように述べている。

されば郵船の着するや否、先《まず》シーボルトに上陸せしめて、彼方待遇の如何を探らしめしに、いかにも相当の礼を尽すまじき状あるを以て、公子の事は別段公の披露をなさず、上陸総督の面会等、皆向山公使其一行の者にとどめたりしが、柴棍《サイゴン》は仏国の藩属なれば、廿一発の祝砲をはじめ、其他の礼遇、此方の意を満たすに足りにき[53]。

このように、香港では、イギリス側の待遇が十分ではないと使節は判断したのであり、そのため昭武を直接イギリス総督に面会させなかったようである。これに対してフランス領のサイゴンでは祝砲をはじめ礼遇をもって迎えられたが、これは使節の希望を満たすものであった。このように幕府使節は、幕府を「日本統治の権あるもの」と認めるか否かという点をめぐって、イギリスを警戒し、フランスとは良好な関係を保っていたのである。

この往路において、幕府使節の態度を批判したシーボルトは、駐日イギリス公使パークスから次のような忠告を受け取っている。「貴殿は正しく適切に行動しました。しかし使節との良好な関係を破ってまで強く抗議することは求めていません」[54]。パークスにとって使節と良好な関係を保つことが最優先事項であった。このような態度は、イギリス外務次官ハモンドにも共通しており、彼もまた「フランスと衝突しないように配慮するよう」注意を促した[55]。

（4）パリ到着――全権公使向山一履の要請によるシーボルトの随行継続――

徳川昭武一行がパリに到着したのは、一八六七年四月一一日である。全権公使の向山は、日本を出発する前の時点でロッシュの提言に基づき、老中から「パリ到着後は、博覧会に関わる諸事は、フランスに在留するメルメット和春〔カション〕を通訳とすること。彼は長く日本に滞在したために事情も深く心得ており、さらにフランス人で適任であるため、民部大輔の教師と、国事談判の通訳を依頼するように。イギリス領事館のシーボルトについては、もとより船中のみの雇用であるから解雇すること」と指令を受けたようである[56]。しかし、意外なことに、パリにおいて向山はこの指令に従わず、カションに対しては「冷遇排斥」の態度をとり、シーボルトに対しては「随行継続」の要請を行ったのである。これは幕府使節の親仏路線を転換する重大な契機となった。

◆妖僧カション

メルメ・カション（Emmanuel Eugène Mermet Cachon, 1828-1889）はパリ外国宣教会派遣の宣教師として、一八五五年に琉球に到着して日本語を学び、一八五八年には日仏修好通商条約締結のフランス全権のグロ男爵（Baron Jean Baptiste Louis Gros, 1793-1870）の通訳官、一八五九年には初代駐日フランス公使ベルクールの通訳官、さらに一八六四年に第二代駐日フランス公使に着任したロッシュの通訳官として働いた[57]。さらに横須賀製鉄所や横浜仏語伝習所の設立に携わるなど、カションは通訳官として、初期の日仏関係に深くかかわった人物であった。とりわけ外国奉行の栗本鋤雲（一八二二～一八九二）と親交関係を築くことで、幕府のなかに親仏派を作るなど政治的にも重要な役割を果たし、ロッシュの親幕政策を推し進めた。一八六六年一〇月に横浜を出発してフランスに帰国したカションは、徳川昭武の派遣についても、パリでロッシュに代わって使節の世話全般を引き受け、昭武の教育掛としてフランスと幕府の親交関係を増進させる役割を果たす予定であった。

このときの状況をシーボルトはイギリス外務次官ハモンドに宛てた私的報告書で次のように証言している。

すでに公子が日本を出発する前に、フランスに約五年留学することが決定していたのであり、大君がフランス皇帝に宛てた書簡を〔私が〕読み通したところ、彼〔大君〕の目的は確かです。〔…〕日本において、フランス領事館付で、フランスの影響力の増進に大きく貢献したことで有名なイエズス会士のメルメ・ド《ママ》・カションが、公子の勉学を指導すると耳にしました。同氏は日本のフランス領事館に戻ったはずだと聞いていましたが、〔パリに〕引き留められ、公子とその他の学生は、彼〔カション〕の指揮および教育の監督下に閉じ込められます。この事実はこちら〔フランス〕のいくつかの新聞で報道され、一般的に信じられています。[58]

以上のように、カションが昭武の教育を担当することはフランスにおいて既成事実になっていた。

しかし、シーボルトは向山から次の重要な証言を引き出している。「この取り決めは、日本の同意あるいは協議がないままに行われたようである。というのも、私が向山にこの事実を切り出すと、彼はすぐさまためらいなくこれに反対する決意であることを吐露した」[59]。ここで向山が、カションに対する強い拒絶を示した理由についてシーボルトは「宣教師〔カション〕の性格と、日本がかつてローマカトリックの宣教師たちの組織的・政治的陰謀によって受けた混乱に対する恐怖心が、今も鮮明に彼らの思考をとらえ続けている」と分析している[60]。

図5　向山一履(1867年)

カションについては、勝海舟（一八二三〜一八九九）が彼を「妖僧」と呼び、幕府の役人に及ぼしている影響を懸念するなど、評判の良い人物ではなかったようである。[61] さらに向山をはじめとした使節の主導者たちは、カションがイエズス会の宣教師であり、昭武に宗教上の影響が及ぶことを恐れ、断じて彼の教育掛への就任を阻止することが重要であると考えたようだ。

◆シーボルトの随行延長

この問題をきっかけに、シーボルトの役割は大きく変わることとなった。本来、シーボルトの随行は、幕府と駐日イギリス公使パークスの間で取り決められたとおり、横浜からパリまでの往路のみであったが、ここで向山からシーボルトに「公子のもとでこれからも継続して通訳官として使節を補佐し、イエズス会士の手に落ちないようにこれを防ぎ、日本からの往路と同様にイギリスや他のヨーロッパ諸国の巡歴にも随行すること」という要請がなされた。[62] シーボルトは、一年の賜暇を与えられていること、さらに使節に随行しながらであってもシーボルト家の業務に対応できると判断し、この申し出を承諾している。このように向山はカションを遠ざける際にシーボルトが有用であると考え、またシーボルトもこの申し出は有益であると考えたのである。こうして、事態は幕府とロッシュが当初期待したものとは正反対の方向へと進むこととなった。

シーボルトはこの随行継続について、イギリス外務次官ハモンドに報告した。ハモンドは、これをイギリスにとって好都合なものとして積極的に承諾している。[63] しかし一方でハモンドは、フランスとの関係に配慮することを強く求め、「公子の行動を指図したり、彼らが企てる計画に過度に干渉したりするなど、いかなる方法によってもフランスと衝突することのないように配慮するよう」忠告している。[64] このためシーボルトは、ハモンドの忠告を受け入れ、フランスではなるべく公の場に同席しないなど、控えめな態度を示すことになった。

徹底してカションを遠ざけようとする向山は、四月二八日のナポレオン三世との謁見に際してもカションではなく、保科俊太郎を通訳にしようと試みた。これに対してカションは、体調不良を理由に謁見式に同席することを拒むなどして対抗したようである[65]。フランスとの対立を避けるために公の場に出ることを避けていたシーボルトであったが、このカションの行動によって、フランス外務省の依頼を受けて、カションの代わりに通訳を依頼されている[66]。シーボルトはこの依頼を受けて謁見式に同席するが、最終的には向山とカションの間で協議が成立し、昭武の言葉は保科が通訳し、ナポレオン三世の言葉はカションが同席して通訳することになった。この騒動を通じて、謁見式後にカションは「公子をはじめ一行のものとも親しく往来することもなく打過ぎたりし[67]」と田辺が記しているが、シーボルトも同様の証言を残しており、カションは「チュイルリーでの謁見以来、公子の部屋に一歩も入らず、使節から大変冷淡な態度で接せられた[68]」とハモンドに報告している。

こうして幕府使節がカションと距離を置いたことは、パリにおいてロッシュの親幕政策を推し進める人物の喪失を意味するものであった。一方、カションを牽制する目的で、向山から随行の継続を要請されたシーボルトは、これを契機に使節に対する影響力を高めることとなった。「私は誰とも対立関係に陥っていませんが、おそらく宣教師は、私自身の存在が、彼の計画の妨げに何らかの影響をもたらしたと見ているであろう[69]」という言葉にあらわれているように、シーボルトは、フランス側との直接対立を回避しつつ、着実にフランスの影響力を弱めることに成功したのである。

一方こうした事態を前にして、フランス外務省は、幕府使節とカションの対立に介入せず、静観している。またフランス外務大臣ムスティエは、使節からシーボルトが継続して公子のもとにとどまることを耳にしても、「まったく不快感をあらわさなかった」ようである[70]。さらに謁見式での通訳を一旦はシーボルトに依頼した事実を考慮に入れると、フランス外務省は、シーボルトを排除することよりも、むしろイギリスとの協調路線を重視していたように思われる。このように、幕府によるカション排除についてはこれを静観し、他方、イギリスとの関係を損ねてまでシーボルトを排除しないというフランス外務省の態度は、後述するレオポルド・ヴィレットの報告書においても確認できる。そして、この点はまた、これまでも指摘されていた、あくまで親幕政策を推進しようとするロッシュと本国外務省との乖離を説明するものでもある。

二　パリ万国博覧会における幕府外交の失敗――薩摩藩とモンブラン――

カションの問題は、幕府使節のなかに反フランス感情が芽生えるひとつの要因となった。これに加え、幕府使節がマルセイユに到着してから発覚した薩摩藩とモンブランの動向がいっそう大きな動揺を使節にもたらす結果となった。パリの博覧会場で薩摩藩は、モンブランの協力を得て、幕府とは別の独立した出品区画を得ていたのである。本章の冒頭で問題提起したように、そもそもどのような経緯で、一介のフランス貴族が、一八六七年パリ万国博の「琉球国王　薩摩太守」の事務官長に就任し、独立国の体裁で出品区画を得ることに成功したのか。また他方で、フランス政府と帝国委員会は、こうした薩摩藩とモンブランの動向をどのように把握し、対応していたか。本節は、薩摩藩とモンブランが結びついた経緯、フランス外務省およびフランス帝国委員会の対応に着目して、一八六七年パリ万国博を舞台とした幕府と薩摩藩の対立関係を明らかにしたい。

（1）　薩摩藩のパリ万国博覧会への参加経緯――モンブランとの出会い――

薩摩藩とモンブランの出会いを確認する前に、モンブランとはいかなる人物なのか、その経歴を整理することとしよう。

◆モンブランの経歴

モンブラン、すなわちシャルル＝フェルディナン＝カミーユ＝ヒスラン・デカントン、コント・ド・モンブラン、バロン・ディンゲルムンステル（Charles Ferdinand Camille Ghislain Descantons, Comte de Montblanc, Baron d'Ingelmunster, 1833–1894）については、その出自をめぐってさまざまな説が存在している。

最初にモンブランの経歴に関する論文を発表したのは、元駐日ベルギー大使アルベール・ド・バッソンピエールである[71]。彼は、モンブラン家から提供された史料と、日本におけるモンブラン関係史料をもとに、モンブランの経歴を断片的ではあるがまとめた。それによると「シャルル・ド・モンブラン伯爵は、一八三三年五月一二日にパリで生まれた。両親はフランス人であったが、西フランドルのインゲルムンステルの城と男爵領を相続した。これらは、アンリ四世の時代からプロト家の所有であったが、その最後の子孫から遺贈された。シャルル・ド・モンブランは生涯独身であった。一八九四年一月二二日にパリで死去し、インゲルムンステルのモンブラン家の墓所に埋葬された[72]」。このようにバッソンピエールは、モンブランがフランス（パリ）で生まれ、インゲルムンステルの男爵領を相続したことを説明しているが、伯爵になった経緯は明らかにしていない[73]。

これに対し、その後の多くの研究者は、高橋邦太郎の論文を参照し、次のようにバッソンピエールとは異なる説明を行ってきた[74]。モンブラン家は「南フランス出身の貴族で伯爵の位を得ていたが、フランス革命の際、ベルギーに亡命した。そしてシャルルの父は西フランドルのインゲルムンステルの城と男爵領を得る一方、ブリュッセルに本邸をもち、フランスの王政復古後も帰国せずにベルギーにとどまった。シャルルはインゲルムンステルの城で生まれ、両親と同じく終生フランス国籍のままであった[75]」。このように、モンブランはベルギー生まれのフランス伯爵家とみなされてきた。あるいは、この他にも、モンブランの経歴を説明することなく単に「フランス生まれのベルギー貴族[76]」あるいは「ベルギー人[77]」とする記述も散見される。

以上のように、モンブランについては諸説が混在し、正確な人物像が把握されているとはいえない。しかしモンブランの経歴を明らかにしないことには、一八六七年パリ万国博を舞台とした幕府と薩摩藩の対立のみならず、モンブランの果たした役割とその位置づけ、さらにこれに対するフランス政府およびパリ万国博の帝国委員会の対応等の複雑な絡み合いを解明することは困難である。

モンブランについてはその後（二〇〇五年）、ヴァンデワラがモンブラン家の年代記を参照し、先行研究にいくつかの修正を加え、その経歴を総括した[78]。以下にヴァンデワラに従い、経歴を整理することとしたい。

◆モンブラン家年代記

モンブランは、一八三三年五月一二日にパリで生まれたフランス人である[79]。先行研究では、モンブランがもともとフランス「貴族」の家系に生まれたとする説も存在するが、厳密にはこれは誤りであるとヴァンデワラは指摘する。またモンブラン家が「南フランス出身の貴族で伯爵の位を得ていた」とする説も根拠のないものとされている[80]。

モンブラン家の年代記によると、モンブランの父シャルル・アルベリック・クレマン・デカントン・ド・モンブラン（Charles Albéric Clément Descantons de Montblanc, 1785–1861）は、一八二五年と一八三五年の二度にわたり、ベルギーのインゲルムンステル（西フランドル）の城と領地をプロト家から相続し、貴族になった[81]。具体的には一八四一年、モンブランが八歳のときに、モンブラン家はフランス国王ルイ＝フィリップ一世から「伯爵」、ベルギー国王レオポルド一世から「インゲルムンステル男爵」の爵位を授けられたのである[82]。ヴァンデワラによると、これはフランスとベルギーの二国の貴族の爵位を授けられた稀有な例であるという。

このようにフランス国籍を所持し、ベルギーの男爵の位を得たことは、モンブラン家を法的に曖昧な立場に置いた。モンブランの二人の弟アルベリック（Alberic）とエルネスト（Ernest）は、国籍選択権によってベルギー人となった。しかしモンブラン自身は、父からこの二つの貴族の爵位を相続する際に、法的な立場を一切表明しなかった[83]。モンブランは一八九四年一月二二日にパリで死去するまで、終生にわたってフランス国籍を所持し、フランスの爵位を用いて「モンブラン伯爵」と名乗り続けたのである[84]。

以上のように、モンブランは二国の貴族の爵位を持つ立場にあり、それを利用し、両国の政府関係者とも繋がりを得て、「日本」と接触を試みていったのである。ちなみに一八六七年の幕府の史料においても「仏人モンブラン」との記載があり、同時代の日本人も、モンブランについてはフランス国籍を持つ人物として理解していたようである。(85)なおモンブランは、自らの名を日本語に訳して「白山伯」とも称したため、日本語の史料ではモンブランは「白山伯」あるいは「コント・デ・モンブラン」と記録されている。(86)

（2）モンブランと日本

◆初期の訪日（一八五八〜一八六二年）

モンブランはどのような経緯で日本とかかわりを持つようになったのだろうか。先行研究によると、モンブランが初めて日本を訪れたのは、フランス政府から学術調査の使命を受けてフィリピンに派遣された一八五八年である可能性が高い。(87)モンブランの弟アルベリックの残した記録にも、モンブランが一八六〇年以前に訪日し、「フランス外務省から学術調査の使命を受けたようだ」とある。(88)このときの日本における滞在日数は定かではないが、モンブランの父が死去した一八六一年七月にはフランスに帰国していたことは確実であるようだ。(89)その後一八六二年には再び、今度は一旅行者としてモンブランは日本を訪れている。(90)モンブランは、横浜の居留地や江戸のフランス領事館で暮らし、フランス領事館の通訳官であったカションや幕府の関係者と面識を持った。(91)モンブランは同年（一八六二年）にフランスに帰国し、この際に斎藤健次郎（?〜一八六八?）を密かに連れ帰って私設秘書とした。(92)

◆一八六五年におけるモンブランの二つの著作——幕府から薩摩藩の支持へ——

モンブランはフランスに帰国後、日本語の修得と日本の政治組織の研究に専心した。一八六五年には『日本』

と題する著作を発表し、同年の一二月一五日には地理学協会（Société de géographie）の総会で『日本の現状に関する概観』を発表し、これを翌年公刊した[93]。また翌年の一八六六年には、パリで刊行された『百科年鑑』の「一八六六年の日本」の項目を執筆し、さらに一八六七年のパリ万国博の年には『日本、その制度、産物、ヨーロッパとの関係』と『ありのままの日本』を刊行した[94]。以上にあげたモンブランの著作はすべてパリで出版されたものである。このようにモンブランは一八六五年以降に、日本についての専門家としてパリでその知名度を高めていくこととなった。

さて、これらのモンブランの著作を読み進めていくと、とりわけ一八六五年の二つの著作の間には、日本の政治情勢に対するモンブランの見解に重要な転換があったことが分かる。最初の著作『日本』では幕府に期待を寄せるものの、続く地理学協会での講演を基にした『日本の現状に関する概観』ではもはや幕府から離れて薩摩藩の支持へと転換していく傾向が読み取れるのである。これ以降、一八六七年のパリ万国博においても、モンブランは一貫して、薩摩藩をはじめとする諸藩を支持する立場をとることとなった。このことが、一八六七年パリ万国博で自らが日本の統治主体であることを示そうとした幕府の目的を挫折させるほどの大きな問題を引き起こすこととなったのである。

一八六五年という年に、モンブランがその立場を大きく転換させたのにはどのような理由があったのか。モンブランのこれらの著作についてはこれまであまり言及がなされてこなかったが[95]、幕府と諸藩に対するフランス側からの見方を示す一例として、まずこの二つの著作の具体的な内容を以下に検討しよう。

①『日本』――幕府への期待――

『日本』は、「1．全般的考察、2．一八五四年から一八六五年までの日本における西欧の問題の様相、3．内裏あるいは帝《みかど》、4．将軍あるいは大君《たいくん》、5．諸大名、6．日本の民衆、7．ヨーロッパとの関係で見た日本[96]」の七章で構成されている。この本の主題は、日本の政治情勢と貿易関係であり、モンブランの滞日経験も交えて、日本とヨーロッパの将来的な関係を考察するものである。

モンブランは、この本の冒頭で「日本がヨーロッパの政治的関心事のなかに占める部分はほとんどない。しかしこの国で今起こっている出来事は、この問題そのものに目を向けるにせよ、あるいはこの問題を西洋との関係において検討するにせよ、あらゆる見地からいって、極めて興味深いものであることを示している(97)」と、日本の情勢がヨーロッパと無関係ではないことを述べている。モンブランによれば「日出る帝国を今日動転させているこれらの危機を生じさせたのは、諸外国の存在である。諸外国によって、西洋文明の要素がもたらされ、過去および伝統の権威と衝突することになったのである(98)」としている。

これは一八五八年に幕府が諸外国との間に締結した修好通商条約をめぐって、違勅であったことに反発する尊王論と、外国との条約締結に反対する攘夷論が結びつき、尊王攘夷の運動が活発化した情勢を指すものであろう。一八六〇年には条約締結の責任者であった大老の井伊直弼（一八一五〜一八六〇）の暗殺、またアメリカ公使館書記ヒュースケン殺害事件（一八六一年一月）、イギリス仮領事館を襲撃した東禅寺事件（一八六一年七月、一八六二年六月）、生麦事件（一八六二年九月）から薩英戦争（一八六三年八月）の勃発、さらに下関海峡における長州藩による外国船襲撃（一八六三年五月）など、尊王攘夷運動は大きな高まりを見せていた。こうしたなかで幕府は、外国から迫られる条約の遵守と、朝廷から催促される攘夷の断行の間で板挟みとなっていた。モンブランが『日本』において主張するのは、この日本国内の複雑な政治情勢を冷静に判断する必要があるということであった。

図6
モンブラン著『日本』(1865年)

そこでモンブランは日本の勢力を①「伝統の尊重という名のもと

に」天皇の周りに集結する大名と、②外国の力を認め、改革精神を持った大君、という二つの陣営に分類する。モンブランはこの二つの陣営について次のように述べている。

> 帝《みかど》と昔からの貴族たちは、過去を尊重する態度がこのまま消え去るのを許せば、すべてを失うことになる。一方、大君〔将軍〕は、政治的・軍事的なすべての権力を自分自身の名のもとに集中させることで、すべてを獲得することができる[99]。

このようにモンブランは、朝廷の権威の復活という原理を掲げる尊王攘夷派と、幕府のもとに権力を集中しようとする将軍とを対比している。モンブランがこのように当時の日本の政治情勢に強い関心を抱くのは、彼が日本の未来にある種の期待を抱いていたからである。

> 我々の目から見て、この問題が極めて興味深いものであるのは、日本人が東洋の停滞のなかに浸った国民ではなく、若く、活力にあふれ、知的で、勇敢な国民だからである。遠く離れた極東諸国のなかで、この国民だけがこの先、高貴な運命を切り開くことのできる可能性を秘めている[100]。

また、モンブランは貿易関係にも目を向け、日本の「豊かな資源」、とりわけ鉱物〔金、銀、銅等〕、農産物〔養蚕、茶等〕、産業〔磁器、漆器等〕等に注目していた。その上で彼は、日本との貿易の発展がフランスに大きな利益をもたらすことを強調し、あらためてここで「幕府」との関係を重視するように主張するのである。

> 大君との同盟のもとに、両国の利害は接近し、拡大する。貿易関係は産業における関係にもつながるであろうが、そこでは鉱物資源と農産物資源について素晴らしい可能性が期待できるのだ。そうすれば二つの文明は、いくつもの大洋と眠れる諸国民を飛び越えて、互いに信頼して手をつなぎ、それぞれの社会の発展のために、互いに協力することができるだろう[101]。

「大君との同盟」とあるように、モンブランは『日本』において、フランスが幕府との関係を強化することで、日本から経済的な利益を得ることができると主張した。これは、駐日フランス公使レオン・ロッシュが日本において展開した親幕政策の流れに沿うものとして位置づけることができるだろう。

②『日本の現状に関する概観』——外国との条約締結を求める諸大名の支持へ——

しかし、同年の一二月一五日にパリの地理学協会で開催された講演において、モンブランはその立場を変えた。日本との貿易がヨーロッパの利益となることを強調する点は、「その豊かな土地と産業によって、この国〔日本〕はヨーロッパに貴重な輸出品をもたらすだろう(102)」と、前著の『日本』と同様であるが、ここでモンブランが支持する日本の勢力は同様ではない。前著では幕府を支持したモンブランであったが、この講演では天皇を擁する勢力にその支持を転換させたのである。

その理由としてモンブランがここで展開するのは、次のような議論である。「諸外国は、この地位の真相に通じていなかったために、大君が君主としてふるまうのを見て、日本の主権を持つものと判断していた(103)」。モンブランによると、諸外国は「大君を日本の世上の皇帝（l'empereur temporal du Japon）、天皇を霊的な皇帝（l'empereur spirituel)」とみなしてきた。しかし「我々は、大君が当初信じられていたような世上の皇帝ではないということに気づいた。また彼は、その権力において独立していなかったのである(104)」と主張する。「残念ながら、大君のどの執政行為を取りあげてみても、諸外国に対して大君が保持しているように見せたがっている権威など、実は国内では所持していないことが分かる。こうした見せかけは、諸外国に対しても日本にとっても有害なものだ(105)」として、諸外国に対して日本の主権者としてふるまう幕府の権威が確たるものではないことを強調するのである。

図7
モンブラン著『日本の現状に関する概観』（1866年）

モンブランは日本の政治体制を次のように説明する。「実際、日本は、ひとつの政府を基盤とした帝国を形成しているのではない。天子《てんし》あるいは帝《みかど》を頂点に、大諸侯たちが集まる封建制の連邦なのである」(106)。このように日本は天皇を頂点とした連邦国家であることを指摘し、次のように述べる。「大名たちは、それぞれの国（États）で完全な支配権を所有する。彼らは自分の軍隊、海軍、財政、行政、司法を持つ。大君は、宣戦布告することなしには、大名の許可を得なければ、その国境をまたぐことはできないのである」(107)。これまで将軍は、天皇の委任を受けてその役割を代行してきたが、「大名たちは、大君をもはや帝の代行者とみなしていない」(108)と述べて、幕府の弱体化を浮き彫りにする。

モンブランは、それゆえに、幕府が諸外国と条約を結ぶ特権を保持することで、利益を独占していると批判する。

大君は今日外国との同盟を自分の利益のために独占しようと欲しているのである。同盟国を満足させることができないのにもかかわらず、彼はこの特権を保持したいのである(109)。

さらに日本とヨーロッパの関係強化を妨害しているのは、前著では天皇を擁する勢力としていたが、ここでは「大君」である。

大君は、大名たちが条約の施行を妨げる者であるとして、我々に余計な心配をさせている。しかしそれとは反対に、最も勢力のある大名たちは皆、外国に対して好意的である。すべての有力大名が外国に対して好意的だというのに、大君は大名が条約の執行を邪魔しているのだと我々に思わせ、彼らを嫌悪させようとしているのである(110)。

このようにモンブランは、日本とヨーロッパの関係を妨害しているのは実際には幕府であり、諸大名はむしろ外国との関係を求めていることを強調している。「日本とヨーロッパの間に、独占的なやり方で介入し、親密で全般的な関係を妨害しているのは、大君自身である。その一方で諸侯は、自治の自由の範囲で、外国と有用かつ友好的な関係を求めている」[111]。その証拠としてモンブランは、これらの大名が、ヨーロッパの科学技術の製品を購入し、使節や留学生をヨーロッパに派遣するなど、ヨーロッパとの関係を深めるよう努力していることを指摘する。ここでモンブランは具体的な名前はあげていないが、後述するように彼は一八六五年に薩摩藩がヨーロッパに派遣した使節や留学生と接触して関係を深めていたことから、ここでは薩摩藩が念頭に置かれていると思われる。

以上のように、モンブランは日本が実際には天皇を頂点とした連邦制の国家であること、さらに幕府が主権を掌握しているのではなく、幕府以外にも外国との交渉を求める大名が存在することをフランスの聴衆および読者に伝え、「この事実を前にして、無関心のままでいることは不可能である」[112]としたうえで、あらためて「ヨーロッパの利益に莫大な進展をもたらす可能性がある」と主張する。このようにモンブランは、幕府との関係ではなく、外国との条約締結を目的とする大名との関係のもとで日本との貿易関係を発展させていくことを念頭に置いているのである。

このモンブランの講演内容は、地理学協会の刊行する雑誌に掲載されたばかりでなく、パンフレットの形態でも出版され、フランス国内に徐々に広まっていくこととなった。こうした状況は、大政奉還にいたるまで幕府を支持し続けた駐日フランス公使ロッシュの路線が、フランス外務省のみならず、一八六六年以降のフランス社会においても、どの程度の共感を得ていたのかを考察するうえで見逃せない事実である。

では、このモンブランの見解の変化は何に基づくものだったのだろうか。特に一八六五年におけるモンブランの行動に焦点を当てて、次に見ていくこととしたい。

（3）モンブランの見解が転換した背景

これまでに見てきたように、モンブランの著作『日本』と『日本の現状に関する概観』はいずれも一八六五年に発表されたにもかかわらず、幕府支持から諸大名支持へと大きくその態度を転換させている。このモンブランの変化には、以下に見るように、一八六四年から一八六五年の間にヨーロッパに派遣された二つの幕府使節と薩摩使節との交際関係が大きくかかわっていたように思われる。

◆モンブランと幕府使節

①池田長発一行との接触（一八六四年）

モンブランの主たる目的は、一貫して日本とヨーロッパ諸国との貿易関係を発展させることであり、自らがその仲介役を果たすことであった。そのため、当初、幕府使節であれ薩摩藩使節であれ関係を持とうと試みた。まず幕府使節との関係から見ていこう。

モンブランは、一八六四年に幕府からフランスに派遣された池田筑後守（長発《ながおき》、一八三七〜一八七九）を正使とする使節に接触を試みた。この使節の派遣目的は、横浜港の鎖港について各国と交渉し、とりわけフランスに対する「井土ケ谷事件」（一八六三年一〇月、フランス陸軍アフリカ第三連隊付少尉アンリ・カミュ〈Henri Camus, 1842-1863〉が殺害された事件）や長州藩によるフランス艦キアン・シャン（Kien-Chang）砲撃事件に関して謝罪することであった[113]。

池田長発一行がパリに到着したのは一八六四年四月のことであった。このときにモンブランは、まず私設秘書の斎藤健次郎を通じて、幕府使節との接触を試み、さらにパリで使節にフランス語を教えた東洋語学者レオン・ド・ロニ（Léon de Rosny, 1837-1914）を介して、交際を広げたようである[114]。この幕府使節の『航海日記』には、モンブランおよび斎藤健次郎と接触した様子が記録され、モンブランのパリ宅を訪ねるなど交際があったことが分かる。[115] またこの使節には外国奉行の田辺太一も随行し、モンブランから晩餐の招待を受けている。[116] この田辺太一とモンブランは、三年後には一八六七年のパリ万国博で再会し、博覧会場での展示方法をめぐってそれぞれが幕府と薩摩藩を代表して対立するが、最初の出会いでは友好関係にあったようだ。

このときにモンブランが幕府使節に主張した内容の一部は、同時期にヨーロッパに渡っていた薩摩藩の五代友《ごだいとも》厚《あつ》より伝えられた情報（『続再夢紀事』）から確認することができる。

大名の権力を削り幕府の一致に帰し不申候而は難被行候。依之仏国に依頼し速に海陸の軍勢を起し、日本より仏国に依頼し仏国を以て格外の保護と致し、仏人の兵勢を借て諸侯の兵権を削り弱め候に非ずしては日本威武更張は難被行。[117]

このようにモンブランは、フランスの兵力を借りて、諸大名の勢力を弱めるように、幕府からフランス政府に依頼することを勧め、自らがその仲介役として働くことを申し出ていた。これを受け、池田長発は「コントデモンフラン之説に従ふて此大志を憤発せり」と、モンブランに同調したことが伝えられている。[118] こうした内容は、モンブランがこの時点では幕府に好意的であったことを示すものであるだろう。

一方、池田は、このときにモンブランだけでなく、アレクサンダーの父フィリップ・フランツ・フォン・シーボルトとも接触している。[119] フィリップ・フォン・シーボルトは、一八五五年にシーボルト事件による追放令を解除されてから、一八五九年にオランダ貿易会社の代理人として再来日を果たし、一八六一年には幕府顧問として諸外国との外交問題について助言する立場にあった。しかしこのシーボルトの活動は、オランダの国益を損なうものとして危ぶまれ、オランダ総領事の要請によって幕府はシーボルトを解任している。一八六二年にシーボルトはオランダに帰国し、一八六三年にはオランダの官職を辞して故郷ヴュルツブルクへ戻っていた。このシーボルトも、モンブランと同様に、幕府使節のパリ派遣を知って、幕府とフランス外務省の仲介役として働くことを希望した人物であった。実際の池田長発とフランス外務省との交渉は、このフィリップ・フォン・シーボルトが仲介者となって進められた。[120]結果として池田長発一行は、フランス外務省と横浜鎖港の交渉を重ねるが、この鎖港交渉は失敗に終わった。幕府使節は鎖港問題とはまったく異なる内容で、フランス外務省との間に「パリ約定」を締結し、他のヨーロッパ諸国の歴訪も中断して一八六四年八月に帰国している。[121] この「パリ約定」は日仏間の貿易の関税等を定めるとともに、幕府とフランスの軍事面での協力関係を約束するものであった。帰国後、池田は幕府に鎖港が不可能であることを進言し、むしろ各国と条約を締結して留学生を派遣すべきであるという趣旨の建白書を提出した。これに対して幕府は「鎖港交渉という使命に反した使節が、このような外国の武器で大名を処罰するという協約を結んだことは重大な違反である」として、「パリ約定」を破棄するとともに、池田には隠居を命じた。[122] 幕府は、攘夷派からの反発を招くことを恐れたのである。

②柴田剛中一行との接触

翌一八六五年には、幕府から柴田日向守剛中《たけなか》一行がフランスとイギリスに派遣された。柴田の派遣目的は、横須賀製鉄所建設に必要なフランス技術者の雇い入れ、機械類の購入、三兵（歩兵、騎兵、砲兵）の伝習教官の招聘にあった。

この柴田に対しても、池田長発の使節と同様に、モンブランは接触をはかっている。柴田がヨーロッパ滞在時に自ら記録した日記には、モンブランに関する言及がある。[123]

モンブランは、柴田がパリに到着した一八六五年九月六日の翌七日に早速、柴田を訪問している。柴田の記録によると「仏国古諸侯の由旧知ベルギー住のモンフラント（ママ）と申もの来り、三年前江戸ミニストル館に住居ありし縁を以、今般渡来を聞込、出府いたし、面唔の申入有之候。面会せし処、御国の義賞賛、且御国是一定有之度針の論談の有之候[124]」とある。このときにモンブランは日本を賞賛し、具体的な内容は記されていないため不明であるが、国家としての方針を定めるように、柴田に諭したようである。[125]

モンブランはその二日後の九月九日に再び柴田を訪問し、ここで初めて「ベルギーとの条約の締結」を勧め、よく考えた上で返答してほしい旨を伝えたようだ。柴田の記録によると「一昨来りしモンフラン来り、御国威御更張の基礎として、ベルヂー国と条約御取結、親睦御交接有之べき趣、御為筋の語を懇々演術し、篤と勘考の上決答承り度申聞る[126]」とある。一八六五年のこの時点ではまだ日本とベルギーとの間に修好通商条約は締結されておらず、国交が開かれていなかった。[127]モンブランは、この両国の条約の締結に注目し、その仲介役として役割を果たすことを望んだのである。

しかしすでに幕府とベルギーの条約締結に向けた交渉は開始されていた。一八六一年には元駐日イギリス公使オールコックを仲介役として、幕府とベルギーの間に条約締結に向けた交渉が行われている。[128]また一八六四年一二月には、ベルギー国王レオポルド一世が、オーギュスト・トキント・ド・ローデンベーク（August T'Kint de Roodenbeck）に全権を付与して公使および総領事として任命し、幕府との条約締結の交渉を命じていた。こうした情勢を把握していた柴田は、政府の役人ではないモンブランに信頼を置かず、あやしい人物と考えた。柴田は、九月二二日に再び訪ねてきたモンブランを煩わしい人物であるとして追い払っている。「モンフラン来り、自衒の語切《せつ》に極《きわま》る。遂に不忿《ふふん》の辞気あり。其人物愚作《ぐさ》に帰す。不日《ふじつ》居城の地へ帰《かえり》候趣なり。一の煩累《はんるい》を除去す[129]」。

以上のように、当初モンブランは、幕府使節に接触して、幕府と諸外国との仲介役となることを求めていたが、その働きかけはいずれも失敗した。モンブランは、ベルギーとフランスのいずれの政府にも官職を持たなかったことから、幕府使節の全面的な信頼を得ることができなかったのである。

◆モンブランと薩摩藩使節

一方でモンブランと薩摩藩使節との交渉はどうだったのだろうか。モンブランは、柴田剛中に接触するのと並行して、イギリスに滞在していた薩摩藩使節にも働きかけていた。

薩摩藩から派遣された使節は一八六五年六月にはイギリスに到着していた[130]。正使の新納久脩《にいろひさのぶ》（一八三一〜一八八九）をはじめ、随員には五代友厚（一八三五〜一八八五）、また留学生には明治に初代駐仏公使を務める鮫島尚信《さめしまなおのぶ》（一八四五〜一八八〇）らが名を連ね、計一九名が渡英した。薩摩藩の目的は「（1）大名領の港を外国に開き、自由に交易できるようにイギリスに協力を求めること、（2）富国策を実現するために、外国市場を調査し、薩摩藩として必要な製造用機械などを購入すること、（3）強兵策を実現するために必要な軍艦・武器などを調査・購入すること、（4）将来に向けて必要な西洋知識を導入するために留学生を送り込むこと」であった[131]。

モンブランは、このときも斎藤健次郎とレオン・ド・ロニを通じて、薩摩藩使節との接触をはかった[132]。柴田剛中には冷淡な態度で遇されたモンブランであったが、薩摩藩使節は好意的に受け入れたようである。五代友厚の手記『廻国日記』によると、薩摩藩使節は一八六五年九月一三日にロンドンを出発し、ベルギーを訪れている[133]。モンブランは薩摩藩使節を案内し、インゲルムンステルの城に招いて歓待するなど、使節との関係を深めていった。上述したように、モンブランと幕府使節との関係は、モンブランが一人で九月二二日にパリに赴いて柴田を訪問した後、途絶している。実のところ、幕府との関係を断念したモンブランはブリュッセルに戻り、翌二三日に薩摩藩使節と条約を結ぶことを決心するのである。

薩摩藩使節は、ベルギー滞在中に、モンブランを通じてベルギー外務大臣と面会を果たす等した結果、モンブランに対する信頼を深めていったようである。ベルギーで男爵の爵位を持つモンブランは、ベルギー政府と何らかの繋がりを持っていたと考えられる。五代の手記によると、九月二三日には「ヴェルギー政府と和親条約を成して、富国強兵の基石を立ル事を欲し、其条約を、一先、モンブランと盟約せん事を談結して、其所置、手術を論じ、内約書を認」とあり、モンブランとの間で仮契約書を作成したことが記載されている。これは正式には「北義《ベルギー》国商社条約書」といい、一〇月一五日にブリュッセルにおいて、ベルギー政府側の証人二名の立ち会いのもと、新納久脩と五代友厚を全権とする薩摩藩と、モンブランとの間で調印された。(134)(135)

この契約は全部で一二カ条あり、「薩摩国・大隈・日向三ケ国の太守兼琉球国」がベルギーと合弁商社を設立・運営するにあたって、モンブランに諸事を委託するというものであった。ここで注目されるのは次の二つの点である。第一点は、上述したようにこの契約の文面には「薩摩国・大隈・日向三ケ国の太守兼琉球国」と明示され、薩摩藩が独立国として条約を締結したというかたちを取っていることである。また第二点は、この契約の第一〇条に記された「一八六七年パリ万国博への出品を希望する場合は、モンブランに託す」という文言である。すなわち同日付（一〇月一五日付）で「巴里万国博出品の件をモンブランに委任」として、「薩摩国・大隈・日向三ケ国の太守兼琉球国」が一八六七年パリ万国博出品の準備等をモンブランに委任したのであった。具体的には、「適宜の場所を選び、且万事の指揮等を専任して、取扱かわせしむるなり」とあり、パリ万国博出品に関するすべての指揮をモンブランに委任するものであった。これは、一八六七年パリ万国博に薩摩藩が独立国の体裁で出品する第一歩として重要な決定であった。(136)

なお、モンブランの記録によると、薩摩藩がパリ万国博への参加表明を行ったのは、一八六五年一〇月二三日である。この日は、モンブランが薩摩藩から正式に全権を委任されて、パリ万国博を組織する帝国委員会に参加を表明した日と考えられる。薩摩藩使節は、一一月一八日にはパリにおいて、万国博への出品についてモンブランと話し合い、二一日には万国博の事務局を訪ねた。またさらに一二月一七日には、万国博関係の役人二名と、日本・中国・モロッコ・チュニジアの事務官長（Commissaire général）に就任したジュール・ド・レセップス(137)(138)

(Guillaume Jules Simon Prosper de Lesseps, 1809–1887) も同席して協議を行っている[139]。こうしてヨーロッパ視察と商社設立の任務、さらにパリ万国博の出品に向けた大筋の協議を終えて、新納と五代は一八六六年二月一一日にマルセイユから帰国した。

これまで見てきたように、モンブランは主として日本とヨーロッパ諸国の貿易関係の発展を目的に、自らがその仲介者となることを求めて、幕府使節と薩摩藩使節に接触した。先述したように、すでに一八六一年より幕府とベルギーの間に条約締結に向けた交渉が行われていたため、こうした情勢を把握していた柴田は、政府の役人ではないモンブランに信頼を置かず、あやしい人物とみて遠ざけた。一方で薩摩藩使節は、独自に外国との貿易関係を求めたことから、モンブランと思惑が合致し、「北義《ベルギー》国商社条約書」の締結にいたったと考えられる。まさに薩摩藩使節との間に条約書を調印した一八六五年一〇月を境として、モンブランは薩摩藩を全面的に支持するにいたったのである。これこそが、一八六五年一二月の地理学協会の講演において「外国との条約締結を求める大名の支持」へとモンブランの態度が変化した主たる要因だろう。一八六七年パリ万国博において薩摩藩が独立国の体裁で参加することを画策した背景には、この一八六五年の薩摩藩使節とモンブランとの間に締結された「北義《ベルギー》国商社条約書」の存在があったのである。

(4)　パリ万国博覧会における薩摩藩・フランス・幕府の討議

◆パリに先着した薩摩藩使節

それでは実際に、一八六七年パリ万国博における薩摩藩およびモンブランの動きを見ていくこととしよう。まずここでは幕府使節に先がけて最初にパリの博覧会場に到着した両者の動向を明らかにし、これに対するフランス外務省、フランス帝国委員会、さらに遅れて到着した幕府使節の行動を検討することとしたい。

薩摩藩は岩下左次右衛門（方平、一八二七～一九〇〇）を正使とする使節一〇名を派遣することに決定した(140)。使節は一八六六年一二月一六日に鹿児島を出帆し、マルセイユに到着したのは一八六七年二月一日であった。この使節はマルセイユでモンブランと合流し、パリに到着したのは二月六日である。これは徳川昭武一行よりも二カ月以上も早い到着であり、この間に薩摩藩はモンブランを事務官長として、独立国としての体裁を整えていった。

まず岩下左次右衛門はパリに到着後、速やかに二月九日付の文書（図8）で、「琉球国王」の使節として、フランス外務大臣ムスティエに面会を申請した。

主君琉球国王之命に依り、西洋各国之政度を欽慕し、弗蘭西帝拿破倫江和親を結び度、書翰幷希物を奉じ、使節として此度到着ニ付、右之趣意致依頼度候条、外国事務宰相江致対面度候　敬具

西暦二月九日

岩下左次右衛門(141)

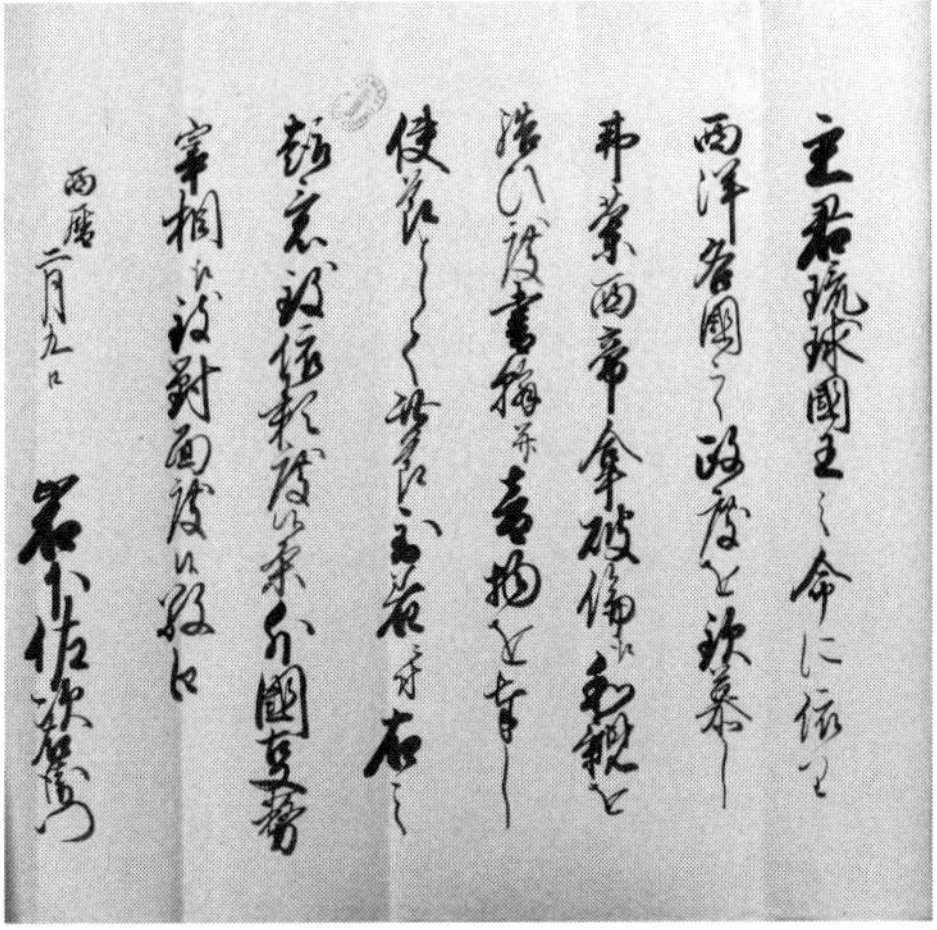

図8　外務大臣ムスティエ宛の面会申請書（岩下左次右衛門）

この面会は、薩摩藩側の記録によると、その申請から一カ月後の三月九日に「白山《モンブラン》の御手引」で実現したが、ごく短時間の挨拶程度だったようである(142)。しかし、ここで注目すべきことは、岩下が「琉球国王」の使節としてフランス外務大臣に面会を申し込み、それが実現したという事実であろう。

また薩摩藩使節はパリ到着後、万国博への出品準備を精力的に進めていった。特に使節とモンブランは、万国博会場において独立国として展示を行うために、幕府とは別の出品区画を得ることができるよう画策している。薩摩藩使節の記録によると、使節とモンブランは二月一〇日の夜に、パリ万国

博の「展観所掛」五名を夕食に招待し、この席で具体的に「幕府と離れた出品」について相談したようだ[143]。こうした働きかけを通じて、薩摩藩とモンブランは、フランス側の協力を得ることに成功した。この五名の「展観所掛」については、詳細が記録されず、フランス側の史料からも判明しない。しかし、こうした働きかけによって、薩摩藩使節は実際に翌月の三月に「琉球公国（Principauté de Liou Kiou）」として展示区画を獲得したのである。

一八六七年パリ万国博の開会式は四月一日に催され、ここには薩摩藩使節が参加した。一方、幕府使節はまだマルセイユに向けた船上にあり、この開会式には参列していない。薩摩藩は、モンブランの発案により、フランスのレジオン・ドヌール勲章に範を取った「薩摩藩琉球国」の勲章をつくり、これをフランス政府の高官たちに贈った[144]。勲章は、赤い五稜星の中央に、丸に十字の島津家の紋章があしらわれ、星の間には金文字で「薩摩琉球国」の文字が装飾された。このように、この勲章は、まさに独立国の証であり、これを各国の政府高官たちに贈ることによって、薩摩藩は自らを独立国としてヨーロッパ諸国にアピールしたと考えられる。

以上のように、幕府使節よりも二カ月早くパリに到着した薩摩藩使節は、幕府とは別の独立国として自らを認知させるための手を次々と打っていった。ここにおいて幕府使節は完全に出遅れたといえるだろう。幕府側はこうした薩摩藩の動向をどのように捉えていたのだろうか。また、こうした薩摩藩の行動は、日本の主権が幕府にあるという前提で条約を締結したフランス政府にとっても極めて不自然なものではなかったのか。フランス外務省とフランス帝国委員会はどのように薩摩藩の行動を捉えていたのだろうか。またそれがどのような結果をもたらすことになったのだろうか。

◆フランス側の態度――フランス帝国委員会、フランス外務省――

まず、薩摩藩の行動をフランス政府および帝国委員会がどのように捉えていたのかを見ていこう。

第一章（第二節）で見たように、一八六五年八月二一日付（慶応元年七月二日）の書簡において正式にパリ万国博への参加の旨をロッシュに伝えた幕府は、日本の事務官長をジュール・ド・レセップスに依頼し、日本総領事にフルーリ＝エラールを任名した。

日本総領事フルーリ＝エラールは、一八六五年にパリに派遣されていた柴田剛中をたびたび訪問し、パリ万国博への出品についても協議を重ねていた。フルーリ＝エラールは薩摩藩とモンブランの動向を耳にするとすぐさま柴田に報告していた。柴田の日記によると、柴田は、一八六五年一一月二一日に、フルーリ＝エラールから報告を受け、薩摩藩がモンブランの斡旋で万国博に参加することを把握している。上述したように、この日（一一月二一日）は薩摩藩が初めてパリの帝国委員会を訪れた日であり、このことをフルーリ＝エラールが何らかのかたちで耳にしたものと考えられる。実際、その二日後の一一月二三日には、モンブランが柴田を直接訪問し、薩摩藩の代理人としてパリ万国博への出品を担当する旨を伝えている。これに憤慨した柴田は、話の途中で退席している[145]。このように柴田は、フルーリ＝エラールの報告のみならず、実際にモンブランの訪問も受けて、薩摩藩の行動を把握していた。しかし、柴田は薩摩藩とモンブランの行動を阻止するような対応をとっていない。

一方、一八六七年パリ万国博の全体的な責任者である委員長ル・プレは、パリ万国博への薩摩藩の参加表明に疑問を抱き、これをフランス外務省に問い合わせている。ル・プレは、一一月二七日付の書簡でフランス外務大臣宛に次の内容を書き記している。

> 日本は、江戸に委員会を設立し、パリでは事務官長にジュール・ド・レセップス男爵、その補佐にフルーリ＝エラールを指名しました。私は日本の素晴らしい準備状況に満足しております。
>
> この国の薩摩国守〔le Koksi de Satsouma〕が、パリのある人物に、その藩の産品を万国博に出品することを委任したと耳にしました。閣下、この代理人＊に関して遵守すべき行動規定がありましたらご意見をいただければ幸いです。

＊デカントン・ド・モンブラン伯爵〔M. le Comte des Cantons de Montblanc〕(146)

ル・プレは、日本が江戸とパリにおいて出品のための委員を委任したにもかかわらず、それとは別に薩摩藩がモンブランを代理人として出品準備を委任したことを疑問視していた。この件についてル・プレが外務大臣に問い合わせた意図は、この薩摩藩の動きが外交上で問題があるかどうか確認するためであったと考えられる。このル・プレの書簡に対する外務省の返書は見つかっていない。しかし、このル・プレの報告によって、フランス外務省も薩摩藩とモンブランの動向を把握したことは確かだろう。

そのおよそ二カ月後の一八六六年一月一二日には、幕府から日本出品の事務官長の指命を受けたレセップスが、薩摩藩とモンブランの件で、柴田を訪問している(147)。ここでレセップスは、会場に薩摩藩が独自に出品場所を得ようと試みていることを柴田に伝達している。レセップスはこのとき、薩摩藩と同様に、幕府もモンブランに出品準備を委任することを提案している。そうすれば、薩摩藩が琉球公国の名で別区画を設けて展示するようなことはせず、日本の旗のもとでともに展示できるというのがレセップスの考えであった。これに対して柴田は、明確な判断をくださなかった。柴田一行は、七日後の一月一九日にマルセイユを発って帰国した。

ル・プレとレセップスの二人に代表されるように、パリ万国博を組織する帝国委員会の内部に、薩摩藩とモンブランの行動を不自然なものととらえた人たちがいたことは確かである。しかし、柴田剛中はこれらの報告を受けていたにもかかわらず、薩摩藩とモンブランの行動を阻止するような対処をしていない。柴田に同行した福地源一郎（一八四一～一九〇六）の記録によれば、柴田に薩摩藩使節と面会するように申し出たが、柴田はこれに応じなかったという(148)。この柴田の態度は不可解であるが、薩摩藩との間に手に負えないトラブルが生じるのを避けたいという意向があったようである。

一八六六年五月の時点で、パリ万国博に向けて広く諸藩に出品を呼びかけた幕府は、「日本」の共通の展示区画において幕府・薩摩藩・佐賀藩・商人が出品することを想定していた。そのためこの構成のもとで薩摩藩が出品することについては、幕府側は問題を感じていなかったのである。しかし薩摩藩は、モンブランの助力を得て、「日本」とは別に「琉球公国」として独立国の体裁で展示することを画策し、実現したのである。これは幕府にとって想定外の事態であったともいえるが、柴田がフランス側から報告を受けて薩摩藩使節の行動を把握していた以上、それを阻止する対策を講じなかったのは問題のないことではなかった。実際に一八六七年パリ万国博において幕府使節を代表して、薩摩藩使節と協議を行った田辺太一は「柴田が干渉を避けて、傍観黙過せしが為に、終に一大難事を惹起すに至るべしとは、柴田も予想し得ざる所なりしなるべし」として、柴田の態度に大きな原因があったことを認めている。[149]

◆幕府使節到着――フランスへの抗議――

一八六七年四月にマルセイユに到着した幕府使節は、薩摩藩が「琉球公国」として展示区画を得たことを知り、すぐさまこれに抗議した。帝国委員会は『総カタログ』の初版において日本を「日本帝国」、琉球王国を「琉球公国」と記した。先行研究において、このパリで展示方法をめぐって幕府と薩摩藩の間で行われた協議は、これまで主に幕府使節の田辺太一がまとめた『幕末外交談』、あるいは薩摩藩を代表とした岩下左次右衛門の書簡や記録から分析されてきた。[150] しかし、この両者の協議の分析にあたっては、薩摩藩とモンブランの行動を疑問視し、対応を検討していた日本総領事のフルーリ＝エラール、フランス外務省および帝国委員会の動きも考慮すべきである。この動向は、フランスの日本に対する態度を明らかにするばかりでなく、この幕府と薩摩藩の協議にいたる背景を見るうえでも重要である。以下それぞれの対応を見ていくこととしたい。

先にも述べたように、幕府よりも先にパリに到着した薩摩藩は、博覧会場で独立した区画を取得することに成功した。このことをフルーリ＝エラールが聞きつけたのは一八六七年三月下旬のことであった。フルーリ＝エ

図９　ナポレオン三世と参加各国の代表

ラールは、三月二五日付の書簡で外務大臣ムスティエにこの事態について問い合わせている[151]。

　最近、万国博覧会の主会場において、ペルシャは割り当てられていた区画の一部を使用しなかったために、モンブラン氏の要請によってその区画が委譲されたことを知りました。モンブラン氏はここに日本大名の薩摩藩主あるいは琉球の高官が直接送った日本品を展示するようです。

　私が〔総領事として〕代表する大君政府〔幕府〕から受けた通達では、大名あるいは商人から発送される日本の品物はすべて万国博覧会において展示してよいのですが、その形態に関しては次のように定めています。すなわちすべての出品物は、それぞれの出品者の出品物に名前と紋章を載せることは認めるが、日本に割り当てられた区画で、〔日本の〕国旗のもとで展示しなければならない、ということです[152]。（傍点筆者）

　このフルーリ＝エラールの書簡は、モンブランが展示区画を得る経緯と、幕府の定めた展示形態を証言するだけにいっそう重要な意味を持つ。あらためて整理すると、①薩摩藩使節は一八六七年三月に、博覧会の主会場において、使用されていなかったペルシャの展示区画の一部を、モンブランを通じて獲得し、琉球公国の区画としたこと、②フルーリ＝エラールは、幕府・大名・商人から送られたすべての出品物を「日本」の旗のもとで展示するように、幕府から通達を受けていたこと、③これに対し、薩摩藩が別区画で「琉球公国」として展示することは、幕府の定める展示形態に反するものであること、以上のことを外務大臣に伝え、フルーリ＝エラールは次のように訴えている。

私はこの件について、委員長のル・プレ氏に働きかけましたが、ル・プレ氏はこのような性格の問題について権限を持たないと述べており、私の望むような結果とはなりませんでした。閣下、私が日本政府から受けた指示が完全に実施されるよう、しかるべき筋にご命令くださいますようお願い申し上げます。(153)

以上のように、フルーリ＝エラールは日本総領事として、薩摩藩が「琉球公国」として独立の区画を得たことに対し、明らかに違和感を感じ、幕府からの指令通りに、「日本」の区画のなかで展示をするべきだと訴えている。しかし委員長ル・プレはこれに対し、帝国委員会の権限の及ぶ問題ではないとしたため、フルーリ＝エラールは外務大臣に対応を要請したのである。

この書簡を受け取った外務大臣も、この幕府と薩摩藩の問題に直接関与することは避けている。外務省はふたたびフルーリ＝エラールの訴えを、ル・プレに差し戻し、対処するよう指示した。外務大臣は、ル・プレに発信した三月二六日付の書簡において次のように記している。

外務省は、万国博を開催するに当たって採用された規定に鑑み、政治的な問題を一切常に避けてきたが、日本総領事から公式に受けた要請を貴殿に転送するのを拒むことはできないと思われたのでお伝えします。この要請は、〔日本総領事フルーリ＝エラール氏によって〕書かれている範囲では、特に根拠がないわけではないように思われます。この件について帝国委員会が判断した結果について、当方にお知らせくだされぱと思います。(154)

本書簡において、外務省は万国博において発生する政治的な問題に関与すべきではないという立場を明らかにするものの、この問題に無関心であったわけではない。この問題を解決する必要があると考えてはいるものの、その実質的な判断については委員長のル・プレに委ねているのである。

この外務大臣からの連絡を受けて、帝国委員会は、日本の出品の事務官長を務めるレセップスに、この問題を処理するように指示した。これによって四月二一日に幕府と薩摩藩の協議が行われることとなったのである。なお、委員長ル・プレも、この日の協議の結果について外務省に報告する際に「帝国委員会は、万国博覧会の準備で発生する政治問題には一切かかわらないという規則を持つが、この状況を鑑み、この問題を引き受けなければならなかった」と、あらためて帝国委員会もまた本来はこの政治問題を対処する立場にないことを明らかにしている[155]。

ところで、四月三日にマルセイユに到着した幕府使節は、マルセイユで出迎えたフルーリ＝エラールの報告によって、薩摩藩が、ベルギーのモンブランの斡旋で「琉球国王」の名で出品し、幕府とは独立した出品区画を得たことを知った[156]。幕府使節はこのときに初めてこの問題を知ったようである。パリ万国博の場で、国際社会に幕府の主権をアピールすることを目的としていた幕府使節にとって、このことはきわめて重大な問題であった。幕府使節として随行した田辺太一は次のような記述を『幕末外交談』に残している。

〔日本総領事フルーリ＝エラールらが〕第一に訴えたところによると、薩州藩の者が琉球国王の使節と称して、パリにきている。博覧会でも琉球国産物陳列場の一区を借りうけ、これには琉球王国の名を標示し、丸に十字の国旗を掲げ、既に去る開場の日にも、その者どもは琉球国王の使節として式場に参列した。これはすこぶる国体にかかわる事件である。かの幕府にして日本の政府である以上は、不問に付すべきことではない、ということである[157]。

帝国委員会が協議の場を設けたのは、まさにこのタイミングであった。モンブランが「琉球王国の博覧会委員長」と称して、幕府使節を正式に訪ねたのは四月二〇日であったが、その翌日の四月二一日に、フランスの帝国委員会で日本を担当したレセップスが仲介役として、幕府と薩摩藩の間で協議が開かれることとなったのである[158]。

四月二一日に協議が行われたのは、翌日の二二日にナポレオン三世の万国博会場の訪問が予定されていたためであり、それまでに結論を出す必要があったからである。[159]

◆四月二一日の幕府使節と薩摩藩使節の協議

この協議の内容については、フランスの帝国委員会が正式に「モンブラン伯爵と大君使節の議定書」（図10）を作成している。[160] これによると、幕府使節からは第一秘書官として田辺太一が、薩摩太守委員長としてはモンブランが出席し、日本の事務官長のジュール・ド・レセップスと外務省員ドナの立ち会いのもとに話し合いが行われた。通訳として幕府からは山内文次郎が出席している。

なお、幕府が日本総領事として選任したフルーリ＝エラールもこの日が安息日であることを理由にこの協議には参加していない。この「安息日」というのは、単なる口実にすぎないだろう。前日の二〇日にモンブランが向山を訪ねた際に、フルーリ＝エラールはその場に同席したが、モンブランと向山のやりとりに一言も言葉を挟まず、モンブランが去った後に「こんにちにおよんでは、彼に先手を打たれた。フランス政府を相手に談判しても埒があかない」といって帰っていったという。[161] 薩摩藩とモンブランの行動について、一八六五年一〇月の当初から一貫して違和感を持ち、フランス外務省にもそれを伝え、対処を

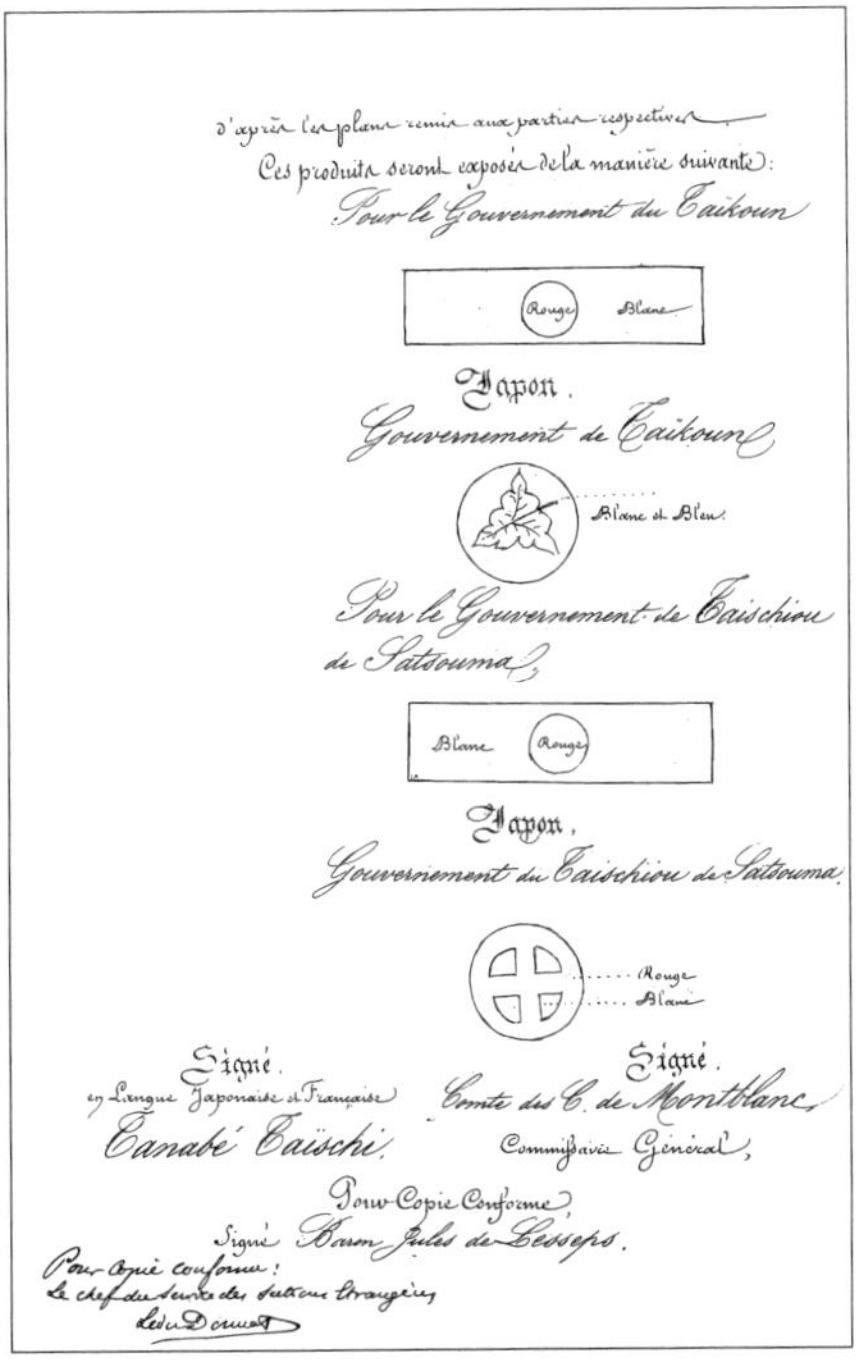

図10　「モンブラン伯爵と大君使節の議定書」の写し

求めたフルーリ＝エラールであったが、彼の目にも幕府が後手に回ったことは明らかであり、もはや巻き返すことは不可能だと判断していたようにも見える。

このようにフルーリ＝エラールという幕府使節を守るべきフランス人が協議に不在であったことは幕府側にとって不利であった。一方、薩摩側にとっては交渉が有利に進む結果となったようである。

協議において、幕府側が問題にしたのは、薩摩藩が「琉球公国」の名のもとで、「日本」とは別に独立国の体裁で展示を行ったことであった。実際、一八六七年パリ万国博の『総カタログ』（第一版）には「琉球公国（Principauté de Liou-Kiou）」と記載されている。またその展示には、薩摩藩をあらわす「丸に十字の旗章」が掲げられていた。田辺は、ここから「琉球」の二文字を取ることと、「丸に十字の旗章」も取り除き、薩摩藩を意味する「松平修理大夫」の名で出品するように主張した。これに対し、薩摩藩側は「琉球公国」として展示することは諦め、「日本」の旗のもとで展示することには同意したが、「薩摩太守政府」の名称で出品するかたちでなければ承服できないと強調した。「政府という字はそれ程重きを置かなかった」とする田辺太一はこれを承諾した[162]。

結果としてこの協議において、日本の展示は、幕府が「大君政府（Gouvernement Taikoun）」、薩摩が「薩摩太守政府（Gouvernement du Taishiou de Satsouma）」の名で、日本国旗のもと、各自別々に行うことが決まった。委員長ル・プレは、四月二四日付で外務大臣に宛てて「この議定書は双方の納得のもとに署名されました」と報告している[163]。

なお第一章でも触れたように、この結果は、フランス帝国委員会のまとめた一八六七年パリ万国博覧会の『総カタログ』に反映されている。『総カタログ』の第一版は開会式に合わせて一八六七年四月一日に出版された[164]。その後に、第二版が「改訂版」として刊行されている[165]。この二つの版には「日本」に関して明確な違いが存在する（図11・12）。まず第一版においてフランスの帝国委員会は、同じ区画で展示された「中国」と「シャム」に加

Empire chinois		72
Empire du Japon	1,147,57	
Principauté de Liou-Kiou		24
Royaume de Siam		13
Royaume de Perse	135,50	

図11　『総カタログ』(第１版)の日本部分

Egypte	587.55	6,005 »	»	»	6,592.55	14
Chine						80
Japon						139
Perse	1,784.18	4,075.37	»	»	5,859.55	1
Siam						1
Tunis						1
Maroc	890.22	3,498 »	»	»	4,388.22	13

図12　『総カタログ』(第２版)の日本部分

えて、「日本帝国（Empire du Japon）」と「琉球公国（Principauté de Liou-Kiou）」をそれぞれ独立した参加国として記している(166)。しかし出品物として掲載されているのは、「琉球公国」の出品物のみであり、「日本帝国」の出品物は掲載されていない。この「琉球公国」の出品者は薩摩藩主の「松平修理大夫源茂久殿下」と記されている。このことから、薩摩藩が「琉球公国」の体裁を借り、「日本帝国」とは別の独立した出品を行ったことが明示されている。

一方、第二版においては、「琉球公国」の名称は消去されるものの、「日本」の項目のなかに「大君政府（Gouvernement du Taicoun）」または「江戸政府（Gouvernement d'Yeddo）」と「薩摩太守政府（Gouvernement du Taishiou de Satsouma）」または「薩摩太守殿下（S. A. Le Taishiou de Satsouma）」、「肥前政府（Gouvernement du Taishiou de Fizen）」または「肥前太守殿下（S. A. Le Taishiou de Fizen）」の三つが併記されることになる。こうして幕府・薩摩藩・佐賀藩はそれぞれ「政府」という同じ資格で、博覧会場に位置づけられたのである。

◆向山のフランス外務大臣に対する詰問

万国博における展示の名称が以上のように決定したことは、外交関係のみならず、社会的にも極めて重大な結果を招くものであった。まず協議の後の外交関係を見ていこう。

この協議が行われた翌日の四月二二日付で、幕府の全権使節向山は、外務大臣ムスティエに宛てて次のように問い合わせている。

モンブラン伯が万国博覧会における薩摩藩の事務官長〔Commissaire général〕としておとといい私のもとを訪

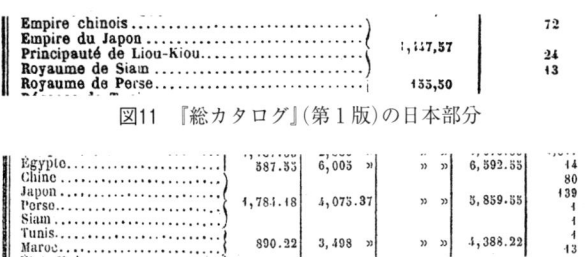

ねてきました。しかし一八六五年一二月一四日の『モニトゥール』紙の掲載した全権委員のリストには氏の名前を見つけることができませんでした。また同様に、薩摩藩主が統治する地方は大君陛下の支配に属するものであり、したがって日本の一部であります。そして薩摩藩主はこの資格においてモンブラン伯に信任を与えたわけですから、私としては、フランス政府あるいは帝国委員会がこの人物に公式に事務官長としての地位を認めているのか、それとも彼は出品者である一大名の単なる代理人にすぎないか、閣下にお尋ねしたいと存じます。日本の展示に関するこの間のもめ事を解決するため、この点について速やかにご返答いただければ幸いに存じます。(167)

向山がここで問題としたのは、フランス政府が、モンブランをどのように位置づけているのかということであった。しかしこれに対するフランス外務省の回答には時間がかかったようである。向山はなかなか返事がないことにしびれを切らし、四月二八日付の書簡で外務省に返答を催促している。(168) 結局、フランス外務省がこれに答えたのは、五月に入ってからであったようだ。外務省の返書の下書きは、次のようにある。

貴殿の四月二二日の書簡を拝受しました。貴殿は、帝国政府が公式にモンブラン伯を万国博覧会において薩摩の事務官長として認めているのか。あるいは〔博覧会場において〕展示を行う一大名の単なる代理人として認識しているのか、問い合わせていらっしゃいます。

フランスが日本に使節〔領事館〕を置くようになってから、我々は大君政府としか公的な関係を結んでいません。我々が条約に基づいた関係を保持しているのは幕府のみであり、他の代表を認めていません。目下、貴殿を首班とする使節が、我々にとって、パリで日本帝国政府を代表する唯一のものです。その立場についてお尋ねになっているモンブラン氏個人に関わる点につきましては、特定の日本の品物の配置について管理することを引き受けたものと思われますが、そのために独立した外国の代表者とみなされるということには

なりません。また我々はこの人物にいかなる公的な政治的資格も認めていません。(169)

このようにフランス外務省は、モンブランについて、その公的な資格・権限を一切否定したようである。こうして、フランス外務省から「幕府とのみ正式な外交関係を結んでいる」との回答が得られたため、外交的には事態は収束に向かったように見えた。

しかし、上述した議定書は別の面で重要な結果を招いた。幕府側は、フルーリ＝エラールに指示したように、万博会場において「幕府のみならず、大名と商人たちから送られてきたすべての品物を「日本」の出品物として同じ区画で展示する」ことを考えていた。しかし薩摩藩はモンブランの助力を得て独立国の体裁で展示することを画策した。結局、協議の結果「琉球公国」という言葉は取り除くこととなったが、幕府と並んで薩摩藩が「政府」という言葉を用いることが承認されたのである。このことは幕府にとって大きな禍根を残す問題となるのである。

(5) フランス社会に露呈された「日本」の揺らぎ

◆『リベルテ』——モンブランのメディア戦略——

幕府使節は、フランス外務省からは幕府のみが正式な外交関係を結ぶ相手であるとする回答を得ることができた。しかし、議定書の内容がフランス社会に与えた影響は、幕府にとって重大な帰結をもたらすものとなった。フランスでは、四月二六日付の『リベルテ』紙において、幕府と薩摩は同格であるという記事が掲載されたのである。

今日、日本の出品物の展示と、琉球王国の出品物の展示は、〔ともに〕名称を変えた。それらは帝の旗のもと、すなわち日本連邦の旗のもとにまとめられるが、それぞれ上に翻る旗の色で、展示場が別々に区別されることになる。一方が大君政府の旗色、もう一方が薩摩太守政府・琉球国王の旗色である。これは大君が日本皇帝ではなく、薩摩太守や他の大名〔Daïmio〕・国司〔Kokoushi〕たちと同様に、その領土においてのみ独立した君主であって、他の大名たちと対等であり、かつ〔他の大名に〕優るものではないことの否定できない証拠である。(170)

この記事で、日本は帝を頂点とする連邦国家であり、幕府は国全体の統治者ではなく、薩摩藩や他の大名と同格であることが明記された。

この『リベルテ』の記事は「A. REAL」という人物によって書かれている。これはモンブランに同行して、この後に来日する貿易商レアル・デ・ペリエール（A. Réal des Perrières）であった可能性が高い。(171) こうしたことから、この記事はモンブランのもとで行われたフランスのメディアを活用した反幕活動のひとつとして見ることができるだろう。

なお薩摩藩使節岩下はこの『リベルテ』の発行後、西郷隆盛と大久保利通に宛てて五月九日付で書簡を送り、次のように述べている。

幕府と薩摩が同等の国柄となり、ドイツ連邦国家のような体制を採っていると思われ、朝廷が主権者としてその上に君臨していると受け取られた。これも偶然とはいえ、薩摩に幸いした。(172)

以上のように『リベルテ』において、幕府と薩摩藩が同等であり、日本は連邦国家であると報じられたことは、薩摩藩の知名度を高めるとともに、幕府の権威を弱める効果をもたらした。これは岩下が「薩摩に幸いした」と述べるように、薩摩藩にとって有利な成り行きをもたらすことになったといえるだろう。

◆『フランス』――幕府使節に対するカションの反逆――

また、この「幕府と薩摩藩は同格」という見解は、『リベルテ』紙のみならず、他紙においても見られることになる。幕府使節に冷遇されたカションが同様の議論を展開したことが、メディアを通じて、こうした日本観を社会に普及させるうえで大きな影響力を持ったようだ。五月一日付の『フランス』紙は、「皇帝陛下の公式の日本語通訳官であるメルメ・ド・カションの文書の抜粋」として、以下のような記事を掲載した。

今日まで我々が日本帝国と呼称してきたものは、実際には、世襲の君主たちによる大連邦であり、大君はその一員で、薩摩、長門、肥前、加賀などの太守ないし大君（この二つの言葉は同じ意味を持つ）と同等の資格を持つのである。(173)

このように薩摩藩から事務官長を委嘱されたモンブランの反幕活動にカションが加わることによって、パリ万国博において自らの主権をアピールしようとした幕府の意図は挫折し、逆に幕府の権威への懐疑がフランスで広がる結果となったのである。

さらにモンブランは一八六七年に『日本、その制度、産物、ヨーロッパとの関係』と『ありのままの日本』を出版した。(174)この二つの著書はいずれも上述した『リベルテ』と『フランス』の記事を掲載し、幕府が国内で統一的な統治権を有していることを否定して、日本が連邦制の国家であることを主張するものであった。

フランス外務省から「幕府とのみ正式な外交関係を結んでいる」との回答が得られたものの、田辺太一はこの責任を取らされ本国へ送還され、向山ものちに帰国の訓令を受けることとなった。こうして「日本」の主権が幕府にあることをアピールするという目標は挫折を余儀なくされ、しかも本来は使節の利益を擁護する立場にあったカションが逆に反幕活動を支援する行動をとったために、幕府使節の間にはさらに反フランス感情が高まる結果となった。またこのような経緯は、フランス政府においてカションに代わって幕府使節を積極的に擁護する人物が誰もいなかったことによるともいえるだろう。

一方、このような事態の展開に駐日イギリス領事館付通訳官シーボルトが関与し、幕府使節を積極的に反仏的な姿勢に導いた形跡は見られない。すなわち幕府使節の反フランス感情の醸成は、イギリス側の積極的関与によるものというよりも、フランス政府の態度に対する幕府使節側の不満に起因するものであったといえるだろう。シーボルトは、このときに幕府使節に広がった反フランス感情を、次のようにハモンドに報告している。「全体として、使節はフランス訪問に満足していないようである。駐日フランス公使〔ロッシュ〕はフランスでの厚遇を使節に伝えていたものの、実際には博覧会においてフランス側は使節にほとんど関心を払わなかったのである。博覧会では、幾ばくかの展示区画を与えられたのみであり、さらにその展示区画は中国とシャムによって共有されていた」(175)。

このようにして、幕府使節によるパリ万国博の参加は、薩摩藩とモンブランの行動によって、期待された成果をまったく発揮できなかったといえる。第一章で見たような展示内容に対する産業および芸術性の評価に基づく「日本」イメージの形成とは裏腹に、政治・外交の次元においては、「日本」は、むしろ統一的な統治機構を欠いた連邦国家とのイメージをあらわにすることになったのである。

三　フランス外務省の態度――昭武の傅役ヴィレットの報告から――

これまで見てきたように、幕府使節は、当初抱いていた外交上の使命を果たせず、さらには、フランス政府の冷淡な態度に不満を抱くようにすらなり、次第に反仏感情を強めていった。こうしたなかで、レオポルド・ヴィレットは、徳川昭武の傅役に任命され、幕府使節の親仏路線から親英路線への転向に直面しながら、イギリスの影響力拡大を警戒していくことになる。パリにおける幕府使節の動向をもっとも観察していたのは、通訳を任じられていたカションや日本総領事フルーリ＝エラールではなく、この軍人だったのである。ヴィレットがフランス外務省に送っていた報告書からは、この時期の幕府使節の動向ばかりでなく、それに対するフランス政府の対応も明らかになる。そこで、以下ではヴィレットの報告書から、幕府使節とイギリスに対するフランス政府の動向を分析したい。

（1）ヴィレットの経歴と傅役就任

フランス外務省文書によると、全権公使の向山一履は、一八六七年六月七日付でフランス外務大臣に宛てて、昭武の教育係として相応しい人物を、公教育大臣の協力のもとで選任するように依頼している。[176] この文書では、教育係の選任にあたって、向山からひとつ条件が提示されている。それは「両国の宗教の相違から、教師は、聖職者でなく、宗教上の性格も持たない人物を要望する」というものであった。[177] カションの件からも明らかなように、昭武の教育掛として宗教関係者は相応しくないとする向山の意志は揺るぎないものだったようだ。のちに向山はフランス公教育省から推薦されたレオン・パジェス（Léon Pagès, 1814-1886）も「宗教に強い熱意を持つ」ことを理由に拒絶している。[178]

図13　徳川昭武（1868年）

こうして、正式に昭武の傅役（教育掛）として就任したのは陸軍中佐レオポルド・ヴィレットであった。この選任は、陸軍大臣ニール（Adolphe Niel, 1802-1869）の推薦のもと、ナポレオン三世が任命するというかたちで決定している。七月二日付でニールが外務省に宛てた書簡において「皇帝陛下は、大君令弟の傅役〔Gouverneur〕としてフランス軍人を任命したいという日本政府の要望に応じるために、私にその選任を委嘱した」と述べている。[179] こうしてナポレオン三世が直々にフランス軍人ヴィレットを任命することで、向山は使節に対するカションの影響力を排除することに成功したのである。

図14　昭武が住んだ建物

レオポルド・ヴィレットは、一八二二年二月二三日に、フランス北部にあるエヌ県のムシー・シュル・エヌ（Moussy-sur-Aisne）市で生まれた。(180) ヴィレットは軍人としての道を歩み、サン・シール士官学校および参謀学校を卒業し、少尉（一八四三年）、中尉（一八四六年）、大尉（一八四八年）と順調に昇進を遂げた。(181) その後、一八六四年からニールの幕僚を務め、一八六六年に中佐に昇進している。(182) このようにヴィレットは、サン・シール士官学校および参謀学校を卒業したエリートであった。

「大君令弟殿下の傅役」に着任したヴィレットは、軍務から一旦離れることになる。昭武の日記によると一八六七年七月二九日にはヴィレットがパリのペルゴレーズ通りに構えた昭武の邸宅（図14）を訪問し、初めて面会したことが記されている。(183) この邸宅に、ヴィレットは妻と子供たちとともに移り住み、一八六七年八月一日から一八六八年一〇月二四日まで、昭武の傅役としての任務にあたった。(184)

(2)　ヴィレットの報告書――監視役としての任務――

ヴィレットは就任後、フランス外務大臣ムスティエと陸軍大臣ニールに三〇通以上の報告書を提出している。(185) 第一回目の報告書において「閣下（陸軍大臣）は、殿下（昭武）の内部事情を監視するように勧告なさいました」と明記しているように、これは陸軍大臣ニールの要請を受けたものであった。(186) これらの報告書の内容から、ヴィレットは傅役（教育掛）として任命されたが、実際にはもうひとつの重要な任務として、昭武一行、さらにイギリス領事館付通訳官シーボルトの動向をフランス政府に逐一報告する「監視役」としての役割を担っていたことは明らかである。以下では、ヴィレット報告書で伝えられる幕府使節の主要な動向を見ていくことにしよう。

◆幕府使節の財政難

まずヴィレットが八月一日に着任したときに、使節は深刻な財政難に直面していた[187]。ヴィレットによればその経緯は以下のとおりである。「二七五、〇〇〇フランあれば、日本政府の予測ではおよそ一年分の滞在費用として充分であると考えられたが、これは入居費用に使い尽くされてしまった。さらに、オリエンタル・バンクから借り入れた一五七、〇〇〇フランも、あとさきを考えずに浪費された。現在、私の知る限りでは公子〔昭武〕の邸宅には資産がない[188]」。この財政難によって、使節のヨーロッパ諸国の巡歴が危ぶまれていることもヴィレットは報告している。向山は、幕府が任命した日本総領事フルーリ＝エラールに新たに五五〇、〇〇〇フランを要求したが、フルーリ＝エラールは「この要望に応えることは、望まないし、できない[189]」と拒否したことを伝えている。

本来、向山はフルーリ＝エラールに申し出れば、必要な資金を得ることができるという約束を内々に取り付けていたはずであった[190]。この見込みは、フランスで六〇〇万ドルの外債を集めてその一部を昭武一行の費用にあてるという計画に基づくものであった。しかしこの外債が集まらなかったために、使節は資金に窮することとなったのである[191]。一般にフランスでは、一八六六・一八六七年に外国政府への貸付けというかたちでの資本輸出が盛んに行われたが、日本に対する借款が失敗に終わったのは、日本国内の政情不安定に対する懸念があったためと考えられる[192]。とりわけ、博覧会場における幕府と薩摩藩の対立が表面化し、フランスで幕府の将来をあやぶむ声が高まったことも大きな影響を及ぼしたであろう。

こうした財政難から、ヴィレットは「計画している巡歴は困難である[193]」ことを向山に伝えているが、フランス側から支援を受けられないことで向山は反フランス感情をいっそう強めていったと思われる。

◆シーボルトに対するヴィレットの見解

ヴィレットは右の幕府使節の財政難の一要因として、使節の経理係を務めたヴァイデンバッハ（C. Weidenbach）が甚大な損害を及ぼしていたことを伝えている。(194) ヴィレットの想定する使節の一カ月の必要経費（二五、〇〇〇フラン）に対し、ヴァイデンバッハがその半額を式典用の帽子の購入費用にあてていることを知り、ヴィレットは驚いている。ヴァイデンバッハとはシーボルト家の使用人を務めたプロシア出身の人物であるが、ヴィレットは彼が「政治的な観点から、シーボルト氏によってここに送りこまれたイギリスの手先ではないかと疑った」ようである。(195)

こうした事態に対し、ヴィレットは就任翌日の八月二日には早くも全権公使の向山の名でヴァイデンバッハを解雇するという決定を行っている。(196) このようにヴィレットは、当初からシーボルトを警戒し、ヴァイデンバッハを解雇してイギリスからの影響を弱めるための対策を講じたといえるだろう。なおヴィレットは、ヴァイデンバッハの後任として退役軍人であるヴァンサン少佐を指名し、これ以降は出費が二分の一に抑えられたことを報告している。(197)

ヴィレットはシーボルトについても「公子は、勉学よりも気晴らしを渇望する若い青年に囲まれている。その一人がイギリス領事館付のシーボルト氏であり、殿下の思想に好ましくない影響を与えており、遠ざけるべきである」と報告している。(198) シーボルトは、向山の要請によって使節への随行期間を延長していたが、ヨーロッパでの賜暇が一八六八年二月までであるため、ヴィレットは「イギリス訪問が終了すれば、残念な影響も薄らぎ、私の任務がもうこれ以上深刻な困難にあわないだろう」(199) と期待している。

一方、シーボルトはこうしたヴィレットの行動を当然把握しながらも、外務次官ハモンドには、ヴィレットについてほとんど報告していない。シーボルトがヴィレットの役割を重視しなかったとも考えられるが、故意に都合の悪い情報を伝えることは控えたという可能性も考えられる。

◆幕府使節をめぐるフランス政府内の温度差

先に述べたように財政難から幕府使節のヨーロッパ巡歴は危ぶまれたが、向山の奔走によってどうにか資金を獲得し、一行は一八六七年九月からスイス、オランダ、ブリュッセルを訪問している[200]。この巡歴には、向山の要請に応じてまたもシーボルトが通訳官として随行している。

一方で、ヴィレットはパリに残った。これについて陸軍大臣ニールは遺憾の念をヴィレットに伝えたようである。これに対してヴィレットは一〇月一四日付の陸軍大臣宛書簡で次のように説明している。

ヨーロッパ諸国の巡歴は政治的なものであり、全権使節の向山が、外国の軍人が殿下に同行するのは好ましくないと考えたのです。また日本総領事フルーリ＝エラール氏もこれに同意しました。さらに外務大臣ムスティエ氏が同行するのは控えるようにとお命じになったのです[201]。

このように陸軍大臣ニールが幕府使節に対するヴィレットの積極的関与を求めたのに対し、外務大臣ムスティエはヴィレットがパリにとどまるよう指示し、政治的問題に関しては使節から距離を置くことを命じている。

この事例が示すように、幕府使節に対する陸軍大臣と外務大臣の姿勢は一致しておらず、フランス政府のなかでも対日方針が必ずしも統一されていなかったように思われる。とはいえ、向山たちの不信感の原因となったフランス側の使節への冷淡さや、他国の巡歴にヴィレットを同行させないという判断が外務大臣によるものであることを考えると、少なくともフランス外務省は幕府使節の外交目的には深く関与しないという方針で一貫していたといえるだろう。前述したように、フランス外務省は、幕府使節とカションが対立した際にも、またシーボルトが当初の任期を終えてからも幕府使節のもとにとどまることを耳にしても、そこに介入せずに静観していた。フランスの対日政策を主導したのはあくまで外務省であったことはいうまでもないが、このヴィレットの報告書からも、幕府への中立的ないし消極的姿勢が垣間見られるのである。

◆ヴィレットに反抗する二人の「排仏コンペニー」

幕府使節は、イタリアのフィレンツェ訪問の際に、イギリス領のマルタ島を訪問しているが、これはシーボルトとイギリス外務次官ハモンドの画策によるものであった。[202]

このマルタ島訪問はフランスに対して内密に行われ、その事実を使節が帰国してから初めて知ったヴィレットは、「向山は同行せずにパリにとどまったが、昭武一行のマルタ島訪問を事前に知りながら、フランス側に伝えていなかったのではないか」と疑っている。[203]このイギリス領マルタ島への内密の訪問は、この時期に高まっていた向山をはじめとする使節の反フランス感情の存在をヴィレットに確信させるものであった。「彼はフランスをまったく好まず、西洋において最大の国家をイギリスとみなし、公子をロンドンに留学させなかったことを後悔している旨を日本政府に報告すると耳にしている」[204]とヴィレットは伝えている。

イギリス訪問を終えて公務を終了した向山は幕府から帰国の訓令を受け、その後任として派遣されたのが親仏派の栗本鋤雲であった。これは、幕府使節とフランスの関係が悪化することを恐れた幕府の対応策であった。

図15　山高信離(1867年)

フランスに到着した栗本がこのときの幕府使節を「排仏コンペニー」と称したほど、一行の間では反仏感情が高まっていた。[205]ナポレオン三世を「譎詐《きつさ》の魁」と称するまでにフランスに対する失望が充満していたようだ。また昭武に随行した傅役の山高とヴィレットは「極《きわめて》不和にて日々議論不絶、所謂始終いぢり合又は愚弄致候」とたびたび対立を繰り返していたようである。[206]この不仲がヴィレットの報告書において表面化したのは、向山の帰国送別会の際であった。事の発端は、送別会の食卓で、ヴィレットに任務当初から一貫して与えられていた昭武の正面の席を、山高が占領したことであった。この席次について、山高は譲らず、さらに向山がヴィレットに「日本の傅役の指揮下で」任務を行うように命じたのである。

ヴィレットはこうした事態を、ナポレオン三世から任命された自らの傅役としての立場を軽んじるものとして重く受け止め、この事態を外務省に報告し、強く批判している。この騒動は結局、栗本の仲介によってヴィレットに「民部大輔〔昭武〕の名で、殿下の正面の席に戻るように要請があった」ことで解決し、山高も主張を取り下げた。(207)こののち、山高は昭武の傅役を解任され、留学生取締役に任じられた。

なお、この事態にフランス外務省が直接介入することはなかったようである。ヴィレットは、この事件をロッシュにも伝えるために、ロッシュに宛てた報告書も作成して外務省に提出しているが、この報告書は外務省の判断でロッシュには送られていない。(208)

◆フランス政府の消極姿勢

昭武の勉学が本格的に始まるのは、イギリスの巡歴を終えた一八六七年一二月からであった。しかし翌月の一八六八年一月二六日には昭武のもとに大政奉還の知らせが届き、七月四日には慶喜の水戸移転を知らせる手紙と、新政府からの帰国命令書が届いた。(209)こうして翌五日に昭武は留学を中断して帰国を決断する。(210)

このときにヴィレットが、江戸から新たな情報が届くまでパリで待つように昭武に働きかけても、日本から帰国したロッシュが日本の危険な国内状況を説明してパリにとどまるように説得しても、昭武の決心は変わらなかったという。(211)ヴィレットの報告書には帰国があくまで昭武自身の意志によるものであることを強調する文書が添えられている。

しかしヴィレットはこの帰国決定を性急なもの、裏のあるものとして捉えたようである。「パリで待っていれば、国内の状況に巻き添えにならないことを昭武は知っているにもかかわらず、帰国する決意をした背景には、反仏感情を抱く従者の影響があるのではないか」とヴィレットは考えていた[212]。反仏派の向山は帰国したが、もうひとりの反仏派である山高は、昭武の傅役から外れたとはいえパリにとどまっていた。またバイエルンに戻ったシーボルトが、昭武使節と今も連絡を取り合っていることは明らかだとしている。この山高とシーボルトの二人が昭武に帰国を決意するよう導いたのではないか、この二人がイギリスの支持を受けた反幕府側に味方することが得策であると昭武を諭したのではないか、とヴィレットは推測したのである。

このようなヴィレットの想像は、それほど的を射たものであったわけではないが、彼がこうした疑念を抱いたこと自体、シーボルトの影響力の大きさと幕府使節のフランスへの信頼の低下を物語っているだろう。さらに、昭武一行がイギリス船でマルセイユを出発して帰国するということを耳にしたヴィレットは、これをフランス外務省と陸軍省に報告している[213]。ヴィレットはここでも、この決定が山高とシーボルトを通したイギリスの影響によるものだと確信している。さらに、昭武一行がナポレオン三世に挨拶もなく、イギリス船で帰国することは、フランス政府をないがしろにする態度だとしてヴィレットは強く批判している。

これに対して陸軍大臣ニールは、一〇月六日付の返書で確かに昭武がフランス政府に対して配慮しないことは遺憾であるがヴィレットは昭武一行がパリを出発するまで同行すればよい、そして今回の件はヴィレットのいかなる名誉も傷つけるものではないとの返事を送っている。以前は幕府使節の排仏感情に苦言を呈するヴィレットに同調したニールであったが、この時期になると、はっきりと消極姿勢に転じるようになる。そしてニールは他の対策をまったく提案せずに、幕府使節への消極的な姿勢を維持し続ける。ここには、日本の新政府の決定に介入するつもりはなく、またイギリスとの対立を避けたいというフランスの意図が見える。かつては使節に対して積極的に関与することをヴィレットに命じたニールも、大政奉還の知らせを受け、幕府の使節にかかわる意義を認めなくなったのではないかと考えられる。

最終的には、昭武はビアリッツの離宮でナポレオン三世、皇后、皇太子に帰国の挨拶をし、フランス船で帰国することになったが、そこにいたる経緯は不明である。昭武のマルセイユ出航までの間、ここで初めてヴィレットは昭武に同行してフランス国内を旅行している(214)。一八六八年一〇月一九日のマルセイユ出航日には「ヴィレット中佐に心からのお礼とお別れの言葉を述べた」と昭武は日記に書き残している(215)。

傅役の任務を終えたヴィレットは、外務大臣ムスティエから高い評価を受けた。陸軍大臣ニールからは感状を授けられてその仕事を大いに称賛されている。これはヴィレットの働きぶりが、フランス外務省と陸軍省の意向に沿った満足のいくものであったことを示している。当初からイギリスとの関係を損ねてまで幕府使節をフランス側に引きつけておく必要を感じていなかったフランス外務省にとって、大政奉還により、昭武をフランスに引き留める意義は完全に失われてしまっていたと考えられるのである。

ヴィレットはその後、師団長（Général de division）まで昇進し、日本と公的な立場でかかわりを持つことはなくなるが、昭武とはその後も文通を通じて、個人的な関係を保つことになる(216)。

おわりに

以上のように、本来フランスとの親交を深めることを目的としてパリ万国博に派遣された幕府使節は、次第に親仏路線から親英路線へと転換していった。こうした変化が幕府使節に生じたのはなぜだったのか、アレクサンダー・フォン・シーボルト、モンブラン、さらにレオポルド・ヴィレットの動向から分析を行ってきた。

シーボルトの報告書の分析から明らかになったのは、シーボルトによる使節随行は幕府からの要請を受けたものであり、その行動は「イギリスの策謀」という側面のみでは捉えきれないという点である。往路において幕府使節は、確かにフランスと良好な関係を保ち、イギリスを警戒していた。往路のみに随行する予定であったシーボルトは、パリ到着後は、バイエルンの実家に戻る予定であった。しかしシーボルトが継続してとどまる結果となったのは、全権公使の向山一履から要請を受けたためであった。向山は本来、カションを使節通訳および昭武の教師として採用するように幕府から命じられていたが、この人物がイエズス会士であるために昭武への宗教的な影響を懸念し、これを牽制する目的でシーボルトに随行継続を要請したのである。すなわちシーボルトは、最初は幕府から、パリ到着後は全権公使の向山から要請を受けて同行しているのである。幕府使節によるカション排斥後は、確かにシーボルトはイギリス外務次官ハモンドと連携し、使節の関心をイギリスに向けることに尽力した。しかし、重要なのはシーボルトの使節への随行とその継続が、イギリスの主導によって実現したことではなかった点である。

幕府使節の態度の変化、さらにパリ万国博における「日本」イメージに大きな影響を与えたのは、薩摩藩およびモンブランの行動であった。幕府の主権を否定し、将軍と諸大名は対等であるとするモンブランの主張は、幕府の弱体化を印象づけるものであった。また駐日フランス領事館の通訳官を務め、さらにナポレオン三世の通訳も担当したカションが、モンブランの主張に賛同することによって、幕府の権威に対する疑義、すなわち「日本」の政治体制の揺らぎの認識がフランス社会にさらに広がる結果となった。こうして「日本」の主権が幕府にあることをアピールするという目標は失敗を余儀なくされ、しかも幕府使節の利害を擁護すべき立場にあったカションが逆に反幕活動を支援する行動を取ったために、幕府使節の間にはさらに反フランス感情が高まる結果となったのである。

次第に幕府使節の態度が親イギリスに傾いていくことに対し、フランス政府はいかなる対策を講じていたのか。幕府使節を監視する立場にあったヴィレットの報告書によると、ヴィレットは当初からシーボルトの手先とみなしたヴァイデンバッハを解雇するなど、シーボルトを警戒していた様子が分かる。しかし、幕府使節に関しては、陸軍大臣は当初は積極的な関与を要請したのに対し、外務大臣は政治的介入を避けるようヴィレットに指示している。こうしたなかで、ヴィレットは外務大臣の命に従い、使節の巡歴に同行しなかった。日本においてロッシュが推し進めた親幕政策とは裏腹に、フランス外務省は幕府に対して中立的ないし消極姿勢をとり続けたのである。ヴィレットの報告書は、幕末の緊迫した日本の政治情勢と幕府の将来を懸念し、さらにイギリスとの協調路線を重視したフランス外務省の態度を反映するものだといえよう。

幕府の主権を列強に訴える使命を負った昭武を将軍名代とする幕府使節は、その任務を果たすことができないままに、大政奉還によっていわば自らの足場を失い、帰国を余儀なくされた。このように一八六七年パリ万国博への日本参加は、江戸幕府から明治政府へと移り変わる激動の時期、母国の政変と英仏の思惑に翻弄された昭武たちの苦悩を垣間見せるとともに、政治・外交面で「日本」の揺らぎをフランス社会に露呈する結果となったのである。

こうしたさまざまな登場人物をめぐる、各国の政治的な思惑の交錯のなかから浮かび上がってくるのは、「外交の場としての万国博」、あるいは万国博の政治的機能である。万国博は単に「物」を展示するだけの場であったわけでなく、そこに出品する「国家」が、自らの姿を諸外国に「見せ」、他の国から「見られる」場であった。一八六七年のパリ万国博では、まさに幕府がこの機能を利用しようとしたわけだが、これまで論じてきたように、その期待は見事に裏切られることになったのである。

（1）　大庭邦彦「徳川昭武にとっての滞欧体験——「徳川昭武日記」を読む——」、宮地正人監修『徳川昭武幕末滞欧日記』松戸市戸定歴史館、一九九七年、一八七～一八九頁。徳川昭武のフランス派遣については、同書の他、松戸市戸定歴史館から以下の書籍が公刊されている。『戸定論叢』第一～六号、一九九〇～一九九六年。『文明開化のあけぼのを見た男たち——慶応三年遺仏使節団の明治——』一九九三年。『徳川昭武の屋敷　慶喜の住まい』二〇一一年。『プリンス・トクガワ』二〇一二年。

（2）「松平民部大輔仏国へ派遣の旨水戸藩家老への達書」、「松平民部大輔清水家相続の儀申渡の件」、「松平民部大輔徳川と称すへき旨の達」、日本史籍協会編『徳川昭武滞欧記録』第一巻、東京大学出版会、一九七三年、一～三頁。

（3）幕府による全六回の使節派遣については、以下を参照。尾佐竹猛『遣外使節物語——夷狄の国へ——』岩波書店、二〇一六年（初版は、萬里閣書房、一九二九年）。芳賀徹『大君の使節——幕末日本人の西欧体験——』中央公論社、一九六八年。松沢弘陽『近代日本の形成と西洋経験』岩波書店、一九九三年。

（4）神長倉真民『仏蘭西公使ロセスと小栗上野介』ダイヤモンド社、一九三五年。宮永孝『プリンス昭武の欧州紀行——慶応三年パリ万博使節——』山川出版社、二〇〇〇年。

（5）アレクサンダー・フォン・シーボルトについては、以下を参照。Siebold Museum, *Alexander von Siebold 1846-1911: Diplomat in japanischen Diensten*, Würzburg, Siebold Museum, 1996; 今宮新「アレクサンダー・フォン・シーボルト」『史学』第一五巻第四号、慶應義塾大学、一九三七年、一一五～一五五頁。ハンス・ケルナー著、竹内精一訳『シーボルト父子伝』創造社、一九七四年。ヨーゼフ・クライナー『黄昏のトクガワ・ジャパン——シーボルト父子の見た日本——』日本放送出版会、一九九八年。堅田智子「アレクサンダー・フォン・シーボルトと黄禍論」『上智史学』第五七号、二〇一二年、七～三六頁。石山禎一・宮崎克則『シーボルト年表——生涯とその業績——』八坂書房、二〇一四年。堅田智子「アレクサンダー・フォン・シーボルトの日本皇室観」『上智史学』第五九号、二〇一四年、八一～一〇一頁。国立歴史民俗博物館監修『よみがえれ！シーボルトの日本博物館』青幻舎、二〇一六年。

（6）大塚武松「徳川昭武の渡欧と日・仏・英三国の関係」『幕末外交史の研究』新訂増補版、宝文館、一九六七年、二九九～三二九頁。引用は三〇〇頁。

（7）詳細は、後掲注(27)を参照。

（8）A. von Siebold, *Die Tagebücher*, V. Schmidt (ed.), *Acta Sieboldiana*, t. 7, Wiesbaden, Harrassowitz, 1999; V. Schmidt (ed.), *Korrespondenz Alexander von Siebolds: in den Archiven des japanischen Außenministeriums und der Tokyo-Universität, 1859-1895*, *Acta Sieboldiana*, t. 9, Wiesbaden, Harrassowitz, 2000.

（9）薩摩藩の動向については、以下を参照。高木不二「慶応期薩摩藩における経済・外交路線と国家構想——五代友厚のベルギー商社計画をめぐって——」明治維新史学会編『明治維新の新視角——薩摩からの発信——』高城書房、二〇〇一年。鹿児島純心女子大学国際文化研究センター編著『新薩摩学1——世界の「さつま」——』南方新社、二〇〇二年。高木論文については、以下の単行本に再録されている。あわせて参照。高木不二『日本近世社会と明治維新』有志舎、二〇〇九年。

（10）『徳川昭武幕末滞欧日記』、注（1）前掲書。高橋邦太郎『花のパリへ少年使節——慶応三年パリ万国博奮闘記——』三修社、一九七九年。須見裕『徳川昭武——万博殿様一代記——』中央公論社、一九八四年。宮永孝、注（4）前掲書。

（11）大塚武松、注（6）前掲書。石井孝『改訂増補 明治維新の国際的環境』吉川弘文館、一九六六年。

（12）柴田三千雄、柴田朝子「幕末におけるフランスの対日政策——「フランス輸出入会社」の設立計画をめぐって——」『史学雑誌』第七六編第八号、一九六七年、四六〜七一頁。

（13）鳴岩宗三『幕末日本とフランス外交——レオン・ロッシュの選択——』創元社、一九九七年。Meron Medzini, *French policy in Japan during the closing years of the Tokugawa Regime*, Cambridge, Mass., East Asian Center, Harvard University, 1971; Richard Sims, *French policy towards the Bakufu and Meiji Japan, 1854-95*, Richmond, Japan library, 1998（リチャード・シムズ著、矢田部厚彦訳『幕末・明治日仏関係史——一八五四〜一八九五年——』ミネルヴァ書房、二〇一〇年）。

（14）レオポルド・ヴィレットの経歴については、寺本敬子『徳川昭武に宛てたレオポルド・ヴィレットの書簡——一八六七年パリ万博の出会いから日露戦争まで——』上下巻、一橋大学社会科学古典資料センター、二〇〇九年、「解題」を参照。

（15）須見裕、注（10）前掲書。宮永孝、注（4）前掲書。

（16）『徳川昭武滞欧記録』、注（2）前掲書。須見裕、注（10）前掲書、二〇〜二二頁。須見によると、昭武のフランス派遣は、水野忠徳など開明的な人々には賞讃される一方で、水戸藩士のなかには反対を唱える者も多かった。反対の理由としては「第一に、自分たちの主君を失うことによってその立場が危うくなるおそれ、第二には、幼君を遠く蕃夷の国に遣わしてその風に染めることは、烈公に対して申し訳が立たぬ」ことがあげられる。しかし将軍慶喜はこうした反論を排し、昭武のフランス派遣を決定した。

(17) 大庭邦彦、注(1)前掲論文、一八七〜一八九頁。

(18) MAE, CP, Japon, t. 15, Le Taïcoun du Japon à l'Empereur, Napoléon III, dans la correspondance de L. Roches à L. de Moustier, le Ministre des affaires étrangères, le 14 février 1867, p. 11.

(19) *Ibid.*

(20) 駐日フランス公使ロッシュ書簡翻訳（将軍徳川慶喜宛）、一八六六年一二月二一日、『徳川昭武幕末滞欧日記』、注(1)前掲書、一一九頁。

(21) 同前。

(22) 向山一履は、勘定奉行格外国奉行、従五位下隼人正・若年寄、全権使節（フランス語の外交文書では向山は全権使節（Plénipotentiaire）とのみ記されており、全権公使（Ministre plénipotentiaire）とは記されていない）として徳川昭武に随行した。維新後は静岡藩学問所頭取、漢詩人として著名。

(23) 山高信離は、昭武の傅役として随行したが、途中で傅役を解任され留学生取締に任じられる。一八七三年に大蔵省七等出仕・博覧会御用掛として新政府に入り、以降は内外の博覧会および博物館行政に携わった（小寺瑛広「山高信離とその仕事——博物館長になった旗本——」『國學院大學博物館學紀要』三五輯、二〇一〇年、三九〜六二頁）。

(24) 渋沢栄一は、昭武一行の勘定方および庶務を担当した。その他、随行者の詳細は『徳川昭武幕末滞欧日記』、『文明開化のあけぼのを見た男たち——慶応三年遣仏使節団の明治——』、注(1)前掲書を参照。

(25)『徳川昭武幕末滞欧日記』、注(1)前掲書、一六〇頁。

(26) 幕府使節にはデュレとシーボルトに加えて、フランス郵船のジャック・クーレ（Jacques Coullet）も随行したが、上海までの随行であった。

(27) The National Archives（TNA）, Foreign Office（FO）: Political and Other Departments: General Correspondence before 1906, Japan. 本書は、FO 46（1856-1905）を対象に調査した。なお、本書は東京大学史料編纂所の表記および整理に従って各書簡を記す（Cf. The University of Tokyo, *Historical documents relating to Japan in foreign countries: an inventory of microfilm acquisitions in the Library of the Historiographical Institute*（*Shiryō Hensan-jo*）, *op. cit.*, vol. 6, p.

147–197）。

（28）　TNA, FO 46, vol. 78, A. von Siebold to H. S. Parkes. Dec. 29 1866, p. 172–173.

（29）　TNA, FO 46, vol. 78, W. Willis to H. S. Parkes, Dec. 29 1866, p. 174–175.

（30）　H. S. Parkes an A. von Siebold, 3. 1. 1867（in A. von Siebold, *Die Tagebücher, op. cit.*, p. 100–101）.

（31）　*Ibid.*

（32）　TNA, FO 46, vol. 78, Inouye Kawachi no Kami and other 3 Ministers to H. S. Parkes, Feb. 10 1867, p. 176–177.

（33）　*Ibid.* 同内容の幕府の公文書として「遣仏使節とシーボルト同船の件英国公使へ通牒」慶応三年正月六日（『徳川昭武滞欧記録』第一巻、注（2）前掲書、七一～七二頁）。

（34）　TNA, FO 46, vol. 78, H. S. Parkes to Japanese Ministers for Foreign affairs, Feb. 12 1867, p. 178–179. 同内容の幕府の公文書として「シーボルト遣仏使節と同船の件に付英国公使よりの書簡」慶応三年正月九日（『徳川昭武滞欧記録』第一巻、注（2）前掲書、八二～八三頁）。

（35）　TNA, FO 46, vol. 78, H. S. Parkes to Japanese Ministers for Foreign affairs, Feb. 12 1867, p. 179. 宮永孝は、神長倉真民を典拠とし、シーボルトから外国奉行に使節随行の申し出があったとしているが、史料が示されておらず、定かではない。

（36）　TNA, FO 46, vol. 78, H. S. Parkes to A. von Siebold, Feb. 13 1867, p. 180–181.

（37）　TNA, FO 46, vol. 78, H. S. Parkes to the Foreign office, Feb. 13 1867, p. 170–171.

（38）　シーボルトの随行に関して、ロッシュがどのように反応したかを示す史料は残念ながらまだ見つかっていない。

（39）　TNA, FO 46, vol. 78, H. S. Parkes to A. von Siebold, Feb. 13 1867, p. 195–197.

（40）　TNA, FO 46, vol. 78, H. S. Parkes to Governors, Hong Kong and Singapore, Feb. 13 1867, p. 193–194.

（41）　TNA, FO 46, vol. 78, H. S. Parkes to A. von Siebold, Feb. 13 1867, p. 195–197.

（42）　TNA, FO 46, vol. 79, Memo of A. von Siebold on the Japanese mission to the French Exhibition, Feb. 25, 1867, p. 304–306.

（43）　*Ibid.*

(44) TNA, FO 46, vol. 79, Inouye Kawachi no kami and other 2 Ministers to H. S. Parkes, March 19 1867, p. 300–301.
(45) TNA, FO 46, vol. 80, H. S. Parkes to E. H. Stanley, April 14 1867, p. 1–2.
(46) TNA, FO 46, vol. 80, Memorandum on the Japanese Mission at Singapore by A. von Siebold, March 6 1867, p. 5–6.
(47) *Ibid.*, p. 7–8.
(48) TNA, FO 46, vol. 80, A. von Siebold to H. S. Parkes, March 6 1867, p. 7–8.
(49) 『徳川昭武幕末滞欧日記』、注(1)前掲書。日本史籍協会編『渋沢栄一滞仏日記』東京大学出版会、一九六七年。
(50) 田辺太一「巴里博覧会」、日本史籍協会編『幕末外交談』東京大学出版会、一九七六年（一八九八年初版）、四七一～四七二頁。
(51) 同前。
(52) 幕府は、大君の敬称を変更したパークスの行動を、幕府の威信にかかわる問題として捉え、栗本鋤雲をフランスに派遣し、全権使節の向山一履に対し、イギリスを訪問する際には「国体記」（国律）と「琉球略記」を持参して幕府に統治権があることをイギリス外務大臣スタンレーに説明するよう命じている。石井孝、注(11)前掲書、五八七頁。
(53) 田辺太一、注(50)前掲書。
(54) H. S. Parks an A. von Siebold, 14. 4. 1867 (in A. von Siebold, *Die Tagebücher, op. cit.*, p. 101–102).
(55) TNA, FO 46, vol. 85, E. Hammond to A. von Siebold, April 20 1867, p. 272–273.
(56) 「外人通辯任免の件老中より達書」慶応三年五月一九日（『徳川昭武滞欧記録』第一巻、注(2)前掲書、二〇二～二〇三頁）。
(57) 西堀昭『日仏文化交流史の研究——日本の近代化とフランス人——』駿河台出版社、一九八一年。富田仁『メルメ・カション——幕末フランス怪僧伝——』有隣堂、一九八〇年。ブレンダン・ル・ルー『フランスにおける日本学の先駆者メルメ・カションの活動——パリ外国宣教会資料室所蔵史料を中心に——』（東京学芸大学、博士論文）、二〇一二年。なお、一八六〇年代にメルメ・カション自身が、メルメとカションの間に貴族的な家柄を示す「DE」を入れて、「メルメ・ド・カション」と名乗り始めた。本書では、引用文を除き、「メルメ・カション」「カション」と表記する。
(58) TNA, FO 46, vol. 85, A. von Siebold to E. Hammond, April 18 1867, p. 266–269.

（59）*Ibid.*

（60）*Ibid.*

（61）富田仁、注(57)前掲書、一四五頁。

（62）TNA, FO 46, vol. 85, A. von Siebold to E. Hammond, April 18 1867, p. 266–269.

（63）TNA, FO 46, vol. 85, E. Hammond to A. von Siebold, April 20 1867, p. 272–273.

（64）*Ibid.*

（65）TNA, FO 46, vol. 85, A. von Siebold to E. Hammond, Paris, April 29 1867, p. 290–294.

（66）*Ibid.*, p. 291.

（67）田辺太一、注(50)前掲書、四八五頁。

（68）TNA, FO 46, vol. 85, A. von Siebold to E. Hammond, May 19 1867, p. 358.

（69）TNA, FO 46, vol. 85, A. von Siebold to E. Hammond, Paris, June 10 1867, p. 380–382.

（70）TNA, FO 46, vol. 85, A. von Siebold to E. Hammond, Paris, April 29 1867, p. 290–291.

（71）A. de Bassompierre, « Charles de Montblanc et la Restauration Japonaise de 1868 », *Revue générale belge*, 89 année, 1953, p. 229–244.

（72）*Ibid.*, p. 232.

（73）モンブランがパリ生まれのフランス人であるという説は、以下の研究でも言及されている。J. P. Lehmann, *France and Japan 1850-1885: an assessment of French influence and diplomacy*, Oxford University, D. Phil. thesis, 1976. 萩原延壽『遠い崖――アーネスト・サトウ日記抄　外国交際――』五、朝日新聞社、二〇〇一年。

（74）高橋邦太郎「幕・薩パリで火花す――モンブラン伯――」『歴史読本』一九七〇年六月、一一四～一一六頁。

（75）引用は、磯見辰典・黒沢文貴・櫻井良樹『日本・ベルギー関係史』白水社、一九八九年、六三～六四頁。この他にも宮本又次『五代友厚伝』有斐閣、一九八〇年、五〇頁。高木不二、注(9)前掲論文、四九～五〇頁が、高橋論文を参照している。

（76）鳴岩宗三、注(13)前掲書、一九九頁。宮永孝、注(4)前掲書、七九頁。宮永孝「ベルギー貴族モンブラン伯と日本

人」『社会志林』第四七巻第二号、法政大学、二〇〇〇年一二月、一一八～一八二頁。

(77) M. D. Ericson, « The Bakufu Looks Abroad : The 1865 Mission to France », *Monumenta Nipponica*, 34（4）, 1979, p. 399（p. 383–407）; M. Medzini, *French Policy in Japan during the Closing Years of the Tokugawa Regime*, *op. cit.*, p. 65 ; A. Lockyer, *Japan at the exhibition 1867–1970*, Ph. D. thesis, Stanford University, 2000.

(78) W. F. Vande Walle, « An Extraordinary Destiny: Count de Montblanc（1833–1894）», in W. F. Vande Walle（ed.）, *Japan & Belgium: four centuries of exchange*, Commissioners-General of the Belgian Government at the Universal Exposition of Aichi 2005, 2005, p. 141–157. モンブランに関してW・F・ヴァンデワラはすでに三つの論文を発表しているが、最初の論文では高橋邦太郎の説に従っている。W. F. Vande Walle, « Le Comte des Cantons Charles de Montblanc（1833–1894）, Agent for the Lord of Satsuma », in I. Neary（ed.）, *Leaders and Leadership in Japan*, Richmond/Surrey, Japan Library, 1996, p. 39–55; W. F. Vande Walle, « Count de Montblanc and the 1865 Satsuma Mission to Europe », *Orientalia Lovaniensia periodica*, 27, 1996, p. 151–176.

(79) W. F. Vande Walle, « An Extraordinary Destiny: Count de Montblanc（1833–1894）», art. cit., p. 141–157. W・F・ヴァンデワラは、ベルギー駐日大使バッソンピエールの示したモンブランの生没年を、モンブラン家のアルバムによって確認した。

(80) 高橋邦太郎、注(74)前掲論文には、典拠が示されていない。またこの説を取り入れた他の研究文献も典拠を示していない。

(81) W. F. Vande Walle, « An Extraordinary Destiny: Count de Montblanc（1833–1894）», art. cit., p. 141. プロート家の最後の子孫であったフェルディナン男爵（Ferdinand Maximilien Auguste Ghislain de Plotho）は子供がなかったので、一八三五年に財産をモンブラン家に遺贈した。

(82) *Ibid.*

(83) *Ibid.*

(84) *Ibid.* 実際、モンブランはすべての著作を「モンブラン伯爵（Le Comte de Montblanc）」の名で出版している。

(85) 『徳川昭武滞欧記録』第一巻、注(2)前掲書、二二四頁。

(86) 日本経営史研究所編『五代友厚伝記資料』第四巻、東洋経済新報社、一九七四年。

(87) W. F. Vande Walle, « An Extraordinary Destiny: Count de Montblanc (1833-1894) », art. cit., p. 142. 磯見辰典ほか『日本・ベルギー関係史』、注(75)前掲書、六四頁は、「フランス特使グロー男爵の乗った軍艦で日本の地を踏んだ」としているが、W・F・ヴァンデワラはこれを根拠のないものとしている。Comte Charles de Montblanc, *Les Îles Philippines*, Paris, Guillaumin, 1864. モンブランは一八六四年にフィリピンに関する著作を発表している。

(88) A. de Bassompierre, « Charles de Montblanc et la Restauration Japonaise de 1868 », art. cit., p. 232.

(89) *Ibid.*

(90) W. F. Vande Walle, « An Extraordinary Destiny: Count de Montblanc (1833-1894) », art. cit., p. 142. また一八六五年に幕府から派遣された柴田剛中の記録によれば「仏国古諸侯の由旧知ベルギー住のモンフラントと申もの来り、三年前〔一八六二年〕江戸ミニストル館に住居ありし縁を以、今般渡来を聞込、出府いたし、面晤の申入有之候」とあり、モンブランが一八六二年に江戸のフランス領事館に滞在した縁で、柴田を訪問したとされる（柴田剛中著、君塚進校注「仏英行（柴田剛中日載七・八より）」沼田次郎・松沢弘陽編『西洋見聞集』岩波書店、一九七四年、二九九頁）。

(91) 宮永孝、注(76)前掲論文、一七八頁。

(92) 斎藤健次郎の出自や経歴については不明な点が多い。柴田剛中の記録には「御府内近郊の医師某悴斎藤賢次と申者にて、両三年前〔一八六二年〕仏人〔モンブラン〕に随ひ亡命し、同国都府〔パリ〕に寓居いたし居り」とあり、江戸近郊の医師の息子として、一八六二年にモンブランに従って渡欧した日本人とされている（柴田剛中「仏英行（柴田剛中日載七・八より）」、注(90)前掲書、二九六頁）。この他に斎藤は「白川建次郎」や「ジラール・ド・ケン」とも名乗ったようである。斎藤は一八六七年八月に薩摩藩使節とモンブランとともに日本に帰国した。しかし、幕府側に薩摩藩の秘密をもらした疑いをかけられて殺害された（詳細は宮永孝、注76前掲論文、一三九～一四三頁を参照）。

(93) Comte C. de Montblanc, *Le Japon*, Paris, Impr. de J. Claye, 1865（シャルル・モンブラン著、森本英夫訳『モンブランの日本見聞記――フランス人の幕末明治観――』新人物往来社、一九八七年）; Comte C. de Montblanc, « Considérations générales sur l'état actuel du Japon », *Bulletin de la Société de Géographie*, janvier 1866, p. 5-16. この論文を抜粋したパンフレットも出版された。Cf. Comte C. de Montblanc, *Considérations générales sur l'état actuel du Japon: discours*

prononcé à l'assemblée générale de la Société de géographie, le 15 décembre 1865, Paris, Impr. de Martinet, 1866.

(94) Comte C. de Montblanc, *Le Japon en 1866*, article extrait de l'*Annuaire encyclopédique*, publié par les directeurs de l'*Encyclopédie du XIXe siècle*, Paris, 1866; Comte C. de Montblanc, *Le Japon, ses institutions, ses produits, ses relations avec l'Europe*, Paris, Bureaux de la Revue contemporaine, 1867; Comte C. de Montblanc, *Le Japon tel qu'il est*, Paris, Librairie Martime et Scientifique, Libraire de la Société de Géographie et de la Société de Sauvetage Maritime, 1867.

(95) モンブランの著作およびその背景について論じた研究としては、以下を参照。J. P, Lehmann, *France and Japan, 1850–1885, op. cit.* 萩原延壽、注(73)前掲論文。

(96) Comte C. de Montblanc, *Le Japon, op. cit.*

(97) *Ibid.*, p. 1.

(98) *Ibid.*, p. 1-2.

(99) *Ibid.*, p. 2.

(100) *Ibid.*, p. 3.

(101) *Ibid*, p. 103. 最後の一文は、前掲の邦訳書と異なる解釈である。そこでは次のように記されている。「そうなれば二つの文明は、無限の、そして活発さの見られぬ国民の住む大海原を横切って、互いに信頼の手を握り合い、それら不活発な社会の発展に互いに力を合わせて競争することが出来るであろう」（シャルル・モンブラン、注93前掲書、五六頁）。

(102) Comte C. de Montblanc, « Considérations générales sur l'état actuel du Japon », art. cit., p. 8.

(103) *Ibid.*, p. 12.

(104) *Ibid.*, p. 13.

(105) *Ibid.*, p. 12.

(106) *Ibid.*

(107) *Ibid.*, p. 13.

(108) *Ibid.*, p. 14.

(109) *Ibid.*, p. 15.

(110) *Ibid.*
(111) *Ibid.*, p. 16.
(112) *Ibid.*
(113) 宮永孝、注(76)前掲論文、六頁。澤護「井土ケ谷事件と遣仏使節池田筑後守」『千葉敬愛経済大学研究論集』第二九号、二八一〜三〇九頁、一九八六年。
(114) 宮永孝、注(76)前掲論文、六〜九頁。ロニは一八三七年フランス北部リール市近郊のルース（Loos）に生まれた。一八五二年にパリのフランス国立東洋語学校に入学、東洋諸語、とくに日本語を学んだ。一八六二年にはヨーロッパを訪れた幕府使節・竹内下野守保徳一行の通訳を務めた。一八六三年から東洋語学校の日本語の講座を担当する。一八六八年五月二四日の政令より日本語講座が置かれると、その初代教授を務めた。一八八六年には高等研究院（Ecole des Hautes Etudes）の副院長に任命され、極東の宗教を講じた。
(115) 大塚武松編『遣外使節日記纂輯』第三巻、日本史籍協会、一九三〇年。
(116) 田辺太一、注(50)前掲書、二五四頁。
(117) 中根雪江『続再夢紀事』第五巻、日本史籍協会、一九二二年、二三四頁（慶応二年七月一八日、長崎留学生八木八十八（日下部太郎）は、六月に五代友厚から情報を得て、越前藩に報告書を提出した）。尾佐竹猛『幕末外交秘史考』邦光堂書店、一九四四年、一〇八〜一〇九頁。宮本又次、注(75)前掲書、五二頁。
(118) 同前、二三七頁。
(119) ハンス・ケルナー、注(5)前掲書。宮崎道生『シーボルトと鎖国・開国日本』思文閣出版、一九九七年。
(120) 池田筑後守使節は、シーボルトを評価し、帰国後にシーボルトを幕府の役人に起用して学問上の「書記官」に任命するように申請する旨をシーボルトに伝えたが、これは実現しなかった（宮崎道生、注119前掲書、一九二頁）。
(121) 池田筑後守とフランス外務省との間で行われた全七回の会談の内容は、以下を参照。ねずまさし「一八六四年のパリ協約をめぐるフランス第二帝政と徳川幕府との交渉」、歴史学研究会編『歴史学研究』第二一〇号、一九五七年、二一〜三二頁。
(122) ねずまさし、注(121)前掲論文、三二頁。

(123) 柴田剛中「仏英行（柴田剛中日載七・八より）」、注(90)前掲書、二六一〜四七六頁。
(124) 同前、二九九頁。
(125) 同前。
(126) 同前、三〇一頁。
(127) 幕府がベルギーとの間に修好通商条約を締結したのは一八六六年八月一日であった。
(128) 日本とベルギーの条約締結については、磯見辰典・黒沢文貴・櫻井良樹、注(75)前掲書を参照。
(129) 柴田剛中「仏英行（柴田剛中日載七・八より）」、注(90)前掲書、三一七頁。ただし、この文章の直後に「シーボルトも是に倣《なら》はん事を欲す」と書いていることから、この柴田の態度は、モンブランに対してのみならず、フィリップ・フランツ・フォン・シーボルトに対しても同様なものであったことが分かる。シーボルトも、モンブランと同様に、フランスに派遣された幕府使節に接触し、ヨーロッパ諸国との仲介役として働くことを自ら申し出ていた。しかしシーボルトもまた柴田から拒絶された（宮崎道生、注119前掲書）。
(130) 薩摩藩の遣英使節については、以下を参照。高木不二、注(9)前掲論文、四五〜八六頁。犬塚孝明『明治維新対外関係史』吉川弘文館、一九八七年。犬塚孝明『薩摩藩英国留学生』中央公論社、一九七四年。大久保利謙「五代友厚の欧行と、彼の滞欧手記『廻国日記』について」『思苑』第二二巻二号、立教大学史学会、一九六二年、二〇〜四一頁。
(131) 高木不二、注(9)前掲論文、四六頁。
(132) 犬塚孝明『明治維新対外関係史』、注(130)前掲書、一一二頁。犬塚孝明『薩摩藩英国留学生』、注(130)前掲書、八六頁。
(133) 五代友厚の「廻国日記」は、次の文献に翻刻されている。『五代友厚伝記資料』第四巻、注(86)前掲書、二九〜三六頁。
(134) 同前、三〇頁。
(135) この条約の内容は、以下を参照。『五代友厚伝記資料』第四巻、注(86)前掲書、五〇〜五二頁。その後もパリで二回にわたって、薩摩藩使節はモンブランとの間で契約内容の改訂を行っている。
(136) 同前、五七頁。
(137) Comte C. de Montblanc. *Le Japon, ses institutions, ses produits, ses relations avec l'Europe, op. cit.*, p. 20: Comte C. de

Montblanc, *Le Japon tel qu'il est*, *op. cit.*, p. 39.

(138) 『五代友厚伝記資料』第四巻、注(86)前掲書、三四頁。

(139) 同前、三六頁。日本・中国・モロッコ・チュニジアの展示を担当した事務官長・委員については以下を参照。La Commission impériale, *Rapport sur l'Exposition universelle de 1867, à Paris*, Paris, Imprimerie impériale, 1869, p. 365.

(140) 犬塚孝明「パリ万国博覧会と薩摩外交――「プロパガンダ」の外交戦略――」、鹿児島純心女子大学国際文化研究センター編著、注(9)前掲書。

(141) MAE, 40ADP/1, 和文資料：西暦二月九日、岩下佐次衛門。須見裕、注(10)前掲書、五三頁。

(142) 犬塚孝明、注(140)前掲論文、二二頁。

(143) 同前、一七頁。野村の日記では、「展観所掛」の五名がいかなる人物か判明しない。

(144) 同前、二四～二七頁。

(145) 柴田剛中「仏英行（柴田剛中日載七・八より）」、注(90)前掲書、三七八頁。M. D. Ericson, *op. cit.*, p. 404.

(146) AN, F12/2938, F. Le Play, Le Conseiller d'Etat, Commissaire Général de l'Exposition universelle à L. de Moustier, le 27 novembre 1865, p. 156.「＊」の表記および補足は、委員長ル・プレによる。

(147) 柴田剛中「仏英行（柴田剛中日載七・八より）」、注(90)前掲書、四三〇頁。

(148) 福地源一郎『懐往事談――幕末政治家――』東京大学出版会、一九七九年。

(149) 田辺太一、注(50)前掲書、四七〇頁。

(150) 犬塚孝明、注(140)前掲論文。

(151) MAE, 40ADP/1, P. Fleury-Hérald à L. de Moustier, le 25 mars 1867.

(152) *Ibid.*

(153) *Ibid.*

(154) AN, F12/2981, L. de Moustier à F. Le Play, le 26 mars 1867.

(155) MAE, 40ADP/1, F. Le Play à L. de Moustier, le 24 avril 1867.

(156) 田辺太一「幕末の外交」、日本史籍協会編『維新史料編纂会講演速記録』一、東京大学出版会、一九七七年、二四頁。

(157) 田辺太一、注(50)前掲書、四七二頁。

(158) MAE, 40ADP/1, Moukoyama Hayatosho, Plenipotentiaire de S. M. le Taicoun du Japon à L. de Moustier, le 22 avril 1867.

(159) 田辺太一、注(50)前掲書、二六頁。

(160) MAE, 40ADP/1, Copie du Protocole signé entre M. le Comte de Montblanc et l'Envoyé du Taïkoun, Paris, le 24 avril, 1867.

(161) 田辺太一、注(50)前掲書、四七四頁。

(162) 田辺太一「幕末の外交」、注(156)前掲書、三〇頁。

(163) MAE, 40ADP/1, F. Le Play à L de Moustier, le 24 avril 1867.

(164) La Commission impériale, *Rapport sur l'Exposition universelle de 1867 à Paris*, Paris, Imprimerie impériale, 1869, p. 139. La Commission impériale, *Exposition universelle de 1867 à Paris, Catalogue général*, 1e édition, Paris, E. Dentu, 1867.

(165) La Commission impériale, *Exposition universelle de 1867 à Paris, Catalogue général*, 2e édition, revue et corrigée, Paris, E. Dentu, Paris, 1867.

(166) La Commission impériale, *Exposition universelle de 1867 à Paris, Catalogue Général, 1e édition, op. cit.*, p. 35.

(167) MAE, 40ADP/1, Moukoyama Hayatosho à L. de Moustier, le 22 avril 1867.

(168) MAE, 40ADP/1, Moukoyama Hayatosho à L. de Moustier, le 28 avril 1867.

(169) MAE, 40ADP/1, Ministère des Affaires étrangères à Moukoyama Hayatosho, le 6 mai 1867.

(170) *La Liberté*, le 26 avril 1867. なおモンブランは自身の作成したパンフレットに、反幕活動を補強するものとして、本記事と『フランス』（一八六七年五月一日）の記事を掲載している（Comte C. de Montblanc, *Le Japon, ses institutions, ses produits, ses relations avec l'Europe, op. cit.*, p. 38-39）。

(171) レアル・デ・ペリエールは、モンブランに同行して、一八六七年夏に来日した。これは次の資料にも明示されている。Jacques Siegfried, *Seize mois autour du Monde, 1867-1869*, Paris, J. Hetzel, Libraire-éditeur, 1869. またその後、レア

ル・デ・ペリエールは、大阪で貿易商を行った。彼の名は東洋学者会議の会員としても掲載されている（Cf. Congrès international des orientalistes, *Compte-rendu de la première session, Paris 1873*, Paris, Maisonneuve et Cie, 1874; Tokyo, Edition Synapse, 1998）。

(172) 犬塚孝明、注(140)前掲論文、三三〜三四頁。

(173) *La France*, le 1 mai 1867.

(174) Comte C. de Montblanc, *Le Japon, ses institutions, ses produits, ses relations avec l'Europe, op. cit.*; Comte C. de Montblanc, *Le Japon tel qu'il est, op. cit.*

(175) TNA, FO46, vol. 85, A. von Siebold to E. Hammond, May 19 1867, p. 358-359.

(176) MAE, 40ADP/1, Moukoyama Hayatosho à L. de Moustier, le 7 Juin 1867.

(177) *Ibid.*

(178) MAE, 40ADP/1, L. Villette à L. de Moustier, le 29 août 1867.

(179) MAE, 40ADP/1, A. Niel à L. de Moustier, le 2 Juillet 1867.

(180) 現在のムシー・シュル・ヴェルヌイユ（Moussy-sur-Verneuil）市。

(181) Service historique de la Défense（SHD）, GR/9YD/30, Léopold Villette. ヴィレットの軍歴表、フランス陸軍の階級表については、寺本敬子、注(14)前掲書、下巻、二六〇〜二六七頁を参照。

(182) SHD, GR/9YD/30, Léopold Villette.

(183) 『徳川昭武幕末滞欧日記』、注(1)前掲書、三三二頁。

(184) SHD, GR/9YD/30, Léopold Villette.

(185) ヴィレット報告書は、以下に収められている。MAE, 40ADP/1, les rapports et lettres du lieutenant-colonel Villette, 1867–1868; SHD, GR/1M/1672, Mémoires et reconnaissances, Japon, 1856–1870.

(186) SHD, GR/1M/1672, L. Villette à A. Niel, le 17 août 1867. MAE, 40ADP/1, L. Villette à L. de Moustier, le 17 août 1867.

(187) *Ibid.*

(188) *Ibid.*

(189) *Ibid.*
(190) 宮永孝、注(4)前掲書、一〇六頁。
(191) 借款問題については、大塚武松、注(6)前掲書。石井孝、注(11)前掲書。鳴岩宗三、注(13)前掲書。宮永孝、注(4)前掲書などを参照。
(192) 柴田三千雄、柴田朝子、注(12)前掲論文。
(193) SHD, GR/1M/1672, L. Villette à A. Niel, le 17 août 1867. MAE, 40ADP/1, L. Villette à L. de Moustier, le 17 août.
(194) *Ibid.*
(195) *Ibid.*
(196) *Ibid.*
(197) *Ibid.*
(198) MAE, 40ADP/1, L. Villette à L. de Moustier, le 19 novembre 1867; SHD, GR/1M/1672, L. Villette à A. Niel, le 19 novembre 1867.
(199) *Ibid.*
(200) MAE, 40ADP/1, L. Villette à L. de Moustier, le 29 août 1867. このヴィレットの報告書は、向山が独自にイギリスのオリエンタル・バンクとオランダの商事会社から多額の資金を得たことによって、ヨーロッパの訪問を決行することを伝えている。
(201) SHD, GR/1M/1672, L. Villette à A. Niel, le 14 octobre 1867.
(202) 宮永孝、注(4)前掲書。L. Beretta, *Il viaggio in Italia di Tokugawa Akitake, 1867: la missione in Europa del fratello dell'ultimo shogun*, Moncalieri, Centro interuniversitario di ricerche sul viaggio, 2008.
(203) MAE, 40ADP/1, L. Villette à L. de Moustier, le 19 novembre 1867. SHD, GR/1M/1672, L. Villette à A. Niel, le 19 novembre 1867.
(204) *Ibid.*
(205) 在仏栗本安芸守書簡、川勝近江守等宛、慶応三年一一月一三日（大塚武松編『川勝家文書』日本史籍協会、一九三〇年、二六～三三頁)。

(206) 同前。

(207) MAE, 40ADP/1, L. Villette à L. de Moustier, le 28 février 1868.

(208) MAE, 40ADP/1, L. Villette à L. Roches, le 16 janvier 1868.

(209) 徳川昭武日記『御日記』一八六八年七月四日付(『徳川昭武幕末滞欧日記』、注1前掲書、八〇頁)。

(210) 徳川昭武日記『御日記』一八六八年七月五日付(同前書、八〇頁)。

(211) MAE, 40ADP/1, L. Villette à L. de Moustier, le 14 septembre 1868. SHD, GR/1M/1672, L. Villette à A. Niel, le 14 septembre 1867.

(212) *Ibid.*

(213) MAE, 40ADP/1, L. Villette à L. de Moustier, le 30 septembre 1868. SHD, GR/1M/1672, L. Villette à A. Niel, le 30 septembre 1867.

(214) 角山元保「徳川昭武の仏文日記」、『徳川昭武幕末滞欧日記』、注(1)前掲書、二二二～二二八頁。

(215) 徳川昭武日記『御日記』一八六八年七月五日付(『徳川昭武幕末滞欧日記』、注1前掲書、一〇一～一〇二頁)。

(216) 寺本敬子、注(14)前掲書。

第Ⅱ部

一八七八年パリ万国博覧会

1878年パリ万国博会場全景

第Ⅱ部の構成

第Ⅰ部で確認したように、一八六七年パリ万国博における日本の参加の主たる特徴は、「外交の場」としての万国博ということができるだろう。日本における幕府と駐日フランス公使ロッシュ、フランスに渡った幕府使節およびシーボルト、パリですでに独自の準備を進めていた薩摩藩とモンブラン、徳川昭武に付き添いつつ幕府使節の行動をフランス政府に伝えていたヴィレット、シーボルトを介して幕府使節とフランスの動向の把握につとめたイギリス外務省などの思惑・動きが交錯する複雑な政治関係がパリ万国博を舞台に展開していった。六七年パリ万国博において、各アクターの力点は「外交」ないし「政治」に置かれ、「物」の展示はそれに付随したものであったとすら言いうるように思われる。

しかし、彼らのそもそもの思惑とは独立して、日本の工芸品にグランプリが授与され、一八六七年パリ万国博以降にフランスでは「日本」に対する関心がまったく別のかたちで、すなわち「物」を通じて、主に「文化」の側面で呼び覚まされていくことになる。日本の工芸品のなかでも、とりわけ陶磁器に対する関心は、一八七〇年代にフランスで「ジャポニスム」と呼ばれる文化現象が誕生する重要な要因となるのである。ところで、フランスの貿易統計を見ると、貿易相手国として日本が個別に表記されるようになるのは、一八六四年以降である(1)。それまで、貿易統計上日本はコーチシナ、シャムとともに「中国」の貿易額のなかに組み込まれていた。フランスにおける日本からの主要な輸入品は、二〇世紀初めにいたるまで「生糸」が筆頭にあげられるが、注目したいのは、一八六七年パリ万国博を境に「珍品（Objets de collection）」から「磁器（Porcelaine fine）」が独立して表記されるようになったことである。日本からの磁器の輸入は、六七年に約四万フランであったが、次にパリ万国博が開催された一八七八年には六六万フラン、一八八九年には一六一万フランへ増大していく。フローベールは、

「日本」について「この国ではすべてが磁器でできている」[2]と言い表しているが、まさに磁器は、「日本」のイメージを形成する重要な要素となったのである。この「ジャポニスム」誕生の背景を明らかにするには、六七年パリ万国博の閉会後、次の七八年パリ万国博の開催にいたるまでの経過に目を向ける必要がある。

約一〇年を経て開催された一八七八年パリ万国博は、明治維新後の新政府のもとでの日本参加となった。明治維新以降、一八七三年ウィーン万国博、一八七六年フィラデルフィア万国博と、日本は万国博参加の経験を積んでいた。[3]こうした経験を通じて、明治政府は、博覧会が産業振興の手段として有効であることを認識し、一八七七年（明治一〇）には国内初の内国勧業博覧会を開催している。このように明治以降の日本の万国博参加は「殖産興業」の一環として、「物」の展示を通じて輸出を促進し、先進諸国の先端技術を調査吸収する機会であることが重視され、経済上の重要な国家事業として推進されていったのである。[4]

そして、まさにこのとき日本は、ヨーロッパにおける「ジャポニスム」の流行と需要の拡大に応えるかたちで、輸出用工芸品を製作し、これを主な出品物として万国博で展示することとなった。こうしたなかで一八七八年パリ万国博への日本参加は行われたのである。日本側から見ると、七八年パリ万国博は、その前の六七年パリ万国博とは、参加経緯、出品意図、出品物の内容など、さまざまな点において注目すべき変化を示している。他方、フランスも、二つのパリ万国博の間に、一八七〇年の普仏戦争に敗北し、その結果、第二帝政から第三共和政へと移行し、政治体制は様変わりした。こうした日本とフランスの政治および外交関係の変化は、七八年パリ万国博にも少なからず変化を与えたと考えられる。

このような状況のなかで、日本は具体的にはどのように一八七八年パリ万国博への参加準備を行い、いかなる「日本」イメージを提示しようとしたのか。逆に、フランスは、どのような「日本」を期待し、あるいは受容したのか。

第Ⅱ部では一八七八年パリ万国博における「日本」を主題に、第三章では六七年パリ万国博の閉会後から七八年パリ万国博の開催にいたるまでの日仏関係の進展を概観し、七八年パリ万国博への日本の参加経緯とその準備過程を、日仏間の「人」と「物」の交流から分析する。第四章では、パリの博覧会場における日本の展示とそのフランスにおける評価を取りあげる。ここでは第Ⅱ部全体にかかわる研究文献および史料をあらかじめ説明しておきたい。それぞれの章で論じる具体的な問題および史料は、各章で詳述する。

第Ⅱ部全体にかかわる研究文献および史料

一八七三年ウィーン万国博、一八七六年フィラデルフィア万国博を対象とした先行研究と比べると、一八七八年パリ万国博への日本の参加にかかわる研究はわずかであるといわざるをえない[5]。このテーマについて論じた研究としては、日本の外務省外交史料館および国立公文書館の史料に基づき、日本の参加経緯を詳細に分析した岩壁義光の論文が特に重要である[6]。本書の第三章で論じる日本の参加経緯については、主に岩壁の成果に基づいている。ただし、第Ⅰ部で述べたのと同様に、日本の参加をめぐる諸事情をより包括的に明らかにするためには、一八七八年パリ万国博を企画したフランスの高等委員会も含め、日仏双方の動向を分析する必要があるだろう。こうした観点から、先行研究を参照しつつ、一八七八年パリ万国博の日本参加にかかわる日仏双方の史料を比較分析する。まず日本側の史料としては、外務省外交史料館蔵の外務省記録『仏蘭西国巴里開設万国博覧会ニ帝国政府参同一件』（以下、『参同一件』と略す）[7]、国立公文所館蔵『公文録』（明治九～明治一一年）[8]、日本の博覧会事務局が編纂した『仏蘭西巴里府万国大博覧会報告書』[9]を主な分析の対象とする。またフランス側の史料としては、フランス国立文書館に所蔵される七八年パリ万国博の日本関係史料、日仏間のやり取りを示す書簡記録を対象とする[10]。これに加え、フランス外務省に所蔵される日本関係史料と[11]、駐仏日本公使館（一八七一年設置）の外交書簡録を分析する[12]。

また、後述のように、一八七八年パリ万国博への日本の参加に事務官長として実質的な役割を果たしたのは薩摩藩出身の前田正名であった。第Ⅱ部では、この前田の仕事にとりわけ注目する。先行研究としては、祖田修がその生涯をまとめ、兵頭徹、樋口いずみが一八七八年パリ万国博において副総裁を務めた松方正義と前田正名について論じている[13]。またフランスにおける日本陶磁器の評価については、今井祐子とレヴィット＝パステュレルが論じている[14]。

以上にあげた主要な先行研究を適宜参照しつつ、第Ⅱ部では一八七八年パリ万国博にかかわる日本とフランスの史料を相互に比較分析することで、このパリ万国博における「日本」の姿をより立体的なかたちで明らかにしていきたい。その他、七八年パリ万国博を組織したフランス高等委員会の編集による刊行物として『一八七八年万国博報告書』[15]、『国際審査委員会報告書』[16]、『総出品目録』[17]を分析対象とする。

またこうした政府関係の資料に加えて、第Ⅰ部に継続するかたちで、パリ万国博を専門とした定期刊行物（『一八七八年の博覧会』、『パリ博覧会（一八七八）』[18]）、その他フランスの新聞・雑誌（『イリュストラシオン』（*L'Illustration*）、『ル・モンド・イリュストレ』（*Le Monde illustré*）、『両世界評論』（*Revue des Deux Mondes*）等）も取りあげる。新聞や雑誌の記事を分析することによって、外交や美術の分野にとどまらず、フランス社会におけるより広範な層において「日本」イメージがどのように形成され、変化したのかがいっそう明らかになるだろう。

（1） 以下の貿易統計を参照した。Direction générale des douanes et des contributions indirectes, *Tableau général du commerce de la France avec ses colonies et les puissances étrangères*, Paris, Impr. Impériale, 1850-1895; Direction générale des douanes et droits indirects, *Tableau décennal du commerce de la France avec ses colonies et les puissances étrangères*,

Paris: Impr. Impériale, 1847-1896 ; République française. Direction générale des douanes, *Tableau général du commerce et de la navigation*, Paris: Impr. nationale, 1896-1905.

(2) G. Flaubert, C. Gothot-Mersch éd., *Bouvard et Pécuchet: avec un choix des scénarios, du Sottisier, L'album de la marquise et Le dictionnaire des idées reçues*, Collection Folio, 1137, Paris, Gallimard, 1979, p. 533.

(3) ウィーンとフィラデルフィアの万国博への日本参加については、以下の研究を参照。ウィーンについては、角山幸洋『ウィーン万国博の研究』関西大学経済・政治研究所、二〇〇〇年。沓沢宣賢「明治六年ウィーン万国博覧会と日本の参同――明治初期我が国の殖産興業政策を中心に――」、東海大学外国語教育センター異文化交流研究会編『日本の近代化と知識人』東海大学出版会、二〇〇〇年。藤原隆男『明治前期日本の技術伝習と移転――ウィーン万国博覧会の研究――』丸善プラネット、二〇一六年。フィラデルフィアについては、畑智子「一八七六年フィラデルフィア万国博覧会の建築にみる「日本」」『日本建築学会計画系論文集』五〇三、一九九八年。同「一八七六年フィラデルフィア万国博覧会の概要と「日本」の出品状況について」『賀茂文化研究』第六号、賀茂文化研究所、一九九八年。関根仁「一八七六年フィラデルフィア万国博覧会と日本――参加過程・状況を中心に――」『中央史学』第二四巻、中央大学、二〇〇一年。坂本久子「フィラデルフィア万国博覧会本館における日本の出品物と会場構成」『デザイン学研究』特集号一三巻二号、二〇〇五年。安永幸史「フィラデルフィア万国博覧会における日本の出展準備と図案指導に関する考察」『美術史』第六〇号、美術史学会、二〇一一年。

(4) 明治期の日本における博覧会政策については、以下を参照。佐藤道信『明治国家と近代美術――美の政治学――』吉川弘文館、一九九九年。國雄行『博覧会の時代――明治政府の博覧会政策――』岩田書院、二〇〇五年。伊藤真実子『明治日本と万国博覧会』吉川弘文館、二〇〇八年。國雄行『博覧会と明治の日本』吉川弘文館、二〇一〇年。

(5) 伊藤真実子「博覧会研究の動向について――博覧会研究の現在とその意義――」『史学雑誌』第一一七編第一一号、二〇〇八年。

(6) 岩壁義光「明治一一年巴里万国博覧会と日本の参同」『神奈川県立博物館研究報告――人文科学――』第一二号、神奈川県立博物館、一九八五年、九二～一二四頁。岩壁義光「谷謹一郎と巴里万国博覧会――谷謹一郎巴里万博日記――」『法政史学』第三七号、法政大学史学会、一九八五年、五五～八六頁。

（7）外務省外交史料館、外務省記録B-3-15-2-7_001、『仏蘭西国巴里開設万国博覧会ニ帝国政府参同一件』第一巻、一八七六～一八七八年（明治九～一一年）。同史料は、国立公文書館、アジア歴史資料センター（https://www.jacar.go.jp/）で公開されており、これを閲覧した（最終閲覧日：二〇一七年二月七日）。

（8）国立公文書館、『公文録』、一八七六～一八七八年（明治九～一一年）。各史料の請求番号は、それぞれの注に記す。同史料は、国立公文書館デジタルアーカイブ（https://www.digital.archives.go.jp/）で公開されており、これを閲覧した（最終閲覧日：二〇一七年二月七日）。

（9）仏国博覧会事務局『仏蘭西巴里府万国大博覧会報告書』第一～第三篇、附録第一～第二、仏国博覧会事務局、一八七九年。

（10）一八七八年パリ万国博を組織したフランス高等委員会の史料は、フランス国立文書館（ピエールフィット館）に収蔵されている。同万国博の史料は、他の万国博と同様にF/12（商業と産業）に収められ、F/12/3198からF/12/3756の史料群が収蔵されている。このなかで、本書が主な分析対象としたのは、以下の史料である。F/12/3232（Installation des sections étrangères, affaires diverses）, F/12/3491–3497（Sections étrangères, organisation）, F/12/3508（Section d'agriculture, expositions étrangères）, F/12/ 3582–3604（Correspondance, Direction des sections étrangères : copies de lettres, 1876–1879）.

（11）フランス外務省文書館に収蔵される以下の日本関係文書を分析した。MAE, CP, Japon, t. 25–26, 1875–1878 ; MAE, 40ADP.

（12）鮫島文書研究会編『鮫島尚信在欧外交書簡録』思文閣出版、二〇〇二年。これは、一九九四年にパリで発見された駐仏日本公使館の『一八七一年以降の発信記録（*Correspondance envoyée depuis 1871 jusqu'à* [ ]）』の翻刻および日本語訳である。同書簡録の「序」（i頁）の説明によれば、全書簡は「いずれも鮫島が弁務使および公使としてフランスに在勤中の一八七一年から七七年にかけて英・独・仏その他のヨーロッパ各国の外相をはじめとする政府要人や学界、産業界の人々に宛てて出された公信」とあるが、厳密には異なる。鮫島は公使に任じられた一八七一年から七四年までフランスに在勤であったが、健康状態の悪化のために一八七四年一一月に日本へ賜暇帰国の途につく。鮫島の不在期間は、中野健明が臨時代理公使を務めた（これは同書簡録の注釈五〇八頁にも明示されているが、序では説明されていない）。すなわち一八七四年一一月末以降は、基本的に中野がこの発信記録を引き継いだといえる。一八七八年パリ万国博に向けた日本参加に関するフランスの外務省および高等委員会との書簡のやりとりも、中野健明が行っている。これはフランス国立文書館の万国博史料に所蔵される中野の書簡からも裏づけられる（これについては第三章第三節で詳述）。

(13) 祖田修『前田正名』吉川弘文館、一九八七年（初版一九七三年）。兵頭徹「松方正義の滞欧期における経過と分析——谷謹一郎『明治十一年滞欧日記』を中心として——」『東洋研究』第七三号、大東文化大学東洋研究所、一九八五年。樋口いずみ「一八七八年パリ万国博覧会における日本——日本の出品当事者の意図と欧米側の反応——」『日本女子大学大学院人間社会研究科紀要』第一〇号、二〇〇四年。同「日本の万国博覧会参加における「実演」とその役割に関する一考察——一八七八年パリ万国博覧会を事例として——」『早稲田大学大学院教育学研究科紀要別冊』第一六号、早稲田大学大学院教育学研究科、二〇〇八年。

(14) 一八七八年パリ万国博における日本工芸品の展示およびその評価については、以下を参照。今井祐子「一八七八年パリ万博と日本陶磁器——日本の茶陶への関心はどのようにして芽生えたか——」『国際文化学』第六号、神戸大学、二〇〇二年。今井祐子『陶芸のジャポニスム』名古屋大学出版会、二〇一六年。D. Levitt-Pasturel, "Critical Response to Japan at the Paris 1878 Exposition universelle", *Gazette des Beaux-Arts*, Paris, février 1992, p. 68-79.

(15) Ministère de l'Agriculture et du Commerce, *Rapport administratif sur l'Exposition universelle de 1878 à Paris*, 2 vols, Paris, Impr. nationale, 1881.

(16) Ministère de l'Agriculture et du Commerce, *Exposition universelle internationale de 1878 à Paris. Rapports du jury international*, 14 vols, Paris, Impr. nationale, [1880-1884].

(17) Ministère de l'Agriculture et du Commerce, *Exposition universelle internationale de 1878, à Paris. Catalogue Officiel*, Paris, Impr. Nationale, 1878.

(18) E. Gros (dir.), *L'Exposition de 1878: Journal hebdomadaire illustré, publiant les documents officiels, les décrets, les arrêtés ministériels et le compte rendu des séances de la Commission supérieure des Expositions universelles*, Paris, 1876-1878; A. Bitard, *L'Exposition de Paris* (1878), Paris, Librairie illustrée, 1878.

第三章　すれちがう万国博覧会への期待——ジャポニスム誕生の背景で——

はじめに

一八六七年パリ万国博への日本の参加では、前述のように、「外交」的意義が重視されていたが、一八七〇年代に入ると、フランスでは普仏戦争、日本では西南戦争など国内事情もあいまって、両国の外交関係は弱まってくる。しかしこれと反比例するかのように、一八六七年の万国博でいわば「発見」された日本の「物」の魅力は、フランスで一八七〇年代に「ジャポニスム」の流行を生み出す重要な要因となり、「文化」の面において両者を結びつけることになる。「ジャポニスム」の流行は、フランスでとりわけ陶磁器などの「物」を通じた「日本」イメージの形成を促す一方で、明治政府に対しても殖産興業政策のもと輸出工芸品の製作を重視させることで、一八七八年パリ万国博の日本の参加に大きな影響を与えることとなった。

本章は一八七八年パリ万国博の開催にいたるまでのこうした経緯を明らかにするために、まず第一節において、この間の日仏関係を概観する。さらに、第二節では、この時期にフランスにおいて「日本」への関心が高まり、「ジャポニスム」という文化現象が生じることになった経緯を見る。これらをふまえ、第三節および第四節において、七八年パリ万国博への日本の参加が具体的にどのように進められていったのか、その出品の特徴はどこにあるのかを見ていくこととしたい。

一　明治初期の日仏関係

一八六七年パリ万国博の終了後、明治維新を経て、日本の新政府は、廃藩置県、地租改正などの措置を講じ中央集権化を進めるとともに、富国強兵を目指して殖産興業に力を注いだ。日本の近代化が急務であった。外交面においては、不平等条約の改正を目的に掲げ、一八七〇年にヨーロッパで最初の在外公館をフランスに設置している。ここでは、一八六八年から七八年までの一〇年間を対象に、日本とフランスの外交関係を概観することとしたい。

（1）明治政府による在外公館の設置――日本の近代化――

明治政府は、一八七〇年に在外公館をフランスに設置し、代理公使として鮫島尚信《さめしまなおのぶ》（一八四五～一八八〇）を派遣した。ただし、注目すべきことに、鮫島がパリに赴任するまで現地で日本の外交事務を司っていたのは、本書の第二章で登場したモンブランであった。明治初期において、駐仏日本公使館はどのような状況におかれていたのか。以下に、この間の事情を見ていこう[1]。

◆モンブランの「大日本公務弁理職」就任

第Ⅰ部で確認したように、モンブランは、一八六七年パリ万国博において、薩摩藩の出品を統轄する事務官長を務め、薩摩藩が独立した活動をするうえで大きな役割を果たした人物である。このモンブランは一八六九年一一月二日付（明治二年九月二八日）で、明治政府よりフランス駐在の「大日本公務弁理職」に任命された[2]。この決定は、旧幕府によって日本総領事に任命されていたフルーリ＝エラールを免職し、新たにモンブランを任命することによってなされたものであり、明治政府がそれまでのモンブランの功労に報いたものであった。いうなれば、六七年パリ万国博での活動を通して、モンブランは、幕府を代表したフルーリ＝エラールに対し、外交面においてここで決定的な勝利を収めたということができるだろう。

この決定にいたるまでの経緯は以下のとおりである。(3) モンブランは一八六七年パリ万国博の授賞式の終了後、一八六七年八月二八日（慶応三年七月二九日）に薩摩藩使節とともにマルセイユを出帆し、同年一〇月一九日（九月二二日）に長崎に到着した。(4) その後、新政府の成立にともない、モンブランは日本において、対外関係分野で役割を果たしている。たとえば、新政府の成立を諸外国に伝える通告書案の作成を担ったほか、(5) 一八六八年二月に岡山備前藩士が神戸で外国兵に発砲した「神戸事件」では、当時外国事務局判事を務めていた五代友厚に協力し、事件の収拾にあたった。(6)

こうした日本国内における活動を経て、モンブランは一八六九年七月（明治二年六月）に、新政府より「日本シャルゼダフヘール兼コンシュルゼネラール」（日本代理公使兼総領事、Chargé d'affaires et Consul général）に任命された。(7) しかし、この明治政府の決定は、レオン・ロッシュの後任として駐日フランス公使に着任したアンジュ・ウトレ（Ange Outrey, 1822-1898, 在任期間 1868-1871）から異議を唱えられることになる。(8) ウトレは、フランス国籍を所持する外国人のモンブランを、日本の「代理公使」とするのは国際法上認められていないと指摘した。一方、「総領事」についてはフランス皇帝ナポレオン三世の裁可を経てこれに就任するのは可能とした。この指摘を受けた日本政府は、あらためて一八六九年一一月一日（明治二年九月二八日）付でモンブランを「総領事」に相当する「大日本国公務弁理職」として、パリに駐在させることを決定したのである。(9)

以上の経緯を経て明治政府より「大日本国公務弁理職」（総領事）に任命されたモンブランは、フランスだけでなく諸外国に滞在する日本国民の保護に加え、ヨーロッパ、アメリカにおいて日本にかかわる情報を収集することを任務とした(10)。明治政府がモンブランに与えた権限は限定的であり、「代理公使」のように政府間の外交交渉や条約の署名調印等を取り扱う資格は認めていない。モンブランは、薩摩藩出身の前田正名《まさな》をともなって、一八六九年一二月二六日に横浜を出帆し、一八七〇年三月パリに到着した(11)。

モンブランは日本政府より「大日本公務弁理職」（総領事）として任命されたにもかかわらず、一八七〇年三月にフランス外務省に対して自分を「代理公使兼総領事」として承認するように再び要請した。その書簡はフランス外務省文書館で確認できる(12)。これに対して、司法省大臣は、ナポレオン三世の署名入りの承認状で、モンブランを正式に日本総領事として認めたものの、代理公使としては認めなかった(13)。

◆初代駐仏日本代理公使の派遣

一方、明治政府は、諸外国との外交交渉を行うため、日本人の代表を駐在させることが急務であると考えた。とりわけ日本の外交上の懸案となっていた欧米との条約改正の交渉に入るためには、日本公使を欧米に派遣する必要があった。外務省は、一八七二年七月の条約改正期限に向けて各国と交渉に入るために、一八七〇年二月より公使派遣の審議を開始している(14)。

図1　鮫島尚信

一八七〇年一〇月二六日（明治三年閏一〇月二日）付で、正式に外国に駐在する使臣の設置が布告され、外務大丞の鮫島尚信がフランス、イギリス、プロイセン三国駐在の「少弁務使《しょうべんむし》」、すなわち代理公使（Chargé d'affaires）の資格で日本の外交代表として派遣されることになった(15)。このとき二五歳の鮫島は、幕末の一八六五年に薩摩藩からイギリスへ留学生として派遣され、一八六八年に帰国し、翌六九年に新設された外務省で外務大丞を務めていた。外務卿の沢宣嘉《のぶよし》（一八三六～一八七三）は一八七〇年一一月二四日（明治三年一〇月二日）付の書簡で、フランス外務大臣とモンブランに、鮫島尚信の少弁務使（代理公使）就任およびそのフランス派遣と、モンブランの総領事解任を通達した。[16]

こうして、わずか半年で公務弁理職を解かれることになったモンブランは、在任期間に彼自身が支払った経費（このなかには前田正名の渡航費なども含まれる）の返金を駐仏日本公使館に請求するなどし、一八七三年二月にいたるまで金銭関係で駐仏日本公使館と揉めたようだ。[17]ただし、モンブランはその後もフランスにおいて日本文化の普及に携わっていくこととなった。一八七三年にレオン・ド・ロニ（Léon Louis Lucien Prunol de Rosny, 1837–1914）とともに「日本学会（Société des études japonaises）」を設立し、学会誌を発行するなど、日本研究家としての道を歩んだのである。[18]

ロニは、フランスにおける日本学の開拓者のひとりであり、一八六〇年代にフランスを訪れた幕府使節や薩摩藩使節と積極的にかかわった。フランス国立東洋語学校の日本語講座が一八六八年に設置されると、その初代教授に就任している。日本学会の初代会長は一八七三年から一八七五年までロニが務め、第二代会長としてモンブランが一八七六年から一八八五年まで長期にわたって務めた。[19]

なお駐仏日本公使館は、一八七六年三月に「日本学会会長モンブラン」宛で、学会の図書館用にと『太閤記』を贈っている。[20]モンブランは、日本学会会長として日本公使館と学術・文化関係で交流を継続し、前田正名だけでなく、西園寺公望など、パリに留学した日本人とも交際していたようである。[21]

さて、鮫島尚信は、一八七一年七月三日付のフランス外務大臣宛の書簡で、日本政府より少弁務使（代理公使）に任命され、パリに到着したことを通知した。[22]八月にパリに在外公館を開き、フランス、イギリス、プロイセンとの外交交渉に着手した。[23]こうして、ヨーロッパで最初の日本在外公館がパリに設置されることとなったのである。なお、鮫島は一八七三年（明治六）一一月二二日に特命全権公使（Envoyé extraordinaire et ministre plénipotentiaire）に昇格し、これを翌七四年五月にフランス外務大臣に伝えている[24]。

一方、モンブランとともにフランスに派遣された前田正名は、モンブランが解任されると留学生としてパリにとどまり、一八七五年から再び駐仏日本公使館の書記生を務めた。前田は、一八七八年パリ万国博における日本博覧会事務局の事務官長として極めて重要な役割を果たすこととなる。これについては後で詳述することとしたい（本章第四節）。

（2）フランス外務省の対日政策の消極性――普仏戦争による内政の混乱――

日本は一八七一年八月に最初の在外公館をパリに開き、ヨーロッパ諸国との外交関係を活発化させつつあった。しかし、明治初期のフランスと日本の二国間関係に注目すると、それを特徴づけるのは、むしろ両国の政治・外交関係の希薄化であるように思われる。

◆フランス外務大臣の頻繁な交代

日仏間の外交関係を研究したリチャード・シムズは、駐日フランス公使レオン・ロッシュの解任以降、明治初期のフランスの対日政策は「積極性の著しい欠如に他ならなかった。事実、フランスは一貫した対日政策を持っていなかった[25]」と述べている。シムズは、フランスの日本に対する関心が低かった理由として、主に次の二点をあげている。

第一に普仏戦争（一八七〇〜一八七一年）におけるフランスの敗北である。この敗北にともなう第二帝政の崩壊、それに続く内政の混乱によって、一八六七年に外務大臣を務めていたド・ムスティエ以降、一八七八年にいたるまでに実に一二人もの大臣が交代している。こうした状況のなかで、地理的にも遠い存在であった日本に対して

表6　駐日フランス外交代表歴任表（1859～1879年）

フランス外交代表者名	在任期間・肩書き
デュシェーヌ・ド・ベルクール （Gustave Duchesne de Bellecourt, 1817-1881）	1859年6月～1864年4月 （58カ月）・総領事、公使
ロッシュ （Léon Michel Jules Marie Roches, 1809-1901）	1864年4月～1868年6月 （50カ月）・公使
ウトレ （Ange Georges Maximilien Outrey, 1822-1898）	1868年6月～1871年10月 （40カ月）・公使
ド・チュレンヌ・デナック （Paul Sosthène de Turenne d'Aynac, 1842-1918）	1871年10月～1873年6月 （20カ月）・臨時代理公使
ベルトミ （Jules François Gustave Berthemy, 1826-1902）	1873年6月～1875年4月 （22カ月）・公使
ウーヴレ・ド・サン＝カンタン （Ange Pierre Guillaume Ouvré de Saint-Quentin, 1828-1893）	1875年4月～1877年5月 （25カ月）・臨時代理公使
ド・ジョフロワ （François Henri Louis de Geofroy, 1822-1899）	1877年5月～1879年3月 （22カ月）・公使

一貫した外交政策を行うのはほとんど不可能な状態であったと考えられるだろう。

第二に、外務大臣の頻繁な交代にともない、駐日フランス公使も、一八六八年のロッシュの解任以降、一八七八年までに六名が就任し、そのうち五名がわずか二年程度という短期の在任期間で交代した（表6）[26]。その一方で駐日イギリス公使のパークスは、一八六五年から一八八三年まで、実に一八年間にわたって日本に在勤していた。このようにイギリスとの比較において、フランスの対日外交における継続性の欠如は顕著であり、この点でも、フランスが一貫した対日政策を立案・遂行することは一八七〇年代にはほとんど不可能だったといえよう。

◆御雇いフランス人による日本近代化への助力

このように一八七〇年代に、フランス政府の対日外交は一貫性を欠き、消極的でもあったが、産業・技術および軍事面での目に付く交流関係としては、「御雇い外国人」によるものがあげられるだろう。明治政府は、日本の近代化のために、主にイギリス、フランス、プロイセン、アメリカから「御雇い外国人」として専門家を招聘していた。[27] 日本で雇用された御雇い外国人は、明治の始まった一八六八年から大日本帝国憲法の発布された一八八九年までの約二〇年間に二、二九九人を数えるが、そのなかでイギリス人が最も多く九二八人、次いでアメリカ人が三七四人、フランス人が二五九人の順であった。[28] フランス人の貢献は、とりわけ横須賀製鉄所、富岡製糸場の設立等の産業分野に加え、軍事、法学の分野にも及ぶものであった。以下に概略的ではあるが、その内容を確認しよう。

横須賀製鉄所の設立は、すでに幕末に計画が開始されていた。[29] レオン・ロッシュの推薦で、フランソワ・ヴェルニ（François Léonce Verny, 1837–1908）に製鉄所（造船所）の指揮が任された。一八六四年一一月に来日したヴェルニは一八六五年三月に一旦日本を離れ、フランスで機械を発注し作業員を集め、一八六六年七月に再来日した。一八六八年四月の明治維新の時点には、ドック一基と造船工場二棟の工事の大部分が終了している。明治維新によって、工事は数カ月の停滞を余儀なくされたが、新政府は工場の継続を決定した。一八七一年三月二八日には、造船所の公式の落成式が行われている。

造船所では一八七二年までに一〇隻の蒸気船が建造され、一八六六年以降、二六〇隻の船の修理が行われた。一八七五年には純国産戦艦「清輝丸」の進水式が執り行われた。こうしてヴェルニの任期は一八七六年三月一五日で終了した。一八六五年二月以来、一一年におよぶ日本駐在であった。またヴェルニは造船所の建設のみならず、技師担当の下士官養成学校と、職工長養成のための造船学校を創立し、日本人技術者の教育、養成にも携わった。一八七八年一二月、ヴェルニは、日本政府より勲二等旭日重光章を授与されている。

富岡製糸場の設立・運営は、ポール・ブリュナ（François Paul Brunat, 1840–1908）の主導のもとで行われた。[30] 明治政府は、官営製糸工場建設を計画し、フランスのリヨンの絹業界で活躍したブリュナとの雇用契約が、一八七〇年六月に結ばれた。ブリュナは一八七一年三月にフランスへ一時帰国し、設備・機械を発注するとともに、技

図２　富岡製糸場

師、繰り糸工を連れて日本に戻った。富岡製糸場は、横須賀造船所でヴェルニに協力したバスティアン（Edmond Auguste Bastien, 1839-1888）の指揮のもとで完成し、一八七二年一〇月から操業開始となった（図２）。富岡の生糸の品質は高く、これが模範となって、各地に同様の工場がつくられていった。またすでに第一章で見たように、ヨーロッパの生糸産業は、蚕に新種の病気が発生したため、生産量が落ち込み、この結果、日本製品に対する需要が高まった。一八七六年、日本での仕事を終えたブリュナは上海に渡り、中国の絹の輸出に携わっている。

また幕末から明治にかけて、日本の近代的な陸軍の創設には、フランスの支援が大きな役割を果たした[31]。江戸幕府の招聘によって、一八六六年一二月にシャノワーヌ（Charles Sulpice Jules Chanoine, 1835-1915）を団長とする第一次軍事顧問団が来日した。わずか一年後に幕府が倒壊したために、契約打ち切りとなって帰国することとなるが、明治維新を経て新政府は、幕府時代の軍制改革を引き継ぐこととなる。兵部大輔であった大村益次郎（一八二四～一八六九）および山田顕義（一八四四～一八九二）は、フランス式兵制を前提に大阪兵学寮の建設をすすめた。

一八七〇年、兵部省はフランス式兵制の採用を正式に発令するよう上申し、フランス式が採用されることとなった。同年一〇月、政府は「陸軍はフランス式、海軍はイギリス式」と布告し、顧問団再派遣の交渉に入った。第二次軍事顧問団が日本に到着したのは、普仏戦争の敗戦処理が一段落した一八七二年四月であった。マルクリ団長（Charles Antoine Marquerie, 1824-1894）をはじめ二十数名が来日し、日本陸軍の創設に大きな役割を果たし

図3　第二次フランス軍事顧問団

た。

なお、一八六七年パリ万国博に将軍名代として参列した徳川昭武は一八六八年一二月にマルセイユより神奈川に到着し、一八六九年一月七日には病死した兄慶篤（一八三二〜一八六八）の跡を次いで水戸第一一代藩主となった。[32] しかしその後一八六九年の版籍奉還によって、政府から水戸藩知事に任命されるものの、一八七一年には廃藩置県によって知事を免じられた。以降、昭武は水戸徳川家の当主というだけの身分であったが、一八七四年九月二五日付で少尉となり、陸軍兵学寮戸山学校付となった。ここで昭武は第二次フランス軍事顧問団たちと面識をもったようである。

第二次フランス軍事顧問団は一八八〇年で契約が切れ帰国する。その後ベルトー大尉（Henri-Marie Auguste Berthaut, 1848–1937）らの第三次軍事顧問団が来日するが、これはもはや数名の規模であった。日本は一八八五年にはプロイセンからメッケル参謀少佐（Klemens Wilhelm Jacob Meckel, 1842–1906）を新たに招聘し、その後の日本陸軍はプロイセン式の軍制に切り換えられていくこととなったのである。[33]

また法学の分野では、フランスの法学者ギュスターヴ・エミール・ボワソナード・ド・フォンタラビー（Gustave Emile Boissonade de Fontarabie, 1825–1910）が、一八七三年に明治政府から招聘され、司法省法学校で教えた。[34] 一八八九年の一時帰国を除き、一八九五年まで約二二年間にわたって日本に滞在し、治罪法・刑法案、民法案の起草などに携わった。ボワソナードが日本の法整備に果たした功績は大きい。しかし、法制度についても、その後、日本がプロイセンの憲法を範とし、プロイセン式の法体系を採り入れていく。

以上のように、フランスからの御雇い外国人は、幕末から明治初期にいくつかの点で目立った貢献はあったものの、アメリカやイギリスに比して人数も少なく、また全体としてその影響力が低下していくことは否定できないだろう。これには、駐日フランス公使ロッシュと深く結びついていた幕府が倒れ、イギリスと緊密な関係を有していた薩長を中心とする明治新政府に移行したことも影響しているのかもしれない。右にあげた例のうち、横須賀造船所のヴェルニや第一次軍事顧問団は、幕末期に、幕府とロッシュの協力体制のもとで招かれたわけであり、彼らの功績はいわば「ロッシュの遺産」といえよう(35)。

幕末期とは対照的に、明治初期の日仏関係は、政治・外交面を見れば、総体的に希薄化していく。しかしながら、以下で見る「ジャポニスム」の興隆は、こうした政治・外交関係の希薄化と逆行するようにして、産業・芸術面における日仏関係を活性化させていくのである。

(3)　フランスにおける日本文化への関心の広がり

このように一八七〇年代に両国の外交関係が希薄化していく一方で、「文化」の側面において、フランス国内では「日本」に対する興味が増大していった背後にはいかなる事情があったのだろうか。以下、その経緯を見ていくこととしたい。

◆日本への関心の変化

フランスにおける日本の「文化」に対する関心の増大は、フランスで出版された書物や論文の主題にもあらわれている。P・ベイユヴェールは、フランス国立図書館、ソルボンヌ図書館、パリ人間科学館図書館(36)、海外宣教団東洋図書館(37)において、日本の開国前の一八五〇年から第二次世界大戦の終結した一九四五年まで、フランス語で出版された日本関係の書物と論文を調査し、これらを年代およびジャンル別に分けてリストを作成した。この全リストは『フランス語における日本――一八五〇年から一九四五年までの書物と論文――』（一九九三年）においてまとめられている[38]。ここであげられた書物と論文を、あらためて一八六七年パリ万国博と一八七八年パリ万国博の前後一〇年に区切ってまとめてみると、その推移は表7[39]のとおりである。なお、出版物のジャンルについては、おおよそベイユヴェールの設定にしたがった。

日本に対する関心の所在については、このリストから一定の傾向を読み取ることができるであろう。まず、一見して日本に関するフランス語の書物・論文は、第二期（一八五六～一八六六年）に最も出版数を伸ばしたことが分かる。第一期（一八五〇～一八五五年）と比べると五倍以上の出版数（第一期の二六点に対して、第二期は一四八点）である。また、第一期は、日本における布教状況を伝える「キリスト教」が主な出版ジャンルであり、第二期は一八五八年日仏修好通商条約の締結を経て、「政治、行政」を主題とした出版ジャンルが最も多く刊行された。

この第二期における著者の多くは、来日したフランスの外交官たちであった。たとえば、一八五八年日仏修好通商条約の締結のためにフランス外交使節に随行したモージュ侯爵は、一八六〇年に雑誌『世界一周』に「一八五七年から一八五八年までの中国と日本における旅行」を発表した[40]。また同じくこの使節団に随行したシャシロン男爵は、一八六一年に『日本、中国、インドについての覚え書き』を刊行している[41]。

その後も、第三期（一八六七～一八七七年）は一八九点、第四期（一八七八～一八八八年）は二三〇点と、順調に出版数は増えている。しかし、一八六七年パリ万国博の日本参加を経たこの第三期以降について、次の特徴が見られる。まず「政治、行政」のジャンルが減少（第二期の二六点に対し、第三期は一一点、第四期は二点）するのに対し、これと反比例するかのように「造形美術」、「文学、演劇、音楽」、「日本小説」のジャンル（あわせて、第二期は二点、第三期は三一点、第四期は四七点）が増加したことである。

このように出版事情からは一八六七年以降、フランス国内において「日本文化」に対する関心は増大していったことがうかがえる。さらにこの「日本文化」に関する公刊物の拡大に加えて、第三期（一八六七～一八七七年）

表7　日本に関するフランス語文献・雑誌論文

ジャンル	1850～1855年 第1期	1856～1866年 第2期	1867～1877年 第3期	1878～1888年 第4期
概　説	3	9	6	10
旅　行	7	24	32	38
アイヌ、北海道、琉球	1	13	13	28
政治、行政	**1**	**26**	**11**	**2**
軍　事	-	-	1	2
日仏関係	-	-	2	-
経　済	-	-	3	6
社会、教育	-	-	3	10
法　律	-	-	2	8
科学技術、医学	-	3	9	6
天然資源、植物学	-	9	9	5
養　蚕	-	9	5	2
歴史、地理、民族学	2	11	19	17
言　語	1	24	19	12
仏教、神道	-	-	4	27
キリスト教	10	18	20	10
造形美術(絵・工芸品・建築等)	**1**	**2**	**13**	**22**
文学、演劇、音楽	**-**	**-**	**17**	**17**
日本小説	**-**	**-**	**1**	**8**
合　計	26	148	189	230

には以下の特徴が見られる。そのなかで代表的な著者に注目しつつ、この時期にフランスが日本に対して見せた関心がいかなるものであったのかを検討していこう。

◆日本を訪れるフランス人の多様化

右に述べたように、第二期（一八五六〜一八六六年）では外交官による著作が多いのに対し、本章が対象とする第三期（一八六七〜一八七七年）の第一の特徴は、外交官のみならず、より広い層のフランス人たちが実際に日本を訪れ、旅行記等の出版物をフランスで発表したことにある。(42)

まず、御雇い外国人として明治政府から招聘されたフランス人である。パリ控訴院弁護士をしていたブスケ（Georges Hilaire Bousquet, 1846–1937）は、一八七二年三月に日本政府の招聘により来日した。(43) ブスケは日本政府の法律顧問役として司法省法学校で教育に携わるとともに、立法事業に参加した。滞在期間は四年におよび、フランスに帰国したのは一八七六年三月であった。ブスケは、日本滞在中からフランスの雑誌『両世界評論』（*Revue des Deux Mondes*）に日本紹介の記事を掲載していた。帰国後、それらの記事をまとめ、一八七八年パリ万国博の前年に『今日の日本と極東の諸寄港地』と題する書物をパリで出版した。(44) ブスケはその第一編「外観（Les dehors）」で旅行中の見聞と印象をまとめ、第二編「内面生活（La vie intérieure）」で日本文明論を展開した。当時フランスにおいてブスケは、日本の近況を最もよく知るフランス人とみなされ、その著作は以後、フランスにおける日本紹介の出版物にしばしば引用されることとなった。(45) 一八七八年パリ万国博では、日本の参加・出品について再び論文を発表することになるが、これについては第四章で紹介する。

政府に招聘された者以外のフランス人では、まず、一八七一年から一八七二年にかけて極東を旅行した銀行家アンリ・セルヌッシ（Henri Cernuschi, 1820–1896）と批評家テオドール・デュレ（Théodore Duret, 1838–1927）をあげるべきだろう。彼らが日本（横浜）に到着したのは一八七一年一〇月二五日であった。一八七二年一月には、

図４　ギメ

京都、大阪、奈良を訪れている。セルヌッシは、ブロンズ製品を数多く入手して帰国し、一八七三年にパリの産業応用美術中央連合で「極東美術展」を開催した[46]。現在、そのコレクションは一八九八年に開館したセルヌッシ美術館に所蔵されている。一方デュレは、日本の画帖を中心に蒐集して帰国し、一八七四年には『アジア旅行記』を出版した[47]。一九〇〇年、デュレの蒐集した総数五八一点に及ぶ日本の画帖がパリの国立図書館版画部に納入された[48]。『日本の挿絵本及び画帖類』と題された同コレクションの詳細な解説付きカタログが、デュレの手によって編纂されている[49]。

また実業家エミール・ギメ（Emile Etienne Guimet, 1836–1918）は、一八七六年四月に文部大臣より極東の宗教調査を依頼され、画家のフェリックス・レガメ（Félix Régamey, 1844–1907）とともに日本、中国、インドを旅行した[50]。ギメらは一八七六年八月に横浜に到着し、鎌倉、東京、日光、東海道、伊勢、京都等を三カ月かけてまわっている。ギメは、この旅行で日本の宗教についての資料として三〇〇以上の宗教画、約六〇〇の神像、そして一〇〇〇以上の書籍等を蒐集して帰国した[51]。これらの蒐集品は、レガメの描いた日本の風景画『浅草の聖なる庭園』（Jardins sacrés d'Assaksa）、『天照大神の神殿』（Temple d'Amateras）等とともに、一八七八年パリ万国博のトロカデロ会場で展示されることとなる[52]。さらに、ギメが文章、レガメが挿絵を担当した二巻本の旅行記『日本散策』（一八七八、八〇年）も出版された[53]。一八七八年パリ万国博の翌年には、ギメの収集品を集めた博物館がリヨンに創設された[54]。またレガメは『ル・モンド・イリュストレ』紙で一八七九年から数回にわたり滝沢馬琴著『お駒』（*Okoma: roman japonais illustré*）の翻訳を連載している[55]。

◆駐仏日本公使館による文化外交

また、第三期においてもうひとつ注目される点は、日本人の外交官たちもフランス国内における「日本文化」の普及に積極的にかかわったことである。たとえば、一八七三年九月一日から一一日にかけて、パリで開催されたヨーロッパで最初の国際東洋学者会議（Congrès international des orientalistes）には、駐仏日本公使の鮫島尚信が出席した。

国際東洋学者会議とは、各国から集まった東洋研究に従事する各分野（政治、法律、教育、歴史、文学、宗教等）の専門家たちによる研究交流の場である。[56] 会議の議長は、レオン・ド・ロニが務めた。ロニは、先述した日本学会の初代会長を務めた人物である。このパリでの第一回の会議の成果において、日本関係の論文が最も多いことの背景には、ロニの存在が大きい。

会議初日の日本部会における開会挨拶は、日本公使の鮫島尚信が行った。[57] この挨拶において鮫島は会議が「日本が西洋諸国と目的および未来を同じくする共同体に入ったこと」を証明するヨーロッパで最初の機会であると宣言した。また鮫島は、無知と偏見を破棄し、諸国民を結合する社会関係を教育の力によって確立する、という日本政府の方針を伝えている。日本の外交にとって、「日本」が直接のテーマとなる国際会議の場は、国家としての存在感を示すのみならず、「真の」日本像を提示する重要な機会として考えられていたのである。

本日〔日本部会への〕皆様のご出席は、日本が西洋諸国と目的および将来を同じくする共同体に入ったことをヨーロッパで初めて公的に確認するものであります。これまで我々は政治・通商上の関係はもっておりました。今日初めて知的な関係を築こうとしています。私はいつの日か日本において教育が力を獲得し、皆様と新たな社会的関係を築くことができるようになることを疑いません。この社会的関係のみが諸国民を完全に結びつけるのです。なぜならそれのみが無知と偏見を取り除くからです。[58]

出席者には、鮫島の他に次のような日本人の名が見られる。まず田中不二磨（一八四五～一九〇九）は当時文部大丞であり、岩倉使節団に文部理事官として随行し、欧米の教育事情を調査研究していた。会議では「日本の最近の革命」と題して、新政府下における変化と現況を解説している。今村和郎（一八四六～一八九一）は当時文部中助教であり、岩倉使節団とともに田中文部理事官の随行員として渡仏した。ヨーロッパ各地の教育事情を調査ののち、一八七三年にフランス外務省の要望により東洋語学校教授試補に就任した。[59] また先の日本学会の設立当初から秘書を務め、その学会誌の編集に携わった。会議では「長谷寺の碑文」「日本人における女性の理想像」「日本政府の歳入歳出」「漢字の日本渡来について」「万葉集」「日本農業の肥料」など多方面にわたる発表を行ったことが確認できる。

またパリでの会議を契機として、フランスでは地方においても東洋学者会議（Congrès provincial des orientalistes）が開催されることとなった。一八七五年にサン・テチエンヌ、翌一八七六年にマルセイユ、そして一八七八年にリヨンで会議が開催されている。これらの地方会議は純粋に学術的であるよりも、大衆に役立つ東洋学の確立を目指し、通商や産業の分野が重視されていたようだ。[60]

二　フランスの産業芸術と「ジャポニスム」の誕生

これまで見てきたのは、実際に日本を訪れ、日本政府の職務についたり、日本の宗教調査や美術工芸品の収集を行ったりしたフランス人による日本紹介であり、また駐仏日本公使館による「日本文化」の普及活動であった。しかし一八七〇年代にフランスで「ジャポニスム」という文化現象を起こし広めていく原動力を解き明かすためには、さらにフランス国内における「ジャポニスム」招来の背景事情にも焦点を当てていく必要がある。本節では、このような観点から、フランスにおける「ジャポニスム」誕生の経過を見ていくこととしよう。

（1）「ジャポニスム」のはじまり

◆美術批評家の言説

フランスにおける「ジャポニスム」の誕生には、フランスの美術批評家が果たした役割が極めて大きかったことを指摘すべきであろう。その主要な批評家の一人として、エルネスト・シェノーをあげることができる。シェノーは、一八五五年よりパリにおいて美術批評家として活躍し、一八六七年パリ万国博では美術部門の『国際審査委員会報告書』において公式評価をまとめた人物である。(61) その後一八六九年にはルーヴル美術館の美術監査官に任じられるなど、公的に活躍した。このシェノーは、来日経験はないが、とりわけ一八六七年から一八七八年のパリ万国博にいたるまで、フランスにおいて日本芸術をテーマとした講演や批評を積極的に行い、同時代のフランスにおける日本受容の状況について論じている。一八七三年には『ミュゼ・ユニヴェルセル』誌に「芸術におけるジャポニスム」と題した論文を載せて、一八六七年パリ万国博以降の日本の美術・工芸品に対するフランスの「流行ぶり」を次のように伝えた。

一八六七年の万国博覧会が日本美術を大量に紹介した。それ以来、日本美術はヨーロッパ市場になだれ込んだのである。パリはそれを受け入れた。そのブロンズ像や陶器、絵入りの紙、厚紙の箱、そしてその玩具さえもが、町の無数のショーウィンドーに並べられた。その流行ぶりは大変なもので、一八七三年正月に臨時の店を開いた砂糖菓子屋の装飾はすっかり日本風であったほどだ。日本の工芸品は、ついに最新流行品を置くデパートの「売れ筋商品」となったのである。

これほど大量の流入は、フランスの趣味に影響をおよぼさないはずはなく、また実際に影響をおよぼしたのである。わが国の大規模な高級工芸品――とりわけ陶器や装身具や七宝や壁紙――は、日本美術から着想を得たものである。(62)

このように、日本美術の流行は、日本製品を売れ筋商品としたばかりでなく、フランスの陶器など「工芸品」に対しても大きな影響を及ぼしたとシェノーは証言している。シェノーのこの論文のタイトルが示すように一八七〇年代にフランスにおいて「ジャポニスム」と呼ばれる文化現象が広く社会全般に普及することとなったのである。(63)

この「ジャポニスム」の用語を使用した最初の人物は、美術批評家のフィリップ・ビュルティ（Philippe Burty, 1830-1890）だったとされる。(64)ビュルティは、日本を直接訪問する機会はなかったものの、一八七二年から七三年にかけて『文芸芸術復興』誌において「ジャポニスム」（le Japonisme）と題する論文を連載し、日本の歴史・文化・芸術について述べた。(65)これを契機として、その後、この「ジャポニスム」という用語が急速に広がることとなったのである。

◆意味の変化

フランスでは「ジャポニスム」という語が生まれる以前には、「ジャポネズリ」（Japonaiserie）が主に用いられていた。「ジャポネズリ」は一八六〇年代に作られた語であり、日本の開国後にヨーロッパに流入した日本の工芸品、美術品、雑貨など、日本製品そのもの、あるいはそれらに対する興味関心・趣味を指していた。(66)これは、すでに一八三〇年代から使用されていた中国趣味を意味する「シノワズリ」（Chinoiserie）を、「日本」（Japon）に置き換えたものと考えられる。(67)「シノワズリ」は、「中国製の豪華で風変わりな小間物類または中国趣味の製品」を意味する言葉であった。(68)しかし、こうした異国のひとつに向けられた興味関心を指す「ジャポネズリ」の語は、一八七〇年代のフランス社会における熱狂的な流行をあらわすのに十分ではなく、そのために語尾に「～イスム（-isme）」を付与することで「日本主義」とすら訳しうる「ジャポニスム」という語が生まれたといえるだろう。一方の「シノワズリ」については、依然そのまま使用され、「ジャポニスム」の出現と同様の変化は見られない。

さて「ジャポニスム」（Japonisme）は、一八七〇年代にいかなる意味で定着していったのであろうか。一八七七年にフランスで出版された『一九世紀ラルース大辞典』（第一増補）の初出では、「ジャポニスム——日本の器物に見られる装飾に類似した装飾の探究」と説明された[69]。一八七八年のフランスにおいて「ジャポニスム」は、まず日本工芸品の装飾に対する強い関心・探求を意味する語として定着したのである。その後、「ジャポニスム」は工芸品に限られないより幅広い概念となっていく。一八九〇年に出版された『一九世紀ラルース大辞典』（第二増補）には次のような定義が記された[70]。

ジャポニスム——日本から渡来するものへの偏愛。それが特に明白にあらわれるのは、この国〔日本〕の芸術・産業が生み出したものに対してであり、ある種の人々はそこに自らが所有しない芸術的・独創的価値を付与し、我が国〔フランス〕の芸術家や職人にその模倣を奨励している[71]。

つまり一九世紀後半の「ジャポニスム」は、フランスで広く受容された「日本文化」、特に日本の「芸術・産業」分野に対する愛好、さらにはその「模倣模作」の風潮を意味するようになったのである。この一八七〇年代における「ジャポニスム」の用語の出現および普及の背景には、フランスの「芸術・産業」の分野におけるいかなる事情がかかわっているのであろうか。

（2）「ジャポニスム」における日本工芸品の探求

フランスにおいて「ジャポニスム」の隆盛のきっかけとなったのは、『一九世紀ラルース大辞典』に明記されるように、日本の工芸品であったことは間違いない。美術批評家のシェノーも「日本は我々から機械技術、軍事技術、諸学芸を借り、我々は日本の装飾芸術を取り入れている[72]」と書いた。一八七八年パリ万国博の会期中に美術専門誌『ガゼット・デ・ボザール』に発表した「パリにおける日本」と題する記事の一節である。シェノーは続けて「フランス芸術および工業における日本芸術の影響」について触れ、「主要なもののみあげるだけでも、我々のブロンズ産業、壁紙産業、製陶業において、かなりのものがある」ことを証言している[73]。

しかしフランスで、日本の工芸品がこれほど高く評価されたことを、作品の独創性や美しさといった美学的価値だけで十分に説明できるだろうか。一八七〇年代にフランスで「ジャポニスム」が広まる原動力は何であったのか。この点を探るには、日本工芸品を受容したフランス側の事情を知る必要があるだろう。そこには、まさに帝政政府が一八六七年パリ万国博に込めた期待と当時のフランス産業の事情が大きくかかわっていたのである。

◆フランス産業芸術への評価と課題

ここで振り返るべきは、一八六七年パリ万国博におけるフランス工芸の状況である。すでに第一章において見たように、一八六七年パリ万国博の開催決定の背景には、特にイギリスと競り合いながら産業・貿易振興を目指すというフランスの政策目的が存在していた。そのためにフランス政府が重視したのは、芸術的価値の高い産業製品の製作であり、そのための生産者の育成であった。こうしたフランスの産業芸術振興のために、民間部門で主導的な役割を果たしたのは、先に触れたギシャールを会長に設立された産業応用美術中央連合であった。

このようなフランスにおける産業芸術振興の取り組みは、一八六七年パリ万国博において一定の成果を得た。陶磁器や織物といった産業芸術は「家具」部門にまとめられ、この部門でフランスの出品者に対し、グランプリが三件授与されている。金賞も全一一三件のうち七四件がフランスの出品者に与えられた[74]。

しかし、同万国博の『国際審査委員会報告書』において公式評価をまとめたギシャールのフランス産業芸術に対する見解は、厳しいものであった[75]。

展示された作品には、他のところと同様ここでも見られるいくつかの例外は別として、全体として以下の特徴がある。

1. 手先の器用さはこの上なく発揮されている。
2. 産業芸術は、見識を欠いたままに何もかも古くから現存する資源に頼り、父祖が残した蓄積に依存しておきながら、何ひとつ、あるいはほとんど何もそこに付け加えることがない。
3. 創意工夫や固有のスタイルが欠如している。
4. 考案された作品が、概して、用途に適合しておらず、全体としての調和もとれていない。
5. 芸術が、芸術家によって主導されるのではなく、盲目的な流行、しばしば無知な顧客の横暴な趣味、また売らなければならないという必要性によって引きずられている。そのことが、すでに指摘した欠陥に、気取った凡庸さと、質の悪い奢侈を付け加えているのだ。[76]

ギシャールは、フランスの出品物の多くがルネサンスのスタイルを引き継いだものにすぎないことに批判を向け、「一九世紀フランス産業芸術としての独創性の欠如」とまとめている。また、批評家のアダルベール・ボウモンも同様に、「趣味は一八六二年以来、洗練されないどころか、衰退しかしていない。それらは、常に同じ混乱した技法、嫌気がさすほどの奢侈の乱用によってゆがめられた同じ精神によるものである」と厳しくフランスの産業芸術を批判している。[77]

このように停滞したフランス産業芸術の状況を打開するための策として、ギシャールが提唱したのが「自然」から学び、これを各自が独創的な方法で工芸品に応用することであった。[78] これによって、一九世紀のヨーロッパにおいて、新たな創意にあふれた産業芸術の製作が可能となると主張したのである。

我々が思いいたっていないモデルがひとつだけある。すなわち、自然である。〔…〕我々の先人たちが行ってきたのは自然を模倣することではない。彼らは自然を模倣したのではなく、自分なりの仕方で解釈したのである。[79]

このようにギシャールは「自然」をモデルとするように提唱するとともに、それを単に「模倣」するのではなく、それぞれ独自の解釈を加えて新しい産業芸術を作り出すように注意を促した。こうした提唱は、彼がフランスの産業芸術振興を先導する立場の人物であったために重要な影響力をもったと考えられる(80)。そして、この「自然」の応用という着眼点は、後述するように、美術評論家のシェノーが、数年後に、フランス産業芸術の振興のために「日本美術」を積極的に受容すべきであると主張する際に用いたのと同じ論理であることを指摘しておきたい。六七年パリ万国博の終了後、フランス産業芸術振興は、とりわけ「自然」の要素を重視しながら「東洋」に新たなスタイルを模索することとなった。こうしたなかで注目されたのがまさに「日本」だったのである。

◆日本工芸の探求へ

フランス産業芸術の振興および打開策として、「日本」が注目される最も大きな契機となったのは、一八六九年に産業応用美術中央連合の展覧会で新たに「東洋美術部門」が設置され、同年にシェノーによって「日本芸術」と題した講演がなされたことだったと思われる(81)。シェノーはその講演において、日本の工芸品がそれぞれの用途に適合するかたちで創意工夫に満ちていることを指摘し、賞賛している(82)。

工芸品の製造において支配的であるのは、何よりも創意であり、用途の原則を厳密に尊重しながら、物の形を絶えず変化させていく、尽きることのない想像力です。最初にそれらが満たすべき目的に従い、想像力をそれらの道具が作られた役割に注意深く適合させるのです。だから我々は、江戸から到来した芸術作品を前にして、真の美的快楽をおぼえ、完成された作品がもたらす完全な満足を味わうのです(83)。

具体的には、シェノーは、日本工芸の基本的な特徴を「シンメトリーの欠如、スタイル、色彩」にあると述べている。第一に、ヨーロッパの幾何学的形態に対して、日本は左右対称性を有さず、その自由で調和のとれた美しい装飾はさまざまな見本を提示している。第二に、「スタイル」については「用途、装飾、材質」といった三つの要素の調和が、日本の美的で独創的なスタイルをもたらしていると主張される。シェノーは、日本人が、動物や植物といった自然を取りあげ、精彩に富む表現を習得し、これが日本の産業芸術に想像力にあふれたスタイルを与えているとも主張している。第三に、「色彩」については、「日本人は最小限の要素で、最も調和し、最も鮮やかな効果を演出するすべを心得ている」と分析している。そして、ここであらためてシェノーは「我々よりも日本人は、自然の提供する諸要素を装飾芸術に変えることのできる絶対確実な原則をもち、これを実践している」とまとめている。[84] つまり、シェノーは、日本の装飾芸術の基本的特徴のなかにフランスが追求すべき「自然」の要素を指摘しているのである。

こうしたシェノーの観点は先に指摘した「自然」から学び、これを各自が独創的に工芸品に応用させるというギシャールの提言に呼応しているように思われる。ただし、ギシャールが、単なるルネサンス・スタイルの模倣を独創性の欠如として批判したように、シェノーも日本の単純な模倣については注意を喚起している。シェノーは、上述の日本工芸の特質から学び、「我々の用法に応用させ、発展させ、改良して、我がものにすること」を求め、これによって「フランスの趣味における最大の栄誉と、世界の市場における我が国産業の財産に成りうる」と期待を込めて講演を締め括っている。[85]

以上のように、シェノーの評価を見てみると、フランスの工芸分野における日本の受容には、工芸品に芸術性や創意工夫を付与すべきだという、当時のフランス産業界の要請が反映されていることが見てとれる。特にここで日本の特徴として注目される「自然」の要素は、ギシャールの提言から明らかなように、一九世紀ヨーロッパの産業芸術を改善するうえで重大な課題と考えられていたように思われる。

こうしてフランスの陶磁器産業では、一八六〇年代後半からセーヴルの国立工場、アヴィラン社、テオドール・デック工房などで、自然主義のモチーフを日本風にアレンジした図柄の陶磁器が積極的に製作された。[86] その

図5　セルヴィス・ルソー

最も先駆的な例は、一八六六年に製作された「セルヴィス・ルソー（ルソーのセット）」（図5）である。この食器は、陶器商ルソー（François-Eugène Rousseau, 1827–1891）と画家ブラックモンによって製作された中産階級向けの比較的安価な日用食器であった。北斎や広重の絵手本などからとった動植物のモチーフが人気を博し、六七年パリ万国博では銅賞を獲得している(87)。ブラックモンは、一八七二年からアヴィラン社で芸術顧問を務め、ここでも日本趣味の陶磁器を製作した。この他、テオドール・デック工房やジアン工房においても、日本風のデザインが取り入れられた。また金工の分野では、クリストフル社の主任デザイナーを務めたレベール（Emile-Augustez Reiber, 1826–1893）が六七年パリ万国博の日本工芸品に刺激を受け、その後の作品に日本の意匠を取り入れるなど、フランス産業芸術の各分野で「ジャポニスム」が開花していった。

なお、一八六八年三月頃から一八六九年にかけて、セーヴル陶器工場の陶芸家ソロン（Marc Louis Emmanuel Solon, 1835–1913）を中心に、日本愛好家たちが「ジャングラールの会（La société japonaise du Jing-Lar）と呼ばれるグループを結成し、定期的に会合を開いていた。ここには、ブラックモンのほか、マネやゴンクールといった日本愛好家たちが集い、日本のコレクションをもちよったり、それについて論じあったりしていたようだ(88)。

要するに、一八六七年パリ万国博において日本の工芸品が評価され、その後「ジャポニスム」へと展開した背景には、産業芸術の発展を目指す当時のフランス社会の状況、それを担う人々の問題意識や提言があったといえる。「ジャポニスム――日本の器物に見られる装飾に類似した装飾の探求」（『一九世紀ラルース大辞典』第一増補）は、単に日本の作品がフランスへ渡ることによって生まれたのではなく、フランス側の当時のニーズが大きく関わっていた。そのなかで、一八六七年パリ万国博の公式評価をまとめた産業応用美術中央連合会長ギシャールの提言、シェノーによる産業応用美術中央連合での講演が大きな影響力を発揮して、一八七〇年代における日本流行を促していったのである。

三　一八七八年パリ万国博覧会の開催と日本の参加

これまで一八六七年パリ万国博以降の日仏関係を概観し、「ジャポニスム」が生じることになった背景を見てきた。これらをふまえ、第三節では、次の一八七八年パリ万国博の開催、そして日本参加が具体的にどのように進められていったのかを見ていくこととしたい。

（1）　第三共和政における万国博覧会開催の決定

一八七八年パリ万国博は、第三共和政期に初めて開催された万国博であった。ここでは、従来の経済的目的に加え、一八七〇年の普仏戦争と翌年の内乱からの復興、そして第三共和政の定着をフランス内外に示すことが重大なねらいとされた。七八年パリ万国博はいかにして準備されたのか。以下、その経過について『官報』、パリ万国博を統轄したフランス農商務省の編纂による『一八七八年パリ万国博事業報告書』（以下、『事業報告書』と略す）、その他パリ万国博の関連出版物から見ていこう(89)。

◆開催決定まで

『官報』において最初に一八七八年パリ万国博開催に向けた動きが見られたのは、一八七六年三月二五日に大統領マク＝マオン（Patrice de Mac-Mahon, 1808–1893, 在任1873–1879）の発令で「国際博覧会高等委員会（La Commission supérieure des Expositions internationales）」（以下、高等委員会と略す）の再編が決定したときである(90)。この高等委員会はすでに一八七〇年四月に創設され、一八七三年ウィーン万国博や一八七六年フィラデルフィア万国博へ

図6　委員長クランツ

のフランスの参加・出品を統轄するなど、国際博覧会にかかわる業務を司っていた[91]。『官報』には、この高等委員会を再編する理由として、「国際万国博覧会（Exposition universelle internationale）がパリで近いうちに開催される」ことが明記されている。新しい委員にはセーヌ県知事やパリ市議等を迎え入れ、計四五名からなる組織を発足させることが布告された[92]。四月三日には、上院議員クランツ（Jean Baptiste Sébastien Krantz, 1817–1899）が高等委員会に加わる。この人物がのちに高等委員会の委員長に就任することとなる[93]。

翌四月四日と一三日の政令により、「農業・産業・美術の国際万国博覧会（Exposition universelle internationale de l'Agriculture, de l'Industrie et des Beaux-arts）」が、一八七八年五月一日から一〇月三一日までの会期で、パリを舞台に開催されることが布告された[94]。これは、パリ万国博開催の主要な提唱者であった農商務大臣テスラン・ド・ボール（Pierre Edmond Teisseranc de Bort, 1814–1893）の「報告書」に基づく発令であった[95]。この「報告書」によると、開催年については一八七七年・七八年・七九年のいずれかで検討されている。このなかで二年後の「一八七八年」に開催年を定めた理由は、「先の一八六七年〔パリ万国博〕を参照すると、〔開催準備に〕必要となるのは総じて二年で確実に十分であろう」という判断があったようだ[96]。第一章で見たように、一八六七年パリ万国博の開催が布告されたのは、一八六三年六月であったが、当時の第二帝政下、万国博を組織する帝国委員会が発足したのは一八六五年三月であった。テスラン・ド・ボールは、六七年パリ万国博の開催に向けた準備が本格化したのは六五年であったことに触れ、これを根拠に二年の準備期間で足りると結論づけたのである[97]。

◆万国博への期待

さて、このパリ万国博の開催決定には、いかなる動機があったのであろうか。まずその政治的背景としては、一八八一年に刊行された『事業報告書』にも記されるように、一八七〇年の普仏戦争で甚大な打撃を受けたフランスが、ようやく一八七五年に普通選挙制や二院制の導入等を通じて政治体制を整えつつあったことがある。このときに「フランスを立て直す方策」のひとつとしてフランス政府が活路を見出したのが、新しいパリ万国博の開催であった。以下に『事業報告書』から引用しよう。

フランスは、戦争〔普仏戦争〕の惨禍にともなう長期の再編から抜け出したところであった。国民議会に代わる二院制〔上院・下院〕の成立によってもたらされた選挙の混乱が弱まったのは、政府がパリをまたもう一度、これらの労働と平和の祭典のひとつとして、フランスとイギリスが最初に世界で開催した圧倒的なスペクタクルの舞台にすることを決めたときであった。このイニシアチブは、大胆なものであった。これを取り入れることで、政府は、国家の力に対する信頼と、フランスを立て直す方策を新しい政治のなかに探る確固たる意志を明確にしたのである。(98)

右のように、『事業報告書』はパリ万国博の開催経緯とその政治的背景を振り返っている。こうした、第三共和政の定着を示すという動機は開催を決定したときから明確であった。実際、一八七六年にすでに、開催の提唱者の農商務大臣テスラン・ド・ボールが、パリ万国博の開催意義は、フランスの政治体制に対する信頼を取り戻し、世界に向けて平和を表明することにあると述べていた。

世界に新しい国際博覧会を布告することで、フランスは自らが打ち立てた体制に対する信頼を明確にします。フランスは五年来、その政治に着想を与えている節度と賢明の思想にこだわる意志を表明しています。フランスは平和を望むと宣言します。平和のみが、安全を保障し、真に実りある人間の活動をもたらすのです。フランスは、この呼びかけがいたるところで好意的に受け入れられ、一八七八年が文明にとって、また我が国の労働の祝祭の歴史にとって、輝かしい一ページになることを確信しています。(99)

◆体制の整備

こうして高等委員会は、二年後のパリ万国博の開催に向けて急ピッチで準備を進めていくこととなる。まず高等委員会は、博覧会場について審議し、同年四月二一日には、前回の六七年パリ万国博と同じシャン・ド・マルス、さらにセーヌ川の対岸にあるトロカデロを会場に充てることが決定した。(100)トロカデロを加えることによって、会場全体の面積は、一八六七年パリ万国博の六八万七、〇〇〇平方メートルから七五万平方メートルへと拡大した。(101)高等委員会は、さっそく四月二五日から五月一五日までの期間、博覧会場の設計案をフランスの建築家に対し広く募集している。(102)その結果、九四の設計案が提出され、五月二四日には高等委員会によって審査が行われた。審査の結果、シャン・ド・マルス会場の建築担当にアルディ（Léopold Amédée Hardy, 1829–1894）、トロカデロ会場の建築担当にダヴィウ（Gabriel Jean Antoine Davioud, 1824–1881）、ブルデ（Jules Désiré Bourdais, 1835–1915）が任命された。(103)

同年の八月には、上院・下院の両院によって正式にパリ万国博の開催が承認され、農商務大臣テスラン・ド・ボールの指揮下で、この万国博を準備する高等委員会の委員長に上院議員クランツが就任することとなった。(104)クランツは一八六七年パリ万国博を指揮したル・プレと同じく理工科学校出身であり、一八六七年パリ万国博では展示場の建設に携わり、七五年には上院議員に就任している。(105)またフランス担当は下院議員ディエ＝モナン(106)（Charles Frédéric Dietz-Monnin, 1826–1896）、外国担当は鉱山技師のベルジェ(107)（Paul Louis Georges Berger, 1834–1910）、農業担当はウージェーヌ・ティスラン（Eugène Tisserand, 1830–1925）(108)、美術担当はシュヌヴィエール侯(109)（Charles Philippe Chennevières-Pointel, marquis de, 1820–1899）が務めた。

図７　外国担当ベルジェ

これ以降、博覧会場および出品物の構成、諸外国との交渉など、開催に向けた実質的な準備については、この高等委員会が主導していくこととなる。一八七六年九月には出品規則・分類が決定し[110]、いよいよ諸外国への参加要請が行われていった[111]。

◆ゆれる万国博覧会の開催

以上のように一八七八年パリ万国博の開催が決められ、準備が進行していったわけだが、このパリ万国博の開催をめぐって社会的には賛否両論があったことは付言しておこう。この点については、一八七八年パリ万国博の『事業報告書』にも記録されている。そこでは、さまざまな評価がジャーナリズムに取りあげられたことが述べられている[112]。まず、開催の支持者は「パリにおける万国博の開催は、我々の新しい体制をある種公認するものとなるであろう。また政府の問題の解決に民衆の心がもはや向かっていない時期に、この平和的な催しを世界にもたらすことは、とりわけ好機であろう」とした[113]。しかし一方で、「多くの異議も新聞報道に掲載された。ある報道は、国際博覧会の頻繁さと、それらが招く出費の大きさを指摘し、他の報道は、我が国の労働者にこれらの盛大な催しがもたらす実際の利益はほとんどないことと、我々の産業がまだ痛ましい状況にあり、近年の惨禍がもたらしたつらい衝撃からまだ立ち直っていない」といった反対意見も存在していたのである[114]。

当時のフランスの政治情勢に目を向けると、共和政に対する王党派の抵抗等によって、国内政治そのものは決して安定していたわけではない。一八七七年五月、大統領マク＝マオンが共和派のシモン首相（Jules Simon, 1814–1896）を更迭し、後任に王党派のブロイ公（Albert de Broglie, duc de, 1821–1901）を指名した際には（五月一六日の危機）、再び政治的混乱に直面し、それまで進められてきた万国博の開催自体が危ぶまれることもあった[115]。しかし一八七七年一〇月の総選挙の結果、共和派が勝利し、国民の共和政への支持が明らかとなった。こうして第三共和政下で初めてのパリ万国博が一八七八年五月に無事開幕することとなったのである。

このように一八七八年のパリ万国博は、普仏戦争およびそれ以降の国内の政治的混乱ゆえ、順風満帆に準備が進められていったわけではない。この点でほとんど異論の出なかった前回一八六七年の場合と異なる。また国内の事情のみならず、ヨーロッパ全体に目を向けると、一八七七年に勃発したロシア・トルコ戦争の動向も不安の要素であった[116]。そうしたなかでも高等委員会は準備を継続的に進め、結果としては過去の万国博を上回る一、六一六万人の入場者数を集め、大規模な万国博開催の実現にいたるのである。

(2) 日本の参加経緯

さて、日本はどのような経緯でこの万国博に参加することとなるのか。一八六七年と比較すると、主として次の特徴をあげることができる。

第一の特徴は、日本人がいっそう主体的に参加交渉を行ったことにある。一八六七年パリ万国博では、第Ⅰ部で見たように、フランス人のフルーリ＝エラールが日本総領事に任命され、幕府の連絡窓口となっていた。これに対して、一八七八年パリ万国博への日本参加は、一八七〇年にパリに設置された日本公使館がフランスの外務省や高等委員会と直接交渉を行い、日本政府との連絡窓口となった。

第二に、なかでも日本公使館で書記生を務め、フランスの殖産興業について調査した前田正名が一八七八年パリ万国博の日本出品に主導的役割を果たしたことである。この前田のように、約七年（一八六九〜一八七六年）の長期にわたってフランスに滞在し、フランスの社会・産業について深い知識を得た日本人は一八六七年パリ万国博のときには皆無であった。

第三に、日本は明治に入って一八七三年ウィーン万国博以来、一八七六年フィラデルフィア万国博など、継続的に万国博へ参加し、経験を積んでいたことである。一八六七年パリ万国博では、第Ⅰ部で、幕府は特に明確な出品方針をもたず、むしろ将軍名代として徳川昭武を派遣することによって、幕府の主権を表明し、フランスとの親交を深めるという政治的・外交的な側面に重きを置いていた。しかし一八七八年の万国博参加においては、新政府の殖産興業政策に則って、日本の「輸出振興」という明白な目的を掲げたのである。また、フランスにおいても文化・産業の分野で「日本」の存在感が前回の万国博に比べて格段に増していたという事情もある。この点については後述する。

以下、ここにあげた諸特徴について具体的に見ていこう。[117]

◆駐仏日本公使館による情報伝達

フランス政府が日本政府に対して一八七八年パリ万国博への正式な参加要請を行うのに先立って、駐仏日本公使館の臨時代理公使中野健明《たけあき》（一八四四〜一八九八）は、その開催が布告された一八七六年四月の時点で、この情報を日本外務省に報告していた。[118] これが日本政府に伝わった七八年パリ万国博開催の最初の情報である。

中野は佐賀藩出身で、一八七〇年に外務省に出仕し、一八七四年から外務省の一等書記官として駐仏日本公使館に勤務していた。[119] 中野は、一八七四年一一月に健康状態の悪化のために賜暇帰国することとなった初代駐仏公使の鮫島尚信に代わって、臨時代理公使を務めた。鮫島は帰国前に、フランス外務大臣ドゥカーズ（Amanien Decazes de Glucksbierg, 1819–1886, 在任一八七三年一一月〜一八七七年一一月）に宛てた一八七四年一一月二二日付の書簡で、賜暇帰国のためにパリを数カ月離れること、留守の間は中野一等書記官が臨時代理公使を務め、日本公使館の全指揮を代行する旨を報告している。[120] この書簡に明示されるように、鮫島の賜暇帰国は数カ月の予定であった。しかし鮫島は帰国後、療養もままならずに、外務卿の寺島宗則（一八三二〜一八九三）より各国との条約改正事業への助力を求められ、一八七五年一一月一〇日付で外務大輔に任じられるとともに、本省勤務となった。[121] こうして鮫島の日本滞在は延長され、再び駐仏公使としてパリに戻るのは一八七八年一月のことであった。[122]

すなわち鮫島がフランスを留守にした一八七四年一一月から一八七八年一月までの約三年間にわたって、中野は臨時代理公使として日本公使館の外交業務を指揮し、一八七八年パリ万国博への日本参加についても日本政府の連絡窓口として役割を果たしたのである。

中野より一八七八年パリ万国博の開催の報告を受けた日本外務省は、当時外務大丞の地位にあった田辺太一を通じて一八七六年五月二六日付で内務省博物局へ中野の書簡を回送している。[123] 内務省は、新政府の殖産興業政策を推進するとともに、万国博への参加も統轄していた。[124] このようにして、一八七八年パリ万国博の開催に関する情報は、一八七六年五月末の時点で日本外務省と内務省の知るところとなっていた。

ちなみにこの田辺太一は、第Ⅰ部ですでに言及したように、一八六七年パリ万国博で幕府使節に外国奉行支配組頭として随行し、博覧会場における日本の出品・展示をめぐって幕府使節を代表し、薩摩藩使節と協議した責任者である。田辺は明治維新後、沼津兵学校教授を経て、一八七〇年には田辺の外交経験を求める新政府の要請を受けて外務少丞に就任した。また一八七一年には岩倉使節団に一等書記官として随行するなど、明治日本の外交のさまざまな局面で活躍していたのである。[125]

◆フランス外務省からの参加要請

それではフランス政府から日本政府への正式な参加要請はどのように行われたのだろうか。各国への参加要請は、一八六七年パリ万国博のときと同様に、フランス外務省が統轄した。日本政府への参加要請は、フランス駐日臨時代理公使アンジュ・ウーヴレ・ド・サン＝カンタン（Ange Pierre Guillaume Ouvré de Saint-Quentin, 1828-1893, 在任期間 一八七五年四月〜一八七七年五月）を通じて一八七六年六月一五日付の書簡で行われている。[126] サン＝カンタンは、外務卿の寺島宗則に宛てたこの書簡において、パリ万国博が一八七八年五月一日から一〇月三一日までの会期で開催されることを通知した。[127] これに続けて、サン＝カンタンは、万国博の開催意義について

「人々が新たな絆を結び、有用な情報を獲得し、労作と和平によって、さらなる繁栄を確固たるものにする」[128]ことにあると記し、一八七八年パリ万国博への日本の参加を要請したのである。

この参加要請を受けて、寺島外務卿は、七月八日付で太政官の三条実美（一八三七～一八九一）宛に、サン＝カンタンの文書を添えて上申書を提出している。[129]この上申書は、「澳英米之博覧会へ御出品相成候先例も有」と明治以降の日本の万国博参加の先例をあげて、一八七八年パリ万国博への参加要請に応じるよう促し、一般にも布告して出品を募るよう要請する内容であった。[130]

日本が初めて公式に参加した幕末の一八六七年パリ万国博以降、明治維新を経て、新政府はすでにウィーン万国博（一八七三年）、イギリス経常博（一八七三年）、メルボルン万国博（一八七五年）、フィラデルフィア万国博（一八七六年）に参加して経験を積んでいた。上申書に明記されるように、こうしたこれまでの万国博への参加経験が、外務省の参加理由のひとつであった。なお、七三年ウィーン万国博には、日本からは政府のみが出品したが、七六年フィラデルフィア万国博では、政府のみならず、民間人も出品を行っている。外務省は、七八年パリ万国博においても、フィラデルフィア万国博と同様に、官民共同の出品を目指した。

以上のように外務省は、これまでの万国博参加という先例をあげて、七八年パリ万国博への日本参加と、一般への布告を上申した。しかしそこには単に「先例がある」という理由のみならず、岩壁義光が指摘するように、より能動的な意味も込められていた。[131]実際、この上申書の草稿には、「外国で好んで用いられる品物は、すでにウィーンやフィラデルフィアなどの万国博における経験があり、それを博覧会事務局は取り調べ、輸出品としてふさわしいものを選定できる」とされている。[132]この記述は、太政官に提出された上申書の本文には採用されなかったが、そこから外務省が、それまでの万国博への参加経験をふまえ輸出拡大効果に期待を寄せていることが読み取れるだろう。またこの草稿によると、外務省は出品物の売却によって、事務官の派遣等の経費を支弁するという計画であった。[133] ここには、岩壁が指摘するように、「輸入超過に苦しむ財政事情のなかで、万国博を日本の貿易体制変革の内に位置づけ、また万博運営をも自給自足的運営の下に徹底させようとする外務省の構想の一端」が見られるだろう。[134]

フランス駐日公使サン＝カンタンの参加要請の書簡と、寺島外務卿の上申書を受け取った太政官の三条実美は、七月一三日に内務省と大蔵省に万国博参加の可否を検討させた。[135] その結果、八月一日、内務卿（大久保利通、一八三〇～一八七八）と大蔵卿（大隈重信、一八三八～一九二二）は連署で万国博参加に賛成の意を表明した。[136]

◆明治政府の参加表明

こうして一八七六年（明治九）八月一七日、右大臣岩倉具視（一八二五～一八八三）の名で、一八七八年パリ万国博への参加が布告された。この布告の文面は次のとおりである。

　第百拾壱号
来ル明治十一年西暦千八百七十八年五月一日ヨリ同年十月三十一日迄六ヶ月間仏蘭西国巴里府ニ於テ万国大博覧会開設ニ付御国人民望ノ者ハ出品差許候条内務省ヘ可申出此旨布告候事
但規則書等ハ追テ同省ヨリ頒布スヘキ事
明治九年八月十七日　右大臣　岩倉具視[137]

右のとおり、この布告は一八七八年パリ万国博の会期を知らせるとともに、一般に出品者を募り、これを内務省が管轄することを明示したものであった。翌年四月には、布告に基づき、「仏国博覧会事務局」の名で出品を募集する文書が発せられた（図８）。[138] この事務局の創設については後述する。なおフランス駐日臨時代理公使サン＝カンタンに対しては、外務大輔鮫島尚信より同年八月二二日付の書簡において正式にパリ万国博へ日本政府が参加する旨が伝えられた。[139] この書簡では、日本の参加表明に加えて、日本政府がすでに国内で七八年パリ万国博への参加を布告したこと、また政府が民間の出品者にあらゆる便宜および補助を行う旨が通知された[140]。

このように鮫島は、サン＝カンタンに対し、七八年パリ万国博への日本参加を正式に表明するのみならず、日本政府が出品準備に着手したことを明記することによって、日本の積極的な姿勢をアピールしたといえるだろう。この日本の参加表明の書簡の写し一通と、前記の岩倉具視による一八七八年パリ万国博への日本参加の布告（フランス語訳）一通は、サン＝カンタンより一八七六年九月二日付でフランス外務省に転送され、パリ万国博を統轄するフランス農商務省および高等委員会に伝えられた[141]。これらの文書が、現在フランス国立文書館所蔵の一八七八年パリ万国博史料のなかで、日本の参加を伝える最初の文書である。

以上のように、七八年パリ万国博への日本の参加は、フランスの要請から二カ月という短期間で決定にいたったことになる。この時点で、明治政府はパリ万国博への参加に積極的な姿勢を示していたといえるであろう。とりわけ大久保利通内務卿は、一八七三年（明治六）に岩倉使節団の一員としてウィーン万国博を視察し、殖産興業政策として「博覧会の有益なるを感得した」人物であった[142]。こうして次の七六年フィラデルフィア万国博では、

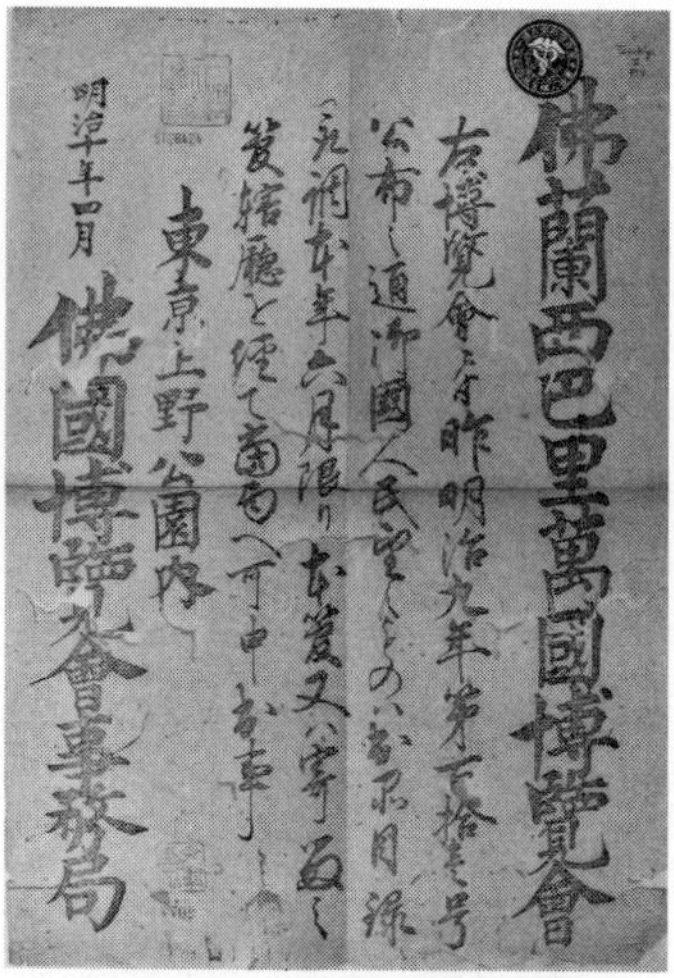

図8　1878年パリ万国博の出品募集書

図9　大久保利通（1873年）

大久保自らが総裁として日本の参加準備を主導した。

また大久保は、かねてから構想してきた「内国勧業博覧会」の開催を一八七六年二月に建議し、第一回内国勧業博（一八七七年）は七六年七月に正式に政府の認可を受けた[143]。すなわち、大久保を中心に、「博覧会」が殖産興業に有効であると強く認識されていた時期に、七八年パリ万国博への日本の参加が決定されたのである。しかし、この参加に向けた準備は順風満帆に進んだわけではない。その経緯は、以下で詳しく見ていこう。

四　日本博覧会事務局の創設と前田正名の活躍

（1）難航する日本博覧会事務局の設置

一八七八年パリ万国博の開催を二年後に控えたフランスの高等委員会は、すぐさま準備に着手する必要があり、参加各国に対しても出品を準備・統轄する各々の事務局を早急に設置するよう要請した。日本に対しても、七六年九月一三日付で、パリの日本公使館宛に万国博の関連文書を送るとともに、日本の事務局の設置を求めている[144]。中野健明代理公使は、この要請を日本の外務省に伝達するとともに、次の三点を報告した[145]。第一に、参加各国は事務局を設置し、すでに出品に向けた準備を進めていること、第二に、高等委員会は一〇月一日から各国の事務官との交渉を望んでいること、そして第三に、高等委員会が定めた会場配置図で日本の出品区画は会場の中央に位置し、その面積も大きいことである[146]。

以上からまず注目されるのは、フランス側が、計画当初から会場中央に日本の出品区画を設け、日本を優遇しようとしていた点であろう（第四章図2、3参照）。先の六七年パリ万国博のときに、日本は、中国、シャムと共同の出品区画であり、また日本パヴィリオンも小規模であった。しかし、今回の七八年パリ万国博では日本は独立した区画を与えられ、展示面積も拡大しているのである。中野は、この機会に日本が各種の産物を出品・展示すれば、それが「日本の国益に利するところは極めて大きい」ことを強調した[147]。

このように日本がフランスから優遇されるようになった理由は、本章で述べてきたことから明らかであろう。第一に、それまでの万国博における日本出品物の成功である。日本は、六七年パリ万国博において、工芸品が高く評価されてグランプリを獲得した。その後の七三年ウィーン、七六年フィラデルフィアにおいても、数々の賞を得て成功を収めていた[148]。第二に、一八七〇年代のフランスでは日本工芸品（特に陶磁器）とその装飾が社会的な関心を集めていた[149]。先に述べたように、フランスで「ジャポニスム（Japonisme）」という新語が生まれたのもこの時代である。これらの背景のもと、七八年パリ万国博を企画する高等委員会は、出品区画の面で日本を優遇したと考えられる。

さて、右のように高等委員会は駐仏日本公使館を通じて事務局設置を要請する一方で、日本国内では、フランス駐日公使サン＝カンタンを通じて、日本外務省に同様の働きかけを行っていた。サン＝カンタンは、同年九月三〇日付で寺島外務卿宛に書簡を送り、パリ万国博の日本事務局の設置およびそれを構成する特別委員（Commissaires spéciaux）を選出するよう日本政府に求めている[150]。サン＝カンタンは、万国博開催までの準備期間が短いことを理由に、日本政府に迅速な対応を要請した[151]。こうして、日本外務省も、中野の書簡が日本に到達する前に、サン＝カンタン経由で事務局設置の要請を受け、これを把握していた。この事務局設置の要請は、外務卿の寺島宗則の名で一〇月一八日に太政大臣の三条実美に上申された[152]。

◆日本に対する高等委員会の懸念

その後も高等委員会は万国博の準備を着々と進めていく。高等委員会は、日本公使館に一〇月二六日付で、博覧会場の設計図、展示品取扱特別規則等を送付した[153]。これに対する日本公使館の一〇月二七日付の返書において、中野は「貴殿〔クランツ〕は一八七八年パリ万国博への本格的参加を日本国に期待することを表明しておられます」と述べて、「日本国から派遣される委員が到着するまで、何なりと貴意に添う所存です。この大いなる国際的盛典の準備に、側面から協力できることは幸甚です」と、クランツの意向に応え、日本の出品に向けた熱意を強調している[154]。

しかし、その後、日本側の準備が滞ったことは指摘しておく必要がある。他の参加国が事務局を設置して一〇月より準備を開始したのに対し、日本政府から一一月に入っても事務局設置の報せがないことに、高等委員会は懸念を抱いた。日本政府の対応の遅れは、のちに見るように、士族の反乱をはじめとする日本国内の事情によるところもあった。この点は、なにより前田正名の役割を考えるうえでも重要であると思われるため、もうすこし詳しく事態を追っていこう。

日本の遅れを憂慮した高等委員会の委員長クランツと外国担当のベルジェは、一一月に日本公使館に出向いて中野と面会した。このとき二人は、再び日本事務局の設置と出品準備の開始を求め、さらに日本から担当事務官がフランスに到着するまでの間、中野が日本参加に向けた事務を代行するように求めた[155]。フランス高等委員会側の要請が、中野を通じて日本外務省のもとに伝達されたのは一二月二三日であった[156]。中野の事務代行は大久保内務卿の承諾を得て、一八七七年一月八日付で寺島外務卿より中野宛に電信文で「博覧会江理事官到着迄ノ間貴下代理可被致事」と発令された[157]。

こうして中野が現地で万国博の準備を司る事務局の代行を務めることが正式に決定した。この決定は、一八七七年一月一九日付の書簡で、中野よりクランツに伝えられた[158]。クランツはこの決定を喜び、ここで中野は、一八七八年パリ万国博の事務官長代理（les fonctions intérimaires de Commissaire Général pour l'Exposition universelle de 1878）として正式に認められた[159]。中野は、日本博覧会事務局がパリに派遣される同年一二月まで、約一年間にわたってこの任務を続けた。

◆財政難と士族反乱

一方、日本側もようやく一八七七年一月に、内務卿大久保利通の名で、博覧会の参加経費と参加概要の案を取りまとめた[160]。しかしこの内務省案は、当初寄せられた産業振興への期待とは裏腹に、予算総額および事務局の規模の面においても、明治以降に日本が参加した万国博と比べると規模の小さいものであった。たとえば一八七三年ウィーン万国博には派出委員二三名と五七万円の費用を投入し、一八七六年フィラデルフィア万国博においても、派出委員三二名と二九万円を費やしている。それに対し、この一八七八年パリ万国博では、計画の段階から、派出委員を一二名、費用を一五万円とし、経費抑制の傾向を強めていた[161]。先述したように外務省でも、最初の上申書の段階で、慢性的輸入超過に苦しむ財政事情から万国博を「自給自足的運営」にすることが構想されていた。内務省は経費削減の方向性を明示したのである。この内務省案は、一八七七年二月一日に太政官に提出され、同月三日に承認された[162]。

こうした経費抑制の方針には、当時の国内事情がかかわっていたと考えられる。とりわけ前年の一八七六年一〇月から各地で起こった大規模な士族反乱は、政府の憂慮の種であった。神風連、秋月、萩の各乱を経て、さらに翌年の一八七七年二月に西南戦争が勃発すると、内政は再び混迷し、パリ万国博に向けた準備もいっそう滞ることとなった。大久保は急遽京都へ向かったため、万国博の事務は前島密内務少輔が代行するが、その内実は統轄者不在の連絡所的存在にすぎなかった[163]。当然、内国博の準備も同時に停滞し、次第に内国博の延期や中止を訴える声が多数出るようになった[164]。

図10　前田正名（1873年）

このような状態にあった一八七六年三月に、フランスから前田正名が帰国する。前田こそ、こうした国内事情によってパリ万国博への参加自体が危ぶまれるなか、大久保利通内務卿、大隈重信大蔵卿、松方正義大蔵大輔兼勧業寮長に七八年パリ万国博への参加を説き、それを実現した立役者にほかならない。実際、松方は、京都に滞在中の大久保に宛てた書簡で、内国博の断行と、パリ万国博の参加準備の続行を主張するが、そのなかで「前田正名罷帰り色々責附《せめつけ》られ」たことを証言している。(165)こうして前田は八年間におよぶフランスでの実地検分およびパリ万国博の情報を携えて帰国し、日本の出品準備を主導していくこととなるのである。

（2）前田正名の登場

一八七八年パリ万国博の日本参加に際して、事務官長（Commissaire général）として実質的に日本の出品実務を主導した前田正名が果たした役割は非常に大きなものであった。

前田が、一八七八年パリ万国博への日本参加について触れているのは、自身の「自叙伝」においてである。この「自叙伝」は、息子の前田三介によって『社会及国家』（一九三七年二月号、三月号、四月号）に掲載されたものである。(166)この「自叙伝」は、前田の全生涯を対象にしたものではなく、その前半生、すなわち薩摩藩士の時代から、フランス滞在（一八六九～一八七七年）、一八七八年パリ万国博までの記述にとどまる。すなわちこれは「未完の自叙伝」であり、パリ万国博を終えた前田が、大蔵省・農商務省に入省し、日本の殖産興業の推進に役割を果たした後半生は含まれていない。しかし、七年にわたるフランス滞在と、一八七八年パリ万国博における経験は、その後の彼の殖産興業に対する貢献を考えるうえで、重大な意味をもったことは間違いない。

先行研究において、前田が一八七八年パリ万国博で事務官長を務めたことは指摘されているが、具体的にどのような役割を果たしたのかに関してはあまり注目されてこなかった。ここではまず彼の「自叙伝」の記述に沿い、かつ、フランス国立文書館所蔵の前田によるフランス語書簡等も参照しながら、彼とフランスおよびパリ万国博とのかかわりについて見ていくこととしたい。

◆フランス留学と殖産興業への目覚め（一八六九～一八七六年）

前田正名は一八五〇年（嘉永三）に薩摩藩士の家に生まれ、開成所で学んだ。[167]新政府成立後の一八六九年（明治二）六月、前田は一九歳のときにフランス人モンブランに同行して横浜を出帆し、初めてフランスに渡った。モンブランは、第二章で述べたように、六七年パリ万国博において、薩摩藩の出品を統轄する事務官長を務め、薩摩藩の存在を喧伝するうえで、大きな役割を果たした人物である。本章冒頭で見たとおり、一八六七年一〇月に来日したモンブランは、新政府の成立にともない、その外交顧問として日本国内で活躍した。一八六九年一一月にモンブランは明治政府よりフランス駐在の「大日本公務弁理職」（総領事）に任命され、前田はその「外国御用掛」としてフランスに同行することが明治政府によって命じられた。[168]

これは前田にとって念願の海外渡航であった。前田は、薩摩藩が一八六五年にイギリスへ留学生を派遣する際に、これに加わることを希望していた。しかしこのときはまだ一五歳の少年であり、また上級士族の子弟が優先的に選出されたために参加できなかった。とはいえ、前田の意欲を評価した薩摩藩は、藩費による長崎遊学を認め、ここで前田は英語を学んだ。前田は海外留学の資金を得るために『和訳英辞書』の編纂に携わり、これを一八六九年に出版した。この辞書は、大久保利通と大隈重信のはからいで政府買い上げが実現し、これが直接の契機となって前田のフランス行きが決定した。[169]大久保との関係は、このときに始まったと考えられる。

「自叙伝」によると、前田はパリにおいてモンブランの邸宅に住み込み、モンブランとともに外交事務に携わるとともに、学校に通った。[170]ただし一八七〇年九月に初代駐仏日本代理公使として鮫島尚信のフランス派遣が決定したことによって、モンブランはわずか一年足らずで公務弁理職の職務を解かれ、これにともない前田も外交事務から一旦離れることとなった。[171]前田はその後もパリにとどまり、学校にも通ったようだが、「風聞に耳を傾け、談話を聴くことを努め、事物を実見することにのみ専心」した。[172]とはいえ、「空しく巴里の一年は経過せり」という言葉にもあらわれるように、最初の一年は暗澹とした気持ちで過ごしたようである。[173]とりわけ、フランスおよびヨーロッパの文明の高さに衝撃を受け、そうした文明を築くことは「亜細亜人たる吾人日本人の為し難き所なり」と考え、日本人はヨーロッパ人に到底追いつくことはできない「人種」であると悲嘆に暮れたことがその原因であったとしている。[174]

しかし当初の悲観的な思いに大きな変化をもたらし、日本がヨーロッパ文明に努力して追いつくことができるという考えにいたらせたのは、一八七〇年に勃発した普仏戦争であった。[175]前田は「戦争の実地検分に身を委ね」、戦場近くまで毎日出かけ、戦争の経過を見守った。[176]前田は、普仏戦争において、それまでまさに「驚嘆」の対象であったフランスの軍隊組織や武器が役に立たず、形式のみ立派でも、兵士の士気が低かった故にフランスは敗退したと分析し、またこの戦争によって、「全欧洲を風靡せる仏人」も荒廃し、フランス社会は混乱を極めたという。ここで前田は初めて「数種の文明あることを悟り、その物質的文明の誇るに足らざるを解しぬ」と「自叙伝」に記している。[177]

こうして前田はヨーロッパ文明の絶対的優位性という呪縛から解放され、先進国・後進国の相違は人種の劣等、社会の高低によるものではなく、偶然に一方が文明的技術を先取りしているにすぎず、「欧洲今日の富強は、悉く印度其の他〔植民地〕に於ける財源の力によることをも悟りぬ」とするにいたる。[178]さらに戦争に敗退したフランス社会の荒廃ぶりを目の当たりにし、「到底彼等は吾人の上に立つべき人間に非ざるなり」とまで記す。[179]ここにおいて、「欧洲文明企及の確信」をしたと述べるように、フランス人と日本人の間に優劣はなく、日本人もヨーロッパ文明に努力して追いつくことができるという確信にいたったのである。[180]

さて、前田の「自叙伝」は一八七〇年の普仏戦争の記述から、すぐさま一八七五年の記述に移るため、その間に空白期間がある。ただしこの空白期間に、前田が殖産興業を志す決定的な転機となる出来事があった。一八七三年三月に、岩倉使節団に随行した大久保利通がフランスへ立ち寄った際に、薩摩藩出身の留学生が集合して「鹿児島県人の郷友会」が開かれ、その場に同席した前田は大久保と再会したのである。[181]『大久保利通伝』によると、「明治七年〔一八七四〕、政府は経費節減を行ひ、一時海外留学生をも召還せしが、前田正名を特に仏国公使館書記生に任じ、勧業寮御用掛を兼ねしめ、専ら殖産工業の調査に従事せしめたり」とある。[182]このように大久保のはからいで、前田は一八七五年六月一八日付で日本公使館書記生に正式に任命された。

こうして前田はパリにとどまり、フランス農商務省の次官を務めたウージェーヌ・ティスランに師事し、フランスの行政と農業経済の知識を吸収し、本格的に殖産興業の研究を始めたのである。[183]このティスランとの出会いは、その後の前田による殖産興業の推進に大きな影響を与え、両者の交流は生涯続くこととなるが、前田が万国博との接点を得たのも、ティスランが重要な役割を果たしたと考えられる。以下に見ていこう。

◆一八七八年パリ万国博覧会の開催決定――日本参加への期待――

一八七六年四月に、七八年パリ万国博の開催が決定し、フランスの高等委員会が創設されると、前田は「会の計画者に知人ありければ、其の尽力により」、その高等委員会で働くこととなる。[184]パリ万国博を主導したのはフランス農商務省であり、右のティスランはこのパリ万国博の農業・園芸・養魚部門の局長を務めていた。彼を通じて、前田はこの機会を得た可能性が高いと考えられる。前田がどの時点から高等委員会で働いたかは不明だが、高等委員会の文書によると、前田は「外国局」に所属し、パリ万国博の準備に向けた実務に携わっていた。[185]

こうして前田は、日本公使館書記生とフランス高等委員会の事務員を兼務し、パリ万国博の準備・運営に精通していくこととなる。一八七六年八月に日本の参加が正式に決定すると、前田は自らが日本参加を推進する立場に就くことを希望するようになる。同年九月に、前田は当時パリを訪問していた井上馨を次のように説得した。

今回の仏国博覧会は洵《まこと》に我が農工商の為めに、発展の機会を与ふるものにして、この好機を失はば果して又何れの時をか待つべき。さればこの博覧会は普通の博覧会と同一視せず須らく日本商品の店開きとして、皆奮って之に出品すべし。かくて英吉利・仏蘭西に日本店を開きて直接貿易を開始し、横浜・長崎・神戸の商権を我が掌中に収めざれば、断じて外国貿易の利害を享有し、且つ我が商業上の知識を進展せしむること能はず。不肖はこの九年間〔ママ〕全く其の事のみを見聞して、いささか胸中に期する所あり。これに対して書を裁して意見を郵致せんか、はた又正名自ら帰国して直接に先輩諸侯と計らんか。敢て意見を問ふ。[186]

右のように、前田は万国博を外国貿易の発展および商業上の新知識を獲得する場として重視した。またパリ万国博への参加を機に、日本がヨーロッパにおいて直接貿易を開始することが、輸出振興に肝要であるとする。そこで前田は「この好機を失はば果して又何れの時をか待つべき」と、自らが帰国して、日本の出品準備を進展させたいという考えにいたったと思われる。

その後、先述のとおり日本国内では参加準備が滞り、この事態をフランス側も憂慮するようになるが、こうした状況についても前田はすぐに知ったと考えられる。前田は、一八七六年一一月に内務省勧業寮御用掛に任じられ、翌月の一二月一八日に帰国命令を受けた。[187]高等委員会もこれを把握し、外国局長ベルジェは一八七七年一月一五日付の文書で、前田の帰国目的が日本で出品準備を行うことであり、日本展示場を建設する職人たちを連れて再びパリに戻る予定であると委員長クランツに報告している。[188]こうして前田は七年ぶりに帰国の途につき、同年三月初めに横浜に到着した。

ところが、前田は、西南戦争によって混乱した日本の状態を目の当たりにし、「非常の驚愕に打たれ、残念、遺憾、実に言語の尽くすべきものなき悲痛」を感じたと「自叙伝」に記している。[189]これを前田は、委員長クランツに宛てた書簡で、次のように報告した。

私は日本へ帰国する前に、貴殿のような素晴らしい委員長を擁するこの偉大なる万国博に我国を参加させる考えを持っていました。先の博覧会において、我国は最も名誉のある地位のひとつを占めたのであり、パリにおいても同様の成功を当てにすることを可能としました。しかし、日本に着き、内戦によって血にまみれた祖国の地を見た私の驚きは大きいものでした。元首、大臣、すべての人々がこの骨肉相食む抗争を終えることに専念していました。この厳しく最もつらい状況にもかかわらず、そうしている間に私は友の強い助けによって、日本のパリ万国博参加の決定を成し遂げることができました。そして私はこの国際的な博覧会に参加するために準備する品物の選択を担当しました。この仕事は、我国が経験したばかりの危機の影響を受け続けることでしょう。しかし、貴殿にお伝えしているこの不幸な状況のもとで、可能な限り好ましい結果にいたるためのあらゆる努力をする所存です。[190]

先述したように日本のパリ万国博に向けた準備は、前田が帰国したときにはまだ白紙ともいうべき停滞した状態にあった。しかし大久保利通内務卿は、西南戦争という非常事態への対応にあたる一方で、「直ちに前田を京都に呼びて、海外各国実業の状況、仏国大博覧会の計画等に関し、熱心に質《ただ》し」、さらに前田に出品準備を一任した。[191] 前田がフランスで得た殖産興業の知識と、日本の万国博参加を積極的に進めて貿易振興を図るように説くその熱意は、日本の出品物の選択を含め、準備を大きく前進させていくこととなったのである。[192]

（3）　日本博覧会事務局の創設

前田正名の帰国から約半年後、一八七七年八月二三日に正式に「仏蘭西巴里府大博覧会事務局」（以下、日本博覧会事務局）が創設された[193]（図11）。日本博覧会事務局は、総裁の大久保利通、副総裁の松方正義、そして事務官に任じられた前田正名をはじめ、二三名の委員によって構成された。この委員のなかには、一八六七年パリ万国博で徳川昭武の傅役を務めた山高信離も含まれている。山高は、明治政府において博覧会行政に携わっていたのである。[194] 事務官に任じられた前田は、このとき二八歳という若さであった。

◆日本博覧会事務局の派出委員

日本博覧会事務局二三名のうち、パリへ派出された委員（派出委員）は表8[195]の一二名である。なお、総裁の大久保利通は日本に残ったが、一八七八年パリ万国博の開催初日から二週間後の五月一四日に、東京で暗殺された

図11　日本博覧会事務局の主要メンバー（1878年）
前列左から４人目が松方正義、５人目が前田正名。

表８　日本博覧会事務局の派出委員（12名）

事務局での立場	官職	氏名
副総裁	大蔵卿兼勧農局長	松方正義
事務官	内務省御用掛	前田正名
同　上	内務一等属	石原豊貫
同　上	内務省御用掛	久保弘道
御用取扱	外務一等書記生	平山成信
同　上	大蔵三等属	谷謹一郎
同　上	陸軍省十二等出仕	諏訪秀三郎
同　上	内務六等属	成島謙吉
同　上	内務省御用掛	兼松直稠
同　上	同　上	三田　信
同　上	同　上	大橋　靖
同　上	同　上	河原徳立

（紀尾井坂の変）。この報せがいつパリの松方や前田のもとに届いたのかは定かではないが、フランスの高等委員会には「大久保の追憶」と題してその経歴が記された文書が日本博覧会事務局から提出されている[196]。

事務官の前田は、御用取扱の大橋靖をともなって、一八七七年一〇月八日に一足先に東京を出発し、パリへ赴いた[197]。パリで万国博の事務を代行してきた中野は、前田がフランスに到着した同年一二月三日付で、高等委員会委員長クランツに、前田の代表事務官（Commissaire délégué）就任を報告した[198]。

一方、松方正義をはじめとする他の委員は、翌一八七八年二月一一日に東京を出発し、三月二九日にパリに到着した[199]。なお前田は、クランツ宛の三月一二日付の書簡で、松方一行がパリに間もなく到着予定であることを報告している[200]。その後、前田の申し出によって、松方とクランツとの面会の場が設けられている[201]。また、松方には、アレクサンダー・フォン・シーボルトが同行した。シーボルトは名誉委員（Membre honoraire）として日本博覧会事務局に名を連ねている。

◆パリにおける日本博覧会事務局の構成

現地パリでは、事務作業の円滑化のために、松方正義を副総裁から総裁（Président de la Commission impériale）、在仏日本公使の鮫島尚信を総裁心得（Président d'honneur de la Commission impériale）、前田正名を事務官長（Commissaire général）に改めた[202]。これは、総裁の大久保利通の死去（五月一四日）を理由とする改変ではないだろう。パリに到着した当初より松方は日本総裁として高等委員会に紹介されていたことから、日本博覧会事務局としての体裁上、松方を総裁としたほうが良いという判断があったものと思われる。また事務局を、出品科・編集科・庶務科の三科に分割した。そしてパリでは新たに博覧会御用係に任命された九鬼隆一（文部大書記官、Premier secrétaire au Ministère de l'Instruction publique）、通事の遠野寅亮が事務局に加わった。九鬼は日本において文部省の出品業務を監督し、パリ万国博には教育調査を目的として派出された[203]。また総裁心得となった鮫島の他にも三

表9　パリにおける日本博覧会事務局の構成

役　職	氏　名
総　裁	松方正義
総裁心得	鮫島尚信(在仏日本公使)
事務官長	前田正名
博覧会御用係	九鬼隆一(文部大書記官)
出品科	久保弘道、河原徳立
編集科	平山成信、谷謹一郎、諏訪秀三郎、成島謙吉
庶務科	石原豊貫、三田佶、大橋靖
通　事	兼松直稠、遠野寅亮

名（中野健明、鈴木貫一、河上房申）の駐仏日本公使館員も万国博の事務に携わった。パリにおける日本博覧会事務局の構成は表[204]9のとおりである。

五　日本における出品物の収集とその内容

(1)　日本の出品物の収集

日本の出品物の収集過程について見ていこう。その準備は日本博覧会事務局が創設される一カ月前に開始されていた。

◆『出品概則』の公布

一八七七年七月五日、内務卿大久保利通代理および内務少輔の前島密の名で出品に関する詳細を記した『出品概則』が公布され、一八七八年パリ万国博の出品者が広く募られた。[205]

『出品概則』の内容は、(1)出品希望者の届出、(2)出品物の説明、(3)出品略目録、(4)出願の順序による符号、(5)出品番号、(6)出品荷箱の容積、(7)出品本目録、(8)出品物発送期限、(9)出品委託、(10)売品・非売品の区別、(11)出品に対する事務局の検査、(12)出品の運賃および保険料、(13)出品に対する事務局の責任、(14)爆発物その他の出品禁止、(15)内国輸出税の免除、(16)出品陳列費、(17)出品人ならびに代人委託者に対する給与、(18)貴重品出品と保険、(19)渡航者と通事人、(20)内国勧業博覧会出品と仏国出品、(21)新製品の出品等と多項目にわたる。さらに『出品附則』として、出品目録および荷造りの詳細な規定も公布された。[206]

このように七八年パリ万国博の出品に関しては、前の六七年パリ万国博のときとは比較にならないほど細かい規定が定められた。その一因は、新政府が一八七三年ウィーン万国博以降、殖産興業を掲げて、輸出拡大を目標に出品を行うという経験を重ね、万国博参加を重要な国家事業として位置づけるようになっていたことにある。七八年パリ万国博の『出品概則』と『出品附則』は「最も周到適切」なものとして、その後の日本での博覧会事務局から出品の際に手本として参照されることとなった(207)。

◆日本出品の目的

日本の出品準備を統轄した前田が心がけたのは、その「自叙伝」によれば、次の二点であった(208)。第一に「今回の博覧会は一時の博覧会其の物に非ずして永遠の店開きなるを主唱」した。前田は、万国博への参加を一過的な展示販売ではなく、これを足がかりに、フランスとの取引の拠点を常置することを提唱したのである。実際、パリ万国博で主要な出品者となる三井物産会社と起立工商会社は、一八七八年にパリ支店を開いて直接貿易を開始することとなる(209)。

第二に「我が美術工芸は殆ど玩具に属して実用に適せざれば、欧米の実用に適する美術工芸を振作《しんさく》すること」を強調した。ここでも輸出拡大を目的に、出品物を単に趣味的なものにとどめず、「欧米の実用」に適することを重視した。前田は「特に心を用いしは、唯その品を売却するのみに非ずして、将来永遠に日本品を売らんことを努めしことなり」とし、そのために「織物或は陶磁器、金属器類も、単に博覧会に於いて売ると云ふよりも、その用法を広めて、将来の売れ行きを確保」することが肝要であるとした(210)。このように日本工芸品の「用法」を広めることに力点を置いた展示方法は、パリの博覧会場で功を奏し、「幸にして此等の品種は殊に高値に売れ行きぬ」結果となった(211)。こうした前田の意図はまさに、大久保が推進してきた殖産興業政策に合致したものであった。

表10　明治以降の主な万国博への日本の出品状況

万国博覧会	事務局派出員	出品者	出品物	受賞数	経費*
1873年ウィーン	23人	政府全出品	不詳	200点	573,125円
1876年フィラデルフィア	32人	40人	不詳	142点	293,276円
1878年パリ	12人	262人	45,316点	242点	180,113円

*：経費は、旅費・出品物の運送費等を合計した政府の総経費を示す(出品物の価格は含まない)。

このような前田の考えは、七八年パリ万国博における日本博覧会事務局の「出品人心得」にも反映されている。そこには、出品の目的が「〔パリ万国博の〕審査の際賞牌を得て美名を海外に輝かし将来御国産の輸出を増進する」ことにあると明示された。[212]また出品物については第一に日本の精神を反映する精巧で美的な品物であること、第二に欧米諸国の実用に適すること、第三に廉価な品物も重厚に製作することを心がけるよう出品者に呼びかけられたのである。[213]

（2）出品者および出品物の特徴

国内の悪条件や政府の経費削減にもかかわらず、結果的に一八七八年パリ万国博の日本出品は、その範囲と数量において日本がそれまでに参加したすべての万国博を凌ぐものとなった。これを招来した要因は、政府が出品者に対して資金援助、渡航援助などを行い、積極的に対応したことにあった。[214]七八年パリ万国博の日本出品の特徴として、日本博覧会事務局の派出員数や予算面で経費節減を行う一方で、出品物の収集では、輸送などに直接かかわる費用について優遇措置をとったことがあげられる。こうした配慮の結果、七八年パリ万国博においてはとりわけ民間からの出品が大きく拡大することとなった。以下に詳細を確認しよう。

◆民間出品者の拡大

一八七八年パリ万国博への日本の出品物は総数で四万五、三一六点におよんだ。その内訳は原価ベースで官庁府県出品分三万三、九七一円と民間出品分一七万八九五円（合計二〇万四、八六六円）である。[215] この内訳から分かるように、民間からの出品が大部分を占めた点が、過去のウィーンやフィラデルフィアの万国博と比較して決定的に異なる点である。また民間の出品者の総数についても、表10[216]に見られるように、フィラデルフィア万国博の四〇名に対し、その六倍以上の二六二名に拡大した。[217] このように七八年パリ万国博への日本出品は、国家事業として推進されるばかりでなく、民間もこれを積極的に支持し、参加した。まさに「海外貿易の発展に対する官民の熱心と努力が如何に旺盛なりしかを察知するを得べし」と評される状況であったのである。[218]

出品者の中心は、明治以降に設立された貿易会社（起立工商会社、三井物産会社）、輸出向けの陶磁器等を製作する香蘭社、七宝会社、金澤銅器会社、瓢池園などであり、出品物の大半は工芸品（陶磁器、漆器、金属器等）であった[219]（第四章図11、15、16参照）。

全出品者二六二名のうち、起立工商会社（八名）、三井物産会社（六名）[220]、香蘭社（三名）、七宝会社（三名）、金澤銅器会社（二名）、京都出品人総代（一名）、宮川香山代理（一名）、瓢池園代理（一名）、その他（一四名）、合計三九名がパリの博覧会場に赴いた。[221]

起立工商会社は一八七四年設立、三井物産会社は一八七六年設立の貿易会社であり、また香蘭社はフィラデルフィア万国博参加を機に一八七五年に佐賀で設立された磁器製造会社である。七宝会社は名工竹内忠兵衛をはじめ多くの工人を擁して一八七一年に名古屋に設立された七宝焼製造会社、金澤銅器会社は一八七七年に石川で設立された銅器製造会社、瓢池園はウィーン万国博の日本事務局附属陶磁器製造所の解散を受けて一八七三年に東京に誕生した磁器の上絵付専門工場である。以上のように、一八七八年パリ万国博の日本出品に携わったのは、陶芸家の宮川香山（一八四二〜一九一六）や京都出品人を除くと、明治以降に設立された貿易会社、そして輸出向けの陶磁器および七宝焼を製作する民間会社だった（表11[222]）。

表11　1878年パリ万国博に出品した日本の主な民間団体

設立年	団体名
1871年（明治４）	七宝会社（七宝、名古屋）
1873年（明治６）	瓢池園（陶磁器、東京）
1874年（明治７）	起立工商会社
1875年（明治８）	香蘭社（磁器、佐賀）
1876年（明治９）	三井物産会社
1877年（明治10）	金澤銅器会社（銅器、石川）

なお、博覧会事業を統轄した内務省と大蔵省は特別に『温知図録』（六冊）を編纂し、全国の工芸品の出品者に配布している[223]。これは、陶磁器、漆器、金属器など、一八七八年パリ万国博に出品する工芸品の製作のための「工芸図案集」であった。当時、日本の工芸品は、六七年パリ万国博、七三年ウィーン万国博、七六年フィラデルフィア万国博において、グランプリをはじめ数々の賞を受賞し、欧米諸国における需要が高まり、日本の重要な輸出産品となっていた。『温知図録』は、七六年フィラデルフィア万国博の日本出品の際に初めて編纂され、今回の七八年パリ万国博にあわせ、新たな工芸図案を集めて作成された。それらの図案は日本の伝統的な画題や文様に新しい意匠を加えて改良を図ったことから、「温故知新」のことわざにならって『温知図録』と名づけられている。

一八七八年パリ万国博の『温知図録』の前文には「古い作品を模範としながら、流行に応じて手を加え、さらに製作者の特徴や技量をふまえて製作者が名誉をあげられるように重点をおいた」と説明されている[224]。これは、先に見た「出品人心得」の出品方針（日本の精神を反映する精巧で美的な品物であること、欧米の実用に適すること）を図録を用いて具体的に解説するものであった。明治政府は『温知図録』の編纂を通して、全国の工芸家に工芸品の意匠改良を具体的に指導し、万国博における成功と輸出振興を図ったのである。

◆出品物の内訳

出品物の具体的な内容について見ていこう。

日本博覧会事務局の報告書から、一八七八年パリ万博における日本出品物の内訳（表12[225]）を見ると、最も大き

表12　1878年パリ万国博における日本出品物の内訳

出品区	内容	日本出品数(個)
第1区	美術	0
第2区	教育	1,512
第3区	家具及び付属品	25,158
第4区	織物、服飾	11,043
第5区	採鉱	1,551
第6区	機械、工業	7
第7区	食品	2,041
第8区	農業、養魚	18
第9区	園芸	3,986
合　計		45,316

な割合を占めたのは「家具及び付属品」であった。その「家具及び付属品」の出品物の詳細をさらに『明治十一年仏国博覧会出品目録』で確認すると、大半が民間から出品された陶磁器、漆器、金属器などの工芸品で占められている(226)。また次に出品数の多い「繊維及び衣料、装飾品」には、生糸や絹製品が出品されている。このように出品物の中心は、陶磁器や生糸など当時の日本の重要な輸出品であった。ちなみに「美術」における出品は「無」となっているが、フランス政府の公式カタログの「美術」の項には、高橋由一《ゆいち》の油絵をはじめ、陶磁器・漆器・七宝工芸品の絵付け作品の記載がある(227)。実際これらの作品は、パリの博覧会場の第一区「美術」に陳列された(228)。日仏間における分類上のこの差異は何によるものか、これを示す手がかりは現在見つかっていない。推測の域を出ないが、絵付け作品に関しては、その絵画的な要素が、フランスの高等委員会によって「美術」に分類されたと考えるべきだろうか。

以上のように、一八七八年パリ万国博の日本出品は、民間からの出品が大部分を占め、陶磁器、漆器、金属器などの工芸、生糸や絹製品が最も大きな割合を占めた。とはいえ、内務省と大蔵省自らが出品者に工芸品の意匠改良を具体的に指導して製作させたことから明らかなように、輸出の振興という明確な目標を掲げ、主導権を握っていたのはあくまで政府であった。

(3) 高等委員会——日本の古美術への期待——

上述のとおり、参加する日本側では、輸出振興を目的とする工芸品の製作・出品が主眼とされていた。しかし、開催国フランスの高等委員会では、日本の展示にまったく異なる要請をしていた事実を見逃すことができない。ここで注目すべきは、フランス共和国大統領の名で、日本政府に対する古美術品の出品要請が直接行われたことである。[229]

第三節で確認したように、日本への参加要請や連絡事項の伝達は、基本的にフランス外務省、高等委員会、公使館を通じて行われていたため、フランス大統領が直接、日本政府に特定の出品物の要請を行ったのは極めて異例であるといえるだろう。ここには高等委員会の「日本古美術」に対する特別な期待があったように思われる。万国博委員長クランツは、一八七七年一月一〇日付でフランス農商務大臣に宛てた書簡のなかで、次のように述べている。

閣下〔農商務大臣〕にはすでに、共和国大統領閣下より天皇陛下へ宛てて直接手紙を書いていただくことが重要であることをお伝えいたしました。この手紙においてはまずフランスの招待をお受けいただけたことへの謝辞を述べ、そのうえで日本における素晴らしい古美術品のなかから選りすぐりのものをパリに送ってもらうよう要請していただきたく存じます。

こうした古美術品の実物はまだ何ひとつフランスには届いておりません。なぜならば、日本の法は通常の場合、こうした品物を国外へ持ち出すことをたとえ一時的であっても禁じているからです。トロカデロ宮のギャラリーに日本の古美術品を展示すれば、このうえなく観衆の興味を惹くでしょう。[230]

この書簡から、日本古美術に対するフランスの人々の高い関心を背景に、クランツがその出品に特別な期待を寄せていたことが分かる。クランツは、これを実現するために、フランス大統領より日本の天皇に直接要請を行うよう、フランス農商務大臣に願い出ているのである。この書簡でクランツが指摘する「日本の古美術品の海外持ち出しを禁じた規定」とは、一八七一年（明治四）五月二三日に太政官が布告した「古器旧物保存方」であろう[231]。これは日本で最初の文化財保護法令である。明治維新以降の廃仏毀釈の影響で、旧物破壊の風潮、美術工芸品等の海外流出が続き、これを明治政府が憂慮したために制定された。クランツの書簡は、フランス大統領直々に要請を行うことで持ち出し規制を例外的に取り除くことを目的としているのであり、パリ万国博において日本古美術が観衆の興味を惹くというクランツの確信を読み取ることができる。

さて、こうしてフランス大統領より要請を受けるかたちで、明治政府は当初の予算とは別に一万一、〇〇〇円の費用で、博物局に「古器物」を収集させた[232]。具体的には「古陶磁器数百種」「古代品模造小刀」「古銅器各種」「古漆器各種」「古刀剣各種」が博物局から出品された[233]。実際、日本からパリに戻った前田は「どの博覧会においてもこれまで目にすることのなかったさまざまな時代の美術品を、我が国の社寺と博物館より出品させ、パリに送りました」と委員長クランツに報告し、フランスの期待に応えている[234]。

ただし、これらの古美術品の出品はあくまでもフランス大統領の要請を受けて決定したものであり、日本博覧会事務局の主眼は日本製品の輸出振興にあったことは指摘しておいてよいだろう。実際、前田はこのとき「日本の美術工芸の古器物売買を本業とすることの恥辱なるを諭し」、従来の古美術品の売買は恥ずべき行為であると明言している[235]。前田が推進したのは、前述したように「欧米の実用に適する美術工芸の振作」であり、当代の日本工芸品の輸出振興であった。ここには、高等委員会の求める「日本の古美術」と、日本博覧会事務局の求める「欧米の実用に適した美術工芸の製作と輸出振興」との間で、両国の指向がすでにずれを見せていたように思われる。こうした「日本美術」に対する、あるいは「日本」というイメージそのものをめぐる、日本とフランスの考えの相違については、第四章においてより詳しく検討しよう。

おわりに

本章では、一八六七年パリ万国博の閉幕後から、次の一八七八年のパリ万国博の開催にいたるまでのフランスと日本の動向をそれぞれ見てきた。そこから明らかになったのは特に次の点である。

まず政治的には、日本は江戸幕府から明治新政府へ、フランスは第二帝政から第三共和政へと、両国ともに政治体制の変革を経験した。普仏戦争に敗北したフランスでは、第三共和制の成立後も内政は混乱する。外交方針も定まらず、遠隔地の日本に対する態度も消極的であった。同じ頃日本においても、明治維新ののち新政府が、近代化を推し進めていく一方で、各地での士族反乱や西南戦争の影響から七八年パリ万国博への参加自体が危ぶまれた。このように両国ともに、七八年パリ万国博の開催にいたるまで国内に政治不安を抱えており、積極的な外交を展開できる状況になかったというのは見逃すことのできない背景事情である。六七年パリ万国博のときには外交の場として万国博への参加が重視されたが、七八年には少なくとも博覧会場そのものが外交の駆け引きの舞台になることはなった。

しかし、このように日仏間の外交関係は弱まる一方で、それと反比例するかのようにフランスの国内で「日本文化」に対する関心が増大していった。これには、六七年パリ万国博の日本参加が決定的な契機となっていただろう。本章で明らかにしたように、それ以降のフランスにおける日本への注目が、「ジャポニスム」として大きく広がることとなったのである。

では、「ジャポニスム」の流行がなぜフランスにおいて生まれたのかといえば、それは単にフランス人が日本の美術や工芸品の美しさに目を奪われたからではなかった。第Ⅰ部で確認したように、一八六七年パリ万国博の開催に向けて、フランスにおいては、他国との競争力を高めるために、産業製品に芸術的要素を付与しようという動きがあった。そのために、ルネサンス様式など、歴史的なスタイルの模倣ではなく、新たな「一九世紀のヨーロッパ工芸」を製作するために、「自然」から学び、これを独創的な方法で工芸品の製作にいかすことが求められた。ここにおいて、産業応用美術中央連合で講演したシェノーが中心となって、芸術的で自然の要素の認められる日本工芸品の研究が推奨された。一八七〇年代において、フランス工芸産業では日本趣味の工芸品の製作が頻繁に行われるようになる。この背景には、フランスにおける産業芸術振興運動、とりわけ一八六七年パリ万国博の後のギシャールやシェノーなどの提言があったのである。

これに対し、日本側にも独自の思惑があった。七八年パリ万国博への日本参加は、殖産興業政策の一環として輸出振興など経済的な目的を有していたのである。西南戦争によって日本の参加は一時危ぶまれたが、フランスで研鑽を積んだ前田正名によって参加準備が加速していった。陶磁器や漆器などの工芸品を主とする出品物の構成が示すように、日本は、フランスおよびヨーロッパにおけるジャポニスムの興隆をふまえ、これらの人々の需要に応えるかたちで輸出拡大を目指したのであった。

以上のように見てくると、フランスにおける「日本文化」に対する関心の増大は、政治的・外交的関係からは独立したところで始まったように思われる。とりわけフランス産業芸術の改善の要請と、一八六七年パリ万国博の後の「自然」に対する関心が、日本工芸品の「自然」の発見を促していったといえるだろう。そして、こうした「ジャポニスム」の流行に呼応するかたちで、明治政府の推し進めた殖産興業という旗印のもと、日本製品の輸出拡大や「日本」イメージの定着を目的に、一八七八年のパリ万国博への出品準備が進められていったのである。

ただしこうしたフランス、日本それぞれの思惑は、必ずしも一致していたわけではない。それらが万国博を舞台に、実際にどのように展開するのかについては次章で詳しく見ていこう。

（1）日本がフランスに設置した最初の在外公館および代理公使の派遣の経緯については、以下を参照。外務省百年史編纂委員会『外務省の百年』上巻、原書房、一九七九年。犬塚孝明「黎明期日本外交と鮫島尚信」、鮫島文書研究会編『鮫島尚信在欧外交書簡録』思文閣出版、二〇〇二年、五五一～五八八頁。犬塚孝明『明治外交官物語――鹿鳴館の時代――』吉川弘文館、二〇〇九年。

（2）国立公文書館、太00060100、太政類典、第一編、第六〇巻、旧幕府ヨリ委任セシ仏国人フロリヘラルトノコンシエル職ヲ解キ更ニモンフランニ弁理職ヲ命ス、明治二年九月二八日。

（3）モンブランの一八六七年から一八六九年までの日本における活動については、以下を参照。日本経営史研究所『五代友厚伝記資料』第四巻、東洋経済新報社、一九七四年。A. de Bassompierre, « Charles de Montblanc et la Restauration Japonaise de 1868 », *Revue générale belge*, 89 année, 1953; W. F. Vande Walle, « An Extraordinary Destiny: Count de Montblanc (1833-1894) », in W. F. Vande Walle (ed.), *Japan & Belgium: four centuries of exchange*, Commissioners-General of the Belgian Government at the Universal Exposition of Aichi 2005, 2005; 宮永孝「ベルギー貴族モンブラン伯と日本人」『社会志林』第四七巻第二号、法政大学、二〇〇〇年。

（4）『五代友厚伝記資料』第四巻、注（3）前掲書、八二頁。

（5）新谷九郎「解説――五代友厚伝の「考証」的再検討――」『五代友厚伝記資料』第四巻、注（3）前掲書、二四七～二四八頁。

（6）『五代友厚伝記資料』第四巻、注（3）前掲書、九四～九五頁、二四九頁。モンブランは、対外関係の他に、武器の売り込みや電信架設を新政府に提案するなど、政商としても役割を果たそうと試みた（同書、一二五頁、一三〇頁、二四九～二五〇頁）。

（7）国立公文書館、太00060100、太政類典、第一編、第六〇巻、注（2）前掲、明治二年六月。

（8）同前。Albert de Bassompierre, art. cit., p. 240-241. W. F. Vande Walle, *op. cit.*, p. 153.

（9）国立公文書館、太00060100、太政類典、第一編、第六〇巻、注（2）前掲、明治二年九月二八日。

（10）同前。

（11）宮永孝、注（3）前掲論文、三四～三五頁。前田正名（弘庵）の派遣については、国立公文書館、太00060100、太政類典、第一編、第六〇巻、仏人モンブラン該国へ差遣ニ付鹿児島藩前田弘庵ヲ随行セシム、明治二年一一月を参照。なおモンブランのパリ到着日時を示す資料は見つかっていない。宮永はバッソンピエールの論文（A. de Bassompierre, art. cit.）を参照してモンブランのパリ到着の時期は「一八七〇年春」としている。なお本章は、フランス外務省文書館の日本関係文書において「一八七〇年三月」の項目のなかに、モンブランがフランス外務省に宛てた書簡が確認されたことから、モンブランと前田が一八七〇年三月にはパリに到着していたと考える（MAE, 40ADP/2, Comte de Montblanc au Ministre des Affaires étrangères, mars 1870）。

(12) MAE, 40ADP/2, Comte de Montblanc au Ministre des Affaires étrangères, [mars 1870].

(13) 外務省調査部編『大日本外交文書』第五巻、日本国際協会、八三三頁。A. de Bassompierre, art. cit., p. 241-242.

(14)『外務省の百年』上巻、注(1)前掲書、七〇～七六頁。犬塚孝明、注(1)前掲論文、五六〇～五六七頁。犬塚孝明、注(1)前掲書、四七～五〇頁。

(15) 明治政府は、一八一五年制定の在外常置使節にかんするウィーン規則に準じた制度を採用し「弁務使」を大・中・少の三階級に分けて、大弁務使が envoyé extraordinaire et ministre plénipotentiaire（全権公使）、中弁務使が ministre résident（弁理公使）、少弁務使が chargé d'affaires（代理公使）にそれぞれ該当することを定めた。なおウィーン規則上の第一階級にあたる ambassadeur（大使）は「別格」として弁務使階級には含まないものとした。特命全権大使の名称が、在外使臣の第一階級として正式に加わるのは一八七二年からである（『外務省の百年』、注1前掲書、七〇～七四頁。犬塚孝明、注1前掲論文、五六三頁、『鮫島尚信在欧外交書簡録』注1前掲書）。

(16) N. Sawa, Ministre des Affaires étrangères du Japon au Ministre des Affaires étrangères de France, 2nd 10me mois（Wouro）[*sic*] 3ème année de Meithi; N. Sawa au Comte de Montblanc, 2nd 10me mois（Wouro）[*sic*] 3ème année de Meithi（『鮫島尚信在欧外交書簡録』、注1前掲書、書簡5・6、七頁）. ただし、フランス政府が刊行する『フランス共和国外交年鑑』では、一八七一年から一八八二年までパリの日本総領事（Consul général）としてモンブランの名前が掲載されている（Cf. *Annuaire Diplomatique de la République française*, Paris, Berger-Levrault et Cie éditeurs, 1871-1882）。日本側は確かに解任の通達を出し、少なくとも外交史料からはこれ以降のモンブランの総領事としての活動は認められないのだが、八二年まで「総領事」としてフランス政府に認識されているというのは奇妙なことである。

(17) N. Sameshima au Comte de Montblanc, le 21 février 1873（『鮫島尚信在欧外交書簡録』、注1前掲書、書簡150、八四〜八六頁）.

(18) Société des études japonaises, chinoises, tartares, indo-chinoises et océaniennes, *Mémoires de la Société des études japonaises, chinoises, tartares et indo-chinoises*, Paris, E. Rouveyre, Maisonneuve frères et Ch. Leclerc, 1873-1886. なお今村和郎（一八四六〜一八九一）は、一八七三年にフランス政府の要望でパリ東洋語学校教授試補に就任し、この日本学会が設立した初年（一八七三年）から学会秘書を務め、本学会誌の編集に携わった。

(19) Société des études japonaises, *op. cit.*, t. 4, 1885, Listes chronologiques, p. 137-138.

(20) Lettre de la Légation du Japon en France au Comte de Montblanc, Président de la Société des études japonaises, le 14 mars 1876（『鮫島尚信在欧外交書簡録』、注1前掲書、書簡364、一九八頁）。

(21) 宮永孝、注(3)前掲論文、三八〜三九頁。

(22) N. Sameshima à J. Favre, Ministre des Affaires étrangères, le 3 juillet 1870（『鮫島尚信在欧外交書簡録』、注1前掲書、書簡4、六〜七頁）.

(23) 犬塚孝明、注(1)前掲論文、五六八頁。

(24) N. Sameshima au Ministre des Affaires étrangères, le 3 mai 1874（『鮫島尚信在欧外交書簡録』、注1前掲書、書簡232、一二六〜一二七頁）.

(25) リチャード・シムズ著、矢田部厚彦訳『幕末・明治日仏関係史——一八五四〜一八九五年——』ミネルヴァ書房、二〇一〇年、八一〜八四頁。

(26) 表6のフランス外交代表者の生没年は、フランス外務省の文書を参照（MAE, Personnel, Dossiers nominatifs 1e série (1850–1900), cote 393QO/365, 2e série（1900–1930), cote 394QO/1506）。肩書と在任期間は、リチャード・シムズ著、注(25)前掲書の巻末表を参照し、筆者が表を作成した。

(27) 御雇い外国人については、以下を参照。澤護『お雇いフランス人の研究』敬愛大学経済文化研究所、一九九一年。梅溪昇『お雇い外国人——明治日本の脇役たち——』講談社、二〇〇七年。西堀昭『日本の近代化とグランゼコール——黎明期の日仏交流——』つげ書房新社、二〇〇八年。西野嘉章・クリスチャン・ポラック編『維新とフランス——日仏学術交流の黎明――』東京大学総合研究博物館、二〇〇九年。梅溪昇『お雇い外国人の研究』上下巻、青史出版、二〇一〇年。綿貫健治『日仏交流一五〇年――ロッシュからサルコジまで――』学文社、二〇一〇年。

(28) 綿貫健治、注(27)前掲書、五五頁。

(29) 西野嘉章・クリスチャン・ポラック編、注(27)前掲書、一二九～一三三頁。西堀昭、注(27)前掲書、一〇三～一四〇頁。

(30) 西野嘉章・クリスチャン・ポラック編、注(27)前掲書、一八八～一九六頁。西堀昭、注(27)前掲書、六二～六六頁。

(31) 幕末・明治期における日本の軍制については、以下を参照。篠原宏『陸軍創設史――フランス軍事顧問団の影――』リブロポート、一九八三年。コレージュ・ド・フランス日本学高等研究所、フランス国立科学研究センター日本文明研究所監修『フランス士官が見た近代日本のあけぼの』ＩＲＤ、二〇〇五年。竹本知行『幕末・維新の西洋兵学と近代軍制――大村益次郎とその継承者――』思文閣出版、二〇一四年。

(32) 徳川昭武の経歴およびフランスとの関係については、次の文献を参照。須見裕『徳川昭武――万博殿様一代記――』中央公論社、一九八四年。宮地正人監修『徳川昭武幕末滞欧日記』松戸市戸定歴史館、一九九七年。宮永孝『プリンス昭武の欧州紀行――慶応三年パリ万博使節――』山川出版社、二〇〇〇年。寺本敬子『徳川昭武に宛てたレオポルド・ヴィレットの書簡――一八六七年パリ万博の出会いから日露戦争まで――』上下巻、一橋大学社会科学古典資料センター、二〇〇九年。

(33) 明治日本の軍隊がフランス式からプロイセン式に移行していく背景に関しては、篠原宏、注(31)前掲書、第一三章を参照。

(34) ボワソナードの経歴については、大久保泰甫『ボワソナアド――日本近代法の父――』岩波書店、一九七七年。西堀昭『日仏文化交流史の研究――日本の近代化とフランス人』駿河台出版社、一九八一年、二七～八〇頁。

(35) 西堀昭、注(34)前掲書。

(36) La Bibliothèque de la Maison des sciences de l'homme.

(37) La Bibliothèque asiatique des Missions étrangères.

(38) P. Beillevaire, *Le Japon en Langue française, Ouvrages et articles publiés de 1850 à 1945*, Paris, Éditions Kimé, 1993.

(39) P. Beillevaire, *op. cit.* を参考に、筆者が作成。

(40) A. de Moges, « Voyage en Chine et au Japon (1857–1858) », *Le tour du monde*, Paris, 1860, p. 129–176. この他にも次の著作が同年に発表された。A. de Moges, *Souvenirs d'une Ambassade en Chine et au Japon en 1857 et 1858*, Paris, Librairie de L. Hachette et Cie, 1860.

(41) C. de Chassiron, *Notes sur le Japon, la Chine et l'Inde*, Paris, E. Dentu, 1861.

(42) 一八五八年の日仏修好通商条約の締結から、日露戦争後までの時代を対象とした、日本関係のフランス語の出版物の選集がベイユヴェールによってまとめられている。P. Beillevaire, *Le Voyage au Japon, Anthologie de Textes français 1858–1908*, Paris, Robert Laffont, 2001.

(43) ブスケについては以下を参照。西堀昭、注(34)前掲書。梅溪昇『お雇い外国人の研究』上巻、注(27)前掲書。松田清「フランスからみた文明開化」林屋辰三郎編『文明開化の研究』岩波書店、一九七九年、一八九〜二二七頁。

(44) G. H. Bousquet, *Le Japon de nos jours et les échelles de l'Extrême Orient*, 2 vols, Paris, Hachette, 1877（ブスケ著、野田良之・久野桂一郎訳『日本見聞記』全二巻、みすず書房、一九七七年）.

(45) 一八七八年パリ万国博の日本出品について論じた次のフランス語文献に、ブスケの著書『今日の日本と極東の諸寄港地』（邦訳は『日本見聞記』）の文章が数多く引用されている（第四章で再び取りあげる）。Cf. C. Lamarre et A. F. de Fontpertuis, *La Chine et le Japon et l'Exposition de 1878*, Paris, Librairie Ch. Delagrave, 1878.

(46) Musée Cernuschi, *Henri Cernuschi, 1821–1896: voyageur et collectionneur*, Paris-musées, Diffusion, Actes sud, Distribution, UD-Union distribution, 1998.

(47) T. Duret, *Voyage en Asie: Le Japon, la Chine, la Mongolie, Java, Ceylan, l'Inde*, Paris, Michel Lévy Frères, 1874. デュレと日本との関係については、以下を参照。S. Inaga, « Théodore Duret et le Japon », *Revue de l'art*, no. 79, 1988.

(48) 大島清次『ジャポニスム——印象派と浮世絵の周辺——』美術公論社、一九九七年、一九二〜一九三頁。

(49) T. Duret (dir.), *Livres et albums illustrés du Japon*, Paris, Leroux, 1900.

(50) K. Omoto et F. Macouin, *Quand le Japon s'ouvrit au monde: Emile Guimet et les arts d'Asie*, Paris, Gallimard, 1990.

(51) ギメ著、青木啓輔訳『ギメ東京日光散策、レガメ日本素描紀行』雄松堂、一九八三年、二八九〜二九〇頁。

（52）« L'Exposition de Mm. Emile Guimet et Félix Régamey », *L'Illustration*, le 16 nov. 1878.

（53）E. Guimet, *Promenades japonaises*, Paris, G. Charpentier, 1878; Emile Guimet, *Promenades japonaises, Tokio-Nikko*, Paris, G. Charpentier, 1880（ギメ、注51前掲書）.

（54）ギメ美術館は、一八八九年にパリに移転し、現在にいたる。

（55）*Le monde illustré*, no. 1170–1230, 1879–1880. Cf. *Le monde illustré*, no. 1353, le 3 mars 1883. さらに『お駒』は、レガメの挿絵とともに単行本として公刊された。T. Bakin, *Okoma, roman japonais illustré par Félix Régamey*, Paris, Plon, 1883.

（56）Congrès international des orientalistes, *Compte-rendu de la première session, Paris 1873*, Paris, Maisonneuve et Cie, 1874; Tokyo, Edition Synapse, 1998.

（57）« Allocution de Samésima Naonobu », in Congrès international des orientalistes, *Compte-rendu de la première session, Paris 1873, op. cit.*, t. I, p. 60–61.

（58）*Ibid.*

（59）犬塚孝明、注（1）前掲論文、五七四頁。

（60）高田時雄「国際東洋学者会議について」『復刻版　国際東洋学者会議　会議録』エディション・シナプス、一九九八年。

（61）E. Chesneau, Groupe I, Peinture, dessins, sculpture, architecture, gravure et lithographie, *Exposition universelle de 1867 à Paris. Rapports du Jury international*, M. Chevalier（dir.）, t. 1, Paris, Imprimerie administrative de Paul Dupont, 1868.

（62）E. Chesneau, « Le Japonisme dans les arts », *Musée universel*, Paris, 1873, p. 214. 日本語訳は、国立西洋美術館編『ジャポニスム展――一九世紀西洋美術への日本の影響――』国立西洋美術館、一九九八年、三八八頁を参照。

（63）フランス語「Japonisme」はそのまま英語にも用いられた。Cf. "the decided advent of an era of *Japonisme*, as the French term the prevailing admiration for Japanese works"（R. Alcock, *Art and Art Industries in Japan*, London, Virtue and co., 1878, p. 228）. ドイツ語では、このフランス語をドイツ語風に直して「Japonismus」が用いられた。神田孝夫「日本趣味の端緒とこれに対する日本の反応」『比較文化研究』第三号、東京大学教養学部人文学科、一九六二年、八一頁。

(64) G. P. Weisberg, *The independent critic: Philippe Burty and the visual arts of mid-nineteenth century France*, P. Lang, 1993, p. 223-224.

(65) P. Burty, « Japonisme », I-V, *La Renaissance littéraire et artistique*, les 18 mai, 15 juin, 27 juillet, 10 août 1872 et le 8 février 1873.

(66) *Trésor de la langue française informatisé*, CNRS, 2005; P. Robert, *Dictionnaire alphabétique et analogique de la langue française*, Paris, 1985, p. 789.

(67) *Trésor de la langue française informatisé, op. cit.*

(68) P. Larousse, *Grand Dictionnaire universel du XIXe siècle*, t. 4, Paris, 1869, p. 139.

(69) P. Larousse, *Grand Dictionnaire universel du XIXe siècle*, t. 16, 1er supplément, Paris, 1877, p. 1003.

(70) P. Larousse, *Grand Dictionnaire universel du XIXe siècle*, t. 17, 2e supplément, Paris, 1890, p. 1454.

(71) *Ibid.*

(72) E. Chesneau, « Exposition universelle: Le Japon à Paris », Gazette des Beaux-Arts, Paris, le 1er septembre 1878, p. 386.

(73) *Ibid.*

(74) *Rapport sur l'Exposition universelle de 1867, à Paris*, Paris, Imprimerie impériale, 1869, p. 516.

(75) E. Guichard, « Considérations sur l'art dans ses applications à l'industrie », in M. Chevalier (dir.), *Exposition universelle de 1867 à Paris. Rapports du Jury international*, t. 3, *op. cit.*

(76) *Ibid.*, p. 5-6.

(77) A. de Beaumont, « Les arts décolatifs en Orient et en France: Une visite à l'Orient à l'Exposition universelle », *Revue des Deux Mondes*, t. 72, 1867, p. 138-160.

(78) E. Guichard, art. cit., p. 10.

(79) *Ibid.*, p. 10.

(80) E. Vasseur, *L'exposition universelle de 1867 à Paris. Aperçu d'un phénomène de mode français au XIXe siècle*, Paris, Université Paris IV (Sorbonne), thèse de doctorat, 2005, p. 574.

（81） E. Chesneau, *L'Art japonais*, A. Morel, Conférence faite à l'Union centrale des Beaux-arts appliqués à l'industrie, le 19 février, 1869.

（82） *Ibid.*, p. 27.

（83） *Ibid.*, p. 27.

（84） *Ibid.*, p. 24.

（85） *Ibid.*, p. 28.

（86） フランス工芸におけるジャポニスムの影響は、以下を参照。国立西洋美術館編『ジャポニスム展――一九世紀西洋美術への日本の影響――』国立西洋美術館、一九八八年。東京都庭園美術館編『工芸のジャポニスム展』ＮＨＫプロモーション、一九九八年。三浦篤「フランス・一八九〇年以前――絵画と工芸の革新――」ジャポニスム学会編『ジャポニスム入門』思文閣出版、二〇〇〇年。今井祐子『ジャポニスム期のフランスにおける日本陶磁器コレクションの形成――日本陶器への開眼と交易の展開――』博士論文、神戸大学、二〇〇三年。東京国立博物館、日本経済新聞社編『フランスが夢見た日本――陶器に写した北斎、広重――』日仏交流一五〇周年記念オルセー美術館コレクション特別展、日本経済新聞社、二〇〇八年。今井祐子『陶芸のジャポニスム』名古屋大学出版会、二〇一六年。

（87） *Catalogue officiel des exposants récompensés par le Jury international*, 2e éd., Paris, E. Dentu, 1867, p. 20.

（88）「ジャングラールの会」については次の論文を参照。J. P. Bouillon, «A gauche, note sur la société du Jing-Lar et sa signification », *Gazette des Beaux-arts*, mars 1978; J. P. Bouillon, « Sociétés d'artistes et institutions officielles dans la seconde moitié du XIXe siècle », *Romantisme*, vol. 16, no. 54, 1986, p. 89–113; B. Bumpus, "The Jing-lar and republican politics, Drinking, dining and japonisme", *Apollo: The international magazine of arts*, no. 409, 1996, p. 13–16.

（89） *Journal officiel de la République française*, Paris, Impr. Gérant, 1875–1878（以下、*JO* と略す）; Ministère de l'Agriculture et du Commerce, *Rapport administratif sur l'Exposition universelle de 1878 à Paris*, 2 vols, Paris, Impr. nationale, 1881（以下、*RA1878* と略す）; S. de Vandières, *L'Exposition universelle de 1878, illustrée*, Calmann-Lévy, 1879.

（90） Décret du 25 mars 1876, *JO*, le 28 mars 1876; S. de Vandières, *L'Exposition universelle de 1878, op. cit.*, p. 7.

(91) *RAI1878*, vol. 1, p. 10–11.
(92) Décret du 25 mars 1876, *JO*, le 28 mars 1876.
(93) Décret du 3 avril 1876, *JO*, le 5 avril 1876.
(94) Décret du 4 avril 1876, *JO*, le 5 avril 1876; Décret du 13 avril 1876, *JO*, le 16 avril 1876.
(95) 農商務大臣ティスランの「報告書」全文は、以下を参照。*RAI1878*, vol. 2, p. 3–8.
(96) *RAI1878*, vol. 1, p. 4.
(97) *Ibid.*
(98) *Ibid.*, p. 1–2.
(99) *RAI1878*, vol. 2, p. 8.
(100) *RAI1878*, vol. 1, p. 15.
(101) B. Schroeder-Gudehus et A. Rasmussen, *Les Fastes du Progrès, le guide des expositions universelles, 1851–1992*, Paris, Flammarion, 1992, p. 96.
(102) *RAI1878*, vol. 1, p. 15–16; S. de Vandières, *op. cit.*, p. 7–8.
(103) *RAI1878*, vol. 2, p. 27.
(104) Décret du 5 août 1876, *JO*, le 6 août 1876. 高等委員会の構成員および部門別の担当者については以下を参照。*RAI1878*, vol. 2, p. 26–30; S. de Vandières, *L'Exposition universelle de 1878*, *op. cit.*, p. 43–44; A. Bitard, *L'Exposition de Paris* (1878), Paris, Librairie illustrée, les 6, 20 et 27 avril 1878.
(105) *Ibid.*
(106) ディエ・モナンは、一八六七年パリ万国博においても、委員として中心的な役割を果たした人物である。一八七六年フィラデルフィア万国博では国際審査委員会にフランス代表の一員として携わった。下院議員。
(107) ベルジェは、鉱山技師として鉄道建設に従事した。一八六七年パリ万国博では外国部門の副担当として働いた。また *Le Journal des Débats* の芸術批評欄を担当し、国立美術学校において美学・美術史の講座を担当するなど、芸術分野においても秀でた人物であった。

(108) ティスランは、ヨーロッパ各国で農業経済を研究し、一八七一年に総監としてフランス農商務省に入り、一八七四年に農業局次官となった。その後一八七六年に農学院を再建し、院長を務めた。一八七九年には農商務省の農業局長官に任じられ、科学研究・教育体制の再編を行い、農業教育発展に貢献した。E. Tisserand, *Notice sur les titres et M. Eugène Tisserand*, Impr. l'Étoile, 1883.

(109) シュヌヴィエール侯は、一八四六年に王立美術館館長に任じられ、五二年地方美術視察官となる。一八六七年パリ万国博では美術部門を担当した。七三年には美術院長に就任した。『古フランスの地方画家たちの生涯と作品の研究』(*Recherches sur la vie et les ouvrages de quelques peintres provinciaux de l'ancienne France*, Paris, Dumoulin, 1847-1882)など著書も多く、*Archives de l'art français* を創刊するなどフランス美術界への貢献は大きい。

(110) *RA1878*, vol. 1, p. 42.

(111) *Ibid.*, p. 61.

(112) *Ibid.*, p. 4-6.

(113) *Ibid.*, p. 4.

(114) *Ibid.*, p. 5.

(115) S. de Vandières, *op. cit.*, p. 8.

(116) *Ibid.*

(117) 一八七八年パリ万国博への日本の参加経緯については、特に岩壁義光「明治十一年パリ万国博覧会と日本の参同」、『神奈川県立博物館研究報告――人文科学――』第一二号、神奈川県立博物館、一九八五年を参照。

(118) 「第一号、博物局へ巴里府ニテ一八七八年大博覧会興行之通知往書」、外務省外交史料館、外務省記録 B-3-15-2-7_001、『仏蘭西国巴里開設万国博覧会ニ帝国政府参同一件』第一巻、一八七六年〔以下、外務省記録『参同一件』と略記する〕。岩壁義光、注(117)前掲論文、九三頁。

(119) 『鮫島尚信在欧外交書簡録』、注(1)前掲書、五〇二頁。

(120) N. Sameshima, Chargé d'affaires du Japon à Duc Decazes, Ministre des Affaires Etrangères, le 22 novembre 1874（『鮫島尚信在欧外交書簡録』、注(1)前掲書、書簡285、一五七〜一五八頁）。鮫島は一八七四年一一月二〇日付の書簡で、中

野健明を臨時代理公使に任命した。
(121) 犬塚孝明、注(1)前掲論文、五八一～五八二頁。
(122) 同前。
(123) 「第一号、博物局へ巴里府ニテ一八七八年大博覧会興行之通知往書」明治九年五月二六日(外務省外交史料館蔵、外務省記録『参同一件』)。岩壁義光、注(117)前掲論文、九三頁。
(124) 日本の万国博参加を担った中心部局は、内務省の勧業寮、勧商局、勧農局、博物局であった。
(125) 田辺太一については、自著『幕末外交談』(東京大学出版会、復刻版、一九七六年)の他に、次の伝記がある。尾辻紀子『幕末外国奉行田辺太一』新人物往来社、二〇〇六年。
(126) De Saint-Quentin au Ministre des Affaires Étrangères à Tokio, M. Térachima, Tokio, le 15 juin 1876(外務省外交史料館蔵、外務省記録『参同一件』)。外務省記録には、フランス語の原本とともに日本語訳が添付されている(「自：仏国代理公使サン＝カンタン、至：寺島外務卿」書簡、明治九年六月一五日)。サン＝カンタンは、初代公使のベルクール以来、第六代目のフランス駐日臨時代理公使として、一八七五年四月から一八七七年五月まで在任した。
(127) *Ibid.*
(128) *Ibid.*
(129) 「太政大臣へ前件ニ付出品並内地へ布告等之義上申書並指令」明治九年七月八日(外務省外交史料館蔵、外務省記録『参同一件』)。
(130) 同前。
(131) 岩壁義光、注(117)前掲論文、九三頁。
(132) 「仏国巴里府博覧会御出品並内地へ御布告相成度儀上申」一八七六年七月八日、国立公文書館蔵『公文録』本館-2A-009-00、公-01746100。
(133) 岩壁義光、注(117)前掲論文、九三頁。
(134) 同前、九四頁。
(135) 「仏国博覧会ノ義下問」明治九年七月一三日、国立公文所館蔵『公文録』本館-2A-009-00、公01746100。岩壁義光、

注(117)前掲論文、九四頁。

(136)「仏国博覧会ノ義御下問ニ付上申」明治九年八月一日、国立公文書館蔵『公文録』、注(135)前掲。

(137)「第百拾壱号」明治九年八月一七日布告（外務省外交史料館蔵、外務省記録『参同一件』）。

(138)「仏蘭西巴里万国博覧会」一橋大学附属図書館所蔵。

(139) AN, F/12/3496, N. Saméchima, Vice Ministre des Affaires étrangères, à M. de Saint-Quentin, Chargé d'Affaires de France à Tokio, Yédo, le 22 août 1876.

(140) *Ibid.*

(141) *Ibid.*; AN, F/12/3496, Traduction de la Notification par Iwacoura, à Yédo, le 17 août 1876; AN, F/12/3492, Ministère des Affaires étrangères, Direction des consulats et affaires commerciales au Ministre de l'agriculture et du commerce, 28 octobre 1876.

(142) 勝田孫彌『大久保利通伝』下巻、同文館、一九一一年、五二〇～五二一頁。大久保の国家構想、政策等については、以下を参照。勝田政治『大久保利通と東アジア——国家構想と外交戦略——』吉川弘文館、二〇一六年。安藤哲『大久保利通と民業奨励』御茶の水書房、一九九九年。

(143) 内国博については以下を参照。國雄行『博覧会の時代——明治政府の博覧会政策——』岩田書院、二〇〇五年。

(144) AN, F/12/3496, T. Nakano à Teisserenc de Bort, le 16 septembre 1876.

(145)「第九号、在仏中野代理公使ヨリ会場図面幷規則書送到」（外務省外交史料館蔵、外務省記録『参同一件』）。岩壁義光、注(117)前掲論文。

(146)「第十二号、内務大少丞前件ニ付在仏我公使館ヨリノ報告ヲ回送スル段往書」、「在仏国公使館報告書」（外務省外交史料館蔵、外務省記録『参同一件』）。

(147) 同前。

(148) ウィーンおよびフィラデルフィアの万国博への日本参加については一八八頁注(3)を参照。

(149) 一八六七年パリ万国博とジャポニスムの関係については、次の論文で論じた。寺本敬子「一八六七年パリ万国博覧会とジャポニスム」、喜多崎親編『パリ——一九世紀の首都——』竹林舎、二〇一四年。

(150) De Saint-Quentin à M. Térachima, le 30 septembre 1876（外務省外交史料館蔵、外務省記録『参同一件』）。
(151) *Ibid.*
(152)「第八号、太政大臣へ前件事務官被命度義上申」明治九年一〇月一八日（外務省外交史料館蔵、外務省記録『参同一件』）。
(153)『鮫島尚信在欧外交書簡録』、注(1)前掲書、四四四頁（書簡392、書簡393）。
(154) 同前。
(155)「第十五号、在仏国公使館ヨリ〔中略〕来書」明治九年一二月二三日到着（外務省外交史料館蔵、外務省記録『参同一件』）。岩壁義光、注(117)前掲論文、九五頁。
(156) 同前。
(157)「第十七号、内務卿ヨリ〔中略〕回答来書」「在仏国中野臨時代理公使ヘノ電信文」（外務省外交史料館蔵、外務省記録『参同一件』）。
(158) AN, F/12/3496, T. Nakano à J. Krantz, le 19 janvier 1877.
(159) AN, F/12/3582, J. Krantz à T. Nakano, le 20 janvier 1877.
(160)「仏国博覧会経費額ノ儀伺」明治一〇年一月、『公文録』公02030100。岩壁義光、注(117)前掲論文、九五～九八頁。
(161) 同前。
(162) 岩壁義光、注(117)前掲論文、九八頁。
(163) 同前、九八頁。
(164) 國雄行、注(143)前掲書、五八頁。
(165) 立教大学日本史研究室編『大久保利通関係文書』第五巻、吉川弘文館、一九七一年、二七三頁。岩壁義光、注(117)前掲論文、一〇八頁。
(166) 前田正名「前田正名自叙伝」上・下、『社会及国家』第二五一号、第二五二号、一九三七年（以下、「前田正名自叙伝」と略記）。前田正名「上海日記」、『社会及国家』第二五三号、一九三七年。前田正名の伝記は、以下を参照。今田賢三『前田正名』新潮社、一九四三年。祖田修『前田正名』吉川弘文館、一九八七年（初版一九七三年）。

(167) 「前田正名自叙伝」上、注(166)前掲。祖田修、注(166)前掲書、一〜一一頁。
(168) 「前田正名自叙伝」上、注(166)前掲、一三頁。
(169) 同前。
(170) 「前田正名自叙伝」下、注(166)前掲、八九〜九八頁。
(171) モンブランと前田正名の関係については、本章第二節を参照。
(172) 「前田正名自叙伝」下、注(166)前掲、九二〜九三頁。
(173) 同前、九三頁。
(174) 同前。
(175) 同前、九三〜九六頁。祖田修、注(166)前掲書、四三〜四六頁。
(176) 「前田正名自叙伝」下、注(166)前掲、九三頁。
(177) 同前、九五頁。
(178) 同前、九四頁。
(179) 同前、九五頁。
(180) 同前。
(181) 勝田孫彌『大久保利通伝』下巻、同文館、一九一一年、五七頁。祖田修、注(166)前掲書、四七〜四八頁。
(182) 勝田孫彌、注(181)前掲書、五二八頁。祖田修、注(166)前掲書、四七〜四八頁。
(183) 祖田修、注(166)前掲書、四九〜五〇頁。
(184) 「前田正名自叙伝」下、注(166)前掲、九六頁。
(185) AN, F/12/3492 et F/12/3582, P. Berger à J. Krantz, le 31 janvier 1877.
(186) 「前田正名自叙伝」下、注(166)前掲、九七頁。
(187) 祖田修、注(166)前掲書、五五頁。
(188) AN, F/12/3492, « Rapport adressé par le Directeur des Sections étrangères au Commissaire général », le 15 janvier 1877; AN, F/12/3492 et F/12/3582, P. Berger à J. Krantz, 31 janvier 1877.

(189) 「前田正名自叙伝」下、注(166)前掲、九八頁。

(190) AN, F/12/3496, Maeda à J. Krantz. なお、この前田正名の書簡は、高等委員会の発行した『パリ博覧会』誌にも掲載された。Cf. « L'Exposition japonaise », *L'Exposition de Paris* (1878), le 29 juin 1878.

(191) 勝田孫彌、注(181)前掲書、五二八～五二九頁。祖田修、注(166)前掲書、五七～五八頁。

(192) 前田は、博覧会事務局での業務の他に、大久保から三田育種場長に任じられた。前田は、フランスで収集した植物の種子や苗木を日本に持ち帰り、これらを三田育種場に植えて、農場開設に携わった。三田育種場は一八七七年九月に開場、全国から各種農産物の出品を求めて陳列し、優秀なものに賞を与えるなど、日本の農業改良に影響を与えた。

(193) 仏国博覧会事務局『明治十一年仏蘭西巴里府万国大博覧会報告書』第二篇、一八七九年、一～五頁。博覧会倶楽部編『海外博覧会本邦参同史料』第二輯、一九二八年、二二一～二二五頁。

(194) 小寺瑛広「山高信離とその仕事――博物館長になった旗本――」『國學院大學博物館學紀要』第三五号、二〇一一年三月、三九～六二頁。

(195) 『明治十一年仏蘭西巴里府万国大博覧会報告書』第二篇、注(193)前掲書、一～二頁。

(196) AN, F/12/3496, « A la Mémoire de S. E. Toshimitchi Okubo », Commission Impériale du Japon à l'Exposition universelle de 1878 à Paris.

(197) 『明治十一年仏蘭西巴里府万国大博覧会報告書』第二篇、注(193)前掲書、一～五頁。

(198) AN, F/12/3496, T. Nakano à J. Krantz, le 3 décembre 1877.

(199) 『明治十一年仏蘭西巴里府万国大博覧会報告書』第一篇、一八七九年、一頁。

(200) AN, F/12/3496, M. Maeda à J. Krantz, le 12 mars 1878; AN, F/12/3496, J. Krantz à M. Masana, le 5 mars 1878.

(201) AN, F/12/3496, M. Maeda à P. Berger, le 28 mars 1878.

(202) AN, F/12/3496, M. Matsugata à J. Krantz, le 15 avril 1878; AN, F/12/3493, « Commissariat Impérial du Japon à Paris », Liste des Commissaires étrangers et de leurs Collaborateurs.

(203) 『明治十一年仏蘭西巴里府万国大博覧会報告書』第二篇、注(193)前掲書、三頁。

(204) 同前、一～五頁を参考に、筆者が表を作成。

(205)『海外博覧会本邦参同史料』第二輯、注(193)前掲書、二五頁。
(206)『出品附則』の全文は、同前、二六～四一頁。
(207)同前、二五～二六頁。
(208)「前田正名自叙伝」下、注(166)前掲、一〇〇頁。
(209)一八七八年パリ万国博における三井物産会社の役割については、岩壁、注(117)前掲論文、一〇八～一一九頁を参照。
(210)「前田正名自叙伝」下、注(166)前掲、一〇二頁。
(211)同前。
(212)『海外博覧会本邦参同史料』第二輯、注(193)前掲書、三四～四一頁。
(213)同前。
(214)岩壁義光、注(117)前掲論文、一〇四～一〇八頁。
(215)『明治十一年仏蘭西巴里府万国大博覧会報告書』第二篇、注(193)前掲書、九～一〇頁。
(216)同前、附録（第一）、「巴里府博覧会報告書附録一覧諸表」を参考に、筆者が作成。
(217)同前、第二篇、六～九頁。同、附録（第一）。
(218)『海外博覧会本邦参同史料』第二輯、注(193)前掲書、七二頁。
(219)同前。仏国博覧会事務局『明治十一年仏国博覧会出品目録』一八八〇年。
(220)三井物産会社からは、さらに大工三名がフランスへ渡った。
(221)『海外博覧会本邦参同史料』第二輯、注(193)前掲書、六～九頁。
(222)佐藤道信『明治国家と近代美術――美の政治学――』吉川弘文館、一九九九年、一〇八～一〇九頁。
(223)東京国立博物館編『明治デザインの誕生――調査研究報告書『温知図録』――』国書刊行会、一九九七年。
(224)同前、一五～一六頁。
(225)『明治十一年仏蘭西巴里府万国大博覧会報告書』第二篇、注(193)前掲書、九頁を参照し、筆者が作成。なお、出品区とは、フランスの高等委員会が定めた内容別の展示区分であり、各国は出品物をこの区分に分けて展示した。
(226)『明治十一年仏国博覧会出品目録』、注(219)前掲。

(227) *Exposition universelle internationale de 1878, à Paris. Catalogue Officiel*, Paris, Imprimerie Nationale, 1878, p. 219-220; C. Lamarre et A. F. de Fontpertuis, *La Chine et le Japon à l'Exposition de 1878*, *op. cit.*, p. 73-77.
(228) C. Lamarre et A. F. de Fontpertuis, *op. cit.*, p. 73-77.
(229) 岩壁義光、注(117)前掲論文、一二〇頁において、「仏国大統領親書」（外務省外交史料館蔵、外務省記録『参同一件』）の翻刻が掲載されている。
(230) AN, F/12/3582, J. Krantz au Ministre de l'agriculture et du Commerce, le 10 janvier 1877.
(231) 明治前期における文化財保護行政の歴史については、以下を参照。東京国立博物館編『東京国立博物館百年史』東京国立博物館、一九七三年。西村幸夫「建造物の保存に至る明治前期の文化財保護行政の展開――「歴史的環境」概念の生成史　その一――」（『日本建築学会論文報告集』第三四〇号、一九八四年）、枝川明敬「我が国における文化財保護の史的展開」（『文化情報学：駿河台大学文化情報学部紀要』九巻一号、二〇〇二年）。
(232) 『明治十一年仏蘭西巴里府万国大博覧会報告書』第二篇、注(193)前掲書、二二頁。
(233) 伊藤嘉章「一八七八年パリ万国博覧会における日仏陶磁の交換」、『世紀の祭典　万国博覧会の美術』東京国立博物館、展覧会カタログ、二〇〇五年、一五六頁。
(234) AN, F/12/3496, M. Maeda à J. Krantz, *op. cit.*
(235) 「前田正名自叙伝」下、注(166)前掲、一〇〇頁。

第四章　博覧会場における「ジャポニスム」の広がり

はじめに

第三章では、一八六七年から一八七八年にいたるまでの日仏関係をふまえ、一八七八年パリ万国博への日本の参加にいたる経緯を見てきた。それでは実際の博覧会場において、開催国であるフランスの高等委員会は、日本の展示場をどのように位置づけたのか。また一方で日本博覧会事務局は、出品物の展示を通じて、どのように「日本」を演出しようと試みたのか。そしてフランスの社会はこの「日本」に対していかなる反応を示したのか。本章では、こうした問いを念頭に置き、六七年パリ万国博と比較しながら、日本の展示に対する両国の人々の思惑・期待とその結果および評価を明らかにしていきたい。これらの点で開催国フランス、参加国日本、博覧会場を訪れた観衆、三者それぞれの態度は興味深い差異を見せることとなるが、それらが交錯するなかで「日本」というイメージが形成され、この時代の「ジャポニスム」に多様性をもたらすこととなる。

本章では、まず七八年パリ万国博の博覧会場を概観し、日本の展示の特徴を明らかにする。次に、日本の展示および出品物に対する評価を、フランス農商務省による公式報告書(1)、フランスのジャーナリズムによる報道記事等から分析する。なお、日本の出品物については特に「陶磁器」に着目する。というのも、第三章で確認したように、日本博覧会事務局は、一八七〇年代のヨーロッパにおける「ジャポニスム」の流行と需要に応えるかたちで輸出振興を目指し、七八年パリ万国博において「欧米の実用」に適した工芸品を出品物の中心に位置づけたためである。こうした日本陶磁器に対するフランスの評価を分析することで、「日本」イメージの多様な側面がいっそう明らかになるであろう。

一　博覧会場における「日本」

パリの博覧会場において、日本の展示はどのように行われたのだろうか。本節ではまず博覧会場の全体像を概観し、そのなかで日本の展示状況がいかなる内容であったのかを確認していこう。

(1)　博覧会場の全体像

一八七八年パリ万国博は、五月一日の開幕式を経て、五月二〇日から一一月一〇日までの約六カ月間（一七四日間）にわたって開催された。博覧会場は全体で七五万平方メートルの敷地を占め、一八六七年パリ万国博と同じシャン・ド・マルス会場に加えて、新たにトロカデロ会場で展示が行われた。また会期中の入場者は一、六一六万人を数えた。(2) 表13(3)から分かるように、これは六七年を凌ぐ過去最高の入場者数であった。一八八〇年代のフランスの総人口がおよそ三、八〇〇万人であったことを考慮すると、一、六〇〇万人という入場者数は驚くべき数字であるといえるだろう。(4)

◆参加国

フランス農商務省がまとめた『一八七八年パリ万国博事業報告書』によると、一八七八年パリ万国博には三六

表13　主な万国博の入場者数

開催年	開催地	入場者数(人)
1851	ロンドン	604万
1855	パリ	516万
1862	ロンドン	610万
1867	パリ	1,100万～1,500万
1873	ウィーン	726万
1876	フィラデルフィア	1,000万
1878	**パリ**	**1,616万**

カ国が参加し、フランスを含めた全体の出品者数は五二、八三五名であった（表14）(5)。そのうちフランスとその植民地の出品者数は二五、八七二で、全体の四九％を占めている(6)。博覧会場の展示区画もフランスとその植民地が全体の半分を占め、残りの半分がその他の参加国であった。参加国の出品者数の割合を地域別に見ると、ヨーロッパが八六％を占め、ラテンアメリカは五・一％、アメリカ合衆国は四・五％、アジアは三・五％、アフリカは一・一％であった(7)。ヨーロッパの参加国では、フランス（植民地を含む）に次いでスペイン、オーストリア・ハンガリー、イギリス（植民地を含む）の順に出品者数が多い。

アジアからは、アンナン（現在のベトナム）、ペルシャ、シャム（同タイ）、中国、日本が参加した。これらアジアの参加国のうち、中国と日本の出品合計はその九割を占めた(8)。このようにアジアの参加国のなかでは中国と日本の存在感がずば抜けて大きかったといえるが、七八年パリ万国博全体の出品者数に占める割合としては、両国ともに一％に満たないことも留意しておくべきだろう。

日本と中国には、出品統轄者の面において大きな違いがある。日本の出品・展示は、日本博覧会事務局が自ら準備・実施したのに対し、中国側は、代理事務官（Commissaire délégué）を務めたヨーロッパ関税局総税務司（Inspecteur général des douanes européennes en Chine）でイギリス人のロバート・ハート（Robert Hart, 1835-1911）が統轄したのである(9)。中国は、アヘン戦争、アロー戦争（第二次アヘン戦争）など、ヨーロッパ列強の侵略によって、主体的な参加は事実上不可能な状態であった。六七年パリ万国博において、中国は自ら出品を行わなかったことがフランスの帝国委員会から批判の対象となったが、今回の七八年パリ万国博も同様に外国の代理事務官による

表14　1878年パリ万国博における参加国と出品者数

（括弧内は1867年パリ万国博の数字）

ヨーロッパ	
フランス（植民地を含む）	25,872（15,969）
スペイン	4,583（2,648）
オーストリア・ハンガリー	3,983（2,044）
イギリス（植民地を含む）	3,184（6,077）
イタリア	2,408（4,140）
ポルトガル（植民地を含む）	2,142（1,883）
ベルギー	1,700（1,918）
ロシア、フィンランド	1,202（1,414）
スウェーデン、ノルウェー	1,004（1,083）
スイス	1,075（1,006）
ギリシア	639（482）
オランダ	638（591）
デンマーク	455（293）
ルクセンブルク	48（7）
モナコ	40（-）
アンドラ	10（-）
セルビア、ルーマニア	3（1,061）

アフリカ	
チュニジア	166（41）
エジプト	92（93）
モロッコ	27（75）

北アメリカ	
アメリカ合衆国	1,203（705）

ラテンアメリカ	
アルゼンチン	568（125）
ウルグアイ	264（45）
ベネズエラ	173（38）
ペルー	108（13）
サルヴァドール	103（48）
グアテマラ	58（-）
メキシコ	46（-）
ニカラグア	26（20）
ボリビア	21（19）
ハイチ	20（21）

アジア	
中国	433（87）
日本	**430（145）**
シャム	31（約29）
ペルシア	24（27）
アンナン	15（約29）

＊：総出品者数は、52,835（個人および団体を含む全体数）

出品であった。なお中国が主体的に出品を初めて行うのは、一九〇〇年パリ万国博においてであり、それまでは外国人による出品統轄が行われた[10]。

それゆえ、表14を見ると中国と日本の出品規模は同程度に拡大したように読み取れるが、その差異に留意する必要がある。日本の出品者数の拡大は、パリ万国博への日本政府の出品意欲の増進を示すものと捉えることができるが、中国出品の拡大は、中国の政府主導によるものではなく、ヨーロッパ関税局等にかかわる外国人の貢献を示すものとして捉えるべきであろう。自ら出品を統轄した日本博覧会事務局に対するフランス側の評価は高く、高等委員会の委員長クランツは、特に日本の参加準備を統轄した事務官長の前田正名について「すぐれた才能と識見豊かな熱意を兼ね備えたわれわれの親愛なる協力者」と評し、称賛している[11]。

◆二つの博覧会場

七八年パリ万国博は、セーヌ川をはさんだシャン・ド・マルスとトロカデロの二つの会場において開催された。博覧会場の全体図（図1）を概観すると、まずトロカデロ会場（図2）には、ダヴィウとブルデの設計によるトロカデロ宮が建設されていることが見てとれる。トロカデロ宮は円形の建物で、正面右側の翼廊では西洋美術の展示、左側の翼廊では東洋美術の展示が行われた。トロカデロ宮前には噴水が設置され、庭園には国旗を屋根に掲げた各国のパヴィリオンが並んだ。トロカデロ会場の半分はフランス植民地のアルジェリアにあてられ、残りの半分には各参加国のパヴィリオンが設置された。

七八年パリ万国博の特徴のひとつは、ヨーロッパの植民地の展示が増加したことである。万国博でこれほど広いスペースが植民地の展示のために設けられたのは、初めてのことであった[12]。こうした植民地パヴィリオンの展示は、七八年以降、八九年、一九〇〇年のパリ万国博において拡大するとともに、観衆の関心を集めて成功を収め、一九三一年のパリ植民地博覧会の開催にいたった。フランスなど欧米列強の帝国主義の進展、植民地拡大を

図1　博覧会場全体図

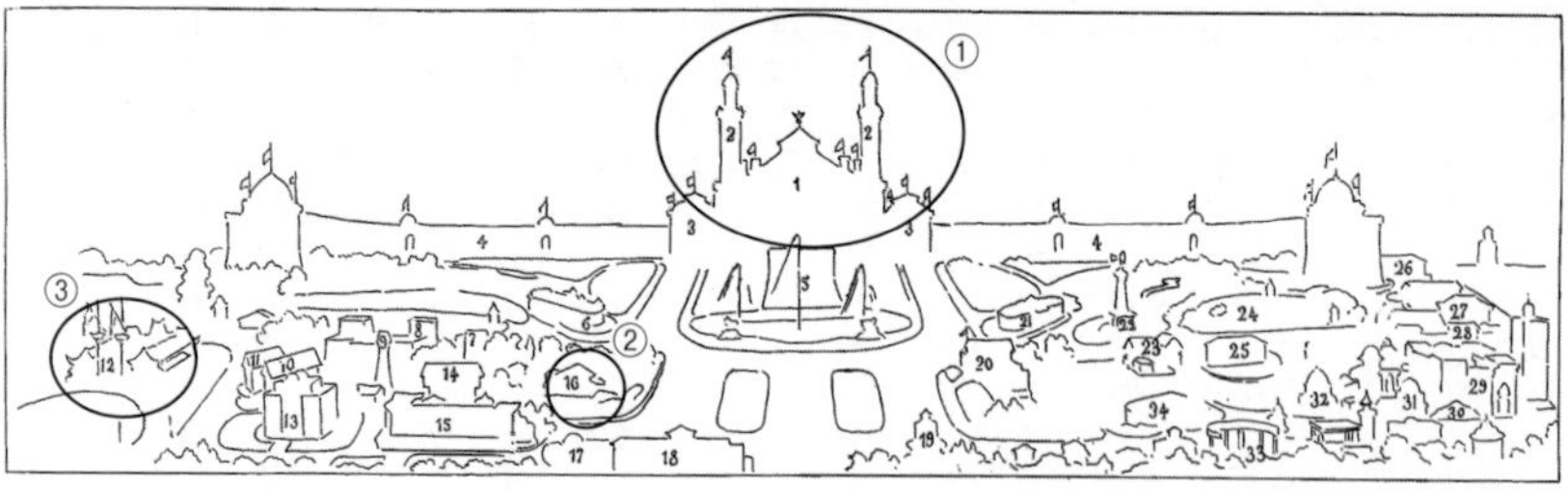

図2　トロカデロ会場(図1右手)
①トロカデロ宮、②日本パヴィリオン、③中国パヴィリオン

背景とし、万国博覧会は「帝国主義の祭典」という特徴を際立たせていくのである[13]。

一方、シャン・ド・マルス会場（図3）には、長方形の主会場が設置され、ここで国別の展示が行われた[14]。参加国は、フランス高等委員会の定めた出品区（第一区〜第九区）に合わせて出品物を配分し、展示した。各出品区の内容は、第一区「美術」、第二区「教育」、第三区「家具および付属品」、第四区「織物・服飾」、第五区「採鉱」、第六区「機械・工業」、第七区「食品」、第八区「農業・養魚」、第九区「園芸」であった[15]。

シャン・ド・マルスの主会場における各国の配置を確認すると、正面右側は諸外国の展示、左側はすべてフランスの展示に充てられているのが見てとれる。諸外国の展示は、主会場の正面入口からイギリス、アメリカ合衆国、スウェーデン、ノルウェー、イタリア、日本、中国、スペイン、オーストリア、ロシ

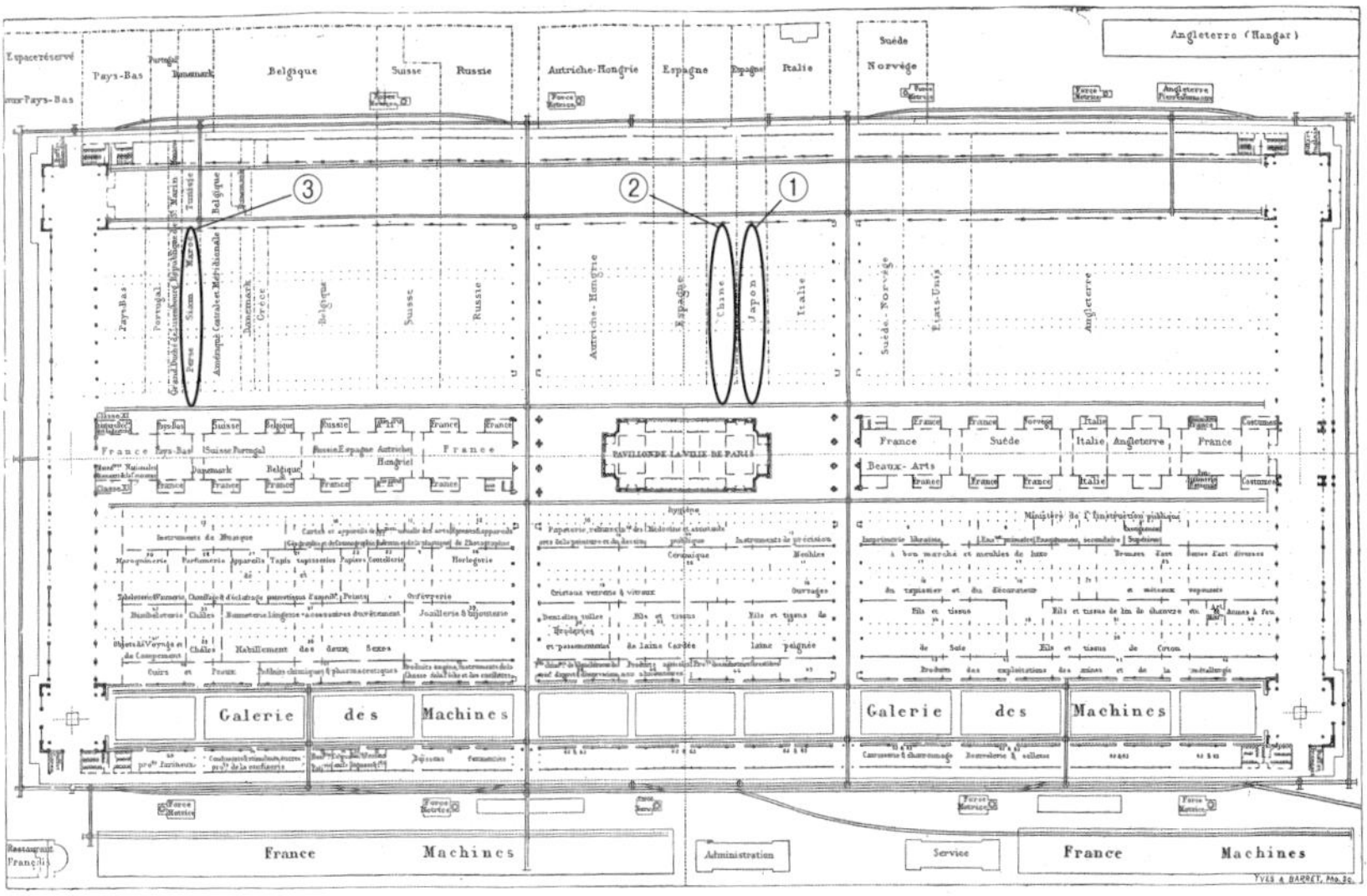

図３　シャン・ド・マルス会場平面図

①日本、②中国、③ペルシア、シャム、モロッコ

ア、スイス、ベルギーの順に配置された。このように参加各国の展示場が並んだことから、この場所は「諸国家通り」（Rue des Nations）と呼称された。またフランス高等委員会の外国局長ベルジェの発案によって、参加各国の展示場の正面部分は、各国が独自の意匠で設計することとなった(16)。こうして「諸国家通り」は、それぞれ独自の様式の建築が並び、入場者の間でも大いに評判となり、この万国博を特徴づける展示となった。

なお、先に確認したように、日本と中国の出品者数は、この万国博全体に対して一％に満たない。しかし、以下で見るように、六七年パリ万国博と比べると、それぞれ独立した展示区画を得て、面積が拡大するなど、その存在感を増している。さらに、七八年パリ万国博の開催を記念してフランス政府が製作させた「六大陸寓意彫刻（ヨーロッパ、アジア、アフリカ、北アメリカ、南アメリカ、オーストラリア）」のうちアジア像は、ファルギエール（Jean Alexandre Joseph Falguière, 1831-1900）が担当した。彼は「アジ

図4　アジア像

ア」を着物姿の日本女性で表現した（図4）。これらの彫像はトロカデロ宮の前に設置された。「日本女性」が「アジア」を体現するものとみなされたということは、このときのフランスにおける日本趣味の高まりを示すひとつの例といえよう。

（2）日本の展示

博覧会場には、日本の展示場とパヴィリオンが設置された。いずれも設計案にいたるまで事務官長の前田正名が関与し、これを指揮していた。第三章でも見たように、このパリ万国博への日本の参加・出品には、前田の果たした役割が極めて大きい。前田はいかなる日本の展示および演出を試みたのであろうか。本節では、フランスと日本両国のさまざまな立場や観点から、六七年パリ万国博との比較も念頭に置きつつ、七八年における日本の展示状況を明らかにすることとしたい。

◆シャン・ド・マルス会場

主会場であるシャン・ド・マルス会場において、日本の展示場はその中央に位置し、独立した展示区画が与えられた（図3）。第一章で見たように、前回の六七年パリ万国博では、日本・中国・シャムには共同の展示区画が設定され、これらの三国はほとんど区別されていない状況であった。しかし、フランス高等委員会が準備した主会場の設計図を見ると、今回は、当初よりアジアの共同展示区画から「日本」を独立させ、単独の展示区画を与える計画であったことが分かる（図5）。一方の中国は、当初の計画ではアジアの共同展示区画に配置されていたが、最終的には独立した展示区画を得ることとなる。

こうして日本と中国は独立した展示区画を得たことにより、展示面積も拡大することとなった。六七年に日本

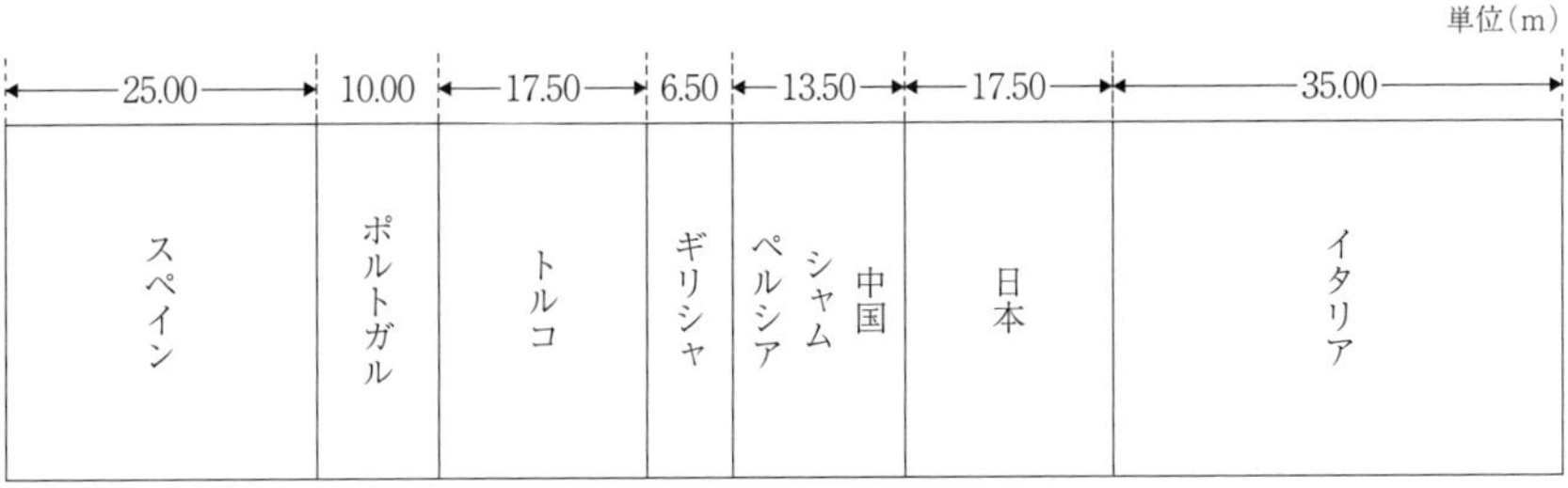

図５　シャン・ド・マルス会場における各国配置の模式図(設計案段階)

は九一平方メートル、中国は七三平方メートルであったが、今回両国はそれぞれ一、七一四平方メートルと約一八倍もの大きな展示区画を獲得した(17)。このようにフランスの高等委員会は、日本と中国の展示面積を増やすことで博覧会場における比重を増大させたことが分かる。ただし、先述したように中国出品の拡大は、代理事務官を務めたハートなど、ヨーロッパ関税局の外国人が貢献したものであり、中国政府の主体的な参加ではなかったことは留意する必要がある。他方シャムは、七八年パリ万国博では、ペルシャ、モロッコ、チュニジアと共同の展示区画に配置された。

さて、前回の六七年パリ万国博では、主会場におけるアジア諸国の展示場の設計はアルフレッド・シャポンによって行われたが、今回は、先述したようにフランスの高等委員会の要請によって各国が展示場の正面部分を設計した。これによって、各国独自の建築が並ぶこととなり、日本博覧会事務局もここで「日本」を自ら演出することになった。以下では日本展示場の様子をより詳しく見てみよう。

展示場の正面部分の設計については、高等委員会委員長クランツより、駐仏日本公使館で代理公使兼日本博覧会事務局代行を務めた中野健明宛に一八七六年一〇月二六日付の書簡で要請が行われている(18)。その返書として中野は、同月二八日付でクランツに書簡を送り、クランツからの要請を日本政府に伝達する旨を伝えている(19)。しかし、早くも翌月の一一月二五日付の『ル・モンド・イリュストレ』紙において、各国の展示場の設計案が図版で掲載された(20)。ここに掲載された図版を見ると、日本展示場の設計案（図6左）は、左側に高い塔を設置した比較的豪華な建物であったことが分かる。

この設計案は、日本へ帰国する直前に、前田正名によって作成された設計案であった可能性が高い。この設計案について、前田はのちに、委員長クランツに宛てた書簡で次のように言及している。

私は、日本の展示のために特別な正面部分を建設させるつもりでした。〔外国担当局長の〕ジョルジュ・ベルジェ氏は、私が持参した図面を検討してくれました。しかし私が立てた案のとおりにこの建築物を作らせることができず、残念です。先頃我が国を襲った危機の影響で時間と職人が足りません。(21)

この書簡において「私が立てた案」と明記されているように、日本展示場の設計案は前田の手によるものであった。しかし、当初の設計案を実現するには、西南戦争等の影響により、建設期間および職人が不足し、変更を余儀なくされたというわけである。

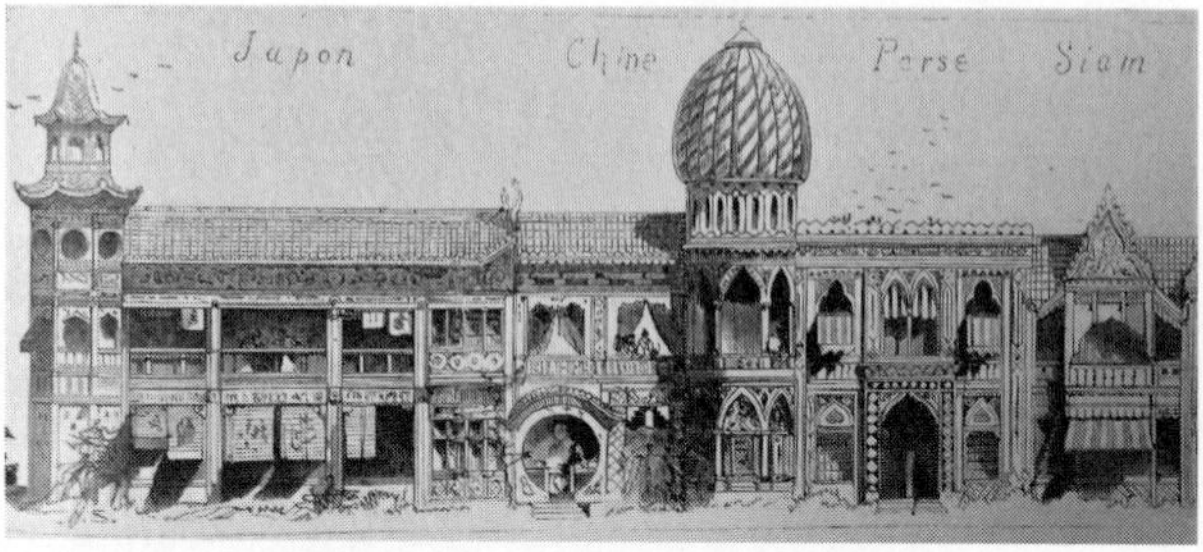

図6　アジア各国展示場の設計案
（左から日本、中国、ペルシャ、シャム）

それでは、実際に建築された日本展示場はどのようなものだったのであろうか。日本展示場の正面部分（図7）は、当初の設計案とはまったく異なる外観となったことが分かる。日本展示場は、木柱を組み合わせた大きな門を中央に配した簡素な建物であり、当初の設計案にあった高い塔は設置されていない。日本博覧会事務局の報告書によると、この正面部分は、すべて欅《けやき》材を使用し、前田とともにパリに派遣された三井物産会社の職人によって建てられた。(22)こうした変更は前田にとっては当初の構想からは外れたものであり、右に見たように、

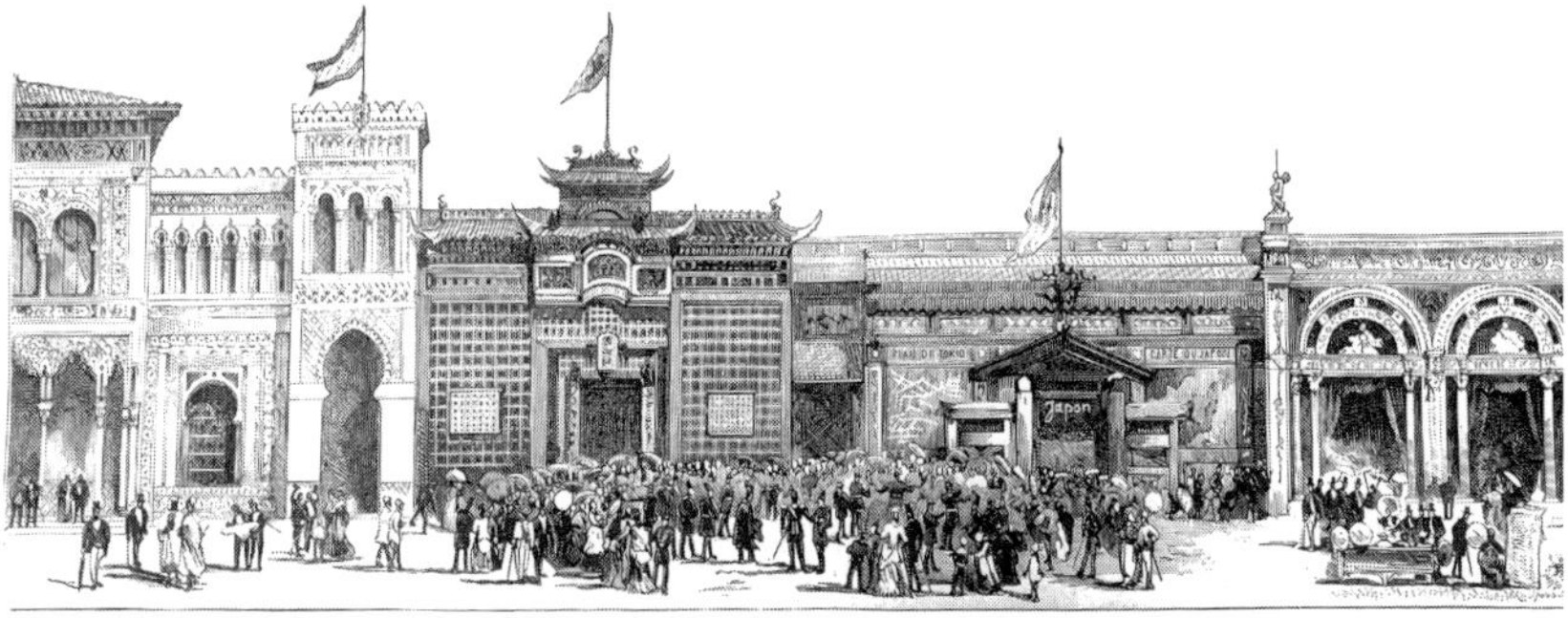
図7　各国の展示場（左からスペイン、中国、日本、イタリア）

「残念」なものであった。しかし一方でフランスのジャーナリズムは、日本展示場の「簡素さ」をむしろ好意的に受け入れることとなる。[23] この「簡素さ」こそが、日本の特徴であるとして称賛されたのである。

この日本展示場の正面右壁には日本地図、左壁には東京の地図が掛けられた。この日本地図では、廃藩置県により成立した行政区分が示されるとともに、日本の人口、海港等が表記された。[24] もう一方の東京の地図には、皇居、官省、学校、病院、公園等が表記されている。こうした地図を掲げることによって、前田は日本の都市の様子を視覚的に伝え、日本が都市化の進んだ近代国家であることを訴える効果を狙ったと考えられる。

この日本展示場の内部において、第三章で見た日本出品物（表12）が展示された。すなわち政府と民間から出品された陶磁器、漆器、金属器などの工芸品、生糸や絹織物を中心とした出品物が並べられたのである。

この他に、前田は日本展示場の正門をはさむ左右に、日本庭園や寺社に置かれるような手水鉢を設置した。[25] 前田は一八七八年三月一八日付の書簡において、外国局長ベルジェに、手水鉢に水を循環させるための水道管の設置を依頼した。これを設置した前田の意図を確認することはできないが、ここでは日本の伝統文化の演出を試みたと思われる。実際、この手水鉢はフランス観衆の好奇心を刺激し、「エキゾティック」なものとして大変な人気を集めることとなる。こうした日本の展示場について、フランスのジャーナリズムがいかなる評価を示したかは、後述する。

◆トロカデロ会場

もう一方のトロカデロ会場においては、日本は古美術展示会場と日本パヴィリオンの二カ所で展示を行った。以下にそれぞれ見ていくこととしよう。

①古美術展示会場

トロカデロ会場には、古美術展示会場が設けられ、参加国の伝統的な美術工芸品が展示された。東洋美術展示会場では、インド、中国、日本による展示が行われた(26)。日本は四〇平方メートルを割り当てられ、これを一二区画に分割し、博物局は六区画、起立工商会社は四区画、箕田長次郎は二区画を使って展示を行った(27)。フランス大統領から要請のあった日本の古器物はここに出品された。しかし、これらの古器物をすべて展示するには展示面積があまりに狭く、日本博覧会事務局も「頗る狭隘ニシテ陳列ノ品層々相重ナル」として、それぞれの作品が重なり合うかたちでしか展示できなかったことを認めている(28)。

ここには同時に、批評家ビュルティが出品した日本の刀、染織品、陶磁器等も展示されたほか、フランスの美術商ジークフリート・ビング（Siegfried Bing, 1838-1905）、ヴィアル（E. Vial）といった収集家も出品している。さらに、日本を宗教調査のために訪れたギメの仏教美術の収集品、ギメに同行した画家フェリックス・レガメの描いた「浅草の聖なる庭園」（Jardins sacrés d'Assaksa）、「天照大神の神殿」（Temple d'Amateras）といった日本の風景画も展示された(29)。

以上のように、シャン・ド・マルスの日本展示場では当時の輸出工芸品の展示が中心であったのとは対照的に、トロカデロでは日本の古美術品が展示された。しかも、日本の博物局による古美術品の展示が行われる一方で、フランス人による収集品の展示も行われた。これによって日本が保護した文化財と、フランスに「流失した」日本の古美術品が同時に展示される場となったという意味においても興味深いといえるだろう。

②日本パヴィリオン――「日本の農家」――

トロカデロ会場の庭園において、日本パヴィリオンは、トロカデロからシャン・ド・マルスへと伸びる中央の大通りに位置していた（図2）。これは「観客ノ最も多く来往経過スル所」であり、その面積は約三、三〇〇平方メートルと広く、円形の区画であった[30]。六七年パリ万国博の日本パヴィリオンの面積は一、〇五一平方メートルであったため、三倍に拡大したこととなる[31]。中国に与えられた展示面積も同様に広かったものの、中央の大通りから少し離れた場所に設置された（図2）。このようにフランス高等委員会が「日本」の展示区画を優遇したのは、第三章で見た、当時の「ジャポニスム」の流行を反映したものと考えられる。

日本パヴィリオンは、「日本の農家」（La ferme japonaise）と呼ばれた[32]。万国博開催の半年前となる一八七八年一月後半に入っても、フランス側が担当すべき土地整備が終わっていなかったため、前田は、早急に整備を進めるように、外国局長ベルジェと委員長クランツに要請している[33]。こうした土地の整備の問題が生じたものの、前田は日本から連れて来た職人たちに、日本パヴィリオン内の茶室および売店などを以下のように作らせた[34]。まず、表門は純日本風に作られ、両柱には竹や梅、中央両扉・左右小扉にも蘭、竹、草花の彫刻が施された。また池が作られ、ここにもシャン・ド・マルス会場の日本展示場と同様に陶製の手水鉢が備え付けられた[35]。池のそばには水田を作って稲が植えられた。この日本パヴィリオン全体の周囲には土を盛り、竹垣をつくり、朝顔やインゲンを植えた。パヴィリオン内の所々には花壇を設け、盆栽を置いた。また柵で囲んだ区画のなかでは鶏や鴨を飼った。

さらに、ここには前田が三田育種場よりパリに持ち込んだ日本の植物も移植された。前田によると、これが「外国に於いてかく多くの日本植物を見ることの始めなり」、フランスで「非常の喝采を博」すこととなった[36]。これは前田が重視した日本の農産物の輸出振興策のひとつといえよう。一八七八年パリ万国博に先立って日本で行われた七七年九月の三田育種場の開場式で、前田は次のように述べている。

私は明治二年からフランスに行って外国の農業を調査してきましたが、日本の農業は決して海外に劣っていないのであります。しかし日本人が農業といえば五穀や蔬菜ばかりと考えているところに問題があるようです。外国で農業といえば、果樹・草花の栽培から木材の製造、牧畜までが含まれています。〔…〕これからの農業は、日本の国内のことばかり考えていないで、外国人の好む飲食物・衣服・器物などに用いられる農産物をつくって、売り出すようにしなければなりません。(37)

このように前田は、日本の農業は海外に劣るものではないと主張し、将来の日本の新たな輸出品となりうる「産品」として、日本の植物を移植して、その展示を自ら監督し、力を注いだのであった。実際、この万国博の果樹部門で三田育種場はグランプリを獲得し、前田自身もその出品者として金賞を得ている。(38)

ただし、こうした植物の出品についても、日本博覧会事務局があくまでも主眼としたのは、将来の輸出振興であった。上記の展示に加え、シャン・ド・マルス会場には起立工商会社の店舗が設置され、トロカデロ会場の日本パヴィリオンには、さらに三井物産会社、七宝会社、銅器会社の店舗が建てられ、ここで工芸品等の販売が行われた。(39)同じ一八七八年にはパリ市内に起立工商会社と三井物産会社の店舗が実際に開かれることとなる。そうしたフランス・ヨーロッパにおける日本製品の輸出振興の足掛かりとして、このパリ万国博への日本出品・展示は重視されたのである。

以上のように、日本の展示場は六七年と比べると、著しい変化を見せたといえよう。高等委員会は、当初から日本を他のアジア諸国と区別し、独立した展示区画を与え、またその配置も、観衆が集まる会場の中央に配置した。第三章で確認したように、委員長クランツは、日本の古美術品の展示が「このうえなく観衆の興味を惹く」

と確信していたわけだが、当時のフランス社会における「ジャポニスム」の流行を受け、高等委員会も万国博の呼び物として日本の展示に特別な期待を寄せていたことがうかがえる。

一方、日本側も、六七年と比べると、事務官長の前田が中心となって、展示場を設計し、日本の近代化と伝統文化の両側面を演出するなど、日本人自らが「日本」イメージを発信することを積極的に試みた様子がうかがえる。

なお、こうした「日本」の文化・社会にかかわる情報発信・伝達に前田が果たした役割は極めて大きいが、その行動範囲は博覧会場内の出品・展示にとどまらなかった。前田がフランスのメディアを通じて発信した内容とその戦略について、以下に見ていこう。

(3)　前田正名によるメディア戦略――日本文化の伝達――

前田が、日本の出品物とその展示に加え、多様な手段で、日本の歴史・社会・文化・産業についてフランス語で伝達することを重視していたことは強調されてよいであろう。そのような考えにいたった背景として、前田はフランス留学中の苦悩を「自叙伝」に記している。

　最も苦心せる所は、金に非ず、言葉に非ず、不自由に非ず、病気に非ずして日本を恥かしめらるることなりき。日本には宗教もなく野蛮なり、日本は支那の属国なりなどとは、朝夕欧洲人の口に絶えず、これ実に正名の非常に心苦しく思ひし所なり。(40)

こうして前田は「日本」に対する誤解や偏見を、自らが「日本」についてフランス語で伝達することで正していく必要があると考えた。日本博覧会事務局としても「本博覧会を好機として日本帝国そのものの紹介に勉むるは最も策を得たるもの」として、パリ万国博が「日本」をアピールする絶好の機会となるよう期待を寄せたのである。[41] こうして七八年パリ万国博では、日本博覧会事務局の編纂による単行本、前田による論文および単行本が複数発表された。先のウィーンやフィラデルフィアの万国博に比べて、日本側のメディア戦略と言いうるこうした刊行物が刊行数・内容ともに格段に充実している点も、このパリ万国博のひとつの特徴であるといえる。

◆『一八七八年万国博の日本』

まず、日本博覧会事務局は『一八七八年万国博の日本』をフランス語で編纂し、パリで出版した。[42] 同書は二、五〇〇部印刷され、フランスの政府関係者および高等委員会、また参加国の事務官等に贈呈され、同時に一般にも販売された。同書の序文には、総裁の松方正義によって「本書が、日本部門を訪れた観衆の興味を惹き、日本展示品を観覧した後に、その国について知りたいと欲すること」を期待する旨が記されている。[43] すなわち、これは主としてフランスの一般観衆を対象に、出品物を単に展示するだけでなく、その出品物に解説を加え、さらに「日本」の社会・文化の情報を伝達することを目的とした単行本であった。明記はされていないものの、同著の構想には前田がかかわっていたものと推測される。少なくとも、後述のように執筆に携わっていたことは確かである。

さて、この『一八七八年万国博の日本』の概要を見ていこう。同書は、第一部「日本の地誌および歴史」と第二部「日本の出品解説」で構成されている。第一部の原文は太政官修史局の編纂で、フランス語訳は日本博覧会事務局の平山成信が担当した。[44] この第一部では、日本の人口、地方区分、行政区分、山・川・海といった地理的特性、主要な産業、そして日本の歴史について取りあげられている。日本の地方区分については、廃藩置県以降の行政区分として「三府三五県一藩」が記され、さらに軍事・教育・法律分野について解説されている。この他、日本の郵便制度、電報、鉄道、さらに日本で採掘可能な鉱物、産業（陶磁器、漆器、生糸、絹織物など）についてまとめられている。また歴史については、神武天皇の即位から明治一〇年にいたるまで、全一二一代の天皇が年代順に列挙されている。

続けて第二部では、七八年パリ万国博における日本の出品物について解説されている。この解説で最も多く頁が割かれているのは「陶磁器」であり、①伊万里焼、②薩摩焼、③粟田焼と京都焼、④清水焼、⑤楽焼、⑥永楽焼、⑦瀬戸焼、⑧美濃焼、⑨九谷焼、⑩万古焼の一〇種類の陶磁器を取りあげ、それぞれの歴史と製法についての技術的な事項に力点を置いた記述がなされている。

◆前田正名の論文寄稿

一方、前田は七八年に連名のものも含めフランスの学術誌に全五本の論文を寄稿している。これらはいずれも日本博覧会事務局事務官長の肩書きで発表したものである。まず前田は『フランス内外科学雑誌』に三本の論文を寄稿した。一本目は「日本の漆器」（六月一五日号）と題する論文であり、[45]そこでは日本の漆器の歴史とその製法が説明されている。二本目は、松方正義と連名の「日本の陶磁器――歴史と製法――」（六月二二日号、六月二九日号）である。[46]なお、この二本の論文は『一八七八年万国博の日本』の第二部に掲載される「陶磁器」、「漆器」とほぼ同一の内容である。[47]そのため、これらの項目については、前田が執筆に携わったと考えられる。それぞれの歴史と製法の説明に加え、ここで前田が主張するのは、日本の陶磁器の「継続的進歩」であった。[48]明治政府自らが工芸品の製作を支援・指導したことによるその「進歩」の成果は、先のウィーンやフィラデルフィアの万国博で獲得した受賞数、会場で好評を博した点から明らかであるとしている。これらの論文は、さらにフランス語の単行本にまとめられて『日本の陶磁器――歴史と製法――』（一八七八年）、『日本の漆器と陶磁器』（一八七九年）として出版された。[49]

また三本目として「日本の社会」（八月一〇日号）を同誌に寄稿している。[50]ここでは、日本の社会について理解するには、その封建社会の歴史を知る必要があるとし、天皇と大君（将軍）の二重統治に触れたうえで、明治維新を経て構築された天皇を頂点とする社会、特に華族・士族・平民といった階層とその生活様式について解説している。

ただし前田は単に歴史的解説に終始するのではなく、ヨーロッパに対する弁明ともとれる記述を残していることにも注目すべきであろう。日本は、一八五八年の米・蘭・露・英・仏の五カ国との修好通商条約の締結以来、ヨーロッパ文化を積極的に取り入れているわけであるが、一方で日本がそれまで外国との接触をもたず、むしろ外国に対する嫌悪を抱いてきた理由として、次の点をあげている。ひとつは外国人とキリスト教によって日本国内の平和が危ぶまれたこと、もうひとつはアヘン戦争をはじめとする中国の惨事を避けようとしたこと、最後に日本の宗教や規律が諸外国から尊重されていないと感じられていたことである。前田は、ヨーロッパの進んだ文明にもひるむことなく、互いに対等な国家として、宗教、文化、規範を相互に尊重し合うべきことを主張したかったのであろう。

さらに、前田はフランスの経済系の雑誌である『経済改革』にも、「日本とその改革の必要性」（四月一日号、四月一五日号）、「日本の農業」（五月一五日号）と題する論稿を寄稿した[51]。このうち「日本の農業」では、前田が監督した日本の三田育種場の構成について解説されている。こうした精力的な活動から、前田が日本の出品物の中心である陶磁器と漆器ばかりでなく、社会や農業など日本の全体像について、いかにフランスで「正しい」知識を普及させることに力を尽くしていたかを見てとることができるだろう。

◆芝居の上演

前田が重視した分野はこれらの歴史、産業、農業などの学問的な領域にとどまらない。自らフランス語で脚本を執筆し、「日本美談」という忠臣蔵に似た劇を書き上げ、それを博覧会場でフランスの俳優たちに上演させたのである[52]。前田が目的としたのは、第一に「腹切りの野蛮人」といった汚名を返上するため、劇中で宗教（神仏)・習慣・信義・愛情表現といった「日本および日本国民の魂」を強調することであった。また第二に、劇中で着物・屏風・花瓶など日本の工芸品を取り入れて、「日本の器物、着物、屏風等の用法」を知らしめることであった。このように、前田は演劇を通じて、日本についての固定観念を覆そうとするばかりでなく、日本工芸品の「用法」を伝達しようと試みたのである。この劇は多くの観覧者を集め、翌年もパリにおいて上演されるほどの人気を博した。

以上に見てきた日本工芸品や日本の歴史に関する出版物の公刊、さらに芝居の上演など、万国博を機縁にした前田のこうした「プロモーション」ともいうべき実践は「日本文化」を多くのフランス観衆に知らしめるうえで多大の成果をあげたのである。

二　「日本」の展示に対するフランスの反応

これまでシャン・ド・マルスとトロカデロの二つの会場における日本の展示状況を見てきた。日本博覧会事務局、とりわけ前田正名が試みたのは、第一にフランスの消費者に好まれるような工芸品を始めとする物品を展示し、輸出を促進すること、第二に「野蛮である」と誤解されることもあった日本の伝統をできるだけ正しく伝えること、第三に日本が近代化した社会であることを示すことであった。

それでは日本の展示に対するフランスの反応はいかなるものだったのだろうか。以下では、一八七八年パリ万国博の公式評価、日本出品物の売上、さらにフランスのジャーナリズムにおける反応を見ていくこととしたい。

(1)　一八七八年パリ万国博覧会の公式評価

七八年パリ万国博の授賞式は一〇月二一日にシャンゼリゼの工芸館で開かれた。すでに前日には、フランスお

表15　1878年パリ万国博の受賞結果

	グランプリ	金賞	銀賞	銅賞	賞状	合計	出品者数
フランス	236	1,748	3,213	3,828	3,024	12,049	25,872
イギリス	43	326	607	779	647	2,402	3,184
アメリカ	15	130	212	226	206	789	1,203
日本	**9**	**23**	**46**	**86**	**78**	**242**	**430**
中国	1	6	29	29	36	101	433

よび参加国の事務局員に対して勲章の授与が行われ、日本博覧会事務局の総裁を務めた松方正義は三等勲章、事務官長の前田正名は四等勲章、また他の七名が五等勲章を受けた。(53)

国際審査委員七五〇名（そのうちフランス三五〇名）による審査の結果、授賞作品が決定された。(54) 国際審査委員のメンバーとして、日本からは、教育部に九鬼隆一、陶器部に河原徳立、園芸部に久保弘道、予備審査員として平山成信、兼松直稠が審査に参加している。(55)

表15(56)は、七八年パリ万国博の受賞結果をまとめた表であり、日本と他国を比較検討するため、開催国フランス、主要な参加国であるイギリス、アメリカ、さらにほぼ同じ出品者数を数えた中国の結果を併記した。

この表に見られるように、単純に受賞数で比較すると、フランス・イギリス・アメリカに比べて、日本の受賞数は少ない。しかし出品者数に対しての比率を考慮すると、日本は大きく健闘したといえるだろう。日本の受賞総数は二四二点であり、内訳はグランプリ九、金賞二三、銀賞四六、銅賞八六、賞状七八だった。(57) 先の一八七三年ウィーン万国博では合計二〇〇点、一八七六年フィラデルフィア万国博では一四二点であったことから、このパリ万国博において日本は最も多い賞を獲得したこととなる。(58) 一方、日本と同規模の出品を行った中国の受賞総数は一〇一点にとどまり、グランプリ一、金賞六、銀賞二九、銅賞二九、賞状三六であった。(59)

特に日本が出品に力を入れた陶器・生糸は、いずれも最高の賞であるグランプリを授

表16　日本の受賞作品の一覧

品目	出品者	所在地
グランプリ		
教育関係品	文部省	
印刷用色料、紙類	印刷局	
陶器	陶器出品人中	
生糸類集	勧農局	
同上	勧農局長	
養蚕器具、その他	勧農局	
穀類および澱粉	勧農局育種場	
常緑、落葉樹、その他	勧農局試験場	
西陣織物等	西陣織物会所	京都府
金　賞		
漆器蒔絵家具	箕田長次郎	東京府
東京絵付陶磁器	瓢池園	東京府
磁器各種	香蘭社	長崎県
陶磁花瓶香炉	宮川香山	神奈川県
七宝磁器各種	七宝会社	愛知県
金銀製品	起立工商会社	東京府
同上	箕田長次郎	東京府
古銅古鉄、置物類	起立工商会社	東京府
銅象嵌花瓶、鉢、置物	円中孫平	石川県
黄銅、赤銅、烏銅器類	斉藤善兵衛	東京府
純子、繻子、絹織物各種	三井物産会社	東京府
生糸	大磚商社	栃木県
生糸繭	佐野利八	福島県
生糸	星野長太郎	群馬県
紙巻烟草、葉烟草	三井物産会社	東京府
大麻、各種麻布	三井物産会社	東京府
砂糖、菓子、茶各種	勧農局	
馬	勧農局育種場	
果樹蒐集	前田正名	東京府

与され、大きな成果を得たといえる。磁器、漆器、金属器等の工芸品は、さらに金賞など数多くの賞を授与され、高い評価を得た。また先述したとおり、前田が監督した日本果樹の出品は金賞を得た。グランプリおよび金賞を受賞した作品は表16のとおりである[60]。特に、陶芸部門ではグランプリを受賞したのが、フランスと日本の二国のみであった[61]。

（2）日本出品物の売上

日本の出品物の人気は、シャン・ド・マルスとトロカデロに設置された売店の売上にもあらわれた。美術批評家のシェノーは、日本の売店でフランスの蒐集家たちが競い合って品物を買うさまを、次のように描いている。

我々は、シャン・ド・マルス会場にある日本展示場のすべての品物が我々の蒐集家たちの手でかなり高値をつけられてほんの数日で持ち去られてしまうのを目にした。これは、もはや流行というよりも、熱狂であり、狂気である。[62]

表17　シャン・ド・マルス会場の製品別売上高

製品	売上高
陶器	407,250F
金銀銅器	376,230F
漆器	333,000F
小間物類	41,200F
織物	37,550F
玩具雑貨	35,679F
合計	1,230,909F
上記合計の円換算	307,727円

売上は、シャン・ド・マルス（三〇万七、七二七円）とトロカデロ（三万二四七円）の両会場で合計三三万七、九七四円である。この金額について日本博覧会事務局は「巨額に達し非常の活況を呈」したと評価している。[63]なお、シャン・ド・マルス会場の売上を製品別に見ると、特に陶器、金属器、漆器の売上が大きかったことが分かる（表17[64]）。これらのよく売れた品々は日本博覧会事務局がヨーロッパの好みに合わせた実用品として売り込もうとした製品であり、その意味で万国博を輸出振興の契機とした日本の戦略は、商業的には成功したと見ることができるだろう。前回の六七年については、こうした統計の記録がないため、数値で比較することはできないが、第一章で見たように、日本出品物が多く売れ残ったことを考えると、それ以降の日本工芸品を求めるフランス消費者の拡大が明らかである。

（3）　フランスのジャーナリズムの反応

六七年パリ万国博における最初の出品から約一〇年の歳月を経て、七八年パリ万国博の日本出品に対して、フランスの人々はどのような反応を示したのだろうか。

当時フランスでは、日本に関する知識が徐々に増え、それらを基礎にして日本への評価を下せる状況が整いつ

図８　日本展示場

図９　中国展示場

つあった。七八年パリ万国博の日本出品に関連する文献や新聞雑誌等の報道記事は、前回のパリ万国博と比べて情報量が多く、内容も格段に充実している。たとえば、第三章で見たように、パリ万国博の日本出品に関するフランス語文献が六七年には一冊であったのに対し、今回は六冊を数える。また週刊紙『イリュストラシオン』『ル・モンド・イリュストレ』およびパリ万国博の専門紙『パリ博覧会』が掲載した日本関係の記事は、六七年に五本だったのが、七八年では一二本と倍以上に増えた。

フランスの報道記者たちは日本出品の何を記事で取りあげ、どのようにフランスの読者に紹介したのだろうか。

◆シャン・ド・マルス会場

①日本展示場の「簡素さ」と「文明化」を示した地図

シャン・ド・マルスの主会場に設置された日本展示場の様子は図版入り（図８）で掲載された。この日本展示場について『イリュストラシオン』紙は、「かなり簡素な外観である」と述べている。[65] また『パリ博覧会』紙も日本展示場の「簡素さ」に注目した。先に見たように、当初の日本展示場の設計案は、高い塔を設置した豪華な建築であったが、準備期間と職人が足りなかったために、大幅な変更を余儀なくされた。こうした変更は前田にとっては不本意なものであったが、一方で先に述べたように、フランスのジャーナリズムは実際に建築された日本展示場の「簡素さ」をむしろ好意的に受け入れたのである。(66)『パリ博覧会』紙は、日本展示場の外観を「厳格な優美さによって傑出している」と称賛している。

日本の建物は、諸国家通りにあり、イタリアの建物と中国の建物の間に建っており、現代の中産階級の家の玄関を非常に簡素にあらわしている。近隣に少し圧倒されてはいるが、それでもなお、その建築は厳格な優美さによって傑出している。極東の地図上と同じく、シャン・ド・マルスにおいても隣にある中国の建築とはかなり際立った対照をなす。(67)

また『一八七八年パリ万国博の傑作』で日本について述べた部分も、「日本の建物の正面は、一軒の富裕な近代民家の玄関を表して」おり、「その厳格な優雅さは、中国のものと対照をなしていた」と記している。(68)博覧会場では、隣に設置された豪華な中国の建物（図9）よりも、むしろ簡素な日本の建物が好評を得たことが読み取れる。「江戸の職人たちはこのための資材を彼らの国から運んできて、この場でこれを組み立てた。建築の自然な要素が、素材に手を加えることなく顕れ出ている」ことが注目を集めている。(69)当初の設計図案と比べて簡素な建築となったことが、フランスのジャーナリズムからかえって好評を博し、結果的に功を奏したといえるかもしれない。

また日本展示場の正面入口の両壁に掲げられた日本地図と東京地図にも関心が集まっている。ここでは日本が「ほんのわずかの間に西欧文明化した」ことをフランスの記者は印象深く感じたようだ。

帝国の壁面地図は、日本国土の外観を線で描き示すことに加えて、ここからは日本が三五の地方に分かれ、一一六の中等学校、一〇三の語学学校、そして二四、二二五の初等学校が三、四〇〇万人の住人のためにあることを知ることができる。この貴重な情報は、ほんのわずかの間に西欧文明化したこの国の明るい将来を予言している。(70)

図10　日本の泉水（右『パリ博覧会』、左『ル・モンド・イリュストレ』）

以上のように、正面の地図に記された日本における教育の普及状況は、フランスの人々に日本の「文明開化」を印象づけた。なお、この日本展示場に設置された「正面部分」（façade）全体は、七八年一一月一三日付で、松方正義の名でパリ市に寄贈されている(71)。

②日本の泉水

実は日本展示場において、特に観衆の人気を集めたのは、先述の正門の両脇に設置された陶製の手水鉢であった。この手水鉢は、水飲み場として実際に使用された。『イリュストラシオン』紙をはじめ、『ル・モンド・イリュストレ』紙、『パリ博覧会』紙、三紙はこの「日本の泉水」（la fontaine japonaise）を日本関係の記事のうちで最も大きく取りあげている(72)。

日本展示場の入口をとりわけ特色づけるのは、二つの魅力的な泉水〔水飲み場〕である。その泉水は陶製で、左右に設置されている。貝殻の形をした水盤を木の幹が支え、その水盤のなかに細い筋の水が睡蓮の花から流れ落ちるという構造になっている(73)。

手水鉢付近の観客の雑踏ぶりは、図版にも描かれ、三紙それぞれに掲載された（図10）。『ル・モンド・イリュストレ』紙が掲載した記事「日本の泉水」は特にその人気ぶりを伝えている。フランスの人々にとって、柄杓《ひしゃく》で水をすくって飲むという行為が非常に新鮮だったようである。

もし業者が、ココナッツ水のようにグラス一杯を一スーで、この泉水を展示することを思いついたなら、きっとちょっとした資産を蓄えたであろう。[74] 実際、人々は喉が渇くからそこへ飲みに行くのではなく、〔飲み物を〕供されるその道具が新鮮であるから飲みに行くのだ。あなたはそれが何で作られているか御存知だろうか。竹で出来たコップで、それは小さな棒の端に嵌めこまれている。なんと、この小さなコップに入った澄んだ水を飲むために、人々は行列を作るのだ。一日どの時間でも良い、その場所を通って次の光景を見つけるのは確実である。約二〇人の人々が順番を待ち、澄んだ水をコップで次々と汲み、ある人々はおそらくそれを日本の水と確信を持って飲み干すのだ。ひょっとすると、本当に日本の水なのかもしれない。[75]

この手水鉢の周りの雑踏に注目して描かれた図版に共通して見られる、パリの貴婦人風の女性たちが細い柄杓で優雅に水を汲んだり飲んだりしている風情は、この「日本の泉水」の人気がいかに高いものだったかを示している。

以上のように、日本の手水鉢は「柄杓で水をすくって飲む」というスタイルの「物珍しさ」のためにフランスの人々の人気を集めた。博覧会場では、こうした異国情緒を感じさせる「エキゾティスム」の効果が、観衆の興味を惹くうえで重要な要素となった。先述したように、この手水鉢は、前田正名の発案によって設置されたものであった。こうした演出は、フランスの人々の関心を集め、大きな効果を発揮したといえるだろう。

③工芸品

六七年パリ万国博に続き、日本の出品物のなかで最も評価が高かったのは工芸品であった。『パリ博覧会』紙の三本の記事はいずれも日本工芸品（図11）を紹介している。七八年六月二九日付の記事は、シャン・ド・マルス会場における日本展示場の工芸品を紹介し、日本人を「芸術的才のある国民」と表現している。[76] 特に同記事が注目したのは、日本工芸品に見られる「装飾」の美しさであった。

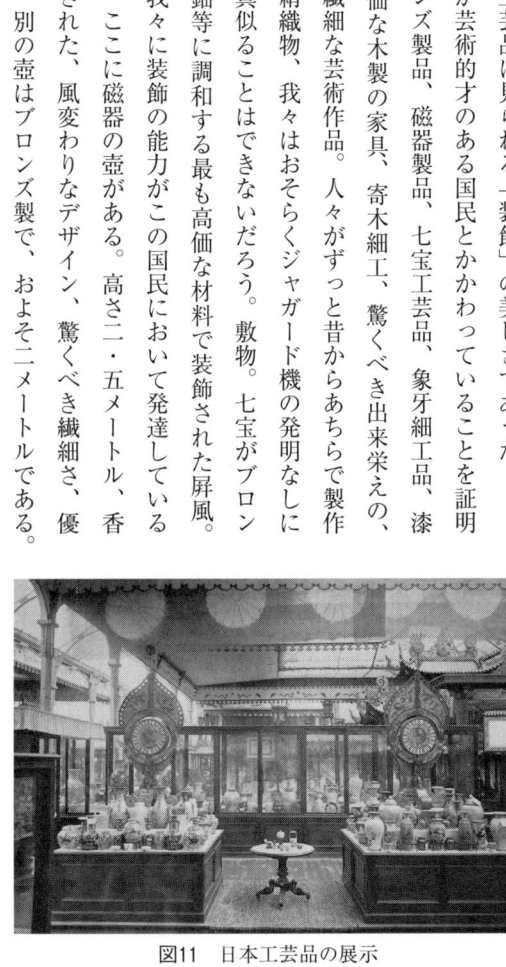

この展示は我々が芸術的才のある国民とかかわっていることを証明している。ブロンズ製品、磁器製品、七宝工芸品、象牙細工品、漆製品、そして高価な木製の家具、寄木細工、驚くべき出来栄えの、細部の比類なく繊細な芸術作品。人々がずっと昔からあちらで製作している見事な絹織物、我々はおそらくジャガード機の発明なしには未だにそれを真似ることはできないだろう。敷物。七宝がブロンズ・銀・金・螺鈿等に調和する最も高価な材料で装飾された屏風。すべての作品が我々に装飾の能力がこの国民において発達していることを証明する。ここに磁器の壺がある。高さ二・五メートル、香蘭社工場で製作された、風変わりなデザイン、驚くべき繊細さ、優美な形態である。別の壺はブロンズ製で、およそ二メートルである。七宝が施され、想像上の怪物で豊かな装飾を施されたレンガの暖炉、磁器の小型円卓……。屏風！　家具！　置物！　衝立《ついたて》、扇、繊細に細工の施された装身具……[77]。

図11　日本工芸品の展示

同記事はさらに、「どれひとつとして日本に戻らないであろうこの多数の作品の詳細に、我々が立ち入り、言い尽くすことは実際出来ない。すでに今日、ほとんどすべての作品がどんな代価を払ってもごっそり買い占めるすさまじい愛好家の所有物になってしまっているからだ[78]」として、日本の工芸品がフランスの愛好家に好評を博し、開幕からわずか二カ月の早い段階で愛好家たちによって大量に買い求められた状況を伝えている。

また七月二〇日付の記事では、実際にフランスの愛好家たちが日本工芸品に付けた買値を具体的に紹介している。[79] そこでは、最も高い買値が付いた品として屛風（六万フラン）、次にブロンズ製の壺（一万フラン）、漆塗りの収納棚（一万フラン）があげられている。また高価な品物だけでなく、皿、盆、急須など、安価な品物も紹介された。

④ゴンクールの称賛

さらに作家のゴンクールは、五月二日付の日記に、日本出品の衝立と漆塗りの屛風を「世界が始まって以来、いかなる民族の工芸も作り出しえなかったほどの最も美しい家具」と称賛し、日本展示場の熱狂ぶりを次のように記している。

日本の陳列場では、銀の鷺のついた衝立と屛風、これは漆塗りの地に、固い石や象牙や陶器、あらゆる種類の金属で日本のさまざまな植物の形を象眼したものだが、この二つが、わたしにとっては、世界が始まって以来、いかなる民族の工芸も作り出しえなかったほどの最も美しい家具に思えた。なぜロトシルド〔おそらく富豪のロートシルト（ロチルド）家を指す〕は五分も傍観してこれらが他人の手に売られるのを放っておいたのだろう。

これら夢幻的な工芸品のなかをさまよっていると、チョコレート屋のマルキがやって来たが、素晴しい品々を見て、まるで酔ったような歩き方でふらふらしていた。[80]

またゴンクールの九月一九日付の日記には、日本人の芸術的感覚を称賛するとともに、それと対照させてヨーロッパの城主を「粗野な野蛮人」とする記述さえ見られる。

日本人によってつくられた手づくりの小さな品々を見ると、彼らはデリケートな感触、すなわち芸術家的な触覚のために仕事をするのだということが感じられる。面白いのは、これらの物が、普通、邸内で、武将たる領主の目の及ぶ所で、その指導と奨励のもとに生みだされたということで、それに比すれば、われわれヨーロッパの城主などというものは、所詮は粗野な野蛮人にすぎなかったことになる(81)。

以上のフランス・ジャーナリズムの好意的な言及にも見られるように、前田の提唱した「欧米の実用に適する美術工芸」の出品という戦略は、大きな成果を上げたといえるだろう。先に見た日本工芸品の受賞数および売上の大きさは、こうしたジャーナリズムの好評にも反映されている。このようにフランスの消費者の興味を惹いて、日本博覧会事務局が目的とした商業的成功をもたらしたのである。

◆トロカデロ会場

①日本の古美術展示

これまで見てきたように、シャン・ド・マルス会場では、日本の出品物や展示は好評を博したが、トロカデロ会場はどうだっただろうか。トロカデロ会場で展示された古美術は、日本に対してフランス高等委員会が最も期待した出品物であった。しかし、七八年パリ万国博に明治政府から出品された古美術品を展示するための会場は四〇平方メートルと狭い区画であったために、出品物はしばしば相重なるように陳列され、その無秩序な展示が批判の対象となったようだ(82)。とはいえ、起立工商会社が出品した日本の「茶」に使用する焼物類（茶陶）の評価は高く、フランス人の関心を惹くきっかけとなった(83)。

またビュルティが収集した日本陶磁器は、京都、薩摩、瀬戸をはじめとした日本の各産地のもので構成され、その種類も、壺や置物などバラエティーに富み、人々の注目を集めた。ビングやヴィアルの陶磁器コレクションも、厳選された作品で構成され、好評であった。このように、七八年の時点においてフランス人三名のコレクションは充実した内容となっており、評価の高いものであった。

②木蓮と盆栽

トロカデロ会場に設置された日本パヴィリオンの様子（図12）を『パリ博覧会』紙は次のように紹介している。

図12　日本パヴィリオン（上：『1878年の万国博』、下：『パリ博覧会』、『イリュストラシオン』）

特に日本パヴィリオンの入り口となった扉は、簡素さ、質素さに加え、そこに施された彫刻の美しさが称賛された（図13）。

それは簡素な建物で、木造である。建物は、庭と竹の塀で囲まれ、素晴しい彫刻が施された扉を通って庭に入る。庭は質素であるが、巧みに整備され、現地の野菜、果物、そして楽しさがあふれている。この庭は、果樹園、野菜畑、鴨と雌鳥が仲良く暮らす小屋、そして薬用の草の一画をもつ。また日光のあるときに日よけとなるテント傘、あずまや、泉等。(84)

またゴンクールもトロカデロ会場における日本パヴィリオンを訪れ、五月二日付の日記に次のように記してい

図13　日本パヴィリオンの入り口

る。

トロカデロにもうけられた日本の小さな田舎家はまことに魅力がある。竹垣にかこまれ、柔らかな材の上に大きな花を彫刻した扉がついている。花押の飾り字のかたちの灌木数本、日傘がいくつか広げてあり、その下の日陰に小さな鳥が何羽か幻想的に動いている。見事な木目の材による隠し戸棚。田舎の住いにおけるあらゆる趣味とあらゆる装飾技術だ。(85)

日本パヴィリオン内の庭園で特に人々の注目を集めたのは、とりわけ木蓮と盆栽だった。

貴重な木のなかで、まだフランスでは知られていない二つの種類の木蓮に人々は注目する。最も美しいのはこの木蓮である。花は白く、パイナップルを連想させるような香りを放つ。この木は、小田原と塔ノ沢の間にある山の多い地方に主に生育する。しかし、この庭の植物学的興味の的は、ミニチュアの森林である木々の集まり〔盆栽を指す〕だ。自然の状態のなかであれば巨木で構成されるものを、日本人は、中国人のように、アラセイトウの植物鉢のなかに保管できるまで発育を止めるのに優れている。そうした木で作られるこの芸術は、我々を決して魅了することはない。(86)

『ル・モンド・イリュストレ』紙ではさらに、日本の木蓮をフランスの土地に順化するよう積極的に推奨する記述がある。(87)これはまさに前田が期待した反応であり、日本の樹木の輸出産品としての道を開いたのである。しかし一方で、盆栽は「我々をほとんど魅了しない」と評され、不評であった。『イリュストラシオン』紙も、「中国人のように、日本人は自然のものを大きく、小さく、あるいは変化させることを好む。科学的な用語を用いるとすれば「奇形」を創造するのに秀でているといえるだろう」[88]と日本の盆栽に対しては批判的な評価が載せられた。

③日本人

茶室内の図版（図14）には二人の日本人が描かれており、一人は日本の着物を着て、もう一人は洋服を着ている。日本人の着物姿や洋服を着ている様子は、他の新聞でも描かれ、注目を集めていた。六七年には、三人の日本人女性の生活している様子が「展示」され、観衆の大きな関心を集めたが（第一章図17）、七八年には西欧化の途上にある当時の日本人の様子に関心が注がれることになった。美術批評家シェノーは、六七年パリ万国博以来、

図14　茶室と日本人（上：『ル・モンド・イリュストレ』、下：『パリ博覧会』、『イリュストラシオン』）

パリにおける日本人の数が増えたと述べ、「彼らが我々の習慣、道徳、言語、アラビア数字に順応するその身のこなしのしなやかさは驚嘆に値する」と指摘している。(89)ゴンクールもまた、日記（九月二三日付）に日本博覧会事務局事務官長の前田の姿を見た感想を次のように述べている。

前田は、洋服を着ており、礼儀正しさのなかにある魅力的な優雅さがある。それに彼の黄色の肌色は時に薔薇色に染まるが、それは、版画集のなかの日本の女性たちが瞼を染めるのに用いているあの美しい紅おしろいの色とそっくりだ。(90)

④茶室

六七年パリ万国博に最初に公式に参加して以来、日本政府はその後も万国博のたびに、日本庭園と茶室（日本家屋）をつくり、日本のありのままの生活を提示しようとした。七八年パリ万国博においても、日本の日常生活の空間全体をそのまま再現し、そこで日本人がお茶の接待をするという方式が採られ、部屋には家具や磁器等の工芸品が置かれたのであった。この茶室を取りあげた記事のなかには、日本人の家主が、客人の好み（「進歩主義の気質の程度」）に応じて、和服あるいは洋服を使い分けて茶を振る舞ったという記述もあり、興味深い。

主要な建物には、誰もが立ち入ることができるというわけではなく、最初に居間があり、そこは食堂として使用される。家主が客人を茶に招き、もし客人が日本人なら厚い敷物の上にしゃがむか横になり、もし客人がヨーロッパ人なら好む格好をする。その進歩主義の気質の程度に応じて家主が日本のあるいはヨーロッパの服を着る。この部屋の壁は、種類も製作年代もさまざまな磁器や芸術作品でいっぱいの棚で覆われている。それらのうち一番立派な作品のいくつかは、日本〔博覧会事務局〕の事務官長、前田正名氏の所有である。(91)

ところで、これまで日本工芸品を高く評価してきたシェノーがこの茶室を見て述べた感想は非常に興味深い。

ここ〔日本パヴィリオン〕には見るべき芸術作品はない。ごく最近の輸出商たちがパリの市場に大量にもち込んだ、取るに足らない品物の域を出ない。しかしここから我々は、事実に即して実地に、装飾芸術作品の要素をつかまなければならない。つまり私が述べたいのは自然的な形態とこの民族の趣味についてである。〔…〕この農家に集められたいくつかの見本を見るに、実際の自然こそが彼らの模範となっているのは明らかだ。このことを確認するのは重要である。この民族〔日本民族〕の趣味について述べるなら、その芸術が我々に示しているのと同じものが芸術以外の分野でも確認できる。すなわち、まず何よりも実践的で実用性を目指しながら、その実用性に、自発的に、ほとんど直観的に、驚きと美しい気質に富んだ、創意工夫と楽しさに満ちた想像力による装飾が付け加えられるのである。このかわいらしく穏やかな庭！〔…〕(92)。

ここで、シェノーは、この日本の茶室に置かれた日本工芸品を輸出用の工芸品であるとして「取るに足らない品物」と評している。それらは「ごく最近の輸出商たちがパリの市場に大量にもち込んだ」ものにすぎないからである。とはいえ、これはシェノーがかつての日本工芸品に対する評価を変えたということではない。シェノーが他方で、このパヴィリオンで再現された日本の生活空間を通じ、日本人の芸術的資質や装飾のヒントを捉えようとしているのを見逃してはならないだろう。第三章で述べたように、シェノーは、六七年の万国博を受けて、一八六九年の講演で、日本の工芸品の「創意工夫」を絶賛し、とりわけそこに見られる「自然」という要素を強調していたが、この七八年の万国博における日本の展示に際しても、日本工芸品の商業主義化を嘆きつつも、「日本の農家」として再現された生活空間に注目し、あらためて日本人は「自然」を模範としていることを確信したのである。すなわち、「自然」を模範として、「実用的」なものを創意工夫によって生産するという芸術的センスに、シェノーは一貫して注目しているのである。

以上のように、七八年パリ万国博において、日本の出品物は過去最高の受賞数を獲得し、売上も多く、日本の出品物および展示に対するジャーナリズムの評価もおおむね高いものであった。前田による日本の伝統文化の演出および「欧米の実用に適した」出品物の展示は、大きな成果を得たといえるだろう。しかし、一般の評価とは逆に、上述のシェノーの評価にも見られたように、専門家からは日本工芸品の状況を懸念する向きもあった。日本の輸出用の工芸品は、消費者の嗜好には適合する一方で、専門家からはその商業主義化が指摘され、全面的に称賛されたとは言い切れないのである。

七八年パリ万国博における日本の出品は、こうしたさまざまに異なる評価を通じて「日本」像が形成されていったように思われる。その多様性を見るには、フランスの批評家たちがどのような視線を日本の展示に注いでいたのかを検討する必要がある。以下では、特に日本工芸品をめぐるフランスの批評家たちの評価をより詳しく見ていくこととしよう。

三　ジャポニスムの多層化――大衆の「熱狂」と批評家の「落胆」――

七八年パリ万国博の日本出品では、六七年と同様に陶磁器をはじめとする工芸品が高い評価を得て、陶芸部門では、最高の賞であるグランプリがフランスと日本の二国に授与された(93)。そこで本節では、特に日本陶磁器に関するフランスの言説に注目し、その評価を詳しく探っていくこととしたい。日本の主要な出品物であった陶磁器について、フランスでどのような議論がなされたのかを見て、そこで浮かび上がってくる「日本」イメージがいかなるものだったのかを考察したい。

(1)　日本陶磁器に対する公式評価

前述のとおり、フランスの新聞各紙において、日本工芸品が、博覧会場で多くの人々から好評を博している状況が紹介された。しかし、フランス社会全体における評価は一様ではなかった。すでに日本工芸品についての専

図15　香蘭社（有田）の染付大皿

門的な知見が形成されていたため、日本工芸品を専門的に吟味するフランス政府の審査員や批評家たちからは、逆に日本工芸品の商業主義の影響による質の低下も指摘されることになるのである。

まずフランス政府の評価を見ておこう。一八八二年にフランス農商務省は『国際審査員報告書』を複数の部門にわたって出版し、七八年パリ万国博の授賞作品に対する公式評価を発表した(94)。陶芸部門に関する報告書は、日本陶磁器について、「陶器（粟田焼、薩摩焼、淡路焼）、炻器《せっき》（万古焼）、磁器（有田焼、瀬戸焼、清水焼）」という三種類に分類し、それぞれの生産地（および土の性質）による違いを説明している(95)。そして、次のように日本陶磁器に対する評価を記している。

〔日本の〕日用品あるいは家具の多くのスタイルは、非常に好ましい創作品である。装飾には独創的な能力がある。細部、デッサンの技法、精巧で巧みな出来栄えはすべて賞賛に値する。我々は、日本の陶芸家が商業の影響で安物の商品に侵食されるがままになることが決してないよう強く願う。〔さもなければ〕中国で生じたように、確かな帰結として、日本陶磁器の見事な質は低下をまねくだろう(96)。

このようにフランス政府は、七八年パリ万国博に出品された日本陶磁器に対してグランプリを授与し、日本陶磁器の装飾の独創性、精巧な出来栄えを高く評価する一方で、商業主義の影響を危惧しているのである。これは、上述のシェノーと共通している。こうした公式評価もまた、日本政府が殖産興業の一環として奨励する輸出用の工芸品の製作について、商業主義の傾向が強まれば日本工芸品の質が劣化するのではないかという、批評家と同じ反応を示すものといえるだろう。

（2） 批評家の目

日本工芸品の商業主義化への懸念は、シェノー以外に複数のフランスの評論家たちからも主張されていた。そのなかでも注目すべき見解を取りあげよう。

◆フォンペルテュイの見解

一八七八年パリ万国博の開催中、フランスの政治経済評論家フォンペルテュイ（Adalbert Frout Fontpertuis, 1825-1887）は『一八七八年パリ万国博――中国と日本――』（一八七八年）を執筆した。(97) ここでフォンペルテュイは、第一部で日本の歴史と地理を説明し、第二部において七八年パリ万国博の出品部門別に日本出品の状況と評価を記している。その陶芸の項において、彼は日本の陶芸が進歩と衰退のはざまにあることを指摘し、次のように述べている。

さて、ひとつの問いが生じる。日本の陶芸は果たして進歩の過程にあるのか、それとも反対に衰退の傾向を示しているのか。ウィーンとフィラデルフィアで相次いで開催された万国博覧会における「曲線の繊細さと美しさ」の有田焼の成果に触れて、前田氏〔前田正名〕は「我々はたゆまぬ同様の努力を前にして、楽観論を咎められることなく〔日本陶芸の〕継続的な進歩を予測しうる」との見解を示している。(98)

フォンペルテュイは最初に、前田の「日本陶芸は継続的に進歩している」という見解を引く。これはすでに見たように、前田がフランスで刊行した「日本の陶磁器――歴史と製法――」からの引用である。(99) 確かに先のウィーン万国博（一八七三年）、フィラデルフィア万国博（一八七六年）、いずれにおいても日本の出品物は現地で多くの賞を授与され、好評を博していた。前田に「日本陶芸の継続的な進歩」を当然のこととして主張させていたのは、輸出振興を目指した万国博で好評が得られるようにと、自らが工芸品の製作を指導した努力・取り組みへの自負であろう。しかしながら、これに対してフォンペルテュイの下した評価は「日本陶芸は衰退の傾向にある」というものであった。

肥前焼は今日、しばしば、悪趣味なイギリスのスタイルの模倣品となっており、薩摩の新しい磁器は昔と比べてやや貧弱な絵柄となっている。日本の職人は、国の古くからの伝統に対する敬意を失う過程にあるように思われる。また、かつて非常に確固として、非の打ちどころがなかった彼らの趣味は、異国の芸術との接触によって弱まっている。日本の芸術家は過度に細部にこだわった主題を濫用しており、西欧からの残念な無意識の借用を我々は感じるのである。(100)

ここで明らかなことは、「進歩」に対する考えが、前田とフォンペルテュイの間で食い違っているということである。前田をはじめとする日本博覧会事務局の委員たちは、輸出拡大を目指す際に、伝統的な製作技法を忠実に保持することよりも、日本工芸品を「欧米諸国の実用」に適するものに切り換え、万国博会場でヨーロッパからの好評を得ることを「進歩」と捉えていた。しかし、フォンペルテュイの目には、このような日本の「西欧からの残念な無意識の借用」が否定的なものとして映った。フォンペルテュイにとって、この動向は、日本が商業主義の傾向とあいまって、固有の独創性を捨てて西欧化し、伝統を失うことにほかならず、これはまさに「衰退」なのであった。

◆ブスケの見解

ブスケは、第三章でも見たように、一八七二年に日本政府の招聘で来日し、日本政府の法律顧問役として司法省法学校で教育に携わるとともに、立法事業にも参加した「御雇い外国人」のひとりである。一八七六年三月にはフランスに帰国し、翌年に『今日の日本と極東の諸寄港地』(101)（以下、『今日の日本』と略記する）と題する著作をパリで出版すると、日本の近況に最も詳しいフランス人として広く知られることとなった。(102) 右にあげたフォンペルテュイも、実は日本について批判する際にブスケの文章を数多く引用している。ブスケの見解がフォンペルテュイの議論を支える根拠として重要な役割を果たしたのである。

◆ビブロ化する日本工芸品

『今日の日本』は、ブスケが序文で明記するように、フランスの雑誌『両世界評論』に逐次発表していた文章に、加筆して出版したものであった。四年間の日本におけるブスケの直接の体験が、この文献の中心的な素材となっていることはいうまでもない。本書は第一編「外観（Les dehors）」と第二編「内面生活（La vie intérieure）」に分けられている。この第二編「内面生活」に収められた「芸術」の項で、ブスケは日本芸術の特徴を次のようにまとめている。

日本芸術の特徴を要約すべき時が来た。日本芸術は成熟の域に達しており、産出しうるものすべてを今すでに〔ヨーロッパへ〕与えてしまった。あまりにも確かな徴候によって、衰退の時がきたことを認めうる。ギリシアと接触したときのエジプトと同じように、日本は、ヨーロッパと関係するようになって、少なくとも今日にはもう、その古典的な伝統に手を触れずに保存しておくことも、外来の諸要素をうまい具合に融合して、伝統を一新することもできなかった。そこには無力の兆候と衰退期の特徴である趣味の沈滞とが認められる。高貴な過去はすべて去っていき、輝かしい一時代全体は今しがた終わったところである。[103]

このようにブスケは、日本がヨーロッパと接触することによって、「古典的な伝統」を保持できず、「高貴な過去」を喪失したことをまさに「衰退」と評している。特にブスケは、日本工芸品のヨーロッパにおける流行が工芸品を重要輸出産品として早く安く製作する生産形態へと追いやり、その結果、日本工芸品は衰退傾向にあると指摘していた。

日本の小物（les *bibelots* japonais）はすべて、今日ヨーロッパにおいて心酔の対象となっているが、それに値するのはかつての漆器のみである。今はもはや、ひとつの棚の製作に数カ月・数年をついやすことはできない。輸出用には、早く安く製作しなくてはならない。そして新奇な物を追い求める我々の商人の注文に応じるために、昔の塗り物師の根気強い作業がついには忘れられてしまう。この衰退は日ごとに強まっている。(104)

ここでブスケは、日本の工芸品をまとめてビブロ（*bibelots*）と呼んでいる。これは当時のフランスのブルジョワの室内を飾る概して安物の置物を意味する言葉であり、そのためにブスケは皮肉を込めて日本の工芸品をこう呼んでいると思われる。(105)ブスケは『今日の日本』の他の箇所においても「日本のどの町を旅行する者も最初にすることは小物《ビブロ》を収集することである。〔…〕ここは小物の国であり、芸術の国とはいわない」と記している。(106)ブスケはさらに、すでにウィーンとフィラデルフィアの万国博覧会に出品された日本の出品物のなかにさえも、「かつては日本の職人たちを際立たせていた趣味や芸術的良心の退化を確認することもあった」と指摘している。(107)そして「結局、今日この瀕死の芸術の最も美しい見本は、ヨーロッパの美術館やコレクションのなかに求めなくてはならない。昔の所蔵品はほとんどすべて、取次業者や愛好家によって海外に持ち出され、日本から姿を消した」と述べている。(108)こうした日本工芸品に対するブスケの批判は、日本がヨーロッパの趣味に合わせて輸出用に工芸品を「早く安く」製作し、商業主義化することに対する懸念であったように思われる。

以上の評価は、一八七七年に公刊された著作において見られるものだが、七八年パリ万国博の日本工芸品に対するブスケの評価はいかなるものだったのか。以下に検討しよう。

◆万国博出品物への評価

この万国博が開催された七八年、ブスケは『両世界評論』に二つの記事を発表した。ひとつは日本の貿易の現状と問題点を分析した「中国および日本の商業」（七月一日号）である。(109)ブスケはここでもまた、これまでの議論を踏襲して「日本の旧来の産業である漆器、陶磁器、絹織物、金属器は、その構想の独自性と仕上げの見事さが成功の原因であったが、それは日ごとに衰え、失われるおそれがある」としている。(110)

実際、芸術文化から金儲け主義への専心へ、また美的価値への特別な配慮から利益および生産高の打算的追求に陥っている。趣味は変化するものであり、その慌しさは、細部への無頓着、そして耐えがたい凡庸さを奢侈品にもたらすのである。[111]

このようにしてブスケは、変わりやすい趣味に合わせた商業主義は粗悪な品を生産するばかりだとし、さらに工芸品は輸出産業には向かないと指摘している。また、もうひとつの記事「万国博における中国と日本」(八月一日号)においても、七八年パリ万国博の日本出品物を批判した[112]。ブスケは、ここでも日本展示場にあふれる陶磁器や漆器をまとめて再び小物《ビブロ》と呼んでいる。ブスケは、「日本が、ウィーンやフィラデルフィアの万国博で好評を博して成功したことを受けて、今回もパリに大量の出品物を展示し、シャン・ド・マルス会場に店を開いて、パリの商店でいくらでも安く手に入るヨーロッパ趣味の小物《ビブロ》を、通常の値段の一〇倍という法外な値段で売っている」と残念がるのである[113]。

ヨーロッパの人々の嗜好に合わせるために、伝統的な意匠を捨て、寸法を大きくしたり、全体を浮彫にしたり、一面に絵を描き込んだりした陶磁器や漆器は、日本の工芸が独創性を失い、衰退期に入ったことを示すものだとブスケは考えた[114]。日本での生活において実際に日本の工芸品に触れてきたブスケは、博覧会場において展示された出品物を見て、日本人は、無理にヨーロッパの人々の趣味に合わせるよりも、日本の伝統の価値を重視すべきであると主張したのである。

以上のように七八年パリ万国博に出品された日本工芸品は、ブスケやフォンペルテュイなどの批評家たちから、商業主義化による質の低下が

図16　瓢池園等の出品物

指摘された。その批判の焦点は、ヨーロッパ趣味に適するように行われた日本工芸品の図柄などの変更、そしてこれによる日本固有の独創性の喪失にあった。工芸品の輸出振興に向けた明治政府の取り組みは、逆説的にも、芸術的な観点に立つフランスの批評家たちからは批判の対象となっていたのである。

第三章で見たように、一八七〇年代はまさに、六七年の万国博で一気に認知された日本工芸品への評価から、「ジャポニスム」という文化現象が開花した時代であった。日本の七八年パリ万国博への参加もこうした流行に歩調を合わせ、日本製品の輸出拡大を狙ったものであった。そして、七八年の万国博は「ジャポニスム」の絶頂ともいえる時期だった。しかし、同じ時期に、フランス政府やフランスの批評家たちが示した反応は、こうした趨勢に警鐘を鳴らすものでもあった。彼らの求めた日本とは、西洋に染まらない、商業主義に毒されていない伝統的な「日本」だったのであり、それに対して実際に前田らが求めた「進歩」は、彼らにとっては「衰退」と映ったのである。

(3)　フランス工芸品における「ジャポニスム」の影響

右に述べたように、フランスの専門家たちによって日本工芸品の商業主義化は厳しい批判の対象となった。しかし、ここでフランス国内におけるもうひとつの言説に注意する必要がある。

こうした商業主義化は、先述したように「ジャポニスム」の流行が広がるフランスの一般消費者の間ではむしろ歓迎され、日本製品の積極的な受容を促したのである。実際、博覧会場における日本工芸品の売上は好調で、多くのフランス人の消費者が買い求め、需要が増していた。そして、注目すべきこととして、こうした「ジャポニスム」の流行は、一過性の流行ではなく、一八七〇年代のフランス工芸の動きと密接にかかわっていた。第三章で取りあげたように、エルネスト・シェノーはまさしく日本の工芸品に見られる芸術的要素をフランスの産業芸術の分野に応用することを提唱していたのであった。以下では、七八年パリ万国博におけるフランスの工芸がいかなるものであったのか、そしてそこに「ジャポニスム」はいかなる影響を与えたのかに目を向けることとしたい。

◆フランス工芸品の出品状況

七八年パリ万国博の陶芸部門では、前述のとおり日本とフランスの二国にグランプリが授与されたのであるが、実はフランスの出品物のなかには日本の影響を受けたものが多く見られた。陶芸部門でフランス代表審査委員を務めたアドリアン・デュブシェはフランス政府の報告書のなかで、フランス陶磁器における日本趣味の高まりを次のように述べている。

ジャポニスム！　現代の魅惑。我々の芸術、様式、趣味、そして理性においてさえも、すべてを満たし、すべてを支配し、すべてを混乱に陥れたあまりある熱狂。(115)

このときにアメリカ合衆国からの代表委員会が発行した万国博報告書においても、日本のデザインやスタイルがフランスとイギリスの陶器（図17～19）を中心に絶大な影響を及ぼしていることが指摘されている。多様な形態の日本陶磁器がコレクションおよび商業に流入し、公衆の嗜好とこの時代の芸術に絶大なる影響を及ぼした。特に〔装飾用の〕陶器が最も大きな影響を受けており、それはフランス製・イギリス製いずれにおいても認めることができる。日本の装飾芸術の精神がこの二つの国に認められ、その状況を陶芸部門における出品作品が豊かに証明している。(116)

日本博覧会事務局も、フランスのセーヴル工場の陶磁器（図20・21）のなかに日本の模倣品があったことを指摘し、ヨーロッパの人々が日本工芸品に傾倒していることを記した。

本会各国部分中の陶磁器を見るに器物の格好、画形の模様など、我が製品に擬せしもの多し。有名なる

図17　テオドール・デック工房の出品物

図18　ジアン工房の出品物

図19　ミントン窯の魚海老図花瓶

「セーヴル」の製品中にも往々模造の品あり。斯《か》く模造の多きは是迄に例無きことと聞けり。左すれば欧洲人の嗜好、漸次《ぜんじ》我が製品に傾きたるを知るべし。[117]

文献資料からもフランスのセーヴル陶磁器工場と日本とがさまざまなかかわりをもっていたことが判明している。[118] 前回の六七年パリ万国博の後には、日本愛好家の集まる「ジャングラールの会」が結成され、その集いは、毎月セーヴルの陶芸家ソロンの家で開かれたことはすでに指摘したとおりである。[119]

また、一八七四年に日本の博覧会事務局附属磁器製造所の監督の一人がセーヴル工場を見学し、セーヴルで使用されている原料の研究のため、セーヴルの工場長に原料見本の提供をフランスの外務大臣を通して願い出ている。[120] その際に日本からも日本陶磁器の原料見本をセーヴル陶磁器工場へ送ったようである。さらに一八七七年には、日本政府がセーヴル美術館へ日本磁器の見本一箱を送付している。[121] こうした交流を通じ、セーヴル工場も「ジャポニスム」に呼応するかたちで、日本趣味の陶磁器の製作を行い、七八年パリ万国博に出品したのである。

◆フランス工芸に対する批評家の懸念

このように七八年パリ万国博において展示されたフランス工芸には「ジャポニスムの熱狂」がはっきりとあらわれていた。しかし、同時にこれに対する懸念がすぐさま生まれたことにも注意を向けなければならない。その代表はここでも美術批評家のシェノーである。シェノーは、七八年パリ万国博の会期中、美術専門誌『ガゼット・デ・ボザール』に「パリにおける日本」と題する特別記事を掲載した。(122) これは、シェノーが七八年パリ万国博を観覧したことに基づいて執筆したものである。

日本は我々から機械技術、軍事技術、諸学芸を借り、我々は日本から装飾芸術を取り入れている。(123) シェノーは、工業、軍事、科学の分野でこそフランスが日本に教えるものがあるが、装飾芸術等の工芸分野においてはむしろ日本から教わっていると述べている。

フランス部門において、我が国の製造業者で最も評判の者たちの展示品を見わたしてみるとき、彼らが進歩の証として展示するものが、日本美術のあれほど貧弱な模倣品であるのを見ると、ある種の落胆と同時に若

図20　セーヴル工場の展示場

図21　セーヴル工場の出品物

干の屈辱感さえ禁じえない[124]。

シェノーはフランス部門において「日本美術の貧弱な模倣品」が多いのに落胆し、かつそれをフランスの「屈辱」と感じている。そして「我々は日本研究をフランスの工芸家たちに勧めてきてすでに一〇年になるが、しかし陳腐な模倣品につまずくことを思い願っていたわけではない」と厳しく批判した。

初めて日本が参加した一八六七年パリ万国博以来、シェノーは一貫してフランスの工芸家たちに日本から学ぶよう力説してきた人物であったことは、第三章で見たとおりである。一八六九年には、パリの産業応用美術中央連合の講演会において「日本芸術」と題する講演を行った[125]。彼は、フランス工芸の現状を憂い、その発展のために日本の工芸品が美的な装飾へのヒントをもたらすであろうと主張してきたのである。

しかしシェノー当初の思いとは裏腹に、七八年パリ万国博のフランス工芸品は「日本美術の貧弱な模倣品」と評せざるをえない代物であった。こうした動向の原因をシェノーは次のように記している。

商業利益を美的興味よりも優先させねばならなかったとか、日本的様式への大衆の熱狂に屈したのだとか、製造業者は世論の動きを導くというよりもむしろそれに影響を受けるものであるとか言い立ててもむなしいだけだ[126]。

ここではフランスにおける「商業主義」と「消費社会」の拡大という文脈において、「ジャポニスム」が広く受容されたことが示されているが、シェノーは「模倣は死への仲介者となる」と強調し、あらためて日本工芸の模倣ではなく、その研究を進めつつ、フランスの特性を生かして新たなフランス工芸への応用・発展を目指すよう力説したのである。

ここまで、日本の工芸品に対する好評価（新聞）、否定的な評価（評論家）を見たのち、フランスの工芸品への評価に目を転じ、そこにおける「ジャポニスム」の影響に注目してきた。明白に認められるこの影響に対し、シェノーのような美術批評家は、日本の工芸品の価値を否定するのではなく、フランスの産業芸術に創意工夫が必要であることをあらためて説いた。とするならば、とりわけシェノーに顕著に見られる日本工芸品に対する評価の両義性は、フランス産業芸術の行き詰まりに対するいらだちや自戒の念と重なりあっているということができるだろう。フランスにおいて万国博と産業芸術は、いずれも「産業・商業」の要素と、「芸術」の要素が組み合わさったものであり、その両者の関係に生じた齟齬が、日本の工芸品への評価、フランスで誕生した「ジャポニスム」の動向に顕著にあらわれているのである。

おわりに

一九世紀後半に、万国博覧会を通して、日本の工芸品はまさに「日本文化」を視覚的に表象する代表的な存在となった。前章および本章で詳しく見てきたように、一八七八年のパリ万国博では、六七年のとき以上に、日本工芸品への興味・関心が高まることになった。多くのフランス人にとって、実際に日本を訪れ、直接その文化に触れるということが稀であった時代に、「日本文化」は主として工芸品という目で見て手で触れることのできる「物」を媒介として理解され、評価され、受容されていったのである。

他方、七八年パリ万国博において、明治政府が工芸品の出展を通じて意図したのは、日本の伝統的な図柄等を用いながら「欧米の実用に適した」工芸品を製作、展示、販売し、それを契機に輸出振興を図ることであった。こうした政策を主導した前田正名が打ち出した方向性は、産業製品の改良、貿易振興を指向する元来の万国博覧会の理念に沿うものであったといえるだろう。

しかしこれに対して、それまで専門家としての立場から日本の伝統工芸を評価し、称賛してきたフランスの批評家たちは、日本工芸品の商業主義化による質の低下を懸念することになる。特にその批判の焦点は、ヨーロッパ趣味に適するように行われた日本工芸品の図柄などの変更、そしてこれによる日本固有の独創性の喪失にあった。専門家たちが求めたのは、西洋の価値観に適合し商業主義化した「日本」ではなく、西洋的な要素とは異質なものとして保たれた伝統的な「日本」の姿であった。

日本工芸品は一方で、多くのブルジョワ層の消費者によって歓迎され、その受容は成立しつつあった大衆消費社会において大きな広がりを見せたことも確かである。七八年パリ万国博において日本出品物の売上は大きく、商業的に成功を収めたといえる。フランスの統計によると、日本磁器の輸入額は、七八年に六六万一六一〇フランであったが、次のパリ万国博が開催された八九年には一六〇万六〇六九フランに達し、およそ一〇年間で約二・四倍に増加した（表18）[127]。また日本と中国を比較すると、八五年を境に日本磁器の輸入が上回り、八七年にその輸入はピークを迎えることが分かる。一方、日本の統計においても、年間のフランスに対する日本陶磁器の輸出額は七万九、〇〇〇円（一八八〇年）から二一万三、〇〇〇円（八九年）へと、およそ一〇年間の間に約二・七倍に増加した[128]。七八年パリ万国博の日本出品品は、フランスにおける日本工芸品の購買層を広げ、日本に商業的成功をもたらす大きな契機となったことはまちがいない。この点では、七八年パリ万国博において、前田正名が目

表18　フランスにおける日本と中国の磁器の輸入額

（単位：フラン）

年	日本	中国
1867	42,287	142,194
1868	34,816	82,993
1869	13,696	136,819
1870	3,215	146,592
1871	64,449	128,823
1872	20,331	239,729
1873	51,415	307,386
1874	173,584	347,115
1875	201,642	379,770
1876	155,792	291,957
1877	531,368	433,818
1878	661,610	519,256
1879	590,868	639,332
1880	430,579	662,966
1881	544,156	776,351
1882	564,985	920,583
1883	465,871	617,566
1884	501,026	874,157
1885	1,151,132	694,017
1886	1,757,652	860,821
1887	2,801,041	678,015
1888	2,246,589	909,920
1889	1,606,069	202,034
1890	1,621,022	197,288
1891	1,732,882	172,661
1892	1,986,138	154,736
1893	1,522,868	131,688
1894	1,997,215	165,353
1895	2,075,094	225,270
1896	2,304,853	326,911
1897	1,334,647	326,329
1898	1,701,811	228,052
1899	-	-
1900	1,104,000	276,000
1901	742,000	149,000
1902	544,000	145,000
1903	957,000	-
1904	666,000	145,000
1905	378,000	245,000

指した輸出振興策は、大きな成果を上げたといえるだろう。

このように、七八年のパリ万国博において「日本」の文化イメージは、決して一方向的に形成されたわけではない。前田自身も、日本の「伝統」と「近代化」という二重性を積極的に伝えようとした。対する、フランスの高等委員会や批評家たちが求めたのは日本古美術など「伝統的」な日本の姿であった。日本の出品者が呈示しようとした「日本」像と、開催国フランスが求めた「日本」像とは必ずしも一致していなかった。この不一致は、同じ日本の工芸品を受容したフランス国内においてもあらわれる。一方で、各新聞に見られたように、万国博の会場に足を運んだ観衆や愛好家たちはこぞって日本の工芸品を買い求めるようになるが、他方で、批評家たちは、こうした日本の工芸品の流行の陰に、西洋化や商業主義化という「衰退」の兆候を見てとることになるのである。

（1）一八七八年パリ万国博に関するフランス農商務省の公式報告書は、以下を参照。Ministère de l'Agriculture et du Commerce, *Exposition universelle internationale de 1878, à Paris. Catalogue Officiel*, Paris, Impr. Nationale, 1878; Ministère de l'Agriculture et du Commerce, *Exposition universelle internationale de 1878 à Paris. Rapports du jury international*, 14 vols, Paris, Impr. nationale, [1880–1884]; Ministère de l'Agriculture et du Commerce, *Rapport administratif sur l'Exposition universelle de 1878 à Paris*, 2 vols, Paris, Impr. nationale, 1881.

（2）B. Schroeder-Gudehus et A. Rasmussen, *Les Fastes du Progrès*, Paris, Flammarion, 1992, p. 96–98.

（3）*Ibid.*, p. 58–96.

（4）一九七〇年大阪万国博は六、四二二万人（当時の人口約一億人）であった。大阪万国博が人口比率で一八七八年パリ万国博を上回っているが、一八七八年当時の交通手段等を考えると、一八七八年パリ万国博の入場者数の多さは驚くべき数字といえる。Cf. B. Schroeder-Gudehus et A. Rasmussen, *op. cit.*

（5）*Rapport administratif sur l'Exposition universelle de 1878 à Paris*, *op. cit.*, vol. 2, p. 356–357; B. Schroeder-Gudehus et A. Rasmussen, *op. cit.*, p. 98. 第三章で確認したように、日本の博覧会事務局の報告書によると、七八年パリ万国博への

出品者数は「二六二」であるが（『明治十一年仏蘭西巴里府万国大博覧会報告書』第二篇、一八七九年、六～九頁。同、附録第二）、フランス農商務省の統計によると「四三〇」となっている。フランス農商務省は、複数部門への出品者の重複も含めて延数で数えたと考えられる。六七年パリ万国博との比較のため、ここではフランス農商務省の統計を参照する。表14は、これに加えさらにシュレデル＝ギュドゥスによる統計も参照して、著者がまとめたものである。なおドイツは公式参加しなかったためにこの表には含めていないが、非公式で一五一の出品者が参加した（六七年は三、六一〇）。

（6）B. Schroeder-Gudehus et A. Rasmussen, *op. cit.*, p. 96–103.

（7）*Ibid.*

（8）*Rapport administratif sur l'Exposition universelle de 1878 à Paris*, *op. cit.*, vol. 2, p. 356–357; B. Schroeder-Gudehus et A. Rasmussen, *op. cit.*, p. 78, 98. シュレデル＝ギュドゥスのまとめた統計・分類によると、トルコがアジア部門に分類され、六七年パリ万国博ではアジア出品の九割を占めた。しかし七八年パリ万国博には前年に始まった露土戦争のため不参加だった。こうしたトルコをはじめ、万国博で「アジア」に分類される国々について、ヨーロッパにおける「アジア」イメージの比較および変容は今後の課題としたい。なお、出品者数の合計は五二、七九四であるが、公式の総出品者数は五二、八三五である。端数の説明は記されておらず不明である。

（9）AN, F/12/3493, « La liste des commissaires généraux à l'Exposition de 1878 ».

（10）中国による万国博への主体的参加をめぐっては諸説ある。フランス国立文書館は、一九〇〇年パリ万国博が最初としている（C. Demeulenaere-Douyère（dir.）, *Exotiques expositions. Les expositions universelles et les cultures extra-européennes. France, 1855–1937*. Album accompagnant l'exposition organisée aux Archives nationales du 31 mars au 28 juin 2010, Paris, Archives nationales/Somogy, 2010）。他方、一九〇五年以降が最初の中国の主体的参加であるとする説もある（徐蘇斌「オリエンタリズムとナショナリズム――中国の万国博覧会参加をめぐる権力の変容――」佐野真由子編『万国博覧会と人間の歴史』思文閣出版、二〇一五年）。

（11）AN, F/12/3589, J. Krantz à T. Nakano, le 7 décembre 1877.

（12）P. Greenhalgh, *Ephemeral vistas: the expositions universelles, great exhibitions and world's fairs, 1851–1939*,

Manchester University Press, 1988, p. 65; B. Schroeder-Gudehus et A. Rasmussen, *op. cit.*, p. 98.

（13）一九三一年の植民地博については、以下を参照。P. Morton, *Hybrid Modernities, Architecture and Representation at the 1931 Colonial Exposition, Paris*, Massachusetts, MIT Press, 2000（パトリシア・モルトン著、長谷川章訳『パリ植民地博覧会――オリエンタリズムの欲望と表象――』ブリュッケ、二〇〇二年）; D. Grandsart, *Paris 1931, Revoir l'Exposition colonial*, Paris, Editions FVW, 2010.

（14）« Plan intérieure du palais du Champs de mars », *L'Exposition de Paris*（1878), le 6 avril 1878.

（15）*Rapport administratif sur l'Exposition universelle de 1878 à Paris*, *op. cit.*; *Exposition universelle internationale de 1878, à Paris. Catalogue Officiel*, *op. cit.*

（16）*Rapport administratif sur l'Exposition universelle de 1878 à Paris*, *op. cit.*; L. Aimone et C. Olmo, *Les Expositions universelles 1851-1900*, Paris, Belin, p. 60.

（17）展示面積を比較するにあたって、本章は六七年パリ万国博と七八年パリ万国博の「使用面積（Surfaces utilisables）」を比較した。七八年パリ万国博における日本と中国の各使用面積（一、七一四平方メートル）に、通路などの面積を加えると、両国それぞれが全体で「二、三二四平方メートル」の展示面積を占めた（*Rapport administratif sur l'Exposition universelle de 1878 à Paris*, *op. cit.*, vol. 2, p. 396）。

（18）AN, F/12/3493, T. Nakano à J. Krantz, le 28 octobre 1876.

（19）*Ibid.*

（20）一八七六年一一月二五日号の『ル・モンド・イリュストレ』紙には、シャン・ド・マルス会場における各国の展示場の設計案が大きく図版入りで掲載された。« La section étrangère de l'exposition de 1878 », *Le Monde illustré*, le 25 novembre 1876.

（21）AN, F/12/3496, M. Maeda à J. Krantz, *op. cit.* ベルジェは、先述のようにフランス高等委員会の外国担当局長を務めた人物である。

（22）『明治十一年仏蘭西巴里府万国大博覧会報告書』第二篇、注（5）前掲、二一頁。

（23）Cf. G. Hippolyte, *Les Curiosités de l'Exposition universelle de 1878. Guide du Visiteur*, Paris, C. Delagrave, 1878, p. 35.

(24)『明治十一年仏蘭西巴里府万国大博覧会報告書』第二篇、注(5)前掲、二一頁。

(25) Cf. Lettre de Maeda à Berger, le 18 mars 1878, in « Sections étrangères Commissions nationales, Japon, numéro 19 », F/12/3496, AN.『明治十一年仏蘭西巴里府万国大博覧会報告書』には「瀬戸焼ノ噴水器」を設置したとあるが、用途としては、柄杓で水をすくって飲むなど、「手水鉢」として使用された（『明治十一年仏蘭西巴里府万国大博覧会報告書』第二篇、注5前掲、二一頁）。

(26) L. Gonse, *L'Art ancien: L'Exposition de 1878*, Paris, A. Quantin, 1879, p. 481-557.

(27)『明治十一年佛蘭西巴里府萬国大博覧会報告書』第二篇、注(5)前掲書、二二頁、伊藤嘉章「一八七八年パリ万国博覧会における日仏陶磁の交換」（『世紀の祭典　万国博覧会の美術』展覧会カタログ、東京国立博物館、二〇〇五年）一五六頁。

(28)『明治十一年仏蘭西巴里府万国大博覧会報告書』第二篇、注(5)前掲書、二二頁。

(29) L. Gonse, *L'Art ancien: L'Exposition de 1878, op. cit.*, p. 481-557; « Les collections de M. Guimet, au Trocadéro », *L'Illustration*, le 16 nov. 1878; « L'Inde, La Chine et le Japon », *Le monde illustré*, le 16 nov. 1878.

(30)『明治十一年仏蘭西巴里府万国大博覧会報告書』第二篇、注(5)前掲書、二二頁。

(31) *Rapport administratif sur l'Exposition universelle de 1867, à Paris, op. cit.*, p. 441.

(32) トロカデロ会場における日本パヴィリオンの建設状況については、以下を参照した。AN, F12/3508, « Section de l'Agriculture, Expositions Etrangères, Japon, Ferme, Parc du Trocadéro ».

(33) AN, F12/3508, M. Maeda à G. Berger, le 22 janvier 1878 ; AN, F12/3508, M. Maeda à J. Krantz, le 6 février 1878.

(34)『明治十一年仏蘭西巴里府万国大博覧会報告書』第二篇、注(5)前掲書、二二～二三頁。

(35) AN, F12/3232, G. Berger à Duval, le 18 mars 1878.

(36) 前田正名「前田正名自叙伝」上・下、『社会及国家』第二五一号、第二五二号、一九三七年（以下、「前田正名自叙伝」と略記）。前田正名「上海日記」『社会及国家』第二五三号、一九三七年、一〇〇～一〇一頁。

(37) 祖田修『前田正名』吉川弘文館、一九八七年（初版は一九七三年）、六〇～六一頁。

(38)「前田正名自叙伝」下、注(36)前掲書、一〇〇～一〇一頁。Ministère de l'agriculture et du commerce, *Catalogue officiel: liste des récompenses*, Paris, Impr. Nationale, 1878, p. 526.

(39) 『明治十一年仏蘭西巴里府万国大博覧会報告書』第二篇、注(5)前掲書、二二一〜二二三頁。

(40) 「前田正名自叙伝」下、注(36)前掲書、一〇二頁。

(41) 博覧会倶楽部編『海外博覧会本邦参同史料』第二輯、一九二八年、四九頁。

(42) La Commission impériale du Japon, *Le Japon à l'Exposition universelle de 1878, Première partie: Géographie et histoire du Japon*, Paris, 1878; La Commission impériale du Japon, *Le Japon à l'Exposition universelle de 1878, Deuxième partie: Art, éducation et enseignement, industrie, productions, agriculture et horticulture*, Paris, 1878.

(43) *Ibid.*, première partie, « préface ». 松方正義の一八七八年の渡欧については、藤村通監修『松方正義関係文書』第一巻、大東文化大学東洋研究所、一九七九年、三八一〜四八六頁を参照。

(44) 『明治十一年仏蘭西巴里府万国大博覧会報告書』第二篇、注(5)前掲書、二二五〜二二八頁。『海外博覧会本邦参同史料』第二輯、注(41)前掲書、四九頁。

(45) M. Maeda, « Les Laques du Japon », *La Revue scientifique de la France et de l'Etranger*, le 15 juin 1878.

(46) Matsugata et Maeda, « Porcelaines et faïences japonaises », *La Revue scientifique de la France et de l'Etranger*, les 22 juin et 29 juin 1878.

(47) La Commission impériale du Japon, *Le Japon à l'Exposition universelle de 1878*, Deuxième partie, *op.cit.*, p. 23-81.

(48) Matsugata et Maeda, « Porcelaines et faïences japonaises », art. cit., p. 1215.

(49) Matsugata et Maeda, *Porcelaines et faïences japonaises. Histoire et fabrication*, Paris, 1878; La Commission impériale japonaise, *Les Laques et la céramique du Japon*, Yokohama, 1879.

(50) M. Maeda, « Société japonaise », *La Revue scientifique de la France et de l'Etranger*, le 10 août 1878.

(51) M. Maeda, « Le Japon et ses réformes nécessaires », *La Réforme économique*, les 1er avril et 15 avril, 1878; « L'agriculture au Japon », le 15 mai 1878.

(52) 「前田正名自叙伝」下、注(36)前掲書、一〇二〜一〇三頁。

(53) 『明治十一年仏蘭西巴里府万国大博覧会報告書』第一篇、一八七九年、六七〜六九頁。

(54)『明治十一年仏蘭西巴里府万国大博覧会報告書』第二篇、注(5)前掲書、四〜五頁。

(55)同前。また審査員の通事に諏訪秀三郎、成島謙吉、遠野寅亮が任命された。

(56)一八七八年パリ万国博の受賞結果については、以下を参照。『明治十一年仏蘭西巴里府万国大博覧会報告書』附録第一、注(5)前掲書。Ministère de l'agriculture et du commerce, *Catalogue officiel: liste des récompenses, op. cit.* なお日本博覧会事務局は、「グランプリ」を「名誉賞牌」として記しているが、本章は六七年パリ万国博と一貫性をもたせるために「グランプリ」と表記する。この他、七八年パリ万国博における各国の受賞内容は、アメリカ合衆国が詳細なレポートを出版しているため、あわせて参照した（*Reports of the United States Commissioners to the Paris Universal Exposition 1878*, Washington, 1880）。

(57)同前。

(58)同前。

(59)同前。

(60)次の資料を参照して筆者が表を作成した。『明治十一年仏蘭西巴里府万国大博覧会報告書』附録第一、注(5)前掲書。仏国博覧会事務局『明治十一年仏国博覧会出品目録』一八八〇年。東京国立文化財研究所美術部編『明治期万国博覧会美術品出品目録』東京国立文化財研究所、一九九七年、二四一〜二五三頁。

(61)一八七八年パリ万国博の陶芸部門の公式評価は、以下を参照。V. de Luynes, « La Céramique », in Ministère de l'Agriculture et du Commerce, *Exposition universelle internationale de 1878 à Paris, Rapports du Jury international, op. cit.*; *Reports of the United States Commissioners to the Paris Universal Exposition 1878, op. cit.*

(62)E. Chesneau, « Exposition universelle: Le Japon à Paris », *Gazette des Beaux-Arts*, Paris, le 1er septembre 1878, p. 388.

(63)『明治十一年仏蘭西巴里府万国大博覧会報告書』第二篇、注(5)前掲書、一四〜一七頁。『海外博覧会本邦参同史料』第二輯、注(41)前掲、四五〜四七頁。

(64)『明治十一年仏蘭西巴里府万国大博覧会報告書』第二篇、注(5)前掲書、一六頁を参考に、筆者が作成。

(65)« L'installation japonaise », *L'Illustration*, le 8 juin 1878; « La façade japonaise », *L'Illustration*, le 15 juin 1878.

(66)G. Hippolyte, *Les Curiosités de l'Exposition universelle de 1878. Guide du Visiteur, op. cit.*, p. 35.

(67) « L'Exposition japonaise », *L'Exposition de Paris* (1878), le 29 juin 1878.
(68) *Les merveilles de l'Exposition universelle de 1878*, Paris, Libr. M. Dreyfous, 1878, p. 227.
(69) *Ibid.*, p. 230.
(70) *Ibid.*
(71) パリ市への寄贈については、以下を参照。AN, F/12/3493, M. Maeda à G. Berger, Paris, le 13 novembre 1878; Préfecture du Département de la Seine à G. Berger, Paris, décembre 1878. しかしその後どのように保管されたかは明らかではなく、さらなる調査が必要である。
(72) « Les fontaines japonaises », *L'Illustration*, le 22 juin 1878; « La fontaine japonaise», *Le Monde illustré*, le 12 oct. 1878.
(73) « La façade japonaise », *L'Illustration*, le 15 juin 1878.
(74) フランス革命期以後の貨幣単位で一スーが五サンチーム、二〇スーが一フランである。
(75) « La fontaine japonaise », *Le Monde illustré*, art. cit.
(76) « L'Exposition japonaise », *L'Exposition de Paris* (1878), art. cit.
(77) *Ibid.*
(78) *Ibid.*
(79) « Prix de divers objets du Japon », *L'Exposition de Paris* (1878), le 20 juillet 1878.
(80) ゴンクール著、斉藤一郎編訳『ゴンクールの日記』下巻、岩波書店、二〇一〇年、六七頁。
(81) 同前、七三頁。
(82) 今井祐子「一八七八年パリ万博と日本陶磁器——日本の茶陶への関心はどのようにして芽生えたか——」『国際文化学』第六号、二〇〇二年、一～二一頁。
(83) 同前。詳細は、今井祐子『陶芸のジャポニスム』名古屋大学出版会、二〇一六年を参照。
(84) « L'Exposition japonaise », art. cit.
(85) ゴンクール、注(80)前掲書、六六～六七頁。
(86) « L'Exposition japonaise », art. cit.

(87) « La Ferme japonaise », *Le Monde illustré*, le 24 août 1878.
(88) « L'installation japonaise », *L'Illustration*, art. cit.
(89) E. Chesneau, « Exposition universelle: Le Japon à Paris », art. cit., p. 385-386.
(90) ゴンクール、注(80)前掲書、七四頁。
(91) « L'Exposition japonaise », art. cit.
(92) E. Chesneau, « Exposition universelle: Le Japon à Paris », art. cit., p. 300-301.
(93) フランスは、シェル県・リモージュ・セーヴル工場の三つがそれぞれグランプリの対象となった。日本は、出品した陶磁器全体に対してグランプリが授与された。
(94) Ministère de l'Agriculture et du Commerce, *Rapports du Jury international: La Céramique*, Paris, 1882.
(95) *Ibid.*, p. 178-179.
(96) *Ibid.*, p. 179.
(97) A. Frout Fontpertuis et C. Lamarre, *La Chine et le Japon et l'Exposition de 1878*, Paris, 1878. 一八七八年パリ万国博の開催にあたって、ラマール（Lamarre, Clovis）を中心に、『外国と一八七八年パリ万国博』（*Les Pays étrangers et l'Exposition de 1878*）と題する出版物のシリーズ（全一二冊）が一冊二フランで販売された。当シリーズは、七八年パリ万国博における外国の出品状況を紹介したものである。そのうちの一冊として、フォンペルテュイが『中国と日本』を担当した。フォンペルテュイは、レンヌ出身。一八四四年に海軍の砲兵隊に入隊し、のちに軍曹を務めた。一八五一年にはイル・エ・ヴィレーヌ県、一八五三～一八六五年にオート・ロワール県の局長として働いた。また同時に政治経済評論家として新聞に数々の論評を発表し、多くの著作を残している。
(98) A. F. Fontpertuis et C. Lamarre, *op. cit.*, p. 96-97.
(99) M. Matsugata et M. Maeda, « Porcelaines et faïences japonaises », *La Revue scientifique de la France et de l'Etranger*, *op. cit.*; La Commission impériale du Japon, *Le Japon à L'Exposition universelle de 1878*, *op.cit.*, p. 23-81.
(100) A. F. Font pertuis et C. Lamarre, *op. cit.*, p. 97.
(101) G. Bousquet, *Le Japon de nos jours et les échelles de l'Extrême Orient*, 2 vols, Paris, 1877（ブスケ著、野田良之・久野桂

一郎訳『日本見聞記』みすず書房、一九七七年）。

（102）ブスケについては、以下を参照。ブスケ著『日本見聞記』、注（101）前掲書。松田清「フランスからみた文明開化」林屋辰三郎編著『文明開化の研究』岩波書店、一九七九年、一八九〜二二七頁。

（103）G. Bousquet, *op. cit.*, vol. 2, p. 135.

（104）*Ibid.*, p. 193.

（105）P. Larousse, *Grand Dictionnaire universel du XIX*^{e} *siècle*, t. 2, Paris, 1867, p. 674; *Trésor de la langue française informatisé*, CNRS, 2005. 松田清、注（102）前掲論文、二三三頁。

（106）G. Bousquet, *op. cit.*, vol. 1, p. 179–180.

（107）*Ibid.*, vol. 2, p. 193.

（108）*Ibid.*, p. 193–194.

（109）G. Bousquet, « Le Commerce de la Chine et du Japon », *Revue des Deux Mondes*, le 1er juillet 1878, p. 84–111.

（110）*Ibid.*, p. 110.

（111）*Ibid.*

（112）G. Bousquet, « La Chine et le Japon à l'Exposition universelle », *Revue des Deux Mondes*, le 1er août 1878, p. 556–588.

（113）*Ibid.*, p. 557.

（114）*Ibid.*, p. 564–565.

（115）Ministère de l'Agriculture et du Commerce, *Rapports du Jury international: La Céramique*, *op. cit.*, p. 103.

（116）*Reports of the United States Commissioners to the Paris Universal Exposition 1878*, *op. cit.*, vol. 3, p. 116–117.

（117）『明治十一年仏蘭西巴里府万国大博覧会報告書』第二篇、注（5）前掲書、三六頁。

（118）二〇〇八年にセーヴル美術館で開催された『第二帝政と第三共和政』展では、一八七八年パリ万国博に出品されたセーヴル磁器が公開された。この展示によって、七八年に日本趣味のセーヴル磁器が出品されたことが証明された（図21）。Cf. B. Ducrot (dir.), *Second Empire et Troisième République, de l'audace à la jubilation*, Manufacture nationale de Sèvres, Paris, Editions courtes et longues, 2008.

(119) 本書、第三章第二節を参照。
(120) 鮫島文書研究会編『鮫島尚信在欧外交書簡録』思文閣出版、二〇〇二年、一二四〜一二五頁（書簡229）。
(121) 同前、一二六頁（書簡420）。
(122) E. Chesneau, "Exposition universelle: Le Japon à Paris", *op. cit.*, le 1er septembre 1878, p. 385-397 et le 1er novembre 1878, p. 841-856.
(123) *Ibid.*, le 1er septembre 1878, p. 386.
(124) *Ibid.*, p. 391.
(125) E. Chesneau, *L'art japonais, Conférence faite à l'Union centrale des Arts appliqués à l'industrie*, le 19 février, Paris, 1869.
(126) *Ibid.*, p. 394.
(127) 表18は、フランスにおける以下の貿易統計に基づき、筆者が作成した。この表において国別に「日本」が表記されるのは、一八六四年以降である。またフランスにおける日本からの輸入品として「磁器」の輸入額が個別に表記されるようになるのは、一八六七年以降である。輸入額が記されていない年は「－」と表記した。なお日本から輸入された「磁器」は、フランスの統計項目としては、一八六七年以降は「磁器（Porcelaine, Porcelaine fine)」、一八八九年以降は「装飾磁器（Porcelaine décolée)」に分類された。Direction générale des douanes et des contributions indirectes, *Tableau général du commerce de la France avec ses colonies et les puissances étrangères*, Paris, Impr. Impériale, 1850-1895; Direction générale des douanes et droits indirects, *Tableau décennal du commerce de la France avec ses colonies et les puissances étrangères*, Paris, Impr. Impériale, 1847-1896; République française. Direction générale des douanes, *Tableau général du commerce et de la navigation*, Paris, Impr. nationale, 1896-1905.
(128) 『日本貿易年表』（マイクロフィルム版）、雄松堂書店、一九六三年（本マイクロフィルムに収録されている大蔵省編『大日本各港輸出入半年表』、大蔵省編『大日本外国貿易年表』を参照）。

終章

二〇一六年一一月二二日、フランスは二〇二五年の万国博覧会の招致に向けて立候補することを正式に表明した。一九三七年を最後にフランスで万国博は開催されていないため、この招致が決まれば実に八〇年ぶりということになる。立候補に向けた準備は、二〇一二年一二月のエキスポ・フランス二〇二五協会の設置にともない本格化した。一四年二月に開かれた国民議会（下院）の審議には、フランスでの万国博研究を先導してきたパリ第一大学教授のパスカル・オリが出席し、歴史学の視点から万国博の意義について述べている[1]。

オリによれば、一九世紀に誕生した万国博は「一方で、二つの国〔フランスとイギリス〕の二つの近代性――経済的なものと政治的なもの――の競合の結果であり、他方で、同じ一つの新しい宗教、すなわち進歩の宗教においてそれらが融合していることを最も良くあらわすものである」[2]。またオリは、過去から現在まで通底する万国博の意義を次のように八つの機能に分けて説明した。すなわち、(1)技術の展示、(2)商業市、(3)建築の実践、(4)都市開発、(5)芸術の展示、(6)開催国の政治・外交、(7)参加国の関係、(8)人々の祭典である[3]。

これをまとめると、先端技術・産業製品の競争、都市開発をともなう建築実践、芸術性の探求、開催国・参加国をめぐる政治・外交関係、観衆に対する教育的効果、娯楽性等の機能が「新しい宗教」たる「進歩」という観点で結びつく場が一九世紀のパリ万国博であり、現在に通底する万国博の機能ということである。

＊　＊　＊

パリ万国博覧会という場の検討を通じて本書が意図したのは、以上のようなさまざまな機能に注意を配りながら、開催国と参加国いずれかの国に焦点を絞った一方向的な視点ではなく、開催国フランスと参加国日本の両方の視点から、いわば合わせ鏡のようにして「日本」像が形成されていく過程を浮き彫りにしていくことであった。万国博は、出品物の展示を通じて参加国が自己イメージを発信する場であったが、発信されたイメージは必ずしも参加国の意図したとおりに、諸外国に伝達、受容されたわけではない。開催国の政府をはじめ、万国博を組織する委員会、批評家、さらに博覧会場に足を運んだ観衆によって、それらのイメージはさまざまなかたちで批判と称賛の対象となり、独自の意味づけをともないながら解釈されていったのである。このように万国博では、発信者の意図や演出と、受容者の価値観や要求が交差するなかで、多様なイメージが形成される。そして、このように形成された像は、再び参加国による自己イメージの再構築過程にフィードバックされていくことになる。

これまで各章で確認してきたように、二つのパリ万国博における「日本」像も、まさにフランスと日本の相互作用のなかで、さまざまな期待や思惑のもとに形成されてきた。こうした分析を通じて浮かびあがるのは、「人」の交流と「物」の展示を通じたナショナル・アイデンティティおよび文化イメージの形成の場としての万国博覧会である。とくに初期の日仏交流では「人」が果たした役割はきわめて大きかった。一八六七年パリ万国博で展開された徳川昭武一行をめぐるフランスとイギリスの関係、一八七八年パリ万国博で日本博覧会事務局の事務官長を務めた前田正名とフランス側の高等委員会との間に築かれた信頼関係などは、「人」が果たした役割の大きさを示している。また万国博を契機とした日仏間の人の出会いには、その後も生涯にわたる私的交流へと発展していったものもある。

六七年パリ万国博は、日本が初めて主体的に参加した万国博であったわけだが、その力点は「外交」にあったといえるだろう。幕府は、薩摩藩、佐賀藩、商人の出品物をまとめて「日本」として展示し、「日本」の主権が幕府にあると博覧会場で示すことを最重要の目的とした。また将軍徳川慶喜が弟の昭武を将軍名代としてパリ万国博に出席させることを決定したのも、日本の主権者である将軍の名代として昭武を諸外国に示し、フランスと良好な関係を構築するためであった。しかし、薩摩藩およびフランス人のモンブランは、薩摩を幕府とは別に独立国として参加させることを試み、さらに「幕府と薩摩藩は同格である」とする宣伝活動をフランス・メディアを通じて行った。その意味で、薩摩藩もまた、「外交」に力点を置いていたといえるだろう。薩摩藩側のこうした策謀の結果、幕府の思惑とは裏腹に、パリの博覧会場における「日本」像は、フランス外務省のみならず、フランス社会に向けて、その政治上の揺らぎを露呈することとなった。

その一方で、展示された「物」を通じて、フランスではそれまで漠然としたアジア・イメージのなかに埋没していた「日本」イメージは、個性的でより明確な輪郭を備えたものとして認識されるようになった。特にグランプリを獲得した日本工芸品に注目が集まることで、「物」を媒介として「日本」への関心が高まることとなったのである。ただし、ここで注目すべきは、六七年パリ万国博以降、「日本」がフランスの人々に積極的に受け入れられていった背景には、フランスにおける産業芸術振興の動きが存在したことであろう。この産業芸術振興は、芸術的価値を付与した産業製品の製作を通じて、フランスの輸出増大を目指す国家の貿易政策に深くかかわり、六七年パリ万国博の開催において特に重視されたのであった。

そうしたなかで、産業美術中央連合の会長ギシャールは、六七年パリ万国博で展示されたフランスの産業芸術には、独創性が欠如していること、またそれらは流行や顧客の要求に盲目的に応じた生産物にすぎないことを批判した。その打開策としてギシャールが提示したのは「自然」であった。「自然」から学び、これを独創的な方法で応用し、一九世紀という時代に相応しい新たな創意にあふれた工芸品を製作することが提起されたのである。これに応じる試みとして、一八六九年の産業美術中央連合でシェノーは、日本工芸品の芸術性および「自然」の要素に着目し、これを研究して応用するようにフランス工芸産業の従事者たちに奨励した。

こうして、フランスでは自然をモチーフとした日本趣味の工芸品が数多く製作されていくこととなったが、こうした工芸品の製作それ自体も、フランスにおける「日本」イメージ構築のひとつの過程として見なすことができるだろう。工芸分野におけるジャポニスムの流行には、当時のフランス産業芸術のニーズ、価値観が反映されているのであり、六七年パリ万国博における日本の出品物はこうしたニーズに応え、価値観に訴える要素を備えていたといえる。ギシャールやシェノーの提言は、こうしたフランスの「需要」と日本による「供給」をリンクさせる決定的な契機となったと考えられる。

一方、次の七八年パリ万国博の時点においては、フランスと日本はともに新しい政体へと移行するとともに困難な内政問題をかかえ、六七年パリ万国博の時点に比べ、日仏両政府にとって両国の外交関係はその重要性を低下させていた。それにともない、日本の主たる参加目的も「外交」ではなくなっている。もちろん、日本博覧会事務局の総裁を務めた松方正義には、このパリ万国博への参加を機に、各国駐在公使と接触し、条約改正交渉などを進めようとする外交的意図はあった(4)。とはいえ、六七年のように博覧会場そのものが政治・外交の駆け引きの舞台になることはなかった。七八年パリ万国博を特徴づけたのは、外交というよりは、やはり芸術性を加味した産業の振興という意味での「産業芸術」にあったといえよう。この傾向は、日本側においても、殖産興業を目指す政府および日本博覧会事務局の主導のもと、貿易会社や工芸業者など民間からの出品者が拡大していったことにも見ることができるだろう。

また、殖産興業と並んで事務官長の前田正名が力を注いだのは、正しい「日本文化」の伝達であった。彼は日本の歴史や出品物の解説を論文や単行本のかたちでフランスにおいて出版し、さらに博覧会場で「日本」を主題とした自作の演劇を上演した。日本博覧会事務局は、フランス人が日本に対して抱く「エキゾティスム」への期待を裏切らず、むしろこれを利用しながら西洋とは異なる魅力的な「国」をアピールし、その一方で「近代国家」としての認知をも求め、ニュアンスに富んだ「日本」像を演出し、結果として輸出振興を図ることを目的としたのである。こうした日本の試みは、万国博において過去最高の受賞数という成果に結びつき、商業的にも大きな成功を収めた。

しかし他方で、パリ万国博を組織したフランスの高等委員会が求めたのは、日本の古美術品であり、伝統的な「日本」の姿であった。こうした姿勢は七八年パリ万国博の国際審査委員および批評家の評価にもあらわれている。彼らが期待したのは西欧化・商業主義化した「日本」ではなかったのである。

ただし審査委員や批評家の見解にもかかわらず、フランス工芸品それ自体が、商業主義化したジャポニスムの流行に大きな影響を受けたという事実を見逃してはならない。シェノーは、こうしたフランス工芸による流行の追従を強く批判している。だが、七八年パリ万国博への入場者数が一、六〇〇万人を超えたことが端的に示すように、増大する万国博の入場者数は大衆化する社会の象徴であり、このこととジャポニスムの流行は無縁ではなかった。その意味で一八世紀に流行した「シノワズリ」が王侯貴族という狭い顧客層の間での現象であったのとは異なり、「ジャポニスム」の流行は、一九世紀における大衆消費社会の成立を背景にしたはるかに広範囲な現象であり、批評家たちの専門的な指導によって抑制できるものではなかったのである。

事実、日本はジャポニスムが作り出した需要に応えるかたちで輸出振興を図っただけではなく、フランスの高等委員会もジャポニスムの影響を無視できずに「日本」の展示区画を拡大し、博覧会場の中心に位置づけている。この意味では両国ともにジャポニスムの流行という現象に否応なく引きずられていたともいえるだろう。そう考えれば、ジャポニスムを支えた消費社会こそが、両国の政府および産業に影響を与え、七八年パリ万国博における「日本」イメージ形成において最も大きな役割を果たした主役であったのかもしれない。

フランスにおける「日本文化」の受容は、六七年および七八年の両パリ万国博を契機に、それ以降、さまざまな関係者の思惑や行動が交差するなかで広がり、「ジャポニスム」という文化現象に発展した。ヨーロッパにおいて、日本の文物を商人の交易や個人的な趣味で取り入れるにとどまっていた状況が、日本の万国博参加を契機に大きく変化したのである。

こうして、一方でフランスにおける工芸革新の動きを通じて、日本工芸品の独自の芸術的特質が着目され、フランス工芸への応用が探求されるのに対し、日本工芸品を買い求めるフランス消費者の需要は、フランス工芸における日本趣味のいっそうの広がりを促したばかりではなく、同時に政府や批評家たちが望まない安易な模倣品を生み出す原因ともなった。他方で「殖産興業」を目指す明治政府は、日本工芸品の輸出振興を図り、フランス消費者の需要に積極的に応えることを目指した。このようなさまざまに異なる動きを通じ、フランスにおいて「日本文化」は積極的に受容され、「生成」されていったのである。

一八七八年以降の日仏交流

以上のように、本書では一八六七年および七八年のパリ万国博と日本の参加に焦点を当ててきたが、日仏間における「物」と「人」の交流はその後いかなる展開を迎えるのであろうか。それぞれの点について、若干の考察を加えて本書の締めくくりとしたい。

(1) 「物」の交流

まず「物」の側面から見てみよう。すでに本書で確認したように、一八七八年パリ万国博の陶芸部門において、フランスと日本の両国から出品された陶磁器はいずれもジャポニスム流行の影響を受けていた。日本は、伝統的な図柄等を用いながら「欧米の実用に適した」工芸品を製作、展示、販売し、フランスおよびヨーロッパへの輸出振興を図った。一方フランスも、ジャポニスムに呼応するかたちで日本趣味の陶磁器の製作を行い、出品した。これらの陶磁器はいずれも「西洋化」あるいは「商業主義化」といった点がフランスの批評家から批判の対象となったが、他方で多くのフランスの消費者に歓迎され、その受容は大きな広がりを見せていく。日仏間の貿易統計を見ると、一八八〇年代にフランスにおける日本磁器の輸入はピークを迎え、明らかにフランスにおける日本磁器の購買層が拡大していく。

それでもやはり気になるのは、七八年パリ万国博においてフランスの批評家たちが示した「日本陶磁器は衰退傾向にある」という評価の余波である。こうした評価に対し、日本はいかなる反応を示したのであろうか。

七八年パリ万国博の日本出品について、日本博覧会事務局がまとめた『仏蘭西巴里府万国大博覧会報告書』を参照しよう[5]。その冒頭では、総裁を務めた松方正義が「本会我国出品ノ声価異常ナリシハ曾テ臣等カ期セシ所ノ上ニ出テタリ。殊ニ陶銅器及ヒ漆器等ノ如キ技工ノ器物ハ最モ世人ノ歎称ヲ博シ」たと記し、日本の出品物が、松方たちが想像した以上にパリの博覧会場において「異常」なまでの好評を博し、とりわけ陶磁器、銅器、漆器等が高い評価を得たことを伝えている[6]。この報告書では、さらに出品区別に日本出品物の評価が詳細に論じられているが、「陶磁器類ノ出品ノ数最モ多ク精工ノ者モ亦最モ多シ」と、陶磁器が日本の出品物のなかで最も数が多く、その精工さが称賛されたことにより、最高の賞であるグランプリをはじめ、多くの賞を獲得したことが報告された[7]。

ただし、本書の第四章で見たように、日本陶磁器が好評を博す一方で、「本会ニテ我陶器ノ評判甚タ宜シト雖モ或ハ欧洲ノ製ニ模造シ又ハ彩色等瑣末ノ事ニ流レテ大ニ日本ノ本色ヲ失ヘルモノアリト論セシ人少ナカラス」と、日本独自の個性を失っているというフランス側の指摘があったことに注意を喚起することも忘れていない。(8)その対策として、日本博覧会事務局は、今後の陶磁器の生産には、作業工程の効率化のために「器械」を取り入れ、その製造品の形態、絵柄、彩色等は「決シテ我固有ノ風采ヲ失ハス痛ク模造ノ弊ヲ慎ム」ように提唱した。(9)なお、これは陶磁器に限らず、すべての日本工芸品に対する警告であった。「日本ノ製品（重《おも》ニ陶銅漆器縫物織物等ノ類ヲ云フ）ハ何処迄モ日本流ノ製品ニナシ決シテ西洋風ニ擬セス西洋人ノ賤シメヲ受ケルコト勿レ」と「日本流」を重んじ、「西洋風」に陥ることのないよう強調したのである。(10)

さて、これらの教訓は、次の一八八九年パリ万国博の日本出品にいかされたのだろうか。同万国博に出品された日本陶磁器についてここで若干触れておこう。

八九年パリ万国博への日本の出品者は四六二名で、このうちフランスに渡航したのは、起立工商会社（三名）、香蘭社（二名）、瓢池園（四名）、他七名であった。(11)貿易会社の起立工商会社に加え、香蘭社と瓢池園はいずれも明治初期に設立された陶磁器の生産会社である。こうした顔ぶれからも推察できるように、総数四、二四二点の日本出品物のうち、主要なものは陶磁器、漆器、七宝金属器、織物等であった。(12)

このように日本は、引き続き工芸品を主体とした出品を行ったわけだが、これに対するフランスの評価は厳しいものであった。日本陶磁器は、八九年パリ万国博で遂にグランプリを獲得できず、金賞以下しか受賞することができなかったのである。(13)フランス農商務省が発行した『国際審査委員会報告書』には、陶芸部門で金賞を獲得した香蘭社の磁器について次のような評価が記されている。

我々は、〔香蘭社の〕製品全体がヨーロッパの影響をあまりに受けすぎているように思う。これらの日本の実業家たちが我々の工場を訪問したのは一八七八年であるが、彼らは我々の形式、装飾、さらに製法まで、影響を受けるままになったように感じられる。これは遺憾である。というのもヨーロッパ人になることによって、日本人は、彼らの天分と個性を失ったが、それに代わる同等の質のものを見つけていないからである。西洋の趣味は彼らの気質と異なるため、彼らはそこから欠点しか得られないのだ。これは我々の芸術家が日本化する〔se japoniser〕ことによって多くを失い、無惨な結果しか決して得られないのと同様である。(14)

以上のように、香蘭社の磁器は、ヨーロッパの形式、装飾、製法を取り入れ、日本独自の個性を失っているとの評価がなされた。同じく金賞を獲得した瓢池園についても「ヨーロッパ市場に適応することを目的に、ヨーロッパの形態を多く取り入れている」ことが批判の対象となった。(15)しかしこうした批判は、先の引用にもあるように、安易に「日本化」したフランス工芸に向けられていることも留意すべきであろう。

このフランス側の評価を受け、八九年パリ万国博において日本博覧会事務局の事務官長心得を務めた柳谷謙太郎は、将来の万国博への参加に向けた提言として、陶磁器をはじめとする工芸品について以下のように述べている。

今回我出品ノ陶銅器漆器等ハ、多クハ洋臭ヲ帯ヒテ我固有ノ韻致ニ乏シトナシ、欧米ノ美術愛玩家ハ頻リニ之ヲ痛歎セリ。此事タル独リ今回ニ始マルニアラス。既ニ前回ノ事務官モ其報告書ニ丁寧反復ヲ通論シ、世間ノ有志家モ亦常ニ憂慮スル所ナリ。〔…〕此固有ノ韻致ハ、即我物品名誉ノ本源ト謂フヘキナリ。然ルニ此名誉ノ本源ヲ捨テテ顧ミス、徒《いたずら》ニ洋風ヲ模擬スルハ独リ其技術ノ遂ニ彼ニ企及スルコト能ハサルノミナラス、併テ我国固有ノ韻致アル美術心ヲ喪フニ至ルヘシ。〔…〕猛省スヘキ所ノモノハ貿易品ト美術品トヲ区別シ、其美術品ハ我固有独得ノ技術ヲ以テ其衝ニ立ツコトヲ勉ムルニアリ。(16)

柳谷は、前回の七八年パリ万国博で日本博覧会事務局によって繰り返し注意が喚起されたにもかかわらず、八九年パリ万国博に出品された日本の陶磁器等が「洋臭」を帯び、日本固有の風雅な趣味「韻致」が失われ、欧米の美術愛好家からひどく惜しまれたことを述べている。これまでヨーロッパで称賛の対象となってきたのは、日本固有の芸術性であり、これを喪失してはならないことがここであらためて強調された。こうして柳谷が提言したのは「貿易品ト美術品トヲ区別シ」、美術品については日本固有の技術を示すという対策であった。[17]

次の一九〇〇年パリ万国博では、日本政府によって初めて『日本美術史（*Histoire de l'art du Japon*）』がフランス語で出版されることとなる。[18] こうした日本の美術および芸術性の強調は、それまでのフランスからの批判に日本政府が応えようとした試みとして捉えることもできるであろう。しかし、貿易品のなかでも少なくとも工芸品については、このような試みが功を奏したかは疑わしい。

一八七八年パリ万国博の陶芸部門において審査官を務めた河原徳立（一八四四〜一九一四）は、一九〇〇年に再び審査官としてパリ万国博を訪れ、日本から最も多く出品された陶磁器について「〔明治〕十一年〔一八七八〕より見れば昨三十三年〔一九〇〇〕の方が進歩したには相違ないけれども、外国の進歩と比べるとちつとも進歩しない」と評し、受賞数も少なかったという感想を述べている。[19] さらに河原は、パリの美術展を観覧し、当時の日本とフランスの工芸について「今や我が製作家は欧風の模作にのみ腐心し、本邦独得の妙味を忘れんとする間に於て、彼は却て我が長所を採りて之を応用せんとす」と所感を述べている。[20]

貿易統計を見ると、二〇世紀初頭にフランスにおける日本磁器の輸入は衰退していく（第四章表18）。当初、一八七〇年代のフランスにおいて「ジャポニスム」の象徴的存在であった日本磁器の輸入の低下は、フランスにおけるジャポニスムの衰退をあらわすものと捉えることもできるだろう。他方、フランスの工芸界では「アール・ヌーヴォー（新しい芸術）」が台頭し、一九〇〇年パリ万国博を特徴づけることとなる。[21]

こうした日本陶磁器をめぐる日仏両国の評価、また一八八〇年代・九〇年代のフランス陶磁器とジャポニスムの動向については、一九三七年パリ万国博への日本参加までを視野に入れ、今後いっそう仔細な研究が求められるだろう。むろん、「物」を通じたナショナル・アイデンティティおよび文化イメージの形成については、本書で取りあげてきたように、フランスにおける中国イメージとの比較など、アジアもしくは東洋という漠然としたイメージからそれぞれの国が独自な存在として認識されていく過程にも目を配りつつ、近代におけるナショナル・イメージの形成をより詳細に分析する必要がある。

（2）「人」の交流

さて、パリ万国博を通じた「人」の交流に視点を移そう。第I部で確認したように、一八六七年パリ万国博に参加した徳川昭武を代表とする幕府使節は、パリ万国博の各種行事に参列したのち、ヨーロッパ諸国を巡歴し、パリでの留学生活を開始したが、翌六八年初めに大政奉還の知らせが届き、さらに新政府からの帰国命令を受け、日本への帰国を余儀なくされた。とはいえ、パリで学んだ知識や経験は、渋沢栄一（経済）、田辺太一（外交）、山高信離（文化）、保科俊太郎（軍事）、箕作麟祥（法学）をはじめとする随行者たちによって、その後の近代日本の形成にいかされていくこととなる。

むろん、幕府使節のみならず、一八六七年パリ万国博に出席した薩摩藩使節の岩下左次右衛門（政治）、佐賀藩使節の佐野常民（文化）も、明治期にそれぞれの分野で活躍することとなる。特に佐野は、七三年ウィーン万国博において日本の副総裁を務め、明治期における博覧会行政に重要な役割を果たした。

将軍名代の役目を果たした徳川昭武については、フランスから帰国した昭武が政治の表舞台に立つことがなかったために、明治期の経歴については先行研究でほとんど取りあげられてこなかった。しかし近年、松戸徳川家に所蔵される徳川昭武宛の「外国人差し出し」の書簡の調査を通じ、昭武とフランスの接点は、一八六七年の幕府使節の経験に限定されたものではなく、その後もその生涯にわたって継続され、日仏間の人的ネットワークの結節をなす存在であったことが判明した。(22) こうしたネットワークの発展も、万国博が契機となっている。

昭武は六七年パリ万国博から約一〇年後、博覧会係として七六年フィラデルフィア万国博に参加し、その閉会後にフランス（パリ）に渡り、約四年間におよぶ第二次フランス留学を果たした。ここでフランス軍人のヴィレット、第二次軍事顧問団の団長を務めたマルクリ、法律家のボワソナードの家族と交際し、その日仏ネットワークを構築していったのである。

以上の日本人に加え、たとえばアレクサンダー・フォン・シーボルトは、一八七〇年にイギリス公使館を辞職した後、明治政府の御雇い外国人として四〇年間働くこととなる。アレクサンダーは、七三年ウィーン万国博、七八年パリ万国博にも、委員として日本の参加に携わった。またモンブランは、七三年に設立された日本学会（La société des études japonaises）で、初代会長のロニを引き継ぎ、第二代会長を務め、フランスにおける日本学の発展に貢献することとなる。

次に七八年パリ万国博で活躍した人々のその後の動向を見ると、日本博覧会事務局の事務官長を務めた前田正名は、大蔵省、農商務省に入省し、『興業意見』を編纂するなど、経済官僚として日本の殖産興業を推進していく。前田は、ヨーロッパ経済の調査を目的にフランスを複数回訪れ、フランス農商務省のウージェーヌ・ティスランとは生涯にわたり交際を続けた。また前田は、博覧会行政にも継続的に携わり、七八年だけでなく、次の八九年・一九〇〇年のパリ万国博にも携わっている。

とはいえ、実質的に一九世紀の最後を飾る一九〇〇年パリ万国博において、前田の役割を引き継いだのは、林忠正（一八五三〜一九〇六）であった。(23) 本書で触れることはできなかったが、七八年パリ万国博に起立工商会社の通訳として渡仏した林は、起立工商会社と三井物産会社のパリ支店で働いたのち、八四年にパリで新しい美術商店を開くこととなる。この店には、美術批評家のフィリップ・ビュルティ、画家のクロード・モネ、作家のエドモン・ド・ゴンクールなど、さまざまな日本愛好家が訪れることとなった。一九〇〇年パリ万国博では、この林が日本博覧会事務局の事務官長を務め、六七年パリ万国博に参加した渋沢栄一、山高信離、七八年パリ万国博の前田正名など、これまでの日本博覧会事務局の顔ぶれもこのとき一堂に会することとなる。こうしたパリ万国博の日本参加を担った人々のネットワークについても今後の分析の課題となるだろう。

＊　　＊　　＊

以上のように、一八六七年・七八年パリ万国博への日本の参加は、日仏交流および日本の近代化の機縁となったといえるであろう。一般に、幕末から明治初期に軍事、法学、外交の分野で発展した日仏交流は、それぞれ明治初期、特に一八八〇年代から次第に衰退傾向を見せるとされる。軍事では、日本陸軍がフランス式からドイツ式に切り替えられていく。また法学も同様に、フランス法からドイツ法へと転換していく。外交関係も同じであり、一九〇七年の日仏協約の締結によって息を吹き返すまで低滞することになる。しかし、両国の交流は、パリ万国博における「物」と「人」の交流を通じ、政治的舞台の外部で、産業、芸術、文化の次元において脈々と継続されていったのである。

冒頭のパスカル・オリの発言にもあるように、万国博は、特定のアクターの意図や行動、特定の分野に還元せずに、さまざまな機能の多様性のなかで捉えなければならないだろう。しかも、二〇二五年の万国博招致を目指すオリの提言そのものが示しているように、万国博は、歴史的事象にとどまらず、現代的な意義を保っている。それは政治、経済、産業、社会、芸術、文化等々のさまざまな分野にまたがり、まさしく未来と過去をつなぐ場をなしているということができるだろう。

（1）Assemblée nationale, « Compte rendu, Mission d'information sur la candidature de la France à l'exposition universelle de 2025 », le 19 février 2014, p. 1-14. ここにおけるオリの発言は、二〇一〇年上海万国博の前年（二〇〇九年）に、オリが中国で発表した内容（「一八五一年から二〇一〇年までの万国博覧会——近代性の八つの機能——」）に即している。論文は以下を参照。P. Ory, « Les Expositions universelles, de 1851 à 2010: les huit fonctions de la modernité », in Duanmu Mei et Hugues Tertrais (dir.), *Temps croisés I*, Paris, Éd. de la Maison des sciences de l'homme, 2010, p. 225-233. 二〇二五年の万国博の招致に向けた国際博覧会事務局とフランスの動向は、下記を参照。ＢＩＥ公式サイト（http://www.bie-paris.org/site/fr）、フランス二〇二五年万国博公式サイト（http://www.expofrance2025.com/index-fr.html）。最終閲覧日：二〇一七年二月七日。

（2）P. Ory, « Les Expositions universelles, de 1851 à 2010 », art. cit., p. 225. 傍点は筆者による。

（3）Assemblée nationale, *op. cit.*, p. 1-14; P. Ory, « Les Expositions universelles, de 1851 à 2010 », art. cit., p. 228-233.

（4）一八七八年に渡仏した松方正義の活動については、下記を参照。兵頭徹「松方正義の滞欧期における経過と分析——谷謹一郎『明治十一年滞欧日記』を中心として——」『東洋研究』第七三号、大東文化大学東洋研究所、一九八五年。岩壁義光「谷謹一郎と巴里万国博覧会」『法政史学』第三七号、一九八五年。関根仁「一八七八年パリ万国博覧会と松方正義」（口頭発表）、日本経済思想史研究会、鹿児島大学、二〇〇一年。樋口いずみ「一八七八年パリ万国博覧会における日本——日本の出品当事者の意図と欧米側の反応——」『日本女子大学大学院人間社会研究科紀要』第一〇号、日本女子大学大学院人間社会研究科、二〇〇四年。

（5）仏国博覧会事務局『明治十一年仏蘭西巴里府万国大博覧会報告書』第一篇、一八七九年。

（6）同前、一～二頁。

（7）同前、三五～三八頁。

（8）同前、三六頁。

（9）同前、三八頁。

（10）同前、五三頁。

（11）農商務省編『仏国巴里万国大博覧会報告書』一八九〇年（フジミ書房復刻、一九九九年）九〇～九一頁。

(12) 同前、九一～九二頁。

(13) Ministère du commerce, de l'industrie et des colonies, *Exposition universelle internationale de 1889 à Paris. Rapports du jury international, Groupe III. Mobilier et accessoires. Classes 17 à 29*, Paris, Imprimerie nationale, 1891, p. 189-245.

(14) *Ibid.*, p. 213-214.

(15) *Ibid.*

(16) 農商務省編、注(11)前掲書、一〇四～一〇五頁。

(17) 同前、一〇五頁。

(18) La Commission impériale du Japon à l'Exposition universelle de Paris, 1900, *Histoire de l'art du Japon*, Paris, M. de Brunoff, 1900.

(19) 河原徳立「巴里万国博覧会に就て」『日本美術協会報告』一九〇一年、四頁。

(20) 宮地英敏「河原五郎著『河原徳立翁小伝』」『エネルギー史研究』第二二巻、二〇〇七年、一〇七頁。この資料は、河原徳立について、五男の河原五郎が執筆した伝記を、宮地が復刻したものである。一九〇〇年パリ万国博に審査官として渡仏した後に、河原徳立が「陶業界に訴へて其の所見を披露したるもの」の文章を引用した。

(21) ジャポニスムからアール・ヌーヴォーの流れについては、以下を参照。由水常雄『ジャポニスムからアール・ヌーヴォーへ』中央公論社、一九九四年。デボラ・シルヴァーマン著、天野知香・松岡新一郎訳『アール・ヌーヴォー――フランス世紀末と「装飾芸術」の思想――』青土社、一九九九年。千足伸行監修『アール・ヌーヴォーとアール・デコ――甦る黄金時代――』小学館、二〇〇一年。『アール・ヌーヴォー展：art nouveau 1890-1914』展覧会カタログ、読売新聞社、二〇〇一年。スティーヴン・エスクリット著、天野知香訳『アール・ヌーヴォー』岩波書店、二〇〇四年。今井美樹「フランスの近代装飾・工芸運動――アール・ヌーヴォーを中心に――」デザイン史フォーラム編『近代工芸運動とデザイン史』思文閣出版、二〇〇八年。デザイン史フォーラム編『国際デザイン史』思文閣出版、二〇一四年。

(22) 徳川昭武とフランスとの関係については、以下を参照。寺本敬子『徳川昭武に宛てたレオポルド・ヴィレットの書簡――一八六七年パリ万国博の出会いから日露戦争まで――』上下巻、一橋大学古典資料センター、二〇〇九年。寺本敬子「初期日仏交流における私信と人的ネットワーク――徳川昭武宛のフランス語書簡を中心に――」『人文学フォーラ

ム』第一三号、跡見学園女子大学、五三〜七三頁。

昭武の文通相手には、フランス陸軍の軍人で、一八六七年に昭武の教育係を務めたレオポルド・ヴィレット、明治政府の招聘で第二次フランス軍事顧問団の団長として来日したシャルル・アントワーヌ・マルクリ、同じく明治政府の招聘で来日した法学者ギュスターヴ・エミール・ボワソナード・ド・フォンタラビーとその家族、さらに日本学者として高名なフィリップ・フランツ・バルタザール・フォン・シーボルトの四男で、外交官を務めたハインリッヒ・フォン・シーボルト（Heinrich von Siebold, 1852-1908）がいる。ナポレオン三世の后であったウージェニー皇后（Eugénie de Montijo, 1826-1920）とも晩年に書簡のやり取りがあった。

（23）林忠正については、以下の文献を参照。木々康子『林忠正とその時代――世紀末のパリと日本美術――』筑摩書房、一九八七年。木々康子編『林忠正宛書簡・資料集』信山社、二〇〇三年。林忠正シンポジウム実行委員会編『林忠正――ジャポニスムと文化交流――』ブリュッケ、二〇〇七年。木々康子『林忠正――浮世絵を超えて日本美術のすべてを――』ミネルヴァ書房、二〇〇九年。

あとがき

フランスの南部、マルセイユの中心にあるサン・シャルル駅を降り、港に向かって歩くと、次第に目の前に広がるのは、白いマストと、青い地中海である。ナポレオン三世の統治下、フランスの第二帝政期に大きく発展したマルセイユの港町は、アフリカおよび東洋諸国への玄関口であった。サン・シャルル駅が開業したのは一八四八年である。この地中海に面したマルセイユと首都パリを結んだのは、一八五七年に開業した「パリ・リヨン・地中海鉄道（Compagnie des chemins de fer de Paris à Lyon et à la Méditerranée, PLM）であった。この鉄道は、一九三八年の国有化にともない、現在のフランス国鉄（Société Nationale des Chemins de fer Français, SNCF）に統合された。

パリ万国博の開催は、こうした地中海に開かれた鉄道網の発展と不可分であった。本書で見たように、一八六七年パリ万国博は「完全にユニヴェルセル（universelle）であること」を目指し、ヨーロッパ諸国のみならず、「最も遠く離れた国々」の参加を求めた。フランスにおいて、まさに東洋への玄関口であるマルセイユが、鉄道によって首都パリと結ばれた時代に、日本の参加が実現した。パリ万国博に参列するためにフランスを訪れた日本人は、約一カ月半の航海等を経てマルセイユ港に着き、その後リヨンを経由して、パリに到着した。船に積載された出品物も、ほぼ同じ経路をたどっている。一九世紀後半、フランスと日本の初期における「人」と「物」の交流は、この時代の技術の発展、世界的に広がった貿易の自由化の流れ、未知なる文化への関心の増大と密接にかかわっている。とりわけパリ万国博は両国および諸外国との外交・産業・文化の交流を促進する重要な場となった。

本書は、二〇一二年に一橋大学とパリ第一大学に提出した共同博士号請求論文（「一八六七年・一八七八年パリ万国博覧会における「日本」――初期日仏交流史における「日本」イメージの形成――」)に、その後の研究成果を加え、加筆・修正を行ったものである。

本書の基盤には「日本人とは何か、日本文化とは何か」という問題意識がある。これは筆者が幼少期に過ごした外国での経験にかかわる。一二年をフランス(パリ)、約三年半をアメリカ(ヴァージニア州)で過ごした。とくに、多感な時期を過ごしたアメリカでは、さまざまな国籍の人々、特に東アジア諸国のクラスメートと出会うなかで、それまで問うことすらなかった「日本」とは何かという問題意識が生まれたように思う。その後、大学および大学院で歴史学について学ぶなかで、私はこの問いをヨーロッパという外部から探究してみたいと思うようになった。とりわけ日本の開国後、フランスを中心にヨーロッパやアメリカで広がったジャポニスムに関心を抱き、その社会的背景に光をあてた。パリ万国博を舞台に検討を試みたのは、開催国、参加国、観衆という三者の相互作用を通じたナショナル・アイデンティティおよび文化イメージの形成である。本書の出発点はジャポニスムの社会史という関心にあるということもできるであろう。

二〇〇六年の秋から約二年半、パリに留学した。留学中は、フランス国立文書館や外務省文書館に通い続けた。このときに痛感したことは、人間の残した記録は、まるで大海のように無限に広がっているということであった。その大海のなかから、一九世紀を生きた人々が残した書き物をめくっていくうちに、次第にひとりひとりの思いや息づかいが感じられてくるようになった。研究を進めていくなかで、フランス人や日本人のご子孫と出会った。留学中は、かつて一九世紀に本書の登場人物たちがフランスで訪れた各所をまわった。パリ万国博の会場となったシャン・ド・マルスはもちろん、万国博を組織した帝国委員会および高等委員会の事務局、日本領事館の跡地、滞在したホテル、アパルトマン、通った学校、散歩した公園、墓地など。パリのペール・ラシェーズ墓地には、一八六七年パリ万国博に参加するために渡仏した佐賀藩の商人の野中元右衛門、モンパルナス墓地には初代駐仏公使の鮫島尚信が今も眠っている。

このように研究を通じた出会いを重ねていくうちに、歴史研究とは、単なる平面的な記録の検証ではなく、血の通った、人間の生き様そのものに迫ることであることを痛感している。

実際、この研究も、フランスと日本の多くの方々のご教示とご協力なしには成し遂げることができなかった。とりわけパリ第一大学・一九世紀史研究所所長のドミニク・カリファ先生、一橋大学の森村敏己先生、山﨑耕一先生、上智大学の長谷川輝夫先生、武蔵大学の小山ブリジット先生、跡見学園女子大学の山田徹雄先生、三谷博先生、杏林大学の楠家重敏先生、松戸市戸定歴史館の齊藤洋一館長、渋沢史料館の関根仁氏には、心より感謝を申し上げたい。そして、名前をあげることはできないが、本研究を進めていく際に道標となり多くの知見を与えてくださった先達の方々にあらためて敬意を表したい。フランスと日本の同僚・友人たちにも深く感謝を申し上げる。

また二〇一三年より参加している国際日本文化研究センターの共同研究「万国博覧会と人間の歴史」では、研究代表者の佐野真由子先生をはじめ、多様な領域の研究者、博覧会の組織・運営に携わる実務家の方々との議論から、研究世界が大きく広がり、多くの知的刺激をいただいた。二〇一六年一一月にはソウル国立大学で開かれた国際シンポジウムに参加する機会を得たが、このように研究のネットワークは、現在日本だけでなく、中国、韓国との学術交流も広がっている。今後の万国博覧会は、開催国あるいは参加国の一方向的な研究ではなく、開催国と参加国の相互の関係、また参加国と参加国の関係を前提としなければならないだろう。こうした一国を超えた多領域の研究がこれからの万国博の研究発展には不可欠であり、その試みは端緒に着いたばかりである。

なお、本書の内容は以下の科学研究費の助成を受けて実施した研究成果をもとにしている。二〇一二〜二〇一三年度 JSPS 科研費 JP24820018（研究活動スタート支援）「一九世紀パリ万博における日本――ナショナル・アイデンティティと文化イメージの形成――」、二〇一四～二〇一六年度JSPS科研費26770253（若手研究B）「近現代にパリ万国博が果たした役割についての実証的研究――万国博組織委員会を中心に――」。

さらに、本書刊行に際しては、跡見学園女子大学学術図書出版助成を受けた。深く謝意を申し上げる。また文献調査に際しては、フランスと日本の多くの方々、文書館や図書館にお世話になった。とりわけ、資料の掲載を許可してくださったフランス国立文書館、外務省文書館、国立図書館、一橋大学附属図書館、松戸市戸定歴史館ならびに個人所蔵家の方々に御礼を申し上げたい。

また、本書は、共同研究「万国博覧会と人間の歴史」での研究会やシンポジウムなど、さまざまな時間を共有してきた思文閣出版の田中峰人氏が編集をご担当くださった。田中氏の的確な助言や励ましなしには本書は完成しなかった。深く感謝を申し上げます。

二〇一七年は、一八六七年パリ万国博と日本の初参加から一五〇周年にあたる。この記念の年に、フランスと日本の多くの方々に支えられ、本書を刊行できることを幸せに思う。

最後に、いつも明るく勇気づけ支えてくれる両親と夫に、心から感謝の気持ちを贈りたい。

二〇一七年一月

寺本敬子

〔本書関連年表〕

西暦	万国博	本書で言及された主な事柄	関連事項・背景
一八五一	ロンドン	5月、ロンドン万国博開催(～10月)	1月、太平天国の乱(～64年)。 12月、ルイ・ナポレオンのクーデタ、立法議会の解散と普通選挙の復活を宣言。
一八五二		12月、ナポレオン三世、皇帝に即位し第二帝政がはじまる(～70年)。	
一八五三		3月、ナポレオン三世、初のパリ万国博開催を決定。 7月、ペリー浦賀来航。	7月、オスマン、セーヌ県知事に就任、パリ市改造に着手。
一八五四			3月、フランスとイギリスがロシアに宣戦布告し、クリミア戦争に介入。 3月、日米和親条約。 4月、琉米修好条約。 10月、日英和親条約。
一八五五	パリ	2月、パリ外国宣教会神父メルメ・カション、那覇に到着。 5月、パリ万国博開催(～11月)	2月、日露和親条約。 11月、フランスのインドシナ艦隊司令官ゲラン、那覇に来航、琉仏条約を締結。
一八五六			1月、日蘭和親条約。 2月、クリミア戦争に関するパリ講和会議(～3月)、帝国の威信を内外に発揚。 10月、第二次アヘン(アロー)戦争(～60年10月)。
一八五七			12月、英・仏軍、中国に派兵し、広東を攻撃。
一八五八		7月、産業芸術進歩協会の設立。 10月、日仏修好通商条約。 この年、モンブラン、初来日。	5月、フランス使節グロ、下田に来航。 6月、英仏露米、清と天津条約を締結。 7月、日米修好通商条約。 8月、日蘭、日露、日英修好通商条約。
一八五九			6月、幕府、神奈川・長崎・箱館の三港を開港し、露仏英蘭

			米との貿易を認める。 8月、シーボルト、長崎へ再来航。
一八六〇		1月、英仏通商条約、自由貿易へ移行。 5月、フランス総領事ベルクール、代理公使承認を幕府へ通告。フランス領事館が開設される。	2月、日米修好通商条約の批准書交換のため、新見正興ら幕府使節が渡米(～11月)。 10月、英仏露、清と北京条約を締結、門戸開放を強要。
一八六一		8月、ベルクール、全権公使昇任を幕府へ通告。	1月、日普修好通商条約。 3月、幕府、仏露蘭米英に江戸と大坂の開市、兵庫と新潟の開港の七カ年延期を要請する。 7月、蕃書調所に仏蘭西学科を設置。本格的なフランス研究が始まる。
一八六二	ロンドン	1月、開市・開港延期交渉のため、竹内保徳ら幕府使節が渡欧(～63年1月)。 5月、ロンドン万国博開催(～11月)	
一八六三		6月、ナポレオン三世、一八六七年パリ万国博の開催を決定。	6月、長州藩、下関海峡通過のアメリカ商船に砲撃。 7月、長州藩、フランス軍艦・オランダ軍艦を砲撃。仏英米蘭四国代表、長州藩攻撃を決定。 8月、薩英戦争。
一八六四		2月、横浜鎖港交渉のため、池田長発ら幕府使節が遣欧(～8月)。 3月、産業応用美術中央連合の設立。 4月、フランス公使ロッシュが着任。幕府は製鉄所設立の援助を要請する。	8月、第一次長州征討。 9月、英仏米蘭の四国連合艦隊が下関を砲撃し占領する。
一八六五		6月、外国奉行柴田剛中、渡仏(～66年3月)。 8月、ロッシュ、幕府へ一八六七年パリ万国博への参加を要請。幕府の参加決定。 この年、モンブラン、『日本』を出版。	4月、横浜仏蘭西語伝習所開校。 6月、第二次長州征討。 11月、英仏米蘭の四国公使、条約勅許、兵庫開港を要求のため、連合艦隊を率い、兵庫沖に来航する。天皇の条約勅許(兵庫開港は不許可)。 11月、横須賀製鉄所起工式。

一八六六		5月、幕府、諸藩にパリ万国博への出品を広く呼びかける。 9月、薩摩藩、幕府に出品の旨を伝える。 12月、佐賀藩、幕府に出品の旨を伝える。薩摩藩使節が鹿児島を出帆(翌年2月、パリ着)。 この年、モンブラン、『日本の現状に関する概観』を出版。	5月、幕府、学術修行および商業を目的とした日本人の海外渡航を許可。 6月、幕府、イギリス・アメリカ・フランス・オランダと改税約書に調印。 9月、勘定奉行小栗忠順、フランス経済使節クーレと六〇〇万ドルの借款契約を締結。 11月、三兵伝習のフランス軍事顧問団招聘契約、パリで調印される。
一八六七	パリ	1月、フランス軍事顧問団団長シャノワーヌ一行、来日。 2月、パリ万国博に参加のため徳川昭武ら幕府使節、渡欧(同年4月、パリ着)。 4月、パリ万国博開催(~11月)。フランス帝国委員会を仲介役とした幕府使節と薩摩藩使節の協議。 7月、パリ万国博の授賞式にて、日本がグランプリを授与される。ヴィレットが昭武の傅役に任命される。 11月、大政奉還。 12月、モンブラン、再来日。	5月、兵庫開港勅許。 6月、勘定奉行兼箱館奉行栗本鋤雲、日仏外交上の意思疎通を図る調停役として渡仏する。 12月、生野鉱山技師コワニエ、来日。
一八六八		1月、明治維新。 3月、新政府、フルーリ=エラールを解任し、モンブランを日本代理公使兼総領事に任命。 10月、徳川昭武、フランスでの勉学を中断して帰国(12月、神奈川港着)。 この年、フランス公使ロッシュ、帰国。新公使ウトレ、来日。	1月、兵庫開港、大阪開市。 2月、新政府、各国公使に王政復古、幕府締結の条約遵守を通告。
一八六九		2月、シェノー、産業美術中央連合で「日本芸術」を講演。 11月、新政府、ウトレの批判を受けて、モンブランを	11月、スエズ運河開通。

		在パリ日本公務弁理職（総領事）に任命。 12月、モンブランと前田正名、フランスへ出発（翌年、3月頃パリ着）。 この年、一八六七年パリ万国博の『国際審査委員会報告書』公刊。ギシャール、産業芸術の提唱。	
一八七〇		11月、鮫島尚信、少弁務使（代理公使）の任命を受け、フランスへ出発。モンブラン、公務弁理職（総領事）を解任。	7月、普仏戦争（～71年5月）。 9月、ナポレオン三世、スダンで降伏、第二帝政崩壊。パリ民衆蜂起、共和政宣言、国防政府成立。
一八七一		8月頃、鮫島尚信、パリに公館事務所を開く。	1月、国防政府、ビスマルクと休戦条約。 2月、ヴェルサイユ仮講和条約。 3月、プロイセン軍、パリ入城。パリ・コミューン成立宣言（～5月）。 5月、政府、ドイツとフランクフルト講和条約を締結。ヴェルサイユ政府軍、パリに侵入、コミューン壊滅。 8月、ティエール、大統領に就任、第三共和政（～一九四〇）。廃藩置県。 12月、岩倉使節団、欧米視察に出発（～73年9月）。
一八七二		3月、司法省法律顧問ブスケ、来日。 5月、フランス第二次軍事顧問団一六名が横浜に到着。 5月、ビュルティ「ジャポニスム」を『文芸芸術復興』誌で連載（～73年2月）。 11月、フランス人技師ブリュナを迎え、富岡製糸場が創業する。	
一八七三	ウィーン	5月、ウィーン万国博開催（～10月） 9月、ロニ、国際東洋学者会議をパリで開催。この後、日本学会の設立。	5月、大統領ティエール失脚。後任に王党派のマク＝マオン。 6月、フランス特命全権大使ベルトミ、来日。 11月、政府法律顧問ボワソナード・ド・フォンタラビー、来日。

一八七五			3月、フランス代理公使サン＝カンタン、来日。
一八七六	フィラデルフィア	4月、大統領マク＝マオン、一八七八年パリ万国博開催を布告。 5月、フィラデルフィア万国博開催(〜11月) 6月、サン＝カンタン、日本政府にパリ万国博の参加を要請。 8月、右大臣岩倉具視、一八七八年パリ万国博への参加を布告。	6月、フランス特命全権公使ジョフロワ、来日。
一八七七		1月頃、前田正名、一時帰国(3月頃、横浜着)。 2月、西南戦争。 8月、日本博覧会事務局の創設。 10月、前田正名、再渡仏。 この年、『一九世紀ラルース大辞典』(第一増補)に「ジャポニスム」が初出。ブスケ、『今日の日本、および極東の諸寄港地』を出版。	4月、露土戦争(〜78年3月) 5月、大統領マク＝マオン、共和派のシモン首相を更迭、後任に王党派のブロイ公を指名(5月16日事件)。 8月、日本で第一回内国勧業博覧会開催。 10月、フランス下院選挙、共和派の大勝。 11月、ブロイ公、首相を辞任。
一八七八	パリ	1月、フランス駐在特命全権公使に鮫島尚信を任命。 2月、松方正義、渡仏(3月末、パリ着)。 5月、パリ万国博開催(〜11月)。鮫島公使、条約改正についてフランス外務大臣に説明する。	5月、大久保利通、暗殺される。
一八七九		2月、パリのゲテ劇場で前田正名の原作による劇『ヤマト』(『日本美談』)が上演される。	1月、マク＝マオン、大統領を辞任。後任に共和派のグレヴィ(〜87年)。 2月、フランス代理公使バロア、来日。

＊：本書関連年表は、主に以下の文献に掲載された年表を参照し、筆者が作成した。柴田三千雄、樺山紘一、福井憲彦編『フランス史3』山川出版社、一九九五年。西野嘉章、クリスチャン・ポラック編『維新とフランス——日仏学術交流の黎明——』東京大学総合研究博物館、二〇〇九年。南塚信吾・秋田茂・高澤紀恵編『新しく学ぶ西洋の歴史——アジアから考える——』ミネルヴァ書房、二〇一六年。

人名索引

＊採録語句が節・項のタイトルに含まれる場合は該当頁をゴシック表記にし、
その節・項内からは採録を省略した。

き

く

こ

さ

し

◆掲載図表一覧◆

【第Ⅰ部】

【第Ⅱ部】

〈第三章〉

〈第四章〉

◎著者略歴◎

寺本　敬子（てらもと・のりこ）

成蹊大学文学部国際文化学科准教授.
フランス近代史，日仏交流史.
一橋大学大学院社会学研究科博士後期課程修了.
パリ第一大学（パンテオン・ソルボンヌ）歴史学科博士課程修了.

パリ万国博覧会《ばんこくはくらんかい》とジャポニスムの誕生《たんじょう》

2017（平成29）年３月27日発行
2024（令和６）年12月７日第５刷

著　者　寺本敬子
発行者　田中　大
発行所　株式会社　思文閣出版
〒605-0089 京都市東山区元町355
電話 075-533-6860（代表）

装　幀　小林　元
印　刷
製　本　亜細亜印刷株式会社

ISBN978-4-7842-1888-2　C3020

万国博覧会と人間の歴史　佐野真由子編

従来の研究の枠組みを超え、多様な領域の研究者のほか、万博をつくり、支える立場の政府関係者、業界関係者が集い、さらにアジア各国の研究者を迎えて、ともに議論を重ねた共同研究の成果。万博から、人間の歴史が見える！

▶Ａ５判・758頁／本体9,200円（税別）　ISBN978-4-7842-1819-6

ジャポニスム入門　ジャポニスム学会編

ジャポニスムの各国別の個性的な展開だけでなく、建築・音楽・写真・モードという絵画・工芸以外の分野における展開も射程に入れ、その全体像に迫る。

▶Ａ５判・284頁／本体2,800円（税別）　ISBN4-7842-1053-9

京都　近代美術工芸のネットワーク　並木誠士・青木美保子編

近代京都の美術工芸にまつわるヒト・モノ・コトのネットワークを紐解くことで、ビックネームだけでは構築されない美術工芸の現場をあぶり出す。

▶Ａ５判・352頁／本体2,500円（税別）　ISBN978-4-7842-1882-0

鮫島尚信在欧外交書簡録　鮫島文書研究会編

“Correspondance envoyée dupuis 1871”（1870〜1877／英文並びに仏文による筆写本／鹿児島純心女子大学蔵）は、鮫島がフランス在勤中に出した公信、半公信で1994年春にパリで発見された。明治初期のわが国現地外交の実態を知る上で貴重な史料集。

▶Ａ５判・620頁／本体12,800円（税別）　ISBN4-7842-0962-X

岩倉具視関係史料〔全２巻〕　佐々木克・藤井讓治・三澤純・谷川穣編

憲政資料室所蔵文書・対岳文庫所蔵文書・内閣文庫所蔵文書に次ぐ、第４の岩倉具視関係文書群（海の見える杜美術館（広島県廿日市市）所蔵）を完全活字化。

▶Ａ５判・総1108頁／本体24,000円（税別）　ISBN978-4-7842-1659-8

幕末外交儀礼の研究　佐野真由子著

欧米外交官たちの将軍拝謁

近代外交の夜明けは幕末に——。政治交渉の過程とは異なる次元で展開した外交儀礼の形成過程を明らかにする、従来の研究で見落とされてきた、もうひとつの幕末史。

▶四六判・432頁／本体5,000円（税別）　ISBN978-4-7842-1850-9

近代日本〈陳列所〉研究　三宅拓也著

〈陳列所〉とは、地方行政府によって建設された公共の陳列施設。これらが、都市の農業・工業・商業を奨励する目的で各地に設置された経緯を検証し、明治から昭和戦前期の日本にあまねく普及した〈陳列所〉の実態を、豊富な図版とともに明らかにする。

▶Ａ５判・640頁／本体7,800円（税別）　ISBN978-4-7842-1788-5